plurall

CB137912

Parabéns!
Agora você faz parte do **Plurall**, a plataforma digital do seu livro didático! No **Plurall**, você tem acesso gratuito aos recursos digitais deste livro por meio do seu computador, celular ou *tablet*. Além disso, você pode contar com a nossa tutoria *on-line* sempre que surgir alguma dúvida sobre as atividades e os conteúdos deste livro.

Incrível, não é mesmo?
Venha para o **Plurall** e descubra uma nova forma de estudar!
Baixe o aplicativo do **Plurall** para Android e IOS ou acesse **www.plurall.net** e cadastre-se utilizando o seu código de acesso exclusivo:

SLF2WWG3A

Este é o seu código de acesso Plurall. Cadastre-se e ative-o para ter acesso aos conteúdos relacionados a esta obra.

@plurallnet

@plurallnetoficial

SOMOS EDUCAÇÃO

conecte LIDi

TEXTO E INTERAÇÃO

VOLUME ÚNICO

William Cereja

Professor graduado em Português e Linguística e licenciado em Português pela Universidade de São Paulo
Mestre em Teoria Literária pela Universidade de São Paulo
Doutor em Linguística Aplicada e Análise do Discurso pela PUC-SP
Professor da rede particular de ensino em São Paulo, capital

Thereza Cochar

Professora graduada e licenciada em Português e Francês pela FFCL de Araraquara, SP
Mestra em Estudos Literários pela Unesp de Araraquara, SP
Professora da rede pública de ensino em Araraquara, SP

Autores também de:

Obras para o ensino fundamental

Português: linguagens (1º ao 9º ano)
Gramática — Texto, reflexão e uso (6º ao 9º ano)
Gramática reflexiva (6º ao 9º ano)
Todos os textos (6º ao 9º ano)

Obras para o ensino médio

Português: linguagens
Literatura brasileira
Literatura portuguesa
Gramática reflexiva — Texto, semântica e interação

Editora Saraiva

Dados Internacionais de Catalogação na Publicação (CIP)
(Câmara Brasileira do Livro, SP, Brasil)

Cereja, William Roberto
Conecte : texto e interação : volume único / William Roberto Cereja, Thereza Cochar Magalhães. — 2. ed. — São Paulo : Saraiva, 2013. — (Coleção projeto conecte)

ISBN 978-85-02-21092-9 (aluno)
ISBN 978-85-02-21093-6 (professor)

1. Português (Ensino médio) 2. Gêneros literários 3. Textos (Ensino médio) I. Magalhães, Thereza Cochar. II. Título. III. Série

13-09300 CDD-808.0469

Índice para catálogo sistemático:
1. Português : Redação 808.0469

Gerente editorial: Lauri Cericato
Editor: Noé G. Ribeiro
Editoras-assistentes: Paula Junqueira/Caroline Zanelli Martins/Fernanda Carvalho
Preparação de texto: Célia Tavares
Revisão: Pedro Cunha Jr. e Lilian Semenichin (coords.)/Luciana Azevedo/Maura Loria/Eduardo Sigrist/Rhennan Santos/Elza Gasparotto/Aline Araújo/Felipe Toledo/Patricia Cordeiro
Pesquisa iconográfica: Cristina Akisino (coord.)/Ana Szcypula/Camila Losemfeldt/Rodrigo dos Santos Souza (estagiário)
Licenciamento de textos: Marina Murphy
Sugestões de textos e atividades: Carlos Henrique Carneiro/Carolina Assis Dias Vianna/Norberto Lourenço Nogueira Júnior/Pedro Reinato/Rosineide de Melo

Gerente de arte: Nair de Medeiros Barbosa
Supervisor de arte: José Maria de Oliveira
Projeto gráfico e capa: Homem de Melo & Troia Design
Imagem de capa: Alexander Yakovlev, Glow Images/Getty Images/Illustration Works, Getty Images
Ilustrações: Andrea Ebert/Biry Sarkis/Cássio Lima/Filipe Rocha/Ivan Coutinho/Laerte Silvino/Marcos Guilherme/Mariângela Haddad/Natália Forcat/Patrícia Lima/Rafael Herrera/Ricardo Dantas/Rico/Roberto Weigand/Rogério Soud/Toninho Gonçalves/Vicente Mendonça/Weberson Santiago
Diagramação: Anderson Sunakozawa/Alexandre M. Uehara/José Aparecido de Oliveira/Nilza Shizue Yoshida/Setsumi Sinzato
Encarregada de produção e arte: Grace Alves
Coordenação de editoração eletrônica: Silvia Regina E. Almeida
Produção gráfica: Robson Cacau Alves

Todas as citações de textos contidas neste livro didático estão de acordo com a legislação, tendo por fim único e exclusivo o ensino. Caso exista algum texto a respeito do qual seja necessária a inclusão de informação adicional, ficamos à disposição para o contato pertinente. Do mesmo modo, fizemos todos os esforços para identificar e localizar os titulares dos direitos sobre as imagens publicadas e estamos à disposição para suprir eventual omissão de crédito em futuras edições.

O material de publicidade e propaganda reproduzido nesta obra está sendo utilizado apenas para fins didáticos, não representando qualquer tipo de recomendação de produtos ou empresas por parte dos autores e da editora.

731.518.002.002

Editora Saraiva

SAC 0800-0117875
De 2ª a 6ª, das 8h30 às 19h30
www.editorasaraiva.com.br/contato

Rua Henrique Schaumann, 270 – Cerqueira César – São Paulo/SP – 05413-909

Impressão e acabamento: Corprint

Caro estudante:

As palavras fazem parte das mais diferentes situações que vivemos. Com elas informamos o que pensamos e sentimos, contamos fatos, externamos nossos desejos, brincamos, criamos arte, aprendemos, fazemos declarações de amor... Com as palavras agimos e interagimos com as pessoas, com o mundo.

Nessas situações de comunicação, entretanto, as palavras não são empregadas soltas ou combinadas aleatoriamente. Elas se unem, constituindo textos, orais ou escritos. Estes, por sua vez, organizam-se de modo diferente uns dos outros, dependendo de quem os produz, do interlocutor, do assunto e da intenção com que são produzidos.

Assim, se desejamos, por exemplo, contar um fato vivido na infância, fazemos uso de um relato; se queremos contar uma história de ficção, como uma fábula, construímos um texto narrativo; se pretendemos ensinar alguém a fazer um bolo de chocolate, produzimos um texto instrucional, a receita, indicando os ingredientes e orientando sobre o modo de fazer; se temos em vista transmitir um conhecimento científico, optamos por um texto expositivo; se queremos expressar nossa opinião sobre determinado assunto, recorremos a um texto argumentativo, pois a intenção é convencer o interlocutor de nossas ideias, e assim por diante.

Este livro pretende ajudá-lo a se apropriar de diferentes tipos de texto e gêneros que circulam socialmente e são usados nas mais variadas situações de interação verbal. Para isso, basta que você tenha vontade de explorar os múltiplos caminhos da linguagem e disponibilidade para produzir textos e realizar projetos.

Esperamos que este curso de produção de textos contribua não apenas para ampliar sua capacidade de lidar com as dificuldades e exigências da vida escolar, mas também para prepará-lo para enfrentar os desafios do atual mercado de trabalho e exercer plenamente seus direitos e deveres de cidadão.

Um abraço,

Os Autores

Sumário

Thinkstock/Getty Images

Masterfile/Other Images

UNIDADE 3

Glow Images

UNIDADE 4

UNIDADE 5

UNIDADE 6

Tracy Hebden/Alamy/Other Images

Marcos Guilherme

INTRODUÇÃO

DE GÊNERO EM GÊNERO

Em casa, na rua, na escola, no clube, no restaurante, todos nós, no dia a dia, circulamos entre textos. O que é texto? Uma conversa telefônica informal entre amigos é um texto? A letra de uma música que ouvimos pelo rádio é um texto? Um capítulo de novela, um *outdoor*, um letreiro de ônibus, uma conta de telefone, um debate político, um texto publicitário, uma notícia de jornal, uma bula de remédio são textos? Quando falamos, também produzimos textos ou são textos apenas os escritos? Para que servem os textos? O que diferencia um texto do outro?

Os textos que seguem não têm a intenção de dar respostas a todas essas questões, mas estimular você a participar com seus colegas de uma conversa sobre a natureza e a função dos textos.

Leia os textos e, a seguir, responda ao que se pede.

TEXTO I

O fim de uma língua

Morte da pacahuara Bose Yacu, na Amazônia, sepulta as tradições de seu povo

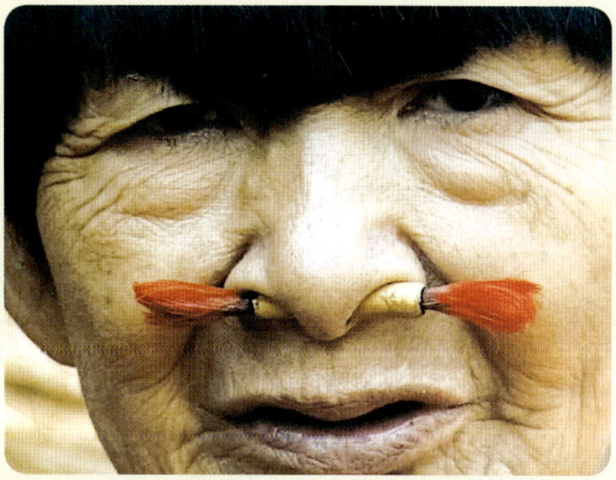
Sol de Pando

Bose Yacu era a última de sua tribo a preservar a língua e costumes dos pacahuaras

Na região boliviana da floresta amazônica, perto de Rondônia, moram os cinco últimos pacahuaras — grupo indígena que já foi um dos maiores da Amazônia peruana. Faleceu, no entanto, a última pessoa da tribo que mantinha costumes e tradições de seu povo, a índia Bose Yacu. O restante da tribo foi incorporado aos chacobos em 1969, próximo ao vilarejo de Alto Ivon, e aderiu à língua e às tradições dos anfitriões. A Unesco estima que 500 pessoas ainda falem o chacobo, mas a pacahuara está em "perigo crítico", a etapa antes da extinção. Sua população foi reduzida nestes 200 anos por conta de conflitos com seringueiros brasileiros. Acredita-se que só a família de Bose se salvou.

(Revista *Língua Portuguesa*, ano 8, nº 89, 2013.)

TEXTO II

Postura no computador

(www.orientacoesmedicas.com.br/posturanocomputador_colunaepostura.asp)

TEXTO III

Ladrão que rouba ladrão

O ladrão estava abrindo a porta do carro, chegou o flanelinha:

— Quer que eu cuide, doutor?

— Tu é burro, hem, cara, não vê que tô saindo?

Entrou no carro, ficou esperando o flanelinha se mandar, ele se chegou:

— Dá um miúdo, tio...

— Te dou é um cascudo, se manda!

Abriu os vidros, o carro estava no sol. O flanelinha correu para um carro que vinha devagar caçando a vaga, apontou onde ele estava, ele botou a cabeça para fora:

— Não vou sair, não, ô, infeliz!

Ligou o rádio, o carro era uma sauna. Assustou com a cabeça do guri na janela:

— Mas o senhor falou que ia sair.

— Mas não falei que ia sair agora, né, quer me dar paz?!

— Por mim — o guri cantarolou se afastando —, pode cozinhar aí!

Ele debruçou enfiando a mão debaixo do painel, achou logo os fios, puxou para fora, fez a ligação. Quando se endireitou pegando o volante, deu de novo com o moleque ali:

— Me dá um dinheiro, tio, senão aviso o guarda! — apontou um PM dirigindo o trânsito lá no cruzamento.

Era um guri miúdo e vivo, devia ser muito ligeiro, então ele enfiou a mão no bolso, tirou umas moedas.

— Dinheiro, tio, moeda não!

Ele deu uma nota, o guri puxou outra.

— Ladrão!

— Só eu, tio?!

Ele deu partida, o motor pegou na primeira, ele agradeceu a Deus (sim, a Deus). Arrancou logo, passou pelo guarda, aí foi resmungando que ladrãozinho, que ladrãozinho:

— É por isso que o Brasil não vai pra frente!

Biry Sarkis

(Domingos Pellegrini. *Ladrão que rouba ladrão.* São Paulo: Ática, 2004. p. 35-6.)

TEXTO IV

Fim de ano feliz

[...]

A felicidade não é um estado de espírito ao alcance da mão, é ave de voo ágil que nos visita quando bem entende. É arrebatadora, porém voluntariosa e fugidia. À menor distração, ao admirar-lhe a beleza da plumagem, bate asas para sítios distantes, deixando a nostalgia em seu lugar.

Felicidade que chega com tudo, disposta a passar dias inteiros em nossa companhia, é privilégio exclusivo da infância. Só nessa fase da vida conseguimos acordar e ir para a cama tomados por uma alegria sem fim.

Anos atrás, escrevi um livro infantil sobre esse tema: "De Braços para o Alto". Nele, descrevi as férias numa fazenda, aos sete anos, em companhia de oito primos quase da mesma idade.

Nascido num bairro cinzento, em que as sirenes das fábricas ditavam a rotina das ruas, de um dia para outro fui transportado para o mundo dos campos a perder de vista, dos passarinhos, cavalos, florestas, rios e cachoeiras, gado no pasto e futebol no gramado em frente à sede da fazenda, todo fim de tarde.

[...]

Thinkstock/Getty Images

Dormíamos num quarto enorme, com colchões espalhados pelo chão. Quando todos se calavam, eu resistia ao sono, para pensar nas aventuras que me aguardavam no dia seguinte. Em minha lembrança, foi a primeira vez que convivi com a felicidade plena, persistente e duradoura, substituída por uma tristeza dolorida que me fez chorar quando as férias terminaram.

Na vida adulta, a felicidade é caprichosa como a mulher mais desejada. Inútil aguardar que venha a nós, é preciso persegui-la com afinco e estar atento para não deixá-la passar despercebida no meio das atribulações cotidianas, porque o menor descuido é capaz de afugentá-la por tempo indeterminado. Ela é inimiga dos afoitos que a cortejam com intenções imediatas, para entregar-se exige dedicação extrema, sabedoria, desprendimento, perspicácia e sobretudo paciência.

A diferença fundamental entre a felicidade da criança e aquela do adulto não está na intensidade da sensação de prazer que toma conta da alma, exalta as cores do mundo e faz a vida pulsar forte, exuberante, mas na duração desse estado. Os momentos felizes dos adultos duram menos porque são interrompidos pelas preocupações com a lida diária, por pensamentos negativos resultantes dos desencontros das relações humanas e pelo medo causado por experiências traumáticas.

A complexidade da vida adulta desvia nossa atenção e nos impede de reconhecer a felicidade que está por perto, limitação que a transforma em bem transcendental, sempre distante, dependente de acontecimentos grandiosos e improváveis que sequer conseguimos definir quais seriam.

É essa incapacidade de lidar com o presente que nos faz colocá-la num ponto futuro ou relegá-la ao passado remoto. Costumo duvidar das recordações de momentos idílicos vividos anteriormente; na maioria das vezes, não passam de armadilhas da memória, faculdade da mente especializada em editar fatos passados para retirar deles o conteúdo nefasto.

Passar a vida a lamentar a felicidade perdida é apanágio de velhos chatos, fadados a terminar seus dias na solidão.

[...]

(Dráuzio Varela. *Folha de S. Paulo*, 29/12/2013.)

TEXTO V

Biodiesel é menos poluente que gasolina e álcool?

iStockphoto/Getty Images

O biodiesel, combustível biodegradável e renovável produzido a partir de matérias-primas vegetais, como soja, dendê ou mamona, possui um teor de poluição equivalente ao do álcool combustível, feito de cana-de-açúcar, mas emite menos gases poluentes que a gasolina. "A queima do biodiesel não libera compostos de enxofre na atmosfera, coisa que a gasolina faz", explica o químico Miguel Dabdoub, da Universidade de São Paulo (USP). Além disso, diz ele, as emissões são menores quando comparadas às da gasolina porque o consumo do motor de veículos movidos a biodiesel é menor que aquele movido à gasolina. Porém, o biodiesel leva a maior vantagem ambiental quando comparado ao óleo diesel comum, altamente poluente. Nesse caso, o biodiesel pode reduzir em mais de 70% as emissões de gás carbônico. É preciso, no entanto, não confundir o biodiesel produzido exclusivamente de fontes vegetais – o chamado B100, de Biodiesel 100% –, com a mistura diesel-biodiesel vendida em postos de combustível, que é uma mistura de 2% de biodiesel com diesel convencional. A partir de 2013, o volume de adição será elevado para 5%. Por razões técnicas e econômicas, o biodiesel puro ainda não é comercializado no país.

Yuri Vasconcelos

(*Vida Simples*, nº 65. Editora Abril.)

1. Compare os textos I e III. Ambos contam fatos. Entretanto, os fatos relatados são de naturezas diferentes.

a) Qual deles conta uma história ficcional?

b) Qual deles relata experiências vividas, fatos que aconteceram na realidade?

2. Observe os textos II e IV. Qual deles instrui, isto é, indica como devemos proceder para obter determinado resultado?

3. Os textos IV e V abordam assuntos ligados à realidade. Entretanto, cada um deles tem uma finalidade diferente.

a) Qual é a finalidade do texto IV?

b) E a do texto V?

4. Como síntese desta atividade, indique o texto cujo objetivo principal é:

a) relatar fatos reais;

b) narrar uma história fictícia;

c) argumentar para persuadir o interlocutor sobre um ponto de vista;

d) instruir como proceder para obter um resultado;

e) expor conhecimentos formais, científicos.

O QUE É GÊNERO DO DISCURSO?

Ao desenvolver a atividade anterior, você deve ter observado que os textos foram produzidos em situações e contextos diferentes e que cada um deles cumpre uma finalidade específica. Se o objetivo do locutor é, por exemplo, instruir seu interlocutor, ele indica passo a passo o que deve ser feito para se obter um bom resultado. Se é expressar sua opinião e defender seu ponto de vista sobre determinado assunto, ele produz um texto que se organiza em torno de argumentos. Se é contar fatos reais ou fictícios, ele pode optar por produzir um texto que apresente em sua estrutura os fatos, as pessoas ou personagens envolvidas, o momento e o lugar em que os fatos ocorreram. Se é transmitir conhecimentos, o locutor deve construir um texto que exponha os saberes de forma eficiente.

Assim, quando interagimos com outras pessoas por meio da linguagem, seja a linguagem oral, seja a linguagem escrita, produzimos certos tipos de texto que, com poucas variações, se repetem no conteúdo, no tipo de linguagem e na estrutura. Esses tipos de texto constituem os chamados **gêneros do discurso** ou **gêneros textuais** e foram historicamente criados pelo ser humano a fim de atender a determinadas necessidades de interação verbal. De acordo com o momento histórico, pode nascer um gênero novo, podem desaparecer gêneros de pouco uso ou, ainda, um gênero pode sofrer mudanças até transformar-se num novo gênero.

O gênero do discurso e a situação de produção

Suponha que você esteja insatisfeito(a) porque sua rua tem sofrido constantes enchentes. Para resolver o problema, é necessário que uma reclamação oficial seja feita. Que gênero discursivo utilizar então?

Você poderia escrever uma **carta argumentativa de reclamação** à prefeitura de sua cidade ou ao governo de seu Estado. Contudo, esse não é um problema só seu. Logo, o documento teria mais força se tivesse o apoio de outros moradores da rua ou do bairro. Nesse caso, vocês poderiam lançar mão de um **abaixo-assinado** ou de uma **carta aberta** dirigida à população e aos governantes. A escolha dependeria de outros fatores, como o número de pessoas que poderiam assinar, se a carta aberta seria divulgada numa assembleia ou manifestação, se haveria cobertura da imprensa, etc.

Observe que a escolha de um determinado gênero discursivo depende em grande parte da **situação de produção**, ou seja, a finalidade do texto a ser produzido, quem são o(s) locutor(es) e o(s) interlocutor(es), o meio disponível para veicular o texto, etc.

Numa situação de interação verbal, a escolha do gênero textual é feita de acordo com os diferentes elementos que participam do contexto, tais como: quem está produzindo o texto, para quem, com que finalidade, em que momento histórico, etc.

Os gêneros discursivos geralmente estão ligados a **esferas de circulação**. Assim, na *esfera jornalística*, por exemplo, são comuns gêneros como notícias, reportagens, editoriais, entrevistas e outros; na *esfera de divulgação científica* são comuns gêneros como verbete de dicionário ou de enciclopédia, artigo ou ensaio científico, seminário, conferência.

Getty Images

UNIDADE 1 RELATOS DO COTIDIANO

Alô, amor

— Alô, amor,
alô!

A tua voz ondula
como eco de marulho
no ressoar de um búzio...

— Alô, amor,
alô!

Eu, trêmula, te escuto,
e meu coração mergulha
num oceano de ternuras...

(Ilka Brunhilde Laurito. *Brincando de amor*. São Paulo: Moderna, 1994. p. 14.)

Alamy

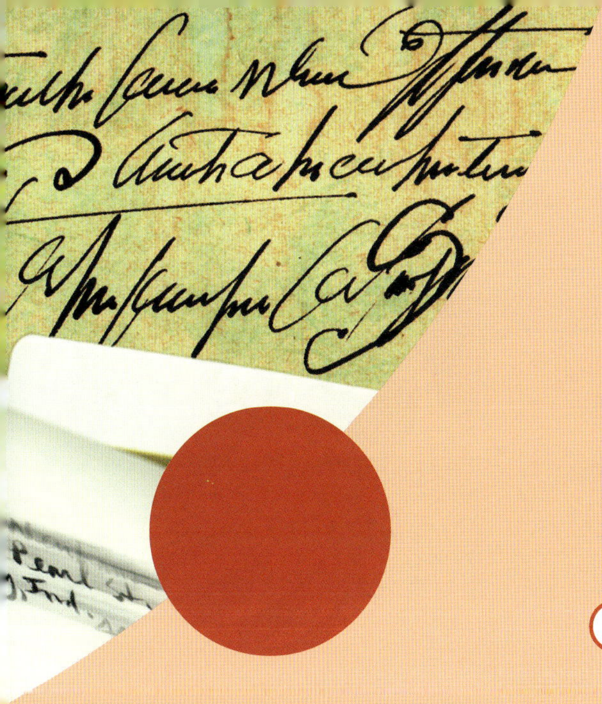

Fique ligado! Pesquise!

Assista

- ***Diários de motocicleta*** e ***Central do Brasil***, de Walter Salles; ***O mensageiro***, de Kevin Costner; ***O carteiro e o poeta***, de Michael Radford; ***Nunca te vi, sempre te amei***, de David Jones; ***Junk mail***, de Pal Sletaune; ***Mens@gem para você***, de Nora Ephron; ***Cinema Paradiso***, de Giuseppe Tornatore; ***A glória de meu pai*** e ***O castelo de minha mãe***, de Yves Robert.

Leia

- ***Quando o carteiro chegou – Cartões-postais a Purezinha***, de Monteiro Lobato (Moderna); ***Cartas a um jovem poeta***, de Rainer Maria Rilke (L&PM); ***Histórias do tempo da escola***, de Adriana Falcão e outros (Nova Alexandria); ***Diário de um gênio***, de Salvador Dalí (Paz e Terra); ***Uma vida entre livros – Reencontro com o tempo***, de José Mindlin; ***Vita brevis – A carta de Flória Emília para Aurélio Agostinho***, de Jostein Gaarder (Companhia das Letras); ***Griffin & Sabine*** e ***Caminho do meio***, de Nick Bantock (Marco Zero); ***Postais por escrito***, de Ricardo Freire (Mandarim); ***Cartas do coração – Uma antologia do amor***, de Elisabeth Orsini (Rocco); ***Cartas a Théo***, de Vincent van Gogh (L&PM).

Ouça

- "A carta", de Renato Russo; "Meu caro amigo", de Chico Buarque de Hollanda; "Antonico", de Ismael Silva.

Navegue

- www.correios.gov.br

PROJETO

Você já foi chamado?
Produção de postais para troca de correspondência e participação em comunidades virtuais por meio do Facebook.

CAPÍTULO 1

A carta pessoal

TRABALHANDO O GÊNERO

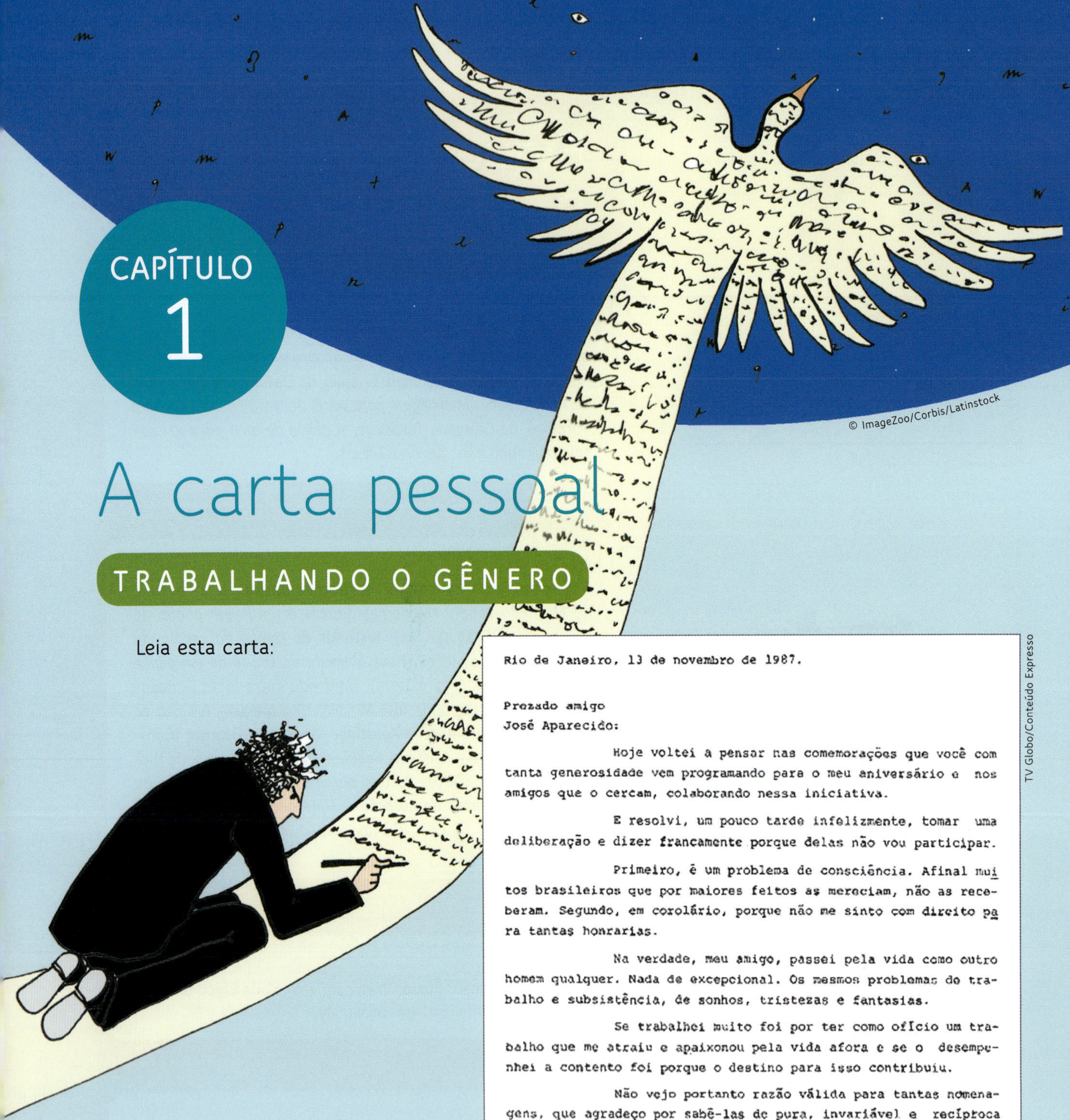

© ImageZoo/Corbis/Latinstock

Leia esta carta:

Rio de Janeiro, 13 de novembro de 1987.

Prezado amigo
José Aparecido:

Hoje voltei a pensar nas comemorações que você com tanta generosidade vem programando para o meu aniversário e nos amigos que o cercam, colaborando nessa iniciativa.

E resolvi, um pouco tarde infelizmente, tomar uma deliberação e dizer francamente porque delas não vou participar.

Primeiro, é um problema de consciência. Afinal muitos brasileiros que por maiores feitos as mereciam, não as receberam. Segundo, em corolário, porque não me sinto com direito para tantas honrarias.

Na verdade, meu amigo, passei pela vida como outro homem qualquer. Nada de excepcional. Os mesmos problemas do trabalho e subsistência, de sonhos, tristezas e fantasias.

Se trabalhei muito foi por ter como ofício um trabalho que me atraiu e apaixonou pela vida afora e se o desempenhei a contento foi porque o destino para isso contribuiu.

Não vejo portanto razão válida para tantas homenagens, que agradeço por sabê-las de pura, invariável e recíproca amizade.

Confesso, caro amigo, que meu desejo é passar meu aniversário em completo anonimato. Data que, a meu ver, não deve entusiasmar ninguém.

Um abraço.

TV Globo/Conteúdo Expresso

(Disponível em: http://migre.me/cZU86. Acesso em: 25/3/2013.)

em corolário: expressão que introduz um acréscimo que explicita algo dito anteriormente.

deliberação: decisão.

1. A carta é um gênero que costuma apresentar uma estrutura padrão, composta de local e data, vocativo (nome da pessoa a quem a carta se dirige), texto e assinatura. Com base na estrutura da carta lida, é possível saber:
   a) quando ela foi escrita? Justifique sua resposta.
   b) a quem ela se destina? Justifique sua resposta.
   c) sem informações complementares, quem a escreve? Justifique sua resposta.
2. Qual é o assunto dessa carta? E qual é a sua finalidade?
3. Considerando sua experiência com correspondências, responda:
   a) Você já mandou e/ou recebeu uma carta? Em que situação(ões)?
   b) De modo geral, qual é a finalidade de uma carta pessoal?
4. A carta lida foi escrita pelo arquiteto brasileiro Oscar Niemeyer, cuja biografia se encontra resumida no quadro ao lado. Com base nas informações do quadro sobre o remetente e tendo em vista a data em que a carta foi escrita, levante hipóteses:
   a) Havia um motivo especial para o amigo de Niemeyer planejar comemorações no aniversário do arquiteto naquele ano. Qual era esse motivo?
   b) Levante hipóteses: Por que o arquiteto utiliza a expressão "um pouco tarde, infelizmente", no segundo parágrafo?

Quem foi Oscar Niemeyer?

Oscar Niemeyer foi um importante arquiteto brasileiro, que tornou seu traço mundialmente reconhecido. Nascido no Rio de Janeiro em 1907, formou-se engenheiro arquiteto pela Escola Nacional de Belas Artes em 1934 e desde então foi autor de grandes projetos, tais como o conjunto arquitetônico da Pampulha, em Belo Horizonte; a sede da ONU, em Nova Iorque; o parque do Ibirapuera e o edifício Copan, em São Paulo; e o plano piloto da cidade de Brasília (então nova capital do país), entre inúmeros outros. Faleceu em 5 de dezembro de 2012, a dez dias de completar 105 anos.

Bernardo Gutiérrez/Folhapress

Quem ainda escreve carta?

A pergunta foi feita e respondida pelo jornalista Alberto Villas, em artigo publicado na revista *Carta Capital*:

> Ninguém! Pelo menos que eu conheça, ninguém mais tem tempo de pegar um envelope verde amarelo, o bloco Aviador papel de seda e a caneta Parker 51 para escrever uma carta. Vivemos a era do skype, da msg pelo cel, do e-mail, do vaptvupt, bateu voltou. Quem hoje teria paciência de escrever uma carta e ficar dias e dias esperando a resposta? Se a resposta do e-mail não vem em um minuto já começa aquele tictic nervoso, não é mesmo?
>
> (Disponível em: http://www.cartacapital.com.br/cultura/quem-ainda-escreve-carta/. Acesso em: 25/3/2013.)

É possível, entretanto, encontrar quem ainda mantém o hábito de mandar cartas. Afinal de contas, há sensações que apenas a carta pode proporcionar, que não se conseguiriam por um *e-mail*, um SMS, ou mesmo uma ligação telefônica: o toque no mesmo papel que esteve na mão do outro há poucos dias, a letra manuscrita no papel, a gota de perfume e o beijo de batom carimbados na mensagem, as pétalas de rosas colocadas no envelope, o papel de carta há muito guardado para aquela ocasião especial, a possibilidade de escrever metros e metros de papel, entre outras que a criatividade de cada um permitir!

São exemplos de que essa prática ainda existe:

- projetos como o "Escreve cartas", do governo do Estado de São Paulo: inspirado no filme *Central do Brasil*, conta com voluntários que ficam à disposição para escrever cartas para quem não pode fazê-lo por conta própria;
- cartas que os fãs enviam a seus ídolos, nas quais explicitam sua admiração e manifestam seu carinho;
- comunidades e clubes de pessoas que fazem questão de cultivar o hábito, muitos dos quais podem ser encontrados por meio da Internet, em *sites* como Facebook e Twitter.

E você? Ainda escreve ou conhece alguém que escreva cartas?

5. A carta em estudo foi escrita em uma variedade linguística de acordo com a norma-padrão e formal da língua portuguesa. Observe, por exemplo, a linguagem empregada nestes trechos:

> "E resolvi [...] tomar uma deliberação e dizer francamente por que delas não vou participar."
>
> "Não me sinto com direito para tantas honrarias."
>
> "Agradeço por sabê-las de pura, invariável e recíproca amizade."

a) Selecione, nos trechos acima, elementos lexicais e sintáticos que não correspondem à variedade informal escrita empregada pelos brasileiros hoje em dia, sugerindo alterações que os atualizem.

b) Na carta lida, pode-se considerar que o emprego dessa variedade formal ocorra em razão da falta de intimidade entre os interlocutores? Justifique sua resposta.

A assinatura na carta pessoal

A carta pessoal é normalmente escrita com letra manuscrita. Nos casos em que ela é digitada ou datilografada, a assinatura costuma se manter manuscrita, como na carta de Niemeyer. Como se trata de correspondência trocada entre indivíduos que mantêm algum relacionamento, não há necessidade de se assinar o nome completo, sendo possível utilizar a assinatura pessoal ou até mesmo um apelido.

6. Reúna-se com seus colegas de grupo e, juntos, concluam: Quais são as características da carta pessoal? Respondam, levando em conta os seguintes critérios: finalidade do gênero, perfil dos interlocutores, suporte ou veículo, tema, estrutura e linguagem.

Loucos por cartas

Para aqueles que são aficionados de cartas, sugerimos a leitura dos seguintes livros: *Cartas a um jovem escritor*, de Mario Vargas Llosa, e *Cartas a um jovem chef*, de Laurent Suaudeau (Campus); *Se uma criança numa manhã de verão*, de Roberto Cotroneo (Rocco); *As relações perigosas*, de Choderlos de Laclos (Ediouro); *Cartas ao mundo*, de Glauber Rocha (Companhia das Letras); *Ana e Pedro – Cartas*, de Vivina de Assis Viana e Ronald Claver (Atual); *Cartas do coração – Uma antologia do amor*, de Elisabeth Orsini (Rocco).

Andrea Ebert

PRODUZINDO A CARTA PESSOAL

Há, a seguir, duas propostas de produção de cartas. Se possível, desenvolva as duas.

1. Pense em alguém para quem gostaria de mandar uma carta: pode morar longe, em outra cidade, ou até mesmo ser uma pessoa com quem você conviva diariamente, mas não tem tempo de conversar com calma, ou por algum outro motivo não consegue dizer pessoalmente coisas que gostaria que ela soubesse. Pode ser um familiar, um amigo, um colega, etc.

2. Como você viu no boxe da página 17, mesmo em tempos de Internet e celular, há muita gente que ainda se comunica por cartas e recorre ao serviço voluntário dos "escrevedores de cartas". Leia abaixo um trecho da história de uma voluntária:

> A maior parte das pessoas que procuram o serviço quer enviar cartas a parentes presos ou a programas de televisão. Também existem aquelas que buscam recuperar o contato com pessoas que estão em outras regiões do país, principalmente nordeste, ou no interior de São

Paulo. Nesse ambiente, Márcia já presenciou muitas histórias emocionantes. Como o caso de uma moça que pediu para ela fazer uma cópia de uma carta que seria destinada a um irmão que estava na prisão. "A carta tinha que ter uma cópia, pois a família leria junto a ele, em comunhão de pensamento, como se ele estivesse presente, durante a ceia de Natal, servindo de alento e reforçando a esperança de todos. A carta, segundo a moça, seria o presente de Natal da família, e foi muito tocante saber que minha ajuda foi tão simbólica nessa história", conta.

(Disponível em: http://memoriasdesampa.blogspot.com.br/2011/04/historia-de-marcia-uma-escrevedora-de.html. Acesso em: 18/2/2013.)

Agora veja a transcrição do depoimento de uma moça que procurou o serviço de escrita e envio de cartas:

Eu quero escrever uma carta para minha mãe [...]. Ela mora comigo, só que tem coisas que eu quero falar pra ela que pessoalmente eu não consigo, [...] porque eu fico com vergonha dela, a gente passou por situações difíceis e tem coisas que eu quero falar pra ela, só que aí eu travo e não consigo falar. [...] Por carta é melhor, que aí eu não vejo a reação dela, ela não vê a minha e eu consigo me expressar melhor.

(Trecho transcrito do vídeo disponível em: http://www.redetv.com.br/seligabrasil/historiasdavidareal/309202/regina-volpato-se-emociona-ao-escrever-cartas-como-voluntaria-.html. Acesso em: 18/2/2013.)

À semelhança dos "escrevedores de cartas", organize com sua classe um serviço de "Escreve cartas" no colégio. Divulguem o local, o dia e o horário em que ficarão disponíveis e trabalhem como voluntários, a fim de incentivar a comunidade escolar a escrever e enviar cartas, resgatando esse antigo hábito.

Planejamento do texto

Ao escrever sua carta pessoal, siga estas orientações:

- Escolha seu/sua interlocutor(a).
- Determine qual(is) será(ão) o(s) assunto(s) sobre o(s) qual(is) irá falar na carta e lembre-se de convidar seu interlocutor a lhe dar uma resposta.
- Redija a carta observando a estrutura conveniente, as formas de tratamento adequadas e as saudações e despedidas que julgar cabíveis.
- Empregue uma variedade adequada a seu interlocutor, isto é, considerando a idade dele e o grau de intimidade existente entre vocês.
- Avalie sua carta pessoal de acordo com as orientações do boxe **Revisão e reescrita**.
- Passe a carta a limpo.
- Preencha o envelope com o nome e o endereço completos do destinatário e do remetente.
- Cole o selo.
- Envie a carta a seu interlocutor e aguarde a resposta.

Revisão e reescrita

Antes de finalizar a sua carta pessoal e enviá-la a seu interlocutor, leia-a e observe se:

- ela apresenta local e data, vocativo, corpo do texto, despedida e assinatura;
- a maneira como você redigiu e estruturou seu texto está de acordo com a situação de comunicação;
- a linguagem empregada está adequada a seu leitor;
- ela fala dos assuntos que você pretendia;
- no envelope, os dados do destinatário e do remetente estão completos.

Guy Crittenden/Images.com/Corbis/Latinstock

Hipertexto e gêneros digitais: o *e-mail*, o *blog* e o comentário

Com o surgimento e a popularização da Internet, alterou-se profundamente a noção de texto. Na Internet, o processo de ler ou escrever um texto deixou de ser linear, ou seja, da esquerda para a direita e de cima para baixo, um procedimento de cada vez. O internauta pode, simultaneamente ao processo de leitura de um texto, acessar *links*, ler outros textos, ouvir música, examinar imagens e planilhas, redigir *e-mails* e, finalmente, voltar a ler o texto que foi o ponto de partida para uma série de operações e de interações pela Internet.

A essas múltiplas possibilidades oferecidas pelo texto digital, que envolve uma nova forma de acessar, produzir e interpretar informações, chamamos *hipertexto*. Assim, **hipertexto** exprime a ideia de leitura e escrita não linear de texto, em um contexto tecnológico, mediado pelo computador e pela Internet.

A Internet permite ainda que os internautas, além de fazerem facilmente leituras simultâneas e não lineares, produzam e disponibilizem seus próprios textos na rede para a leitura de outros usuários. Assim, todos podem expressar seus pontos de vista, postando textos, vídeos e fotos em *sites* diversos: páginas de grandes jornais do país, YouTube, fóruns de discussão, páginas pessoais, como os *blogs*, ou perfis em redes sociais, como o Facebook e o Twitter.

Entre os gêneros textuais que são produzidos e circulam na Internet, estão o *e-mail*, o *blog* e o comentário.

O *E-MAIL*

Imagine a seguinte situação: o professor de História marcou uma data para os alunos enviarem um trabalho por *e-mail*, e Mariana não conseguiu fazer isso no prazo estabelecido. Quando conseguiu finalizar o trabalho, enviou o seguinte *e-mail* ao professor, tentando convencê-lo a aceitar o material fora do prazo.

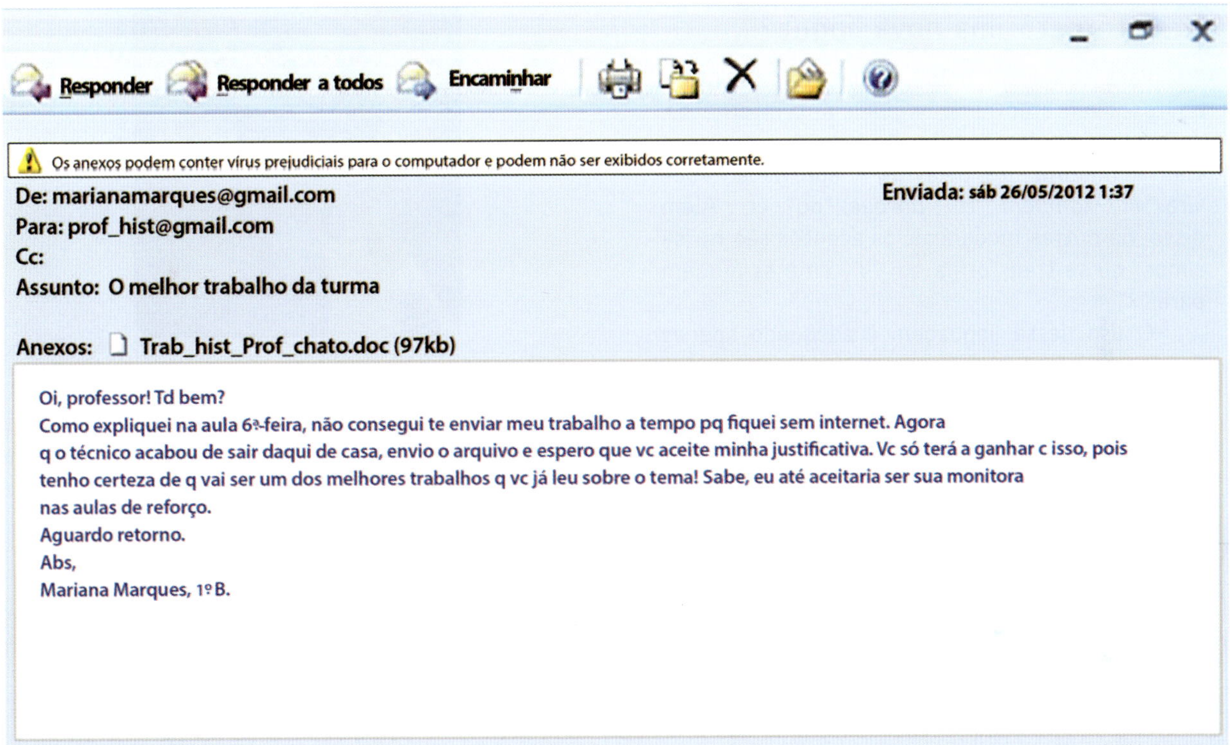

Responder Responder a todos Encaminhar

Os anexos podem conter vírus prejudiciais para o computador e podem não ser exibidos corretamente.

De: marianamarques@gmail.com **Enviada:** sáb 26/05/2012 1:37
Para: prof_hist@gmail.com
Cc:
Assunto: O melhor trabalho da turma

Anexos: Trab_hist_Prof_chato.doc (97kb)

Oi, professor! Td bem?
Como expliquei na aula 6ª-feira, não consegui te enviar meu trabalho a tempo pq fiquei sem internet. Agora q o técnico acabou de sair daqui de casa, envio o arquivo e espero que vc aceite minha justificativa. Vc só terá a ganhar c isso, pois tenho certeza de q vai ser um dos melhores trabalhos q vc já leu sobre o tema! Sabe, eu até aceitaria ser sua monitora nas aulas de reforço.
Aguardo retorno.
Abs,
Mariana Marques, 1º B.

WMO

1. Os programas de computador que enviam e recebem *e-mails* registram importantes dados referentes às mensagens recebidas e enviadas, tais como endereço de *e-mail* de remetente e destinatário, títulos de arquivos anexos, assunto, data, hora, etc. Em relação ao *e-mail* em estudo, responda:

a) Que justificativa a aluna deu para não ter enviado o trabalho por *e-mail* e, segundo a mensagem, quando o problema foi resolvido?

b) Qual o dia e o horário em que a mensagem foi enviada?

c) Suponha que o professor não aceitou a justificativa da aluna. Tendo em vista os dados da mensagem que aparecem na tela do computador, dê uma possível razão para essa decisão do professor.

2. A estrutura do *e-mail* é relativamente livre. Geralmente há um vocativo, um cumprimento, o desenvolvimento do assunto, a despedida e a assinatura. Apesar da liberdade quanto à estrutura, porém, é importante que não se perca de vista a situação de comunicação.

a) No *e-mail* que enviou ao professor, como Mariana nomeou o assunto?

b) Levante hipóteses: Essa escolha da aluna foi adequada? Justifique sua resposta.

3. Além de não aceitar a justificativa do atraso na entrega do trabalho, o professor podia se sentir ofendido com o *e-mail* de Mariana e, por isso, não se dispor a convidá-la para ser monitora nas aulas de reforço.

a) Entre os itens registrados no *e-mail*, qual podia fazer com que o professor se sentisse ofendido?

b) Releia este trecho do *e-mail*:

> "Sabe, eu até aceitaria ser sua monitora nas aulas de reforço."

Levante hipóteses: A maneira como Mariana se expressa nesse trecho do *e-mail* podia influenciar o professor na decisão de aceitá-la como monitora? Justifique sua resposta.

Na Internet, uma nova língua?

Para conversar pelo computador, os internautas inventaram uma linguagem, o internetês, cujo princípio é reduzir cada palavra ao essencial. A maioria das palavras é abreviada. *Você* vira "vc", *também*, "tb", *porque*, "pq", etc. Além disso, há outras mudanças: os acentos são raríssimos, *qu* se transforma em "k", *ch* e *ss* mudam para "x".

O uso dessa linguagem é adequado apenas em certos gêneros da Internet, como no *e-mail* pessoal, no *blog*, no Facebook e em conversas no Skype e no WhatsApp ou nas salas de bate-papo quando há intimidade entre pessoas. Em gêneros não digitais, o uso dessa linguagem é inadequado e, por isso, deve ser evitado.

4. Em alguns gêneros digitais, como o *e-mail* e o bate-papo, a linguagem não segue a norma-padrão escrita. Observe a linguagem empregada no *e-mail* em estudo.

a) O que está em desacordo com a norma-padrão escrita?

b) Levante hipóteses: No *e-mail* lido, a linguagem pode ser considerada inadequada?

Wei Yan/Masterfile/Other Images

5. Reúna-se com seus colegas de grupo e, juntos, reescrevam o *e-mail* de Mariana, tornando-o mais adequado ao objetivo que ela tinha em vista ao escrevê-lo. Para isso, considerem: finalidade do *e-mail*, perfil dos interlocutores, assunto, estrutura, linguagem.

E-mail comercial

O *e-mail* constitui atualmente uma das principais ferramentas de comunicação comercial entre funcionários de uma empresa e entre empresas e seus clientes e fornecedores. Nesse caso, o *e-mail* é mais formal e exige cuidados especiais:

- Preencher o campo *Assunto* com um resumo objetivo da mensagem.
- Não usar abreviações ou *emoticons*.
- Não escrever textos somente com letras maiúsculas ou minúsculas; as maiúsculas podem dar a impressão de agressividade, e as minúsculas, a de que a pessoa escreveu apressadamente.
- Colocar um fecho, empregando expressões como *atenciosamente*, *cordialmente* ou *aguardamos um breve retorno*.
- Escrever o nome e o cargo que ocupa na empresa.

PRODUZINDO O *E-MAIL*

Uma das vantagens da Internet é que ela facilita a leitores de jornais e revistas a exposição de seus pontos de vista. Para isso, alguns veículos de comunicação disponibilizam aos leitores espaços para fotos, notícias, cartas e *e-mails* com comentários sobre notícias e reportagens. Veja este exemplo:

O assunto é: **Sacola plástica**

"Com a proibição dos saquinhos plásticos em São Paulo, à qual eu sou inteiramente favorável, face aos benefícios ambientais proporcionados, os supermercados 'oferecerão', como alternativa aos clientes, sobras de caixotes de papelão ou, então, venderão sacolas reutilizáveis? Ou seja, diminuem sua despesa com os saquinhos plásticos, aumentam a receita com venda de sacolas e jogam a conta para nós. Por que não voltam a oferecer os sacos de papelão grosso que, até algumas décadas atrás, eram amplamente usados pelos supermercados? O papelão não agride ao meio ambiente, como os plásticos, e se desmancha quando molhado."

P. R. de C. JR. (São Paulo, SP)

(Folha.com, 26/1/2012.)

Você também pode enviar um *e-mail* para um veículo de comunicação, manifestando-se sobre um assunto de seu interesse. Para isso, selecione em um jornal ou revista uma reportagem que tenha chamado sua atenção e escreva um *e-mail* para o jornal ou a revista, comentando o assunto e o modo como ele foi abordado.

Planejamento do texto

- Busque o *site* oficial do veículo de comunicação selecionado. Anote o endereço de *e-mail* disponibilizado para as mensagens de leitores.
- Tenha em mente o perfil de seu leitor. Lembre-se de que seu texto poderá ser publicado e lido por milhares de pessoas. Se seu ponto de vista estiver bem-fundamentado, ele poderá influenciar, orientar e esclarecer outros leitores e, assim, você estará exercendo seu papel de cidadão.
- Procure adequar a linguagem de seu texto ao suporte, ao perfil dos interlocutores e à situação. É importante que o tom da linguagem não seja muito informal, a fim de que sua mensagem dê aos leitores impressão de seriedade e desperte credibilidade.
- Preencha os campos referentes a destinatário, assunto, anexos (se houver), etc.

Revisão e reescrita

Antes de enviar seu *e-mail*, releia-o, observando:

- se a maneira como você redigiu e estruturou seu texto está de acordo com a situação de comunicação;
- se a linguagem empregada está adequada a seus interlocutores;
- se os dados referentes a destinatários e assunto estão escritos corretamente;
- se os arquivos anexos (se houver) estão nomeados com clareza e objetividade.

O *BLOG*

O ***weblog***, mais conhecido como *blog*, era, no princípio, uma espécie de diário virtual, usado quase que exclusivamente por jovens interessados em relatar fatos de seu cotidiano, pensamentos, observações, opiniões e em se relacionar com outros internautas. Com o tempo, os *blogs* foram se tornando a ferramenta ideal não só para a divulgação de ideias pessoais, mas também para a divulgação de notícias, de textos sobre política e cultura, pesquisas, negócios, debates, publicidade, etc. Enquanto montar um *site* exige ter conhecimento de programação de computadores ou pagar por essa assessoria, criar uma página na rede é simples e rápido. Há diversos programas de hospedagem de *blogs* disponíveis gratuitamente na Internet. Um dos mais acessíveis e bastante procurado pelos iniciantes é o Blogger (blogger.com). Depois de acessá-lo, o usuário preenche um formulário com nome, *e-mail* e contatos, escolhe um visual para a página e lhe dá um nome. Quinze minutos depois, já pode publicar seus textos na Internet. Além dos textos, os *blogs* comportam fotos e, em alguns casos, vídeos. Além dos *blogs* individuais, que são mais comuns, existem também os *blogs* comunitários, nos quais todos os membros de determinado grupo podem editar textos e participar deles como autores.

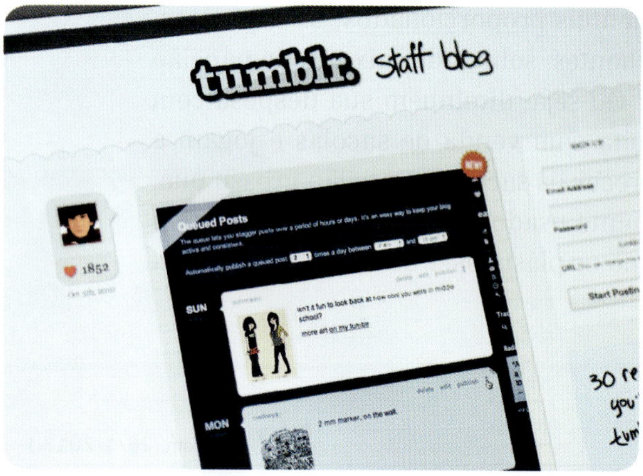

Alamy/Other Images

Blog: história sem fim

Os blogs levam às últimas consequências dois princípios da Internet. Um deles é a interatividade. Cada texto postado num blog vem acompanhado de uma janela para que os leitores façam comentários, o que torna essas páginas espaços de debate por excelência. O outro é a formação de comunidades que vão se ampliando e se sobrepondo. Os blogs são interligados uns aos outros por meio de links – os atalhos que permitem ao usuário saltar entre as páginas da Internet. Assim, um texto publicado num blog que isoladamente não atrai grande número de leitores pode de repente se espalhar de maneira exponencial. Quanto mais um blog é recomendado pelos similares, mais ganha status. Da mesma forma, o blogueiro que participa das discussões em páginas de terceiros acaba, por tabela, divulgando a sua própria. [...]

(*Veja*, nº 1 907.)

Os *blogs* possibilitam aos leitores fazer comentários sobre os *posts* dos autores, manifestando concordância, discordância, acrescentando informações, fazendo sugestões de tópicos para novos *posts*, etc.

O COMENTÁRIO

Muitos veículos de comunicação dão em seus portais indicações de *blogs*, com cujos autores, por meio da ferramenta **comentário**, os leitores podem falar diretamente. O comentário é um texto muito comum na Internet e é encontrado não só em *blogs*, mas também em *sites*.

Loucos por *blogs*

Se você gosta de *blogs* e quer se aprofundar no assunto, sugerimos para leitura o livro *Blogs - Revolucionando os meios de comunicação*, de Octavio I. Rojas Orduña e outros (editora Thomson), que mostra as oportunidades oferecidas pela blogosfera, tanto no plano pessoal, quanto no plano profissional.

E, para acesso, os *sites*:

- www1.folha.uol.com.br/blogs/
- oglobo.globo.com/blogs/
- www.estadao.com.br/blogs/
- http://jblog.jb.com.br/

ESIC

Blog: "coisa de velho"?
Adolescentes estão perdendo interesse nos blogs, indica pesquisa

Os internautas mais jovens estão perdendo o interesse nos blogs e se voltando cada vez mais para formas mais curtas e portáteis de comunicação pela rede [...].

Segundo o estudo feito pela Pew Research Center, o número de jovens internautas americanos entre 12 e 17 anos que escrevem blogs caiu de 28% para 14% desde 2006.

Os adolescentes que disseram ter feito comentários em blogs de colegas caiu de 76% para 52% no mesmo período. [...]

A pesquisa indica que os adolescentes vêm preferindo colocar postagens curtas em sites de redes sociais ou de micro-blogging, como o Facebook ou o Twitter, ou acessar a internet pelo telefone celular. [...]

Se por um lado a popularidade dos blogs tradicionais vem caindo entre os mais jovens, segundo indica a pesquisa, os dados mostram um envolvimento cada vez maior dos adolescentes em redes sociais na internet. [...]

De acordo com o estudo da Pew, 73% dos adolescentes americanos disseram usar sites de relacionamento social atualmente, contra 55% em novembro de 2006 e 65% em fevereiro de 2008. [...]

(*O Globo*, 4/2/2010. Disponível em: http://oglobo.globo.com/tecnologia/adolescentes-estao-perdendo-interesse-nos-blogs-indica-pesquisa-3058080#IXZZ1KCXLCWPK. Acesso em: 12/4/2012.)

O comentário na Internet

São muitos os *sites* que disponibilizam um espaço para que seus leitores comentem os conteúdos ali divulgados. Nesse ambiente, é frequente a ocorrência de comentários nos quais o leitor expõe sua opinião pessoal de forma extremamente subjetiva, sem considerar os argumentos do autor do texto e a situação em que o texto foi produzido.

Leia o depoimento abaixo, em que o cantor e compositor Chico Buarque fala sobre os comentários feitos por alguns leitores de seu *site*.

Porque hoje em dia, com essas coisas de Internet, as pessoas falam o que vem à cabeça, né? E a primeira vez que eu vi isso, eu não sabia como era o jogo ainda, eu fiquei espantadíssimo, eu falei "o que é que tão falando aqui?" Porque o artista geralmente ele acha que é muito amado [...] vai, faz o *show*, é aplaudido e tal... ele sai cheio de si, e ele abre a Internet, ele é odiado (risos) [...] Eu, a primeira vez que eu vi, não sei se foi numa notícia assim, aí eu vi: "comentários". Eu nunca tinha entrado nisso, aí comecei a ver: "este velho, o que o álcool não faz com uma pessoa?" (risos) Simplesmente uma injustiça, porque eu já nem bebo mais... "o que que esse velho tá fazendo aí?" Mas vai fazer o que, né? [...] Não pode ficar triste com isso, nem morrer, se morrer é pior, quando morrer vão dizer: "já morreu tarde, já vai tarde..." (risos).

(Disponível em: http://www.chicobastidores.com.br/video/18/Comentários%20na%20internet. Acesso em: 12/4/2012.)

Giuseppe Bizzarri/Folhapress

Chico Buarque.

É possível, entretanto, fazer comentários que fundamentem o ponto de vista adotado, contribuindo, assim, para uma discussão esclarecedora sobre um tema específico.

É comum que *blogs* e *sites* que disponibilizam a seus leitores a ferramenta *comentários* tenham um filtro pelo qual os textos passam antes de serem publicados. Assim, evita-se a publicação de agressões gratuitas, termos de baixo calão, propagandas, etc.

O comentário na Internet é um texto geralmente curto e com estrutura bastante variável. Seu principal objetivo deve ser adicionar ao texto comentado, de forma sucinta, informações, críticas, elogios, correções ou sugestões.

Veja, como exemplo, um *post* sobre o Código Florestal brasileiro feito no *blog* do jornalista Marcelo Tas, seguido dos comentários de alguns leitores.

Código Florestal não merece virar bate-boca de futebol

Fernando Meirelles

Acompanho com atenção e alguma preocupação a votação do novo Código Florestal. Trata-se de assunto da mais absoluta importância. Entretanto, percebo que entramos numa contenda polarizada, de bate-boca de arquibancada de futebol, com gente gritando e xingando quem pensa diferente de "idiota"...

Será que ajuda dividirmos um tema tão importante em dois lados: uma briga de foice no escuro entre ambientalistas X o tal "agronegócio"? [...]

Coloquei o vídeo [...] com o depoimento do meu amigo, o cineasta Fernando Meirelles, porque penso que [...] as palavras dele trazem um ponto importante. [...] Fernando sugere que devemos "ouvir os cientistas". É uma excelente sugestão que interpreto e amplio aqui sugerindo que ouçamos os cientistas que vivem dentro de cada um de nós. Mais razão e menos emoção, pessoal.

Uma coisa eu sei: não podemos abrir mão de produzir comida. Isto é necessário para a saúde física dos brasileiros e para a saúde financeira da nossa balança comercial. Ou seja, temos que produzir alimento mas sem que, evidentemente, destruamos a natureza, a nossa usina produtora e reprodutora. [...]

É importante ouvir a voz dos produtores rurais, grandes e pequenos, os senadores que os representam [...], sem tratá-los como loucos de motosserra na mão. Também é extremamente importante ouvir iniciativas civis [...], sem tratá-los como fundamentalistas do meio ambiente. Se conseguirmos sair dessa gritaria de arquibancada, desse FLA X FLU, a discussão do Código Florestal pode ser mais consequente, saudável e madura. Como devem ser os frutos que nos alimentam hoje e no futuro.

COMENTE!

S. C. 26 de novembro de 2011 at 22:31

O Ministério Público e as agências de Controle Ambiental usam o código florestal nas áreas urbanas para embargar e punir os proprietários de imóveis nas beiras dos rios dentro das cidades. Indústrias, comércio e residências são bloqueadas por estarem dentro da margem de APP.

Como a lei cega, deveriam usar a mesma lei para punir as cidades. Vão embargar então a Marginal Tietê e Pinheiros na cidade de São Paulo. A mesma lei não pode ser usada no meio do Amazonas e nas cidades.

Thinkstock/Getty Images

Pedrinho 26 de novembro de 2011 at 7:35

Agora que a ampla maioria dos senadores e deputados federais já decidiram votar a favor do novo código florestal, os militantes verdes vêm com essa conversa de diálogo e palpites de "cientistas" politicamente engajados? Os militantes verdes a serviço de ONG's estrangeiras querem ganhar no grito, isso sim.

Átila 28 de dezembro de 2011 at 13:53

Pedrinho, favor se informar melhor. O Movimento dos Atingidos por Barragens – MAB tem pautado em vários espaços este debate antes mesmo, muito antes, de ocorrer a primeira votação e ser pauta dos grandes jornais.

Consulte o sítio do MAB

http://www.mabnacional.org.br/

Reinaldo 24 de novembro de 2011 at 21:52

Uma observação: acho que você utilizou o termo "agronegócio" de forma equivocada, visto que "agronegócio" envolve muito mais coisa além da produção agrícola per se.

P.ex. alguns setores da indústria se encaixam no agronegócio.

João Paulo 24 de novembro de 2011 at 17:30

O Fernando é um grande cineasta e eu adoro seus filmes, mas infelizmente falou bobagem. De onde ele tirou esse número de 61 milhões de hectares de terras degradadas? Isso é chutômetro. Puro chutômetro misturado com googlismo faccioso, afinal sempre filtramos no Google aquilo que nos interessa. Fazendeiro pode ser tudo, menos burro. Terra degradada não produz. Não sou produtor rural, mas conheço bem o assunto e posso dizer sem medo de errar que a nossa agricultura é a maior do mundo em termos de produtividade. Pare de chutar, Fernando. É melhor um ambientalista radical assumido do que um cineasta se fazendo passar por benfeitor ecológico movido por puro altruísmo.

(Adaptado de: http://blogdotas.terra.com.br/2011/11/23/codigo-florestal-nao-pode-virar-um-fla-x-flu/. Acesso em: 15/4/2012.)

Note que os leitores, além de apresentar seus pontos de vista, procuram dialogar com base nas informações contidas no texto do *blog*, remetendo-se a elas em seus comentários ("os militantes verdes vêm com essa conversa"; "acho que você utilizou o termo 'agronegócio' de forma equivocada"; "De onde ele tirou esse número"). Além disso, buscam embasar suas afirmações, incorporando vozes de autoridade ou posicionando-se como alguém que tem conhecimento sobre o assunto ("O Movimento dos Atingidos por Barragens – MAB"; "O Ministério Público e as agências de Controle Ambiental"; "Não sou produtor rural, mas conheço bem o assunto e posso dizer sem medo de errar"). Há, também, leitores que respondem a comentários de outros leitores, fazendo referência direta a eles ("Pedrinho, favor se informar melhor [...]. Consulte o sítio do MAB http://www.mabnacional.org.br/").

Você tem o hábito de fazer comentários em *sites* da Internet? Quais? Troque informações com seus colegas sobre os comentários que vocês costumam escrever.

Com a orientação do professor, participe de uma pesquisa na classe: Quantos alunos têm um *blog*? Quantos alunos acompanham algum *blog* e indicariam sua leitura? Quantos alunos comentam outros *blogs*? Quantos alunos costumam deixar comentários na Internet? Em quais *sites*?

PRODUZINDO O COMENTÁRIO

Reúna-se com seus colegas de grupo e, seguindo indicações do professor, escolham um ou mais *blogs* ou *sites* da Internet que apresentem a ferramenta *comentários* e produzam um ou mais comentários a propósito de um assunto do interesse de todos. Depois acessem o *blog* ou *site* e enviem o comentário.

Planejamento do texto

Discutam o texto do *blog* escolhido e o ponto de vista que ele apresenta sobre o assunto.

- Ao escrever, procurem manter uma relação direta com o texto original e situar com clareza o alvo do comentário.

Masterfile/Other Images

Revisão e reescrita

Antes de enviar o comentário, releiam-no, observando:

- se ele consiste em um texto curto, uma vez que nesse gênero a síntese é desejável;
- se o ponto de vista do grupo está bem-fundamentado, com base em dados e referências consistentes, especialmente se ele for contrário ao ponto de vista apresentado no texto original.

Lynsey Addario/VII Network/Corbis/Latinstock

CAPÍTULO 3

O relato pessoal

TRABALHANDO O GÊNERO

O texto a seguir foi escrito pelo jornalista e escritor português Miguel Sousa Tavares. Leia-o.

O deserto dentro de nós

Depois de atravessar a tempestade, nunca mais seremos os mesmos

Há dois dias que estávamos debaixo daquela tempestade de areia, algures na pista de Djanet para Tamanrasset, no sul da Argélia. [...].

Em dezembro de 1987, a nossa caravana de 17 jipes e 35 pessoas estava semiperdida na pista para Tamanrasset, enfrentando uma tempestade de areia que não nos deixava progredir mais do que 20 quilômetros por dia, em colunas e faróis acesos, e com visibilidade reduzida a uns dez metros. Era inútil tentar avistar as balizas ou quaisquer outras referências, tais como montanhas, dunas ou "oueds" secos. Progredíamos a passo de camelo durante uma hora e depois parávamos para reagrupar e contar os jipes. Nada há que possa descrever com exactidão o que é uma tempestade de areia no deserto. O que é, primeiro que tudo, a sensação de profunda angústia, ou mesmo terror, que dá olhar para o horizonte e ver a tempestade avançar sobre nós como uma imensa mancha negra a tapar o céu azul e um turbilhão de areia em movimento ocupando o solo e dirigindo-se para nós, como uma furiosa caverna negra prestes a engolir-nos. Temos tempo para nos prepararmos, mas nunca estamos verdadeiramente preparados.

Fugimos à frente da tempestade a toda velocidade e sempre a olhar pelo retrovisor e a certa altura percebemos que não há nada a fazer e vamos mesmo ser engolidos por aquele turbilhão negro.

E nunca sabemos quanto tempo pode demorar uma tempestade de areia no deserto: seis horas, dois dias, 12 dias. [...] Assim, quando percebemos que não conseguiremos continuar a fugir à frente do monstro, só nos resta prepararmo-nos para o seu impacto, sem saber por quanto tempo estaremos debaixo dele. A toda a pressa, juntamos provisões de comida e de água, colocamos à mão os instrumentos essenciais, como facas e canivetes, abre-latas, lanternas, estojos de primeiros socorros, gotas para os olhos e para o nariz, vedamos todo o material sensível à areia e, quando as primeiras rajadas de areia começam a bater sobre nós fechamos todos os vidros do carro e atamos um lenço à nuca a tapar-nos o nariz e a boca e óculos de proteção.

Getty Images

Deserto na Argélia.

Tudo é inútil, porém. Em menos de meia hora temos a sensação de estar, não dentro de um jipe, mas dentro da própria nuvem de areia. [...] O dia faz-se noite de repente, o barulho é apocalíptico e a força do vento parece ir arrancar o jipe do chão e arrastá-lo [...]. Numa das paragens, saio do jipe para ir lá fora fazer qualquer coisa ou simplesmente desentorpecer as pernas, dou dez passos para o lado e, quando quero regressar ao jipe, não o consigo distinguir no meio da nuvem de areia [...]. A custo, consigo dominar o terror [...] e é como cego, com os braços estendidos em frente, que eu acabo por chocar com o jipe e regressar ao meu lugar ao volante com a sensação de ter sido resgatado do mar durante um naufrágio.

Eis o ponto-limite de uma travessia do deserto. Eis o instante em que não somos nada nem sabemos coisa alguma – nós, os nossos conhecimentos todos, a nossa presunção, a nossa tecnologia. De repente, ali estamos a sós contra o vento, contra a areia, contra o deserto [...].

Dois dias e duas noites assim. Dois dias e duas noites a sós com o mais fundo de nós mesmos, tão fundo e tão íntimo que nem nós próprios nos reconhecemos. É aqui, é então, que descobrimos quem verdadeiramente somos, as forças que desconhecíamos ou as fraquezas que escondíamos, a sós, na intimidade tão devastadora que chega a assustar-nos. Eis o fundo do deserto, a travessia do deserto, uma viagem que é simultaneamente exterior e interior. Este é o território onde morrem todas as presunções, este é o verdadeiro momento da verdade. Quando a tempestade se afasta e regressamos aos gestos habituais dos que estão vivos, sabemos então que acabamos de atravessar o terrível vento de areia, que acabamos de atravessar o deserto e emergimos à luz do sol, sob as planícies sem fim do Saara, com a certeza de que nunca mais voltaremos a ser os mesmos, por muito que a vida se encarregue de normalizar todas as ocasiões e diluir todas as coisas.

(Revista *Lugar*, maio 2010.)

algures: em algum lugar. **oueds:** rios, cursos d'água.

1. No texto, o autor relata um fato que viveu em uma viagem.

a) Que fato foi esse?

b) Observe o título do texto e a frase abaixo dele: "Depois de atravessar a tempestade, nunca mais seremos os mesmos". Há relação entre esses dois elementos e a experiência que é relatada pelo autor?

2. Nos relatos, é comum o emprego da descrição, usada para caracterizar as pessoas, os lugares, os objetos, as sensações, etc. Como é descrita no relato a tempestade de areia?

3. O fato relatado pelo narrador foi inventado por ele ou é recordação de uma experiência vivida? Apresente alguns trechos que comprovem sua resposta.

4. Releia os seguintes trechos do relato e observe os pronomes e as formas verbais destacados:

- "a *nossa* caravana de 17 jipes e 35 pessoas *estava* semiperdida na pista para Tamanrasset"
- "*Fugimos* à frente da tempestade a toda velocidade"
- "A toda a pressa, *juntamos* provisões de comida e de água"
- "quando *quero* regressar ao jipe, não o consigo distinguir no meio da nuvem de areia"

a) Os pronomes referem-se a que pessoa do discurso?

b) Em que tempo estão as formas verbais?

c) O autor participa da história como observador ou como protagonista?

5. Observe a linguagem do texto. A variedade linguística utilizada está de acordo ou em desacordo com a norma-padrão? Ela é formal ou informal?

6. Pelas características do tema e da linguagem, levante hipóteses: A que tipo de público esse relato pessoal se destina?

Getty Images

7. Levante hipóteses: Em que veículos um relato pessoal pode ser divulgado?

8. Reúna-se com seus colegas de grupo e concluam: Quais são as características do relato pessoal? Ao responder, considerem os seguintes critérios: finalidade do gênero, perfil dos interlocutores, suporte e veículo, tema, estrutura, linguagem.

Loucos por relatos

Para aqueles que são aficionados de relatos pessoais e relatos de viagens, sugerimos a leitura dos seguintes livros: *O lugar escuro*, de Heloisa Seixas (Objetiva); *Relato de um náufrago*, de Gabriel García Márquez (Record); *Ex-libris – Confissões de uma leitora comum*, de Anne Fadiman (Jorge Zahar); *Itinerário de Pasárgada*, de Manuel Bandeira (Aguilar); *Um poeta como outro qualquer*, de José Paulo Paes; *É uma pena – Aventuras de um roteirista versátil*, de Flavio de Souza; *O caso do filho do encadernador – Romance da vida de um romancista*, de Marcos Rey, e *Esta força estranha – Trajetória de uma autora*, de Ana Maria Machado (Atual); *Sob o sol da Toscana – Em casa na Itália* e *Um ano de viagens*, de Frances Mayes (Rocco); *Na Patagônia*, de Bruce Chatwin (Companhia das Letras).

PRODUZINDO O RELATO PESSOAL

Há, a seguir, duas propostas de produção de textos. Você poderá desenvolver as duas ou uma delas, conforme a orientação do professor.

1. Lembre-se de um episódio marcante ocorrido com você, na infância ou mais recentemente – uma travessura de arrepiar, um presente inesperado, a adaptação numa escola nova, o nascimento de um irmão ou uma irmã, uma viagem ou um passeio inesquecível, uma grande decepção, um fato acontecido na vizinhança, etc. –, e escreva um relato sobre ele.

2. Leia este poema, de Carlos Drummond de Andrade:

Quero

Quero que todos os dias do ano
todos os dias da vida
de meia em meia hora
de 5 em 5 minutos
me digas: Eu te amo.

Ouvindo-te dizer: Eu te amo,
creio, no momento, que sou amado.
No momento anterior
e no seguinte,
como sabê-lo?

Quero que me repitas até a exaustão
que me amas que me amas que me amas.
Do contrário evapora-se a amação
pois ao não dizer: Eu te amo,
desmentes
apagas
teu amor por mim.

SuperStock RM/Getty Images

Exijo de ti o perene comunicado.
Não exijo senão isto,
isto sempre, isto cada vez mais.
Quero ser amado por e em tua palavra
nem sei de outra maneira a não ser esta
de reconhecer o dom amoroso,
a perfeita maneira de saber-se amado:
amor na raiz da palavra
e na sua emissão,
amor
saltando da língua nacional,
amor
feito som
vibração espacial.

No momento em que não me dizes:
Eu te amo,
inexoravelmente sei
que deixaste de amar-me,
que nunca me amastes antes.

Se não me disseres urgente repetido
Eu te amoamoamoamoamo,
verdade fulminante que acabas de desentranhar,
eu me precipito no caos,
essa coleção de objetos de não-amor.

(Disponível em: http://www.memoriaviva.com.br/drummond/poema043.htm. Acesso em: 4/2/2012.)

O amor é um tema vasto, abordado por inúmeros escritores, seja em verso, seja em prosa. Escreve-se sobre amor entre namorados, entre amigos, entre pais e filhos, entre irmãos, etc.
Relate uma experiência amorosa. Você pode se referir, por exemplo, a um episódio engraçado relacionado ao primeiro amor; ou às ilusões e decepções que envolveram seu primeiro amor. Pode também falar sobre o amor por um amigo ou por uma pessoa marcante em sua vida.

Planejamento do texto

Ao redigir seus relatos, leve em conta as orientações a seguir.

Thinkstock/Getty Images

- Tema do texto – Lembre-se de que você é protagonista; assim, seu relato deve apresentar experiências vividas e bem-situadas no tempo e no espaço.
- Perfil do leitor – Seus textos serão publicados no livro que a classe deverá montar no projeto **Relato para todos**, neste capítulo, e serão lidos por colegas de sua classe e de outras, por professores, funcionários da escola e convidados.
- Veículo e suporte em que o texto será veiculado – Procure empregar uma linguagem adequada ao perfil dos interlocutores e à situação.
- Características do gênero a serem observadas – Em um relato, o tempo e o espaço são bem-definidos, há trechos descritivos, os verbos são empregados geralmente no passado, o autor é protagonista.
- Título – Dê um título ao seu relato.

Revisão e reescrita

Faça primeiramente um rascunho do seu texto. Depois releia-o, observando se ele leva em conta as características do gênero, o perfil dos leitores, a correção e adequação da linguagem, o suporte e o veículo.

Faça as alterações necessárias e passe o texto a limpo.

PROJETO

Relato para todos

Ao concluir a produção de texto proposta, junte seus relatos aos de seus colegas para a montagem de um livro da classe. Para a montagem do livro, sigam estas instruções:

- Confeccionem a capa em papel mais grosso. Coloquem o título (criem um) e a série e ilustrem-na.
- Escrevam na contracapa a ficha catalográfica, imitando os livros de verdade. Vejam como fazer isso neste livro.
- Façam um texto de apresentação dos relatos, ou peçam a outra pessoa, escolhida pela turma, que o faça.
- Se quiserem, ilustrem os relatos com fotografias, originais ou xerocadas, ou com desenhos.
- Unam a capa aos textos e grampeiem-nos, formando o livro.

Exponham o livro em um lugar especial da escola, por exemplo a biblioteca, e convidem colegas de outras classes, professores, funcionários, familiares e amigos para ler os relatos.

ESCREVENDO COM TÉCNICA

A DESCRIÇÃO

Grande parte dos gêneros textuais – fábulas, contos, crônicas, poemas, notícias, reportagens, entrevistas, etc. – costuma fazer, por meio de imagens ou palavras, uma caracterização, isto é, uma descrição de personagens, de pessoas, de paisagens, de cenas, de objetos, etc.

O texto descritivo a seguir faz parte do romance *O germinal*, de Émile Zola, escritor francês do século XIX. Leia-o.

No meio dos campos de trigo e beterraba, a aldeia dos Deux-Cent-Quarante dormia sob a noite negra. Distinguiam-se vagamente os quatro imensos corpos de pequenas casas encostadas umas às outras, os edifícios da caserna e do hospital, geométricos, paralelos, que separavam as três largas avenidas em jardins iguais. E, no planalto deserto, ouvia-se apenas a queixa do vento por entre as sebes arrancadas.

Em casa dos Maheu, no número dezesseis do segundo grupo de casas, tudo era sossego. O único quarto do primeiro andar estava imerso nas trevas, como se estas quisessem esmagar com seu peso o sono das pessoas que se pressentiam lá, amontoadas, boca aberta, mortas de cansaço. Apesar do frio mordente do exterior, o ar pesado desse quarto tinha um calor vivo, esse calor rançoso dos dormitórios, que, mesmo asseados, cheirava a gado humano.

O cuco da sala do rés do chão deu quatro horas, mas ninguém se moveu. As respirações fracas continuaram a soprar, acompanhadas de dois roncos sonoros. Bruscamente Catherine levantou-se. No seu cansaço ela tinha, pela força do hábito, contado as quatro badaladas que atravessaram o soalho, mas continuara sem ânimo necessário para acordar de todo. Depois, com as pernas fora das cobertas, apalpou, riscou um fósforo e acendeu a vela. Mas continuou sentada, a cabeça tão pesada que tombava nos ombros, cedendo ao desejo invencível de voltar ao travesseiro.

Agora a vela iluminava o quarto, quadrado, com duas janelas, atravancado com três camas. Havia um armário, uma mesa e duas cadeiras de nogueira velha, cujo tom enfumaçado manchava duramente as paredes pintadas de amarelo-claro. E nada mais, a não ser roupa de uso diário pendurada em pregos, uma moringa no chão ao lado do alguidar vermelho que servia de bacia. Na cama da esquerda, Zacharie, o mais velho, um rapaz de vinte e um anos, estava deitado com o irmão, Jeanlin, com quase doze anos; na da direita, dois pequenos, Lénore e Henri, a primeira de seis anos, o segundo de quatro, dormiam abraçados; Catherine partilhava a terceira cama com a irmã Alzire, tão fraca para os seus nove anos, que ela nem a sentiria ao seu lado, não fosse a corcunda que deformava as costas da pequena enferma. A porta envidraçada estava aberta, podiam-se ver o corredor do patamar e o cubículo onde o pai e a mãe ocupavam uma quarta cama, contra a qual tiveram de instalar o berço da recém-nascida, Estelle, de apenas três meses.

Hemis/Alamy/Other Images

Entretanto, Catherine fez um esforço desesperado. Espreguiçava-se, crispava as mãos nos cabelos ruivos que se emaranhavam na testa e na nuca. Franzina para os seus quinze anos, não mostrava dos membros senão uns pés azulados, como tatuados com carvão, que saíam para fora da camisola estreita, e braços delicados, alvos como leite, contrastando com a cor macilenta do rosto, já estragado pelas contínuas lavagens com sabão preto. Um último bocejo abriu-lhe a boca um pouco grande, com dentes magníficos incrustados na palidez clorótica das gengivas, enquanto seus olhos cinzentos choravam de tanto combater o sono. Era uma expressão dolorosa e abatida que parecia encher de cansaço toda a sua nudez.

(São Paulo: Abril Cultural, 1972. p. 21-3.)

alguidar: vaso baixo de barro ou de metal.

caserna: habitação de soldados, dentro do quartel ou em uma praça fortificada.

clorótico: relativo a ou que tem clorose, anemia peculiar à mulher, assim chamada pelo tom amarelo-esverdeado que imprime à pele.

crispar: encrespar, franzir.

macilento: magro e pálido; descarnado.

mordente: que morde; mordaz.

nogueira: árvore europeia, cuja madeira é boa para móveis.

rés do chão: pavimento de uma casa no nível do solo ou da rua; andar térreo.

sebe: cerca de arbustos, ramos, estacas ou ripas entrelaçadas.

1. O texto em estudo descreve a aldeia de Deux-Cent-Quarante, a casa e a família dos Maheu.

a) A que período do dia se refere a descrição?

b) Como eram os edifícios da caserna e do hospital da aldeia?

c) Quantas pessoas dormiam no único quarto da casa dos Maheu? Como dormiam?

2. Um texto descritivo pode fazer referência a impressões sensitivas, como cores, formas, cheiros, sons, impressões táteis ou gustativas, etc.

a) Identifique no texto palavras ou expressões que fazem referência a cores e a formas.

b) Identifique no texto dois ou três trechos que fazem referência a impressões sonoras.

c) Apesar do frio exterior, qual era a temperatura dentro do quarto? Que odor o ar exalava?

3. Nos trechos "planalto *deserto*", "frio *mordente*", "roncos *sonoros*", "alguidar *vermelho*", "força *do hábito*", "cama *da esquerda*", "camisola *estreita*", qual é a classe gramatical das palavras e expressões destacadas?

4. Em "esse calor rançoso dos dormitórios, *que*, mesmo asseados, *cheirava a gado humano*", o trecho destacado é uma oração subordinada adjetiva. Identifique no 4º parágrafo outra oração desse tipo.

5. Um trecho descritivo pode apresentar comparações. Veja um exemplo de comparação neste trecho do último parágrafo: "não mostrava dos membros senão uns pés azulados, *como tatuados com carvão*". Identifique no mesmo parágrafo do texto outra comparação.

6. Os verbos mais utilizados em descrições costumam ser os de estado (*ser, estar, ficar, parecer, continuar*, etc.). Certos verbos de ação, entretanto, podem ser empregados como de estado: *tinha, havia, dormiam, mostrava*. Em que tempo e modo predominantemente estão os verbos empregados na descrição em estudo?

7. Com base no estudo de texto feito, troque ideias com os colegas de grupo e concluam: Em que consiste a técnica da descrição e quais são os recursos nela empregados?

A descrição na linguagem visual

Retratos e naturezas-mortas em pinturas e esculturas, fotografias de pessoas e paisagens ou objetos focalizados em *zoom* em filmes, assim como mapas e plantas de edifícios, são exemplos de descrição visual. Ao fazer o mapa de uma cidade, o cartógrafo produz a descrição de maneira objetiva, procurando ser fiel à localização de ruas, praças, etc. Já o artista reproduz a pessoa ou o objeto representando-os de maneira pessoal, subjetiva, de acordo com sua forma de ver e de sentir o mundo.

Paul Gauguin. Fogg Art Museum, Harvard University Art Museum, USA

Descrição de cena

Era de fato um lindo quadro, aquele formado pelas irmãs reunidas no recanto verde, com a luz do sol e as sombras projetando desenhos sobre elas, a brisa perfumada erguendo seus cabelos e refrescando as faces coradas, enquanto animaizinhos do bosque continuavam a cuidar de seus afazeres, como se as meninas não fossem presenças estranhas, mas velhas amigas. Meg sentara-se na almofada e costurava, movendo graciosamente as mãos brancas, bonita e viçosa como uma flor, com seu vestido rosado no meio do verde. Beth escolhia pinhas entre as muitas que juncavam o chão sob um pinheiro próximo, pois sabia fazer muitas coisas bonitas com elas. Amy desenhava uma moita de samambaias, e Jó tricotava, ao mesmo tempo que lia seu livro em voz alta. Observando-as, o rapazinho sentiu-se constrangido, pois tinha a impressão de que devia retirar-se, já que não fora convidado. Mas continuou parado no mesmo lugar, porque sua casa parecia-lhe vazia, e aquela tranquila reunião no bosque era muito atraente para seu espírito inquieto. [...]

(Louise May Alcott. *Mulherzinhas*. São Paulo: Nova Cultural, 2003. p. 142.)

Descrição objetiva e descrição subjetiva

A descrição de um objeto, de uma pessoa, de uma cena, etc. pode ser feita objetivamente ou subjetivamente, dependendo do ponto de vista do narrador. A descrição objetiva deve ser impessoal, concreta, imparcial, livre de gostos, sentimentos, emoções ou opiniões pessoais. Já a descrição subjetiva é pessoal, particular, marcada pelo gosto, pelos sentimentos, emoções e opiniões do narrador.

O texto a seguir é de um anúncio classificado. Observe a objetividade na descrição do imóvel anunciado.

Vila Nova Conceição — Casa de esquina com 460 m², várias salas, copa, jardins, 8 vagas. Zoneamento liberado para atuação comercial. R. Afonso Braz. [...]

(*O Estado de S. Paulo*.)

Descrição de personagem

O texto a seguir descreve psicologicamente Lady Russell, personagem do romance *Persuasão*, da escritora inglesa Jane Austen.

[...] Era uma boa mulher, caridosa e benevolente, capaz de profundas amizades, impecável na conduta, rigorosa nas suas ações de decoro e de uma distinção considerada um modelo de boa educação. Era culta e, em geral, coerente, racional, mas tinha alguns preconceitos quanto à tradição. Valorizava posição e prestígio, o que a tornava um tanto cega às falhas de quem os possuía. [...]

(Rio de Janeiro: Francisco Alves, 1996. p. 35.)

Descrição de cenário

Thinkstock/Getty Images

Uma casa velha na zona norte de Londres. Um aposento bem amplo, tomando toda a extensão do palco. A parede ao fundo, que deveria ter uma porta, foi removida. Ficou apenas um ar de linhas retas. Por trás do arco, o hall. No hall, uma escada subindo para a esquerda alta, bem à vista. Porta da frente à direita alta. Um cabide para capotes, etc. Uma janela, à direita. Mesas desirmanadas, cadeiras. Duas grandes poltronas. Um sofá, também grande, à esquerda. Contra a parede da direita, um grande aparador, na parte superior do qual há um espelho. Na esquerda alta um aparelho combinado de rádio e vitrola.

(Harold Pinter. *Volta ao lar*. São Paulo: Abril Cultural, 1976. p. 7.)

EXERCÍCIOS

1. Caracterize por meio de uma locução adjetiva (preposição + substantivo) estes substantivos: ingredientes, continuação, hábito, atração, ato, dificuldade, nobreza, paixão, certificado, conselho. Veja um exemplo:

> liberdade *de expressão*

2. Identifique no vocabulário abaixo adjetivos que podem caracterizar o cheiro de:

a) perfume
b) carniça
c) gás
d) refrigerante
e) vinagre

> doce ácido acre fétido nauseabundo sufocante penetrante inebriante suave putrefato picante inodoro leve delicado

3. Indique dois ou três substantivos que poderiam ser associados às seguintes características: retangular, pontiagudo, sinuoso, minúsculo, espinhento. Veja um exemplo:

> estreito: rua, corredor, estrada, visão

4. Escolha um(a) amigo(a) ou um parente (pai, mãe, irmã, etc.) e, sem dizer o nome dele(a), descreva-o(a) física e psicologicamente. Após terminar seu texto, troque-o com um colega.

5. Pense em um objeto que você tem e de que gosta muito, mas, por necessidade financeira, precisa vender. Escreva dois anúncios, descrevendo-o: o primeiro, objetivamente; o segundo, subjetivamente.

6. Escolha uma destas propostas de descrição:

- Imagine a seguinte situação: você é um crítico teatral e participa da cerimônia religiosa de um casamento. Por força da profissão, entretanto, você não consegue ver o casamento como um ritual cerimonioso e sério, mas sim como um espetáculo teatral.
  Elabore uma descrição da cena do casamento sob esse ponto de vista e, se possível, com uma boa dose de humor.
- Observe com atenção os detalhes das ruas por onde passa ao ir para a escola, as particularidades das casas, dos prédios, das praças, as pessoas que encontra. Repare no trânsito, ouça os sons e os ruídos, sinta os cheiros.
  Depois, a partir da observação feita, elabore um texto descritivo.

7. Leia os versos a seguir, de Lenine, e observe como o emprego de metáforas amplia a visualização do ser descrito, enriquece o texto e dá nova vida às palavras.

Jim Craigmyle/ Masterfile/Other Images

Ela é minha delícia
O meu adorno
Janela de retorno
Uma viagem sideral

Ela é minha festa
Meu requinte
A única ouvinte
Da minha rádio nacional

Ela é minha sina
O meu cinema
A tela da minha cena
A cerca do meu quintal

Minha meta, minha metade
Minha seta, minha saudade
Minha diva, meu divã
Minha manha, meu amanhã...

[...]

(http://letras.terra.com.br/lenine/83606/)

Agora, procurando fazer uso do mesmo recurso observado na canção, escolha um dos temas abaixo e redija uma descrição, em prosa ou em verso. Se preferir, escolha outro tema.

- Meu amor
- Um dia inesquecível
- Meu melhor amigo
- Amanhã

VOCÊ JÁ FOI CHAMADO?

Getty Images

Para finalizar as atividades desta unidade, faça arte e amigos, servindo-se do correio tradicional ou da Internet.

1. Arte postal

Existe uma tendência alternativa de arte via correio, a chamada arte postal, da qual participam pessoas de todo o mundo. A arte postal consiste na troca de postais com mensagens e imagens criativas. Qualquer pessoa pode participar, enviando seu trabalho a outros artistas ou fazendo parte de grupos. Se quiser maiores informações, entre na Internet, procure um *site* de busca, tipo Google, escreva *arte postal* no campo de busca, escolha alguns *sites* e informe-se mais a respeito do assunto.

Getty Images

Compartilhe você também dessa experiência. Recorte um papel-cartão nas medidas de um postal comum. De um lado, crie um desenho ou cole figuras (de pessoas, animais, objetos, adesivos, mensagens, selos, etc.); do outro, escreva uma mensagem para um(a) colega, amigo(a) ou familiar e o endereço da pessoa. Depois envie seu postal pelo correio.

2. Entenda as "intermanias"

Biry Sarkis

Pesquise para se informar sobre as diferentes formas de comunicação e interação existentes na Internet, como, por exemplo, fóruns ou grupos de discussão (Newsgroup), IRC (Internet Relay Chat), *chats*, programas de mensagem instantânea, *blogs*, etc. Colha informações sobre elas, procurando saber quais são as características de cada uma, o que é necessário para se comunicar e interagir por meio delas, quais são as vantagens e as desvantagens que oferecem para o usuário comum, etc.

Em grupo, sistematizem os dados da pesquisa e apresentem-nos aos demais colegas oralmente ou por escrito, em um texto que poderá ser afixado no mural da classe ou da escola.

3. Torne-se um cidadão do Facebook

Se você ainda não está conectado com essa nova mania dos internautas, chegou a hora de tomar uma atitude.

O Facebook é, hoje, a maior rede social do mundo. Nela, milhões de pessoas se encontram, se reencontram, batem papo e postam textos, mensagens, fotos e filmes.

Para fazer parte dessa rede, é muito fácil. Basta acessar o *site* http://www.facebook.com/, fazer o cadastro e começar a procurar sua turma.

iStockphoto/Getty Images

Robert Morrissey/Glow Images

UNIDADE 2 EXPONDO E COMPROVANDO

A ciência em si

Se toda coincidência
Tende a que se entenda
E toda lenda
Quer chegar aqui
A ciência não se aprende
A ciência se apreende
A ciência em si
Se toda estrela cadente
Cai pra fazer sentido
E todo mito
Quer ter carne aqui
A ciência não se ensina
A ciência insemina
A ciência em si
Se o que pode ver, ouvir, pegar, medir, pesar
Do avião a jato ao jaboti
Desperta o que ainda não, não se pôde pensar
Do sono eterno ao eterno devir
Como a órbita da Terra abraça o vácuo devagar
Para alcançar o que já estava aqui
Se a crença quer se materializar
Tanto quanto a experiência quer se abstrair
A ciência não avança
A ciência alcança
A ciência em si.

(Gilberto Gil e Arnaldo Antunes.

Fique ligado! Pesquise!

Assista

- ***Wall.E***, de Andrew Stanton; ***2010 – O ano em que faremos contato***, de Peter Hyam; ***Alien***, de Ridley Scott; ***De volta para o futuro***, de Robert Zemeckis; ***A.I. – Inteligência artificial***, ***Jurassic Park*** e ***Guerra dos mundos***, de Steven Spielberg; ***Sunshine – Alerta solar***, de Danny Boyle; ***Eu, robô***, de Alex Proyas; ***Gattaca – A experiência genética***, de Andrew Niccol; ***Os 12 macacos***, de Terry Gillian; ***Jornada nas estrelas***, de Robert Wise; ***O homem bicentenário***, de Chris Columbus; ***Matrix***, de Wachowski Brothers; ***Guerra nas estrelas***, de George Lucas; ***2001 – Uma odisseia no espaço***, de Stanley Kubrick; ***Blade Runner, o caçador de androides***, de Ridley Scott; ***Metrópolis***, de Fritz Lang; ***Quero ser John Malkovich***, de Spike Jonze.

Leia

- ***A dança do universo*** (Companhia das Letras), ***Mundos invisíveis*** (Globo) e ***Cartas a um jovem cientista*** (Campus), de Marcelo Gleiser; ***Breve história do mundo***, de Ernest H. Gombrich (Martins Fontes); ***O universo numa casca de noz***, de Stephen Hawking (Mandarim); ***Contato***, de Carl Sagan (Companhia das Letras); ***Duna***, de Frank Herbert (Nova Fronteira); ***Visões de um robô*** (Hemus) e ***Eu, robô*** (Ediouro), de Isaac Asimov; ***1984***, de George Orwell (Nacional); ***O guia do mochileiro das galáxias***, de Douglas Adam (Sextante); ***Admirável mundo novo***, de Aldous Huxley (Globo); ***Não verás país nenhum***, de Ignácio de Loyola Brandão (Codecri); ***Lições da natureza***, de Ruth de Gouvêa Duarte (Atual); ***Viagem ao interior da matéria***, de Valdir Montanari (Atual); ***Por que almocei meu pai***, de Roy Lewis (Companhia das Letras); ***Você é um animal, Viskovitz***, de Alessandro Boffa (Companhia das Letras).

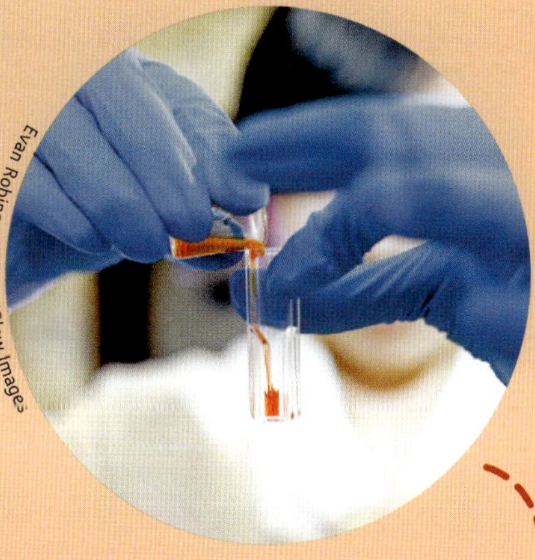

Evan Robinson/Alamy/Glow Images

PROJETO

Ciência e ética

Leitura de textos, pesquisas e debate sobre a ética na ciência com vistas à preparação e apresentação de seminários.

Cristina Xavier

CAPÍTULO 4

O texto de divulgação científica

TRABALHANDO O GÊNERO

Leia o texto a seguir, extraído da revista *Scientific American Brasil.*

Enfrentando a tempestade

Como pernilongos sobrevivem a colisões com gotas de chuva

por Eric R. Olson

Nowack, Dickerson, and Hu, Georgia Tech

Pernilongo *Anopheles* esmagado por uma gota de água.

Imagine por um momento que você tem asas, assim como um inseto. Um dia, enquanto voa por aí, começa a ouvir os ruídos distantes de uma tempestade e, de repente, é atacado do alto: gotas gigantes de água caem sobre você, algumas pesando tanto quanto um ônibus escolar. Você se contorce tentando escapar da investida, mas um desses orbes aquosos acerta bem no meio das suas asas e você vai em direção ao chão.

Para os pernilongos, esse cenário não é incomum. Quando uma tempestade aparece, eles precisam lutar contra gotas de chuva que têm quase seu próprio tamanho e uma massa 50 vezes maior que sua massa média (o equivalente à diferença entre um humano e um ônibus escolar). Como os insetos enfrentam essas gotas da perdição é assunto de um estudo da edição dessa semana da *Proceedings of the National Academy of Sciences*. David Hu, professor de engenharia mecânica e biologia do Instituto de Tecnologia da Georgia, e sua equipe criaram métodos bastante heterodoxos para determinar como os pernilongos sobrevivem a essas colisões. Usando uma câmera de alta velocidade, a equipe de Hu bombardeou pernilongos *Anopheles* com gotas d'água e registrou o resultado a quatro mil quadros por segundo (uma câmera comum registra apenas 24 quadros por segundo).

Eles descobriram que pernilongos são muito bons em lidar com gotas de chuva, mesmo quando recebem um golpe direto entre as asas. Por serem muito leves se comparados à gota de chuva, em vez de espalhar-se sobre o pernilongo a água o empurra para baixo. Como a velocidade da gota não muda muito, pouca força é transferida para o animal. Compare isso com uma gota atingindo um inseto maior, como uma libélula; a gota se espalharia em suas costas, e a força resultante seria transferida para seu corpo. Além disso, o pernilongo tem pelos hidrofóbicos no corpo e pernas dispersas, que produzem arrasto. Isso permite que o inseto fuja da gota antes de se deparar com um úmido fim.

No entanto, a equipe de Hu descobriu também que os pernilongos não estão completamente a salvo das forças produzidas durante a colisão com a gota de chuva. Quando entra em contato com o pernilongo, a gota o acelera rapidamente para baixo para equipará-lo a sua velocidade final, de nove metros por segundo. Isso acontece em uma distância de apenas 10 mm, o que coloca enorme pressão sobre o corpo do inseto, equivalente a até 300 gravidades (2 942 m/s²). Em comparação, um piloto de jato de combate acelerando para fora de um *loop* experimenta apenas nove gravidades (88 m/s²).

Essa aceleração rápida produz o maior risco para os pernilongos: voar perto do solo. Quando atingidos por uma gota, eles aceleram em direção ao chão com grande força e sem tempo suficiente para escapar. É aí que a aplicação prática da pesquisa de Hu entra em jogo: nos últimos anos, vimos a invenção de muitas aeronaves militares excessivamente pequenas, conhecidas como Micro Veículos Aéreos (MAVs, na sigla em inglês). Se esses veículos se tornarem pequenos como pernilongos, estarão sujeitos aos mesmos perigos que insetos voadores, incluindo tempestades.

O vídeo feito por Hu pode ser visto em http://migre.me/9nGba.
Eric R. Olson é o editor e produtor residente de vídeos de *Scientific American*.

(Disponível em: http://www2.uol.com.br/sciam/noticias/enfrentando_a_tempestade.html. Acesso em: 22/6/2012.)

1. A revista em que foi publicado o texto lido é especializada em assuntos de caráter científico. Tem como objetivo, segundo ela própria, acompanhar o progresso da ciência e da tecnologia, divulgando pesquisas, invenções e tendências de desenvolvimento.

a) Qual é o assunto principal do texto?

b) Na sua opinião, o tratamento dado ao assunto é muito específico – portanto voltado exclusivamente para leitores cientistas –, ou é simples, tendo a finalidade de informar os leitores em geral? Justifique sua resposta.

c) Qual é a principal finalidade do texto: expor um conteúdo científico de forma clara e objetiva ou persuadir o leitor, levando-o a adotar o ponto de vista do autor?

2. Pelo fato de lidarem com assuntos ligados a áreas científicas do conhecimento, os textos de divulgação científica frequentemente fazem uso de uma linguagem em que há vocabulário e conceitos científicos. No entanto, observa-se neles o empenho dos autores em tornar acessíveis ao grande público os vocábulos e conceitos específicos do campo das ciências.

a) Releia o primeiro parágrafo do texto. Qual é a estratégia utilizada pelo autor para tornar o assunto acessível aos leitores leigos, isto é, que não têm conhecimentos específicos de física?

b) No segundo parágrafo, o autor descreve como uma batalha o que ocorre com os pernilongos ao serem atingidos por gotas de chuva, metáfora que é retomada nos outros parágrafos. Identifique no texto palavras e expressões que comprovam o uso dessa estratégia.

c) No último parágrafo, o autor se refere à utilidade dos estudos de David Hu. Em que a pesquisa pode ser útil?

3. Observe a imagem da página 42 e leia a legenda que acompanha o texto lido.

a) A imagem retrata algo corriqueiro ou inusitado? Justifique sua resposta com base nos elementos da imagem.

b) Deduza: Que papel desempenha a imagem que acompanha o texto?

c) Na legenda "Pernilongo *Anopheles* esmagado por uma gota de água", que acompanha a imagem, a escolha do verbo *esmagar* e sua associação com *gota de água*, apresentada como agente da ação, contribuem para chamar a atenção do leitor? Justifique sua resposta.

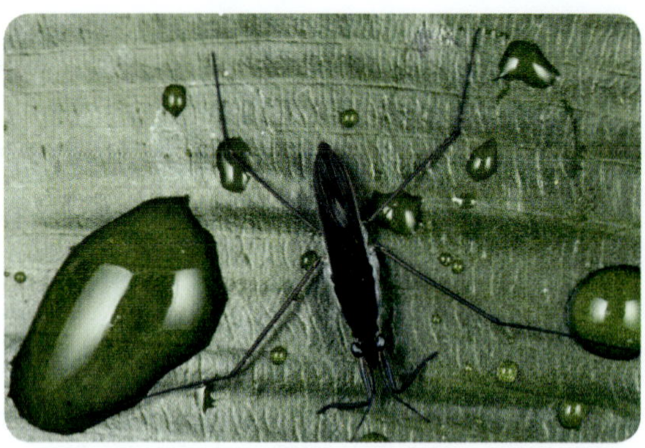

Blickwinkel/Hecker/Other Images

4. A estrutura de um texto de divulgação científica não é rígida, pois depende do assunto e de outros fatores da situação, como: quem produz o texto, para quem, com que finalidade. Apesar disso, normalmente o autor apresenta uma ideia principal ou tese, um conceito ou um ponto de vista sobre um conceito, e procura fundamentá-los com "provas" ou evidências, isto é, exemplos, comparações, resultados de experiências, dados estatísticos, relações de causa e efeito, etc. No texto "Enfrentando a tempestade":

a) O que se pretende explicar ao leitor?

b) O autor se propõe a defender alguma tese?

c) Quais fatos o autor menciona para fundamentar suas explicações?

Até que ponto se deve simplificar a linguagem para divulgar a ciência?

A tentativa de deixar os conceitos científicos mais acessíveis ao grande público envolve o risco de equívocos. Na busca de maior simplicidade, trocar *aceleração* por *pressão*, ou *força* por *peso*, por exemplo, pode comprometer o rigor conceitual do texto. Portanto, ao ler ou produzir textos de divulgação científica, esteja atento à utilização desse recurso, pois simplificar a linguagem não é tarefa simples!

5. Observe a linguagem empregada no texto.

a) Que tempo e modo verbais predominam quando o autor relata o estudo realizado pelos pesquisadores?

b) E quando o autor comenta os resultados da pesquisa?

c) Qual variedade linguística foi empregada?

d) A linguagem revela preocupação com a expressividade e a emotividade, ou é clara, objetiva e tende à impessoalidade?

e) Considerando-se o assunto e o veículo em que o texto foi publicado, pode-se afirmar que esse nível de linguagem é adequado à situação de comunicação? Por quê?

6. Reúna-se com seus colegas de grupo, e, juntos, concluam: Quais são as principais características do texto de divulgação científica? Respondam, levando em conta os critérios a seguir: finalidade do gênero, perfil dos interlocutores, suporte/veículo, tema, estrutura e linguagem.

PRODUZINDO O TEXTO DE DIVULGAÇÃO CIENTÍFICA

Há, a seguir, duas propostas para a produção, em grupo, de texto de divulgação científica. Os textos produzidos pelos grupos poderão ser publicados em uma revista científica digital a ser montada pela classe.

1. Realizem na classe uma enquete sobre os assuntos de maior interesse de cada aluno, considerando os conteúdos que vocês estão estudando em cada disciplina. Depois, formem grupos com base na afinidade dos assuntos escolhidos e produzam um texto de divulgação científica procurando traduzir para o público em geral conceitos que envolvem o assunto.
   Peçam ajuda ao professor da disciplina à qual o assunto diz respeito e façam pesquisas na Internet, em livros, enciclopédias, jornais, revistas, etc.

2. Produzam um texto de divulgação científica relacionado ao tema **Saúde, bem-estar e alimentação**. Escolham um dos assuntos sugeridos a seguir, ou outro, se preferirem, para servir de base à abordagem do tema.
   - O consumo de *junk food*.
   - Alimentação saudável.
   - As substâncias que compõem os alimentos industrializados e sua relação com a saúde humana.
   - Alimentos orgânicos.
   - Os alimentos transgênicos e sua relação com o organismo humano.
   - A utilização de plantas e ervas em tratamentos de saúde.
   - Como o organismo humano faz a digestão de diferentes alimentos.
   - A corrida contra o tempo na sociedade atual e sua relação com a alimentação.
   - Obesidade, bulimia e anorexia.

   Para ampliar os conhecimentos que vocês já têm sobre o tema, leiam o painel de textos a seguir e façam pesquisas na Internet, em livros, enciclopédias, jornais, revistas, etc.
   É conveniente ter nessa pesquisa também o apoio do professor de Biologia, para orientação e esclarecimentos.

SAÚDE

Robert Serbinenko/Latinstock Brasil RM/ Latinstock

Saúde é o estado de equilíbrio físico, mental e emocional que permite ao ser humano viver bem em seu ambiente. Uma doença ocorre quando esse equilíbrio é alterado. Em termos práticos, a medicina define se alguém está ou não doente analisando o funcionamento de seu organismo e comparando os dados obtidos com tabelas e textos de referência, em que constam descrições e faixas de valores consideradas normais. Para que a população mantenha esse equilíbrio, é fundamental que o Estado atue formulando políticas públicas para prevenir e controlar doenças, autorizar e disponibilizar medicamentos e assistência médico-hospitalar. Uma boa saúde também depende da nutrição, já que hábitos alimentares saudáveis são essenciais para o desenvolvimento corporal, para a plena capacidade física e mental e para prevenir doenças.

(*Almanaque Abril 2012*, p. 140.)

NUTRIÇÃO

A nutrição é o conjunto de processos pelos quais os seres vivos retiram dos alimentos o material para constituir os tecidos do corpo e a energia para suas funções. Abrange a ingestão e o transporte do alimento até sua assimilação e excreção pelas células. Os especialistas afirmam que dois novos conceitos devem ser levados em consideração para uma boa nutrição. Um é a alimentação adequada, que envolve a escolha equilibrada de alimentos, sua quantidade e qualidade. Outro é o comportamento alimentar, a forma como são realizadas as refeições. Um comportamento alimentar adequado implica condutas como comer sentado à mesa, sem conversar ao telefone nem ver TV, mastigar bem os alimentos, distribuir a ingestão das calorias e as refeições no decorrer do dia.

StockFood/StockFood/Latinstock

(Idem, p. 153.)

ALIMENTOS

Thinkstock

Todo ser vivo precisa se alimentar para sobreviver e se reproduzir. Mas, para os humanos, a imensa capacidade de se adaptar aos vários tipos de alimento foi fundamental para sua evolução. O *Homo sapiens* é a espécie de hábitos alimentares mais diversificados do planeta, e estudos indicam que essa capacidade de se adaptar ao cardápio de diferentes ambientes foi um dos principais fatores que levaram nossos ancestrais a se distanciar da linhagem de seus parentes primatas. Algumas teorias propõem, ainda, que o excepcional crescimento de nosso cérebro só foi possível graças à inclusão na dieta humana de alimentos proteicos, como a carne, e energéticos, como os cereais. O uso do fogo também contribuiu para a evolução da espécie, pois os alimentos cozidos ficam mais fáceis de ser digeridos e mais seguros para a saúde. A agricultura e a pecuária, iniciadas há cerca de 10 mil anos, também aumentaram o poder do homem sobre a própria nutrição. Mais recentemente, o desenvolvimento de tecnologias de industrialização abriu novas possibilidades de nutrição e fez surgir categorias diferenciadas de alimentos.

(Idem, p. 153.)

DOENÇAS

As doenças podem ser provocadas por agentes agressores externos, como microrganismos e fatores ambientais, ou internos, como desequilíbrios hormonais ou disfunções metabólicas. As causas internas podem surgir de características hereditárias – transmitidas pelos genes –, problemas congênitos – relativos à má-formação do feto – ou do próprio desgaste natural do organismo no decorrer da vida. Más condições de nutrição, falta de estrutura sanitária e maus hábitos de vida são fatores que predispõem um organismo a distúrbios e moléstias.

Para prevenir determinada doença ou distúrbio, é preciso conhecer as suas causas e desenvolver controles sobre elas. Doenças provocadas por disfunções de origem hereditária ou por problemas congênitos dificilmente podem ser evitadas – mas podem ser retardadas ou ter seus efeitos corrigidos ou minimizados. No caso de doenças adquiridas, é possível, na maior parte das vezes, evitar seu desenvolvimento impedindo que o agente agressor entre em contato com o corpo humano ou aumentando a resistência do organismo ao ataque desse agressor, por meio da imunização.

Em termos mundiais, o avanço da medicina e o crescente acesso da população a recursos básicos, como água tratada e redes de esgoto, têm melhorado os indicadores de saúde. Ainda assim, as disparidades regionais são grandes. Nos países desenvolvidos, a população sofre mais de moléstias e distúrbios causados ou agravados por maus hábitos, como sedentarismo e tabagismo. Nos países pobres, há uma incidência bem mais acentuada de doenças transmissíveis, a maioria relacionada às más condições sanitárias, à desnutrição e à precária educação da população.

Existem diferentes maneiras de classificar as doenças – pelo tipo de agente causador, pelos órgãos afetados ou pela forma como o mal se manifesta. Assim, as doenças transmitidas por microrganismos são denominadas infecciosas. As que afetam diretamente o estado mental e emocional são chamadas de distúrbios neuropsiquiátricos, transtornos mentais ou psicológicos. E aquelas ligadas a hábitos de alimentação estão catalogadas como desordens alimentares. Porém, numa visão mais abrangente, qualquer doença poderia ser classificada como transmissível ou não transmissível.

(Idem, p. 140.)

Planejamento do texto

- Procurem empregar uma linguagem simples, mas com o cuidado de não incorrer em erros conceituais.
- Decidam se vão incluir um ponto de vista do grupo sobre o tema abordado no texto ou se vão procurar dar a ele um tratamento apenas impessoal.
- Mencionem fatos, exemplos, dados e estatísticas que possibilitem desenvolver o assunto e, caso tenham optado por expressar também um ponto de vista do grupo, apresentem argumentos que o sustentem.
- Citem vozes de autoridades e especialistas no assunto.
- Pensem no perfil do leitor. Como o texto será publicado em revista digital, ele poderá ser lido por colegas da própria classe e de outras, por professores, familiares e pelo público internauta em geral.
- Utilizem imagens que chamem a atenção e criem para elas legendas sucintas e interessantes.
- Se for conveniente, recorram a analogias, comparações e metáforas, a fim de facilitar a compreensão de conceitos científicos.

Revisão e reescrita

Antes de finalizar o texto, releiam-no, observando:

- se ele está redigido e estruturado de acordo com a situação de comunicação;
- se a linguagem empregada está de acordo com a norma-padrão e adequada aos possíveis leitores;
- se o assunto está exposto com clareza e as ideias são apoiadas em exemplos, comparações, relações de causa e efeito, dados estatísticos, etc.;
- se há vozes de autoridades e especialistas no assunto;
- se o texto ficou leve e atraente para leitura e se a(s) imagem(ns) escolhida(s) desperta(m) o interesse do leitor;
- se a estruturação do texto em parágrafos está benfeita;
- se a linguagem apresenta terminologia científica acessível, mas sem erros conceituais.

Thinkstock

Façam as alterações necessárias e deixem o texto pronto para a publicação na revista digital.

TEXTUALIDADE E ESTILO

COESÃO E COERÊNCIA TEXTUAL

Uma das grandes obras da literatura brasileira é *Grande sertão: veredas*, do escritor mineiro Guimarães Rosa. O narrador, o ex-jagunço Riobaldo, apesar de ser um homem simples do sertão, faz reflexões filosóficas profundas, cheias de poesia e sabedoria. Leia o que essa personagem pensa sobre contar histórias e sobre a saudade.

Mariângela Haddad

Contar é muito dificultoso. Não pelos anos que já se passaram. Mas pela astúcia que têm certas coisas passadas de fazer balancê, de se remexerem dos lugares. A lembrança da vida da gente se guarda em trechos diversos; uns com outros acho que nem se misturam [...]. Contar seguido, alinhavado, só mesmo sendo coisas de rasa importância. Tem horas antigas que ficaram muito mais perto da gente do que outras de recente data. Toda saudade é uma espécie de velhice. Talvez, então, a melhor coisa seria contar a infância não como um filme em que a vida acontece no tempo, uma coisa depois da outra, na ordem certa, sendo essa conexão que lhe dá sentido, princípio, meio e fim, mas como um álbum de retratos, cada um completo em si mesmo, cada um contendo o sentido inteiro. Talvez seja esse o jeito de escrever sobre a alma em cuja memória se encontram as coisas eternas, que permanecem...

(Guimarães Rosa. Apud Rubem Alves. *Na morada das palavras*. Campinas: Papirus, 2003. p. 139.)

1. Um texto, para ser um texto de verdade, não pode ser um punhado de frases soltas. Ele precisa apresentar conexões, tanto gramaticais quanto de ideias. Observe as três primeiras frases do texto. A segunda e a terceira frases iniciam-se, respectivamente, com as palavras *não* e *mas*.

a) Que ideia anteriormente expressa é negada pela palavra *não*?

b) A palavra *mas* introduz uma ideia que se opõe a outra anteriormente expressa. A ideia anterior se encontra na primeira ou na segunda frase?

2. A palavra *uns*, da quarta frase, refere-se a um termo anteriormente expresso, no interior da mesma frase. Qual é esse termo?

3. Releia este trecho:

> "Toda saudade é uma espécie de velhice. Talvez, então, a melhor coisa seria contar a infância não como um filme em que a vida acontece no tempo, uma coisa depois da outra, na ordem certa, sendo essa conexão que lhe dá sentido, princípio, meio e fim"

a) Qual das ideias a seguir expressa o sentido da palavra *então* no contexto?

- adição
- oposição
- conclusão
- consequência

b) O trecho "uma coisa depois da outra, na ordem certa" cumpre o papel de explicar uma afirmação anterior. Qual é essa afirmação?

4. Nas questões anteriores, você observou algumas das *conexões gramaticais* do texto. Além delas, existem também as *conexões de ideias*. No início do texto, o autor afirma que é difícil contar seguidamente os fatos da infância, pois eles se remexem e não aceitam a ordem linear do tempo. Diante dessa dificuldade, o autor sugere um método para contar fatos tão distantes.

a) Qual é esse método?

b) Dê sua opinião: Com essa sequência de ideias, o texto se mostra coerente, com ideias que se complementam, ou se mostra confuso, com ideias contraditórias e incompletas?

5. Faça uma experiência. Leia o texto de trás para a frente; depois, leia-o do meio para o início e do meio para o fim. Finalmente, conclua: A sequência do texto é importante para que ele apresente determinado sentido?

Você percebeu que um texto não pode ser construído com frases soltas, desconexas. Além disso, a alteração da sequência de suas partes pode modificar profundamente seu sentido. Para um texto ter unidade de sentido, para ser um todo coerente, é necessário que apresente **textualidade**, isto é, que apresente conexões gramaticais e articulação de ideias. Em outras palavras, que apresente **coesão** e **coerência textuais**.

Coesão textual são as conexões gramaticais existentes entre palavras, orações, frases, parágrafos e partes maiores de um texto.

As palavras que realizam articulações gramaticais, também chamadas *conectores*, são substantivos, pronomes, conjunções, preposições, etc. São comuns nesse papel ainda palavras como *isso, então, aliás, também, isto é, entretanto, e, por isso, daí, porém, mas*, entre outras.

No trecho "Talvez seja esse o jeito de escrever sobre a alma", por exemplo, o pronome demonstrativo *esse* é um conector, pois retoma o que foi desenvolvido antes sobre o método de contar fatos do passado "como um álbum de retratos".

Como os conectores são portadores de sentido, eles também contribuem para construir a coerência de um texto.

Pode haver coerência sem coesão?

Há textos que se organizam por justaposição ou com elipses e, mesmo assim, podem ser considerados textos por seus leitores/ouvintes, pois constituem uma unidade de sentido.

Como exemplo de que pode haver coerência sem coesão, veja este poema do poeta Paulo Leminski:

sobressalto
esse desenho abstrato
minha sombra no asfalto

(*Melhores poemas de Paulo Leminski*: Seleção de Fred Góes e Álvaro Marins. 6. ed. São Paulo: Global, 2002. p. 197.)

Coerência textual é a estruturação lógico-semântica de um texto, isto é, a articulação de ideias que faz com que numa situação discursiva palavras e frases componham um todo significativo para os interlocutores.

Um dos princípios básicos da coerência textual é a *não contradição*, ou seja, as ideias não podem ser contraditórias entre si nem apresentar incoerência em relação à realidade, a não ser que a contradição seja proposital.

A COERÊNCIA E O CONTEXTO DISCURSIVO

Além da não contradição e dos conectores, outro aspecto importante para avaliar a coerência de um texto é o *contexto discursivo*. Imagine, por exemplo, as falas seguintes, ditas por uma mãe a seus filhos:

— Está armando uma chuva muito forte. Por isso, ninguém sai de casa!
— Está armando uma chuva muito forte. Por isso, vamos sair de casa!

Os dois enunciados estão estruturalmente bem-formados, pois fazem uso do recurso coesivo *por isso*; portanto, pode-se considerar que ambos apresentam coesão. Entretanto, pelo sentido das falas, tendemos a julgar como coerente apenas o primeiro enunciado, pelo fato de geralmente pressupormos que, se uma chuva muito forte está por vir, as pessoas não devem sair de casa.

Vejamos estas duas manchetes de jornal:

Rio sobe com chuva e secretário recomenda ao carioca ficar em casa

(*O Globo*, 29/1/2012.)

Chuvas expulsam mais de 14 mil pessoas de casa no Estado do Rio
Bombeiros resgatam família soterrada dentro de fusca nesta quarta

(*R7*, 11/1/2012.)

No contexto discursivo da primeira manchete, o primeiro enunciado mantém-se coerente, pois ficar em casa equivale a segurança. No contexto discursivo da segunda manchete, entretanto, o enunciado "Chuvas expulsam mais de 14 mil pessoas de casa no Estado do Rio" também é coerente, pois, nessa situação, ficar em casa implica risco.

Como se vê, coerência e coesão são fatores de textualidade regulados pelo contexto discursivo. Não podem, assim, ser avaliadas em frases isoladas, desvinculadas dos textos em que estavam originalmente inseridas, desconsiderando-se a situação de comunicação.

Amadeu Bocatios/Futura Press

EXERCÍCIOS

Leia o texto:

> Era meia-noite. O Sol brilhava. Pássaros cantavam pulando de galho em galho. O homem cego, sentado à mesa de roupão, esperava que lhe servissem o desjejum. Enquanto esperava, passava a mão na faca sobre a mesa como se a acariciasse tendo ideias, enquanto olhava fixamente a esposa sentada à sua frente. Esta, que lia o jornal, absorta em seus pensamentos, de repente começou a chorar, pois o telegrama lhe trazia a notícia de que o irmão se enforcara num pé de alface. O cego, pelado com a mão no bolso, buscava consolá-la e calado dizia: a Terra é uma bola quadrada que gira parada em torno do Sol. Ela se queixa de que ele ficou impassível, porque não é o irmão dele que vai receber as honrarias. Ele se agasta, olha-a com desdém, agarra a faca, passa manteiga na torrada e lhe oferece, num gesto de amor.
>
> (Este texto reproduz aproximadamente versão ouvida junto a crianças de Araguari – MG.)
>
> (Apud Ingedore Villaça Koch e Luiz Carlos Travaglia. *A coerência textual*. 11. ed. São Paulo: Contexto, 2001. p. 49-50.)

1. Observe se no texto há emprego adequado de sinais de pontuação, vocabulário culto e construções de acordo com a norma-padrão. Depois conclua: O autor do texto demonstra ter domínio da linguagem escrita? Justifique sua resposta com elementos do texto.

2. Além do domínio vocabular e sintático da língua, o texto apresenta também marcas de coesão. Identifique no texto:

a) dois exemplos de coesão, nos quais uma palavra (substantivo, pronome, numeral, etc.) retome um termo já expresso;

b) dois exemplos de marcadores temporais, por meio dos quais se tenha ideia de sequência de fatos;

c) um conector que estabeleça uma relação de explicação.

3. Apesar de aparentemente bem-redigido, o texto apresenta sérios problemas de coerência.

a) A narração ocorre à meia-noite. No entanto, certas informações contradizem isso. Quais são essas informações?

b) Cite uma contradição relacionada ao cego e uma contradição relacionada à esposa.

c) Sabe-se que a Terra gira em torno do Sol. Que elementos do texto contrariam essa informação?

4. O texto em estudo foi produzido em uma brincadeira de crianças que incluía o relato de uma história absurda. Considerando que o objetivo do texto era produzir humor, conclua: O texto é incoerente ou coerente?

Thinkstock/Getty Images

CAPÍTULO 5

O resumo

TRABALHANDO O GÊNERO

Em nosso cotidiano, temos contato frequente com resumos de texto. Quando recontamos brevemente a alguém uma notícia, uma reportagem ou um conto que nos chamou a atenção, estamos exercitando a sumarização, procedimento indispensável para a produção de resumos.

Estamos em contato com esse gênero textual também quando consultamos a Internet ou revistas especializadas para nos informar sobre filmes, livros, capítulos de novelas, minisséries, etc. Ou quando lemos sínteses de matérias disponibilizadas em páginas virtuais.

Dada a importância do resumo, e em especial na escola, onde é comum professores pedirem aos alunos que resumam trechos de livros ou uma obra inteira, você vai estudar, neste capítulo, estratégias de como elaborar um resumo.

Leia o texto a seguir.

Educação 27/02/2012

MPF quer tirar de circulação o dicionário 'Houaiss'

Publicação conteria expressões 'pejorativas e preconceituosas' contra ciganos e não atendeu recomendações de alterar texto

O Ministério Público Federal (MPF) entrou com ação absurda, sob todos os aspectos, na Justiça Federal em Uberlândia (MG): o órgão pretende tirar de circulação o dicionário *Houaiss*, um dos mais conceituados do mercado. Segundo o MPF, a publicação contém expressões "pejorativas e preconceituosas", pratica racismo contra ciganos e não atendeu a recomendações de alterar o texto, como fizeram outras duas editoras com seus dicionários.

Trata-se de uma ação, no mínimo, desastrada. Há séculos dicionaristas respeitados de todo o mundo se esforçam em reunir nesses livros o maior número de acepções possível das palavras. Assim, o Houaiss explica que o termo cigano é "relativo ao ou próprio do povo cigano; zíngaro", mas também define "aquele que faz barganha, que é apegado ao dinheiro; agiota, sovina" – esta acepção é, como bem destaca o próprio Houaiss, pejorativa. A razão de apresentar as duas (entre outras) versões é registrar o uso da palavra em um determinado momento histórico e explicar-lhe o significado. É para isso que servem os dicionários: eles não fazem apologia do preconceito, apenas o registram.

A guiar-se pela proposta do MPF, os dicionários prestariam um duplo desserviço. Em primeiro lugar, deixariam de cumprir seu principal papel: registrar o uso da língua em um dado momento. O segundo desserviço é fruto do primeiro. Se os livros deixassem de registrar que, pejorativamente, o adjetivo judeu é empregado como sinônimo de "pessoa usurária, avarenta", não ensinariam ao leitor que, em determinadas situações, isso (infelizmente) pode acontecer. Não se defende aqui, de maneira alguma, o emprego pejorativo do termo. Mas não é apagando o registro de um dicionário que se muda a realidade. Trata-se de mais um exemplo de ação desastrada em que a ideologia atropela a ciência, o serviço ao leitor e o bom-senso em troca de nada.

O caso teve início em 2009, quando a Procuradoria da República recebeu representação de uma pessoa de origem cigana afirmando que havia preconceito por parte dos dicionários brasileiros em relação ao grupo. No Brasil, há aproximadamente 600.000 ciganos. Desde então, segundo o MPF, foram enviados "diversos ofícios e recomendações" às editoras para que mudassem o verbete. As editoras Globo e Melhoramentos, de acordo com o órgão, atenderam às recomendações.

No entanto, o MPF afirma que não foi feita alteração no caso do *Houaiss*. A Editora Objetiva alegou que não poderia fazer a mudança porque a publicação é editada pelo Instituto Antônio Houaiss e que ela é apenas detentora dos direitos relativos à publicação. Diante disso, o procurador Cléber Eustáquio Neves entrou com ação solicitando que a Justiça determine a imediata retirada de circulação, suspensão de tiragem, venda e distribuição do dicionário.

Alamy/Other Images

Ciganas em desfile em Londres.

"Ao se ler em um dicionário, por sinal extremamente bem conceituado, que a nomenclatura cigano significa aquele que trapaceia, velhaco, entre outras coisas do gênero, ainda que se deixe expresso que é uma linguagem pejorativa, ou que se trata de acepções carregadas de preconceito ou xenofobia, fica claro o caráter discriminatório assumido pela publicação", afirmou. "Trata-se de um dicionário. Ninguém duvida da veracidade do que ali encontra. Sequer questiona. Aquele sentido, extremamente pejorativo, será internalizado, levando à formação de uma postura interna pré-concebida em relação a uma etnia que deveria, por força de lei, ser respeitada", acrescentou o procurador.

Para Neves, o texto afronta a Constituição Federal e pode ser considerado racismo. Ele lembrou que o Supremo Tribunal Federal já se pronunciou a respeito desse tipo de situação e ressaltou que "o direito à liberdade de expressão não pode albergar posturas preconceituosas e discriminatórias, sobretudo quando caracterizadas como infração penal".

Além da retirada da publicação do mercado, o MPF também pediu que a editora e o instituto sejam condenados a pagar 200.000 reais de indenização por danos morais coletivos. [...]

(*Com Agência Estado*)
(Disponível em: http://veja.abril.com.br/noticia/educacao/mpf-quer-tirar-de-circulacao-o-dicionario-houaiss. Acesso em: 2/4/2012.)

1. O texto lido foi publicado na revista *Veja*.

a) Que fato é comentado e analisado pela revista?

b) Qual é o ponto de vista da revista sobre o fato?

c) Quais expressões empregadas no texto são indicativas desse ponto de vista?

d) Você concorda com o ponto de vista da revista? Justifique sua resposta.

2. Imagine estas situações:

- Você pretende compartilhar o conteúdo desse texto com amigos ou familiares por *e-mail*.
- Você tem um *blog* e pretende divulgar em um *post* o conteúdo desse texto. Se reproduzisse o texto inteiro, sua mensagem ficaria muito extensa. E, se indicasse apenas o *link*, muitas pessoas poderiam não acessá-lo. Você decide, então, enviar um resumo do texto da revista e indicar o *site* para a leitura integral dele.

a) Veja, a seguir, como o texto lido poderia ser resumido:

Editora Objetiva

Em matéria publicada em 27 de fevereiro de 2012, a revista *Veja* chamou de "absurda" e "desastrada" uma ação movida pelo Ministério Público Federal (MPF) para tirar de circulação o dicionário Houaiss.

O MPF tomou tal iniciativa porque julgou que a publicação contém expressões pejorativas e preconceituosas e pratica racismo ao registrar como uma definição para o termo *cigano* "aquele que faz barganha, que é apegado a dinheiro; agiota, sovina".

Segundo a revista, a função dos dicionários é registrar o uso das palavras na sociedade em determinado momento histórico e, portanto, os lexicógrafos prestariam um desserviço se omitissem qualquer uso de um termo da língua, preconceituoso ou não. O periódico afirma ainda que não se muda a realidade apagando um registro de dicionário.

A revista também informa que, segundo o MPF, no caso de dicionários de outras editoras, houve atendimento às recomendações de modificação nos verbetes, o que não ocorreu com o Houaiss, fato que levou à solicitação de sua retirada de circulação.

Para o procurador que entrou com a ação, um dicionário é uma referência importante e as pessoas tendem a atribuir veracidade às informações ali apresentadas. Dessa forma, o sentido pejorativo da palavra *cigano* pode influenciar a postura da sociedade em relação às pessoas dessa etnia.

Segundo o procurador, o texto do dicionário é uma afronta à Constituição Federal e, ainda que haja o direito à liberdade de expressão, este não pode prevalecer sobre posturas preconceituosas e discriminatórias.

Conforme a revista, além da retirada da publicação do mercado, o MPF pediu ainda que os responsáveis pelo dicionário Houaiss paguem uma indenização de 200 000 reais por danos morais coletivos.

Agora volte ao texto original e sublinhe nele as informações que foram utilizadas no resumo.

b) Com base nas observações que você fez ao comparar o texto original e o resumo, indique a afirmação correta:

- Resumir um texto consiste em recortar quaisquer informações do texto original.
- Resumir um texto consiste em condensar de modo coerente as informações mais importantes do texto original.
- Resumir um texto consiste em enumerar os principais pontos do texto original, acrescentando a eles o ponto de vista do autor do resumo.
- Resumir um texto consiste em extrair e condensar as ideias do primeiro e do último parágrafo, que são aqueles nos quais estão suas informações principais.

3. Um resumo pode ser incluído em textos de outro gênero textual, como *e-mails* ou *blogs*, assim como em reportagens, resenhas, contracapas de livros, etc. No universo escolar, sua presença também é muito frequente. Nesse ambiente:

a) Que textos são geralmente resumidos?

b) Quem geralmente é o locutor desse gênero textual? E o locutário?

c) Qual é a finalidade e o suporte desse gênero?

4. Para resumir um texto, é necessário trabalhar com um processo mental chamado *sumarização*. Esse processo consiste em eliminar informações secundárias, ou seja, aquelas que explicam, exemplificam ou reforçam informações já dadas. Compare o texto original lido ao resumo dele que foi apresentado e responda: Por que, no resumo, houve pouco aproveitamento do 3º e do 5º parágrafos?

5. No resumo, para manter as relações existentes entre as principais ideias do texto original, é necessário utilizar conectivos ou elementos de coesão. Observe, no resumo lido, o emprego dos conectivos *porque*, *ainda que*, *portanto* e *dessa forma*. Qual(is) dele(s):

a) indica(m) concessão relativamente a uma ideia expressa antes?

b) indica(m) conclusão?

c) explica(m) uma afirmação anterior?

6. Ao fazer um resumo, é necessário deixar clara a procedência das informações e os pontos de vista nele apresentados.

Cristina Xavier

a) Identifique no resumo trechos relativos à voz:

- do autor do resumo
- dos representantes do Ministério Público Federal
- da revista

b) Que expressões são utilizadas pelo autor do resumo para informar a procedência das informações e dos pontos de vista?

7. Releia este trecho do resumo:

> A revista também informa que, segundo o MPF, no caso de dicionários de outras editoras, houve atendimento às recomendações de modificação nos verbetes, o que não ocorreu com o Houaiss, fato que levou à solicitação de sua retirada de circulação.

a) De acordo com o trecho, quem deu a informação de que outras editoras atenderam às recomendações feitas?

b) Também de acordo com o trecho, qual é a fonte responsável pela divulgação dessa informação?

c) Caso o autor do resumo houvesse começado seu texto, nesse trecho, por "No caso de dicionários de outras editoras houve atendimento às recomendações", omitindo "A revista também informa que", a quem, nesse caso, ficaria atribuída a responsabilidade pelas informações?

d) Conclua: Em um resumo, qual é a importância de gerenciar bem as vozes do texto?

8. Compare a linguagem do texto original e a linguagem do resumo. Há diferenças entre elas quanto ao uso das variedades linguísticas? Justifique sua resposta.

9. Reúna-se com seus colegas de grupo e, juntos, concluam: Quais são as características do resumo? Ao responder, considerem os seguintes critérios: finalidade do gênero, perfil dos interlocutores, suporte e veículo, tema, estrutura, linguagem.

PRODUZINDO O RESUMO

Leia o texto:

Adolescentes abrem mão da privacidade e dividem senhas na Web

RODRIGO LEVINO
EDITOR-ASSISTENTE DA "ILUSTRADA"

Que a internet mudou as relações sociais é algo que não se discute. A privacidade se tornou negociável e compartilhar virou regra. Mesmo senhas pessoais.

Não são poucos os casais para os quais e-mails, MSN, Orkut, Facebook e Twitter é um território de acesso livre para ambos.

Ângela (todos os nomes são fictícios), 17, e João, 19, de São Paulo, compartilham senhas desde o começo do namoro, em agosto de 2010.

Assim como Cristine, 17, e Ronaldo, 20, de Mogi das Cruzes (SP), juntos desde novembro de 2009. Os dois se conheceram através de uma comunidade do Orkut.

O compartilhamento de senhas pessoais é um sintoma dos novos parâmetros que a internet trouxe para namoros e amizades.

Para Ângela, ceder o acesso a algo privado é uma prova de fidelidade. "Se eu não devo nada, não tenho o que temer", diz.

Ronaldo alega que o acesso de Cristine ao seu e-mail ajuda no trabalho. "Uso pouco o e-mail, então ela me avisa de coisas urgentes e limpa a minha caixa." Mas, como tudo na vida, liberdade também tem um preço. Dos cinco casais ouvidos pelo "Folhateen", todos relataram brigas motivadas por "e-mails indevidos".

Um colega que chama por algum apelido carinhoso, uma ex-namorada saudosa que tenta se reaproximar ou um amigo convidando para um programa justo no dia que o casal havia marcado de se ver: tudo pode se tornar motivo para desentendimentos.

No caso de Rafael Costa, 22, estudante de jornalismo de Brasília, liberdade demais causou um trauma.

Durante um ano e meio de namoro (entre 2009 e 2011) com Susana, 17, que morava em Minas Gerais, ele compartilhou senhas de e-mails e de perfis em redes sociais.

"De tanto ler e-mails e conversas de MSN um do outro, nos ocupamos mais em vigiar do que em namorar", conta ele, que, a pedido da então namorada, teve de escolher entre ela e os amigos. "Optei pelos amigos, que me cobravam menos."

DOS EXCESSOS

Situações extremas são um dos riscos que a psicanalista Luciana Saddi, 49, aponta quando se mantém uma relação baseada nesse compartilhamento.

"Ciúme demais pode virar paranoia. A idealização de um relacionamento perfeito, muito comum na adolescência, pode sofrer um choque de realidade quando se depara com algo desagradável como um e-mail mais carinhoso de um colega de escola", alerta Saddi.

Para Anna Paula Mallet, 42, psicóloga da Unifesp (Universidade Federal de São Paulo), conceitos como privacidade e fidelidade vêm se modificando.

"Aos poucos, a única privacidade que é mantida para o adolescente é em relação aos seus pais, que geralmente são obsoletos no que se refere aos novos tipos de comunicação", analisa Mallet.

Dentre os casais ouvidos pelo "Folhateen", nenhum deles contou aos pais que divide senhas. O que não faz desse compartilhamento algo proibido ou errado.

"É uma oportunidade de cada casal testar limites e saber com quais consequências pode arcar. E também de amadurecer afetivamente", diz Luciana, que acrescenta: "Crescer é assumir responsabilidades".

(Disponível em: http://www1.folha.uol.com.br/folhateen/1043688-adolescentes-abrem-mao-da-privacidade-e-dividem-senhas-na-web.shtml. Acesso em: 4/4/2012.)

Thinkstock/Getty Images

Vimos que o resumo é um gênero textual utilizado em diferentes situações, como no compartilhamento, em *e-mails* ou *blogs*, do conteúdo de certos textos; em resenhas críticas ou reportagens; em trabalhos escolares; etc.

Faça o resumo do texto lido, após decidir com seus colegas e professor uma situação em que sua circulação seja convincente.

Releia o texto, atentando para estes tópicos: Qual é o assunto principal discutido no texto? Qual é a postura do autor do texto a respeito do assunto: claramente favorável ou contrário ao compartilhamento de senhas? Há outras vozes no texto, além da do autor? Qual(is)?

Identifique e sublinhe no texto as ideias ou informações que você considerar as principais. Depois, confronte os trechos que você sublinhou com os sublinhados pelos colegas e tentem chegar a um consenso quanto à importância deles.

Glow Images

Planejamento do texto

- Perfil do leitor – Seu texto deve estar adequado à situação e ao suporte em que irá circular (Internet, folha de papel, cartaz, revista, jornal, etc.) e, consequentemente, ao seu possível leitor.
- Características do gênero a serem observadas – O resumo apresenta de modo condensado e coerente as informações principais do texto original; há indicação da procedência das informações e de pontos expressos no texto original, por meio da identificação das vozes nele presentes; trata-se de um texto que deve ter autonomia, uma vez que o leitor não necessariamente terá acesso ao texto original.

Revisão e reescrita

Antes de fazer a versão final de seu resumo, releia-o, observando:

- se a fonte do texto original foi mencionada;
- se seu texto apresenta as ideias ou informações principais do texto original;
- se as relações entre as ideias do texto original são explicitadas por conectivos adequados;
- se está claro de quem são as vozes presentes no texto, isto é, se a responsabilidade pelas informações ali contidas está devidamente atribuída;
- se seu texto pode ser compreendido por alguém que não leu o texto original.

Faça as alterações necessárias e passe o texto a limpo.

iStockphoto/Getty Images

CAPÍTULO 6

O relatório

TRABALHANDO O GÊNERO

O relatório é um gênero que pode circular tanto na esfera escolar e acadêmica quanto na esfera pública, comercial e industrial.

A seguir você vai ler um relatório de experiência científica feito por um aluno do ensino médio. Seguindo um roteiro de atividade de observação, proposto por sua professora de Química, o aluno expõe os procedimentos, o resultado da observação e a conclusão.

Antes de ler o relatório, leia o texto em que constam as orientações para a realização da atividade.

Atividade experimental — acidez e basicidade

Objetivo: Analisar o caráter ácido de algumas substâncias de uso cotidiano através da coloração assumida pelo indicador.

Material:

6 tubos de ensaio — conta-gotas

estante para tubos — pipeta

reagentes:
- solução indicadora de fenolftaleína
- solução de ácido clorídrico 0,1 M
- solução de hidróxido de sódio 0,1 M
- solução de cal
- frutas (suco)
- vinagre
- sabão dissolvido em água

Procedimento:

Com o auxílio da pipeta, coloque 3 ml de ácido clorídrico em um tubo de ensaio e uma gota do indicador fenolftaleína. Observe e anote o resultado. Em outro tubo, coloque novamente 3 ml de hidróxido de sódio e uma gota do indicador fenolftaleína. Observe e anote o resultado.

Repita o mesmo procedimento para as demais soluções.

Questões:

1. Qual é o comportamento dos ácidos na presença da fenolftaleína?
2. Qual é o comportamento da base na presença da fenolftaleína?
3. O vinagre apresenta caráter ácido ou básico? Por quê?
4. Indique os reagentes que apresentam caráter ácido e os reagentes que apresentam caráter básico.

(Julia Rodrigues Cochar, professora de Química da E. E. Caetano de Campos – Consolação, São Paulo, SP.)

Leia agora o relatório do aluno.

Relatório

Na aula prática de laboratório, analisei o caráter ácido de algumas substâncias de uso cotidiano através da coloração assumida pelo indicador.

Antes de iniciar a análise, levantei a seguinte hipótese: todas as substâncias têm comportamento semelhante quando misturadas com um mesmo reagente, a fenolftaleína.

Em seguida reuni o material necessário e segui as instruções dadas no Procedimento sugerido na Atividade experimental — acidez e basicidade.

Observei o que ocorreu em cada tubo de ensaio e elaborei a tabela abaixo para facilitar a visualização dos dados e posterior conclusão:

SOLUÇÃO	COLORAÇÃO	CARÁTER ÁCIDO-BASE
HCl	incolor	ácido
NaOH	vermelho	base
solução de cal	vermelho	base
suco de fruta (limão)	incolor	ácido
vinagre	incolor	ácido
sabão	vermelho	base

Ingram Publishing/Getty Images

Ao analisar os dados obtidos, verifico que as substâncias ácidas, como o ácido clorídrico, permanecem incolores, enquanto as substâncias básicas, como o hidróxido de sódio, passam a ter uma coloração avermelhada.

Concluo, então, que o suco de limão e o vinagre têm comportamento de substância ácida e que o sabão e a solução de cal têm comportamento de substâncias básicas.

(Rafael Ferreira de Souza – 1ª série do ensino médio)

1. A atividade proposta relaciona-se a uma área específica da ciência.

a) Qual é essa área?

b) Que palavras ou expressões do texto confirmam sua resposta anterior?

2. Observe que o primeiro texto tem por objetivo levar o aluno a analisar o caráter ácido de algumas substâncias de uso cotidiano com base na coloração assumida pelo indicador. Ao propor, no final da atividade, que o aluno responda a determinadas questões, o roteiro tem por pressuposto que o aluno levantará hipóteses.

a) No relatório do aluno, esse pressuposto se confirma?

b) Por que, na sua opinião, o roteiro sugere que o aluno elabore hipóteses?

3. Embora tenha uma estrutura relativamente livre, um relatório apresenta em geral três partes: introdução, desenvolvimento e conclusão.

- Na introdução deve constar a indicação do assunto, a experiência feita, ou o fato investigado, e seus objetivos.
- No desenvolvimento deve constar o relato minucioso do fato investigado.

Dependendo do assunto, essa parte do relatório deve conter as datas de início e término da experiência ou da investigação do fato, o local de sua realização, os procedimentos e métodos empregados e a discussão do assunto.

- Na conclusão deve constar o ensinamento extraído da investigação do fato ou da experiência.

No relatório lido, que parágrafo(s) do texto corresponde(m):

a) à introdução?

b) ao desenvolvimento?

c) à conclusão?

A apresentação do relatório

A apresentação de um relatório depende do assunto e de quem o solicita: um professor, um órgão público, uma instituição de pesquisa. Em alguns casos, o relatório pode seguir um roteiro preestabelecido, exigir certo número de páginas e, às vezes, até uma *folha de rosto* (título do relatório, nome do autor, entidade a que se destina), um *sumário* (relação dos assuntos e do número das páginas em que são tratados), uma *sinopse* (resumo geral do trabalho), *introdução*, *desenvolvimento*, *conclusão* e *anexos* (quadros estatísticos, tabelas, material coletado, material de consulta, etc.).

Nesse gênero, a variedade linguística empregada é a padrão formal. É admitido o uso da 3ª ou da 1ª pessoa do singular ou até mesmo da 1ª pessoal do plural.

4. No processo de observação, o aluno elaborou uma tabela.

a) O que ela contém? b) Para que serve?

5. No último parágrafo do texto, o aluno expõe a conclusão a que chegou depois de realizado o experimento. A conclusão confirma a hipótese inicial?

6. No relatório em estudo, quem é o locutor? E o interlocutor?

7. Qual é o suporte desse gênero textual, isto é, como esse gênero textual é veiculado para atingir o interlocutor a que se destina?

8. Observe a linguagem empregada no relatório.

a) De que variedade linguística o aluno faz uso?

b) Textos de caráter científico buscam dar informações precisas e, por isso, costumam ser impessoais. No texto em estudo, a linguagem empregada é pessoal ou impessoal? Justifique sua resposta.

c) Apesar disso, o texto mostra objetividade e precisão?

9. Reúna-se com seus colegas de grupo e, juntos, concluam: Quais são as características do relatório? Respondam, considerando os seguintes critérios: finalidade do gênero, perfil dos interlocutores, suporte ou veículo, tema, estrutura, linguagem.

PRODUZINDO O RELATÓRIO

Há, a seguir, duas propostas de produção de relatórios.

1. Leiam, abaixo, o roteiro de uma experiência bastante simples. Realizem-na em grupo e depois escrevam um relatório.

Atividade experimental — funções químicas

Objetivo: Com o auxílio de substâncias de uso cotidiano, mostrar a viragem de um indicador, usando substância volátil.

Material:
béquer
bastão de vidro
funil
papel de filtro
reagente: água, comprimido de Lacto-Purga, solução limpadora com amoníaco (do tipo Ajax)

iStockphoto/Getty Images

Procedimento:
Com o auxílio do bastão de vidro, triture um comprimido de Lacto-Purga no béquer. Acrescente 50 ml de água e agite bem. Junte 5 ml da solução limpadora e misture bem. Filtre a solução, se necessário. Com algumas gotas da solução preparada, borrife um pedaço de pano ou papel. Deixe em repouso, observe e explique o ocorrido.

(Julia Rodrigues Cochar, professora de Química da E. E. Caetano de Campos – Consolação, São Paulo, SP.)

2. Escolha com os colegas da classe um assunto do momento, relacionado a uma situação nacional ou internacional. Formem grupos. Cada grupo deve escolher um ou mais artigos sobre o assunto publicado(s) em diferentes jornais e revistas, trazê-lo(s) para a classe e lê-lo(s). Em seguida, a classe discute o assunto, procurando construir um esquema para a elaboração de um relatório. Assim, se o assunto escolhido for, por exemplo, economia de água, a discussão pode resultar em um esquema que contemple itens como estes:

- Efeitos do consumo desnecessário da água.
- Por que reduzir o consumo de água.
- Quanta água consumimos diariamente em casa.
- Dicas para economizar água no banheiro, na cozinha, na lavanderia, no jardim.
- Localização de vazamentos.
- Campanhas de redução do consumo.

Pronto o esquema, cada grupo elabora seu relatório, observando as mesmas instruções apresentadas na proposta anterior.

Planejamento do texto

- Indiquem, no título, a experiência ou a pesquisa a que se refere o relatório.
- Abaixo do título, coloquem o nome do professor ou responsável pela experiência e os nomes dos autores do relatório.
- Qual é o perfil do leitor? Lembrem-se de que o texto será lido por um especialista no assunto, que vai analisar suas hipóteses, verificar a pertinência de seus objetivos e a validade de suas conclusões a partir da experiência realizada.
- Indiquem os objetivos da experiência e o material utilizado.
- Descrevam minuciosamente como foi feita a investigação: local, procedimentos e métodos adotados, discussão do assunto.
- Falem sobre a base teórica adotada: qual teoria e quais estudiosos estão por trás dos objetivos e resultados do experimento? A experiência comprova ou refuta essa teoria?
- Exponham a conclusão a que chegaram depois da investigação.
- Empreguem uma variedade de acordo com a norma-padrão da língua e utilizem a 1ª pessoa do plural. Procurem escrever de forma clara, direta e objetiva.
- Avaliem seu relatório de acordo com as orientações da seção **Revisão e reescrita**.
- Entreguem o relatório e aguardem o parecer do responsável pela leitura, que deverá indicar os pontos fortes e fracos, podendo sugerir novos encaminhamentos para uma próxima experiência.

Revisão e reescrita

Antes de finalizar o relatório para enviá-lo, leiam-no e observem se:

- a maneira como vocês redigiram e estruturaram o texto está de acordo com a situação de comunicação;
- a linguagem empregada está adequada a seus leitores;
- o texto contém introdução, desenvolvimento e conclusão;
- gráficos, tabelas e anexos (se houver) estão de acordo com o que foi descrito ao longo do texto;
- vocês fazem uma descrição precisa e objetiva da experiência ou pesquisa apresentada;
- a variedade linguística empregada está de acordo com a norma-padrão.

LatinContent RM/Getty Images

Image Source/Thinkstock/Getty Images

CAPÍTULO 7

O seminário

TRABALHANDO O GÊNERO

Nos meios escolares, acadêmicos, científicos e técnicos, são comuns as situações em que uma pessoa ou um grupo de pessoas desenvolvem uma pesquisa e apresentam os resultados a um público. Esse tipo de texto, produzido oral e publicamente, é chamado de **seminário** e, tal como o texto de apresentação científica, o relatório, o texto didático, a mesa-redonda, isto é, gêneros que se prestam à transmissão de saberes historicamente construídos pela humanidade, pertence à família dos **gêneros expositivos**.

Como o seminário é um gênero oral, ele só se realiza plenamente quando é apresentado em uma situação concreta de interação. Neste capítulo, você vai trabalhar o gênero seminário, participando diretamente de um.

PRODUZINDO O SEMINÁRIO

PLANEJAMENTO E PREPARAÇÃO DE UM SEMINÁRIO

Para a produção de um seminário, é necessária uma organização prévia, que envolve várias etapas. A primeira delas é a pesquisa sobre o tema proposto e a coleta de dados para a exposição.

Pesquisa, tomada de notas e produção de roteiro

Como a finalidade do seminário é transmitir para os ouvintes conhecimentos sobre o assunto pesquisado, o apresentador deve se colocar na posição de um especialista no assunto em foco. Isso quer dizer que ele deve demonstrar conhecer o tema mais do que os ouvintes, pois é essa condição que lhe confere autoridade para discorrer sobre o assunto com segurança.

Para conquistar a condição de especialista no assunto e ganhar respeito do público, o apresentador deve adotar os seguintes procedimentos:

1. Pesquisar em bibliotecas, na Internet e em locadoras quais livros, jornais, revistas especializadas, enciclopédias, vídeos, etc. poderão servir de fontes de informação sobre o tema.
2. Tomar notas, resumir ou reproduzir textos verbais e não verbais que possam ser úteis. Esse trabalho tem em vista a produção de um roteiro próprio do apresentador e consiste em anotar dados históricos ou estatísticos, citações, comparações, exemplos, etc.
3. Selecionar e organizar as informações, tendo em vista os passos da exposição:
   - como introduzir, desenvolver e concluir a exposição;
   - quais subtemas serão abordados no desenvolvimento;
   - quais exemplos ou apoios (gráficos, dados estatísticos) serão utilizados para fundamentar a exposição;
   - que materiais e recursos audiovisuais (cartazes, apostilas, lousa, retroprojetor, *datashow*, microfone, etc.) serão necessários.

   Nesse planejamento, devem ser levadas em conta as características do público-alvo, como faixa etária, tipo de interesse, expectativas e conhecimentos prévios em relação ao tema abordado, etc. Convém planejar um encaminhamento interessante para a exposição, como, por exemplo, intercalar o uso da voz com o uso de recursos audiovisuais.

Science Photo Library/Latinstock

A pesquisa é uma etapa fundamental para a produção de um seminário.

4. Redigir um **roteiro** que permita visualizar não apenas o conjunto das informações que serão apresentadas, mas também a sequência em que isso vai ocorrer. Esse roteiro deve conter algumas informações-chave que orientem o pensamento do apresentador durante a exposição, indicações de recursos audiovisuais, se for o caso, textos de autoridades ou especialistas que serão citados pelo apresentador, etc. Atenção: esse roteiro não deve ser lido integralmente durante o seminário. Antes da exposição, ele serve para organizar as ideias do apresentador; durante a exposição, serve de apoio para que o apresentador se lembre de informações e tópicos básicos, além do andamento da apresentação.

COMO APRESENTAR UM SEMINÁRIO

Durante a exposição, podem ocorrer fatos não previstos. Por exemplo, o público pode não compreender bem o conteúdo da exposição; um aparelho audiovisual pode não funcionar; um integrante do grupo pode faltar ou ficar nervoso e esquecer o texto; uma cartolina pode cair da parede; etc. Por isso, é preciso estar atento a vários aspectos simultaneamente e, de acordo com a necessidade, introduzir modificações e improvisar soluções a fim de alcançar o melhor resultado possível.

A seguir, relacionamos alguns dos aspectos que devem ser observados.

Sequência e andamento da exposição

1. Abertura: alguém (geralmente o professor) faz uma apresentação inicial breve e dá a palavra ao apresentador. Faz isso com frases como "Vocês agora vão assistir ao seminário preparado por fulano...".
2. Tomada da palavra e cumprimentos: o apresentador deve, primeiramente, colocar-se à frente da plateia e cumprimentá-la, tomando a palavra.
3. Apresentação do tema: o apresentador diz qual é o tema, fala da importância de abordá-lo nos dias de hoje, esclarece o ponto de vista sob o qual irá abordá-lo e, no caso de se tratar de um tema amplo, delimita-o, isto é, indica qual aspecto dele será enfocado. Por exemplo, se o tema é a poluição do meio ambiente, a delimitação pode consistir em enfocar apenas a poluição dos rios. Esse momento do seminário tem em vista despertar na plateia curiosidade sobre o tema.

Masterfile/Other Images

4. Exposição: o apresentador segue o roteiro traçado, expondo cada uma das partes, sem atropelos. Ao término de cada uma, deve perguntar se alguém quer fazer alguma pergunta ou se pode ir adiante. Na passagem de uma parte para a outra, deve dar a entender que não há ruptura, e sim uma ampliação do tema. Para isso, deve fazer uso de certos recursos linguísticos, como *Outro aspecto que vamos abordar..., Se há esses aspectos negativos, vamos ver agora os aspectos positivos...*
5. Conclusão e encerramento: o apresentador retoma os principais pontos abordados, fazendo uma síntese deles; se quiser, pode mencionar aspectos do tema que merecem ser aprofundados em outro seminário; pode também deixar uma mensagem final, algo que traduza o seu pensamento ou o pensamento do grupo ou de um autor especial. No final, agradece a atenção do público e passa a palavra a outra pessoa.
6. Tempo: o apresentador deve estar atento ao tempo previsto e, de acordo com o andamento do seminário, ser capaz de introduzir ou eliminar exemplos e aspectos secundários, caso haja necessidade, a fim de se ajustar ao tempo estipulado.

Postura do apresentador

1. O apresentador deve preferencialmente falar em pé, com o roteiro nas mãos, olhando para o fundo da sala. Sua presença deve expressar segurança e confiança.
2. A fala do apresentador deve ser alta, clara, bem-articulada, com palavras bem pronunciadas e variações de entonação, a fim de que a exposição não fique monótona.
3. Ao olhar para o roteiro, o apresentador deve fazê-lo de modo rápido e sutil, sem que seja necessário interromper o fluxo da fala ou do pensamento. Além disso, ao olhar o roteiro, não deve abaixar demasiadamente a cabeça, a fim de que a voz não se volte para o chão. O roteiro deve ser rapidamente olhado, e não lido (a não ser no caso de leitura de uma citação), pois tal procedimento geralmente torna a exposição enfadonha.
4. O apresentador nunca deve falar de costas para a plateia, mesmo que esteja escrevendo na lousa ou trocando uma transparência no retroprojetor. Nessas situações, deve ficar de lado e falar com a cabeça virada na direção do público, a fim de que sua voz seja ouvida por todos.
5. O apresentador deve se mostrar simpático ao público e receptivo a participações da plateia.

Enriquecendo o seminário com recursos audiovisuais

A principal linguagem de um seminário é a verbal. Contudo, o uso de recursos audiovisuais, como cartazes, transparências em retroprojetor, filmes, *slides*, *datashow*, etc., pode tornar o seminário mais agradável ou facilitar a transmissão de um volume maior de informações.

O uso desses recursos exige, porém, certos cuidados:

1. O equipamento deve ser testado previamente, para prevenir a ocorrência de falhas técnicas durante a exposição.
2. O apresentador deve lembrar que tais recursos têm a finalidade de servir de apoio à exposição oral e, portanto, não a substituem. Assim, ao fazer uso de uma transparência, por exemplo, ele deve aproveitá-la para reunir ou esquematizar as informações que vem apresentando, em vez de simplesmente ler o que está escrito nela.

Alamy/Glow Images

A alternância de exposição oral com uso de recursos audiovisuais geralmente dá leveza a um seminário.

Linguagem

Nos seminários, predomina uma variedade de acordo com a norma-padrão da língua, embora possa haver maior ou menor grau de formalismo, dependendo do grau de intimidade entre os interlocutores. Assim:

1. O apresentador deve evitar certos hábitos da linguagem oral, como a repetição constante de expressões como *tipo*, *né?*, *tá?* e *ahnn*..., pois elas prejudicam a fluência da exposição.
2. O apresentador deve estar atento ao emprego de vocábulos e conceitos específicos da área pesquisada e explicar ao público seu significado sempre que houver necessidade.
3. Durante a exposição, o apresentador deve fazer uso de *expressões de reformulação*, isto é, aquelas que permitem explicar de outra forma uma palavra, um conceito ou uma ideia complexa. As mais comuns são: *isto é*, *quer dizer*, *como*, *por exemplo*, *em outras palavras*, *vocês sabem o que é isso?*. Deve também fazer uso de expressões que confiram *continuidade* ao texto, como *além disso*, *por outro lado*, *outro aspecto*, *apesar disso*, etc.

COMO APRESENTAR UM SEMINÁRIO EM GRUPO

Além das orientações dadas anteriormente, a exposição em grupo exige atenção quanto a mais alguns aspectos específicos.

1. Cada integrante do grupo pode ficar responsável pela apresentação de uma das partes do seminário. Entretanto, entre a exposição de um participante e a de outro deve haver *coesão*, isto é, não pode haver contradição entre as exposições nem ser dada a impressão de que uma fala é independente de outra. Cada exposição deve retomar o que já foi desenvolvido e acrescentar, ampliar. Além disso, devem ser empregados elementos linguísticos de coesão, como "*Além* das causas que fulano comentou, *vejamos agora* outras causas menos conhecidas...", "Vocês viram as consequências desse problema no meio urbano; *agora, vão conhecer* as consequências do mesmo problema no meio rural...".

NYT/Latinstock

Seminário em grupo.

2. O grupo todo deve se "especializar" no assunto em foco. Além de conferir maior segurança às exposições individuais, isso permite também que todos respondam com tranquilidade a qualquer pergunta feita pelo público.
3. Devem ser evitadas atitudes que desviem a atenção do apresentador, como conversas entre os membros do grupo, conversas entre um membro do grupo e uma pessoa da plateia, movimentos, ruídos ou brincadeiras que atrapalhem a exposição. Não há obrigatoriedade de que todos fiquem em pé enquanto um dos integrantes do grupo faz sua apresentação.
4. Enquanto um dos apresentadores expõe, os outros podem contribuir manuseando os equipamentos (transparências, vídeo), trocando cartazes, apagando a lousa ou simplesmente ouvindo.

PROPOSTAS PARA A PRODUÇÃO DE SEMINÁRIOS

O *fast-food*, a alimentação natural, os alimentos *diet* e *light*, as doenças decorrentes da má alimentação, os sacrifícios para ter um corpo em forma, a dieta do tipo sanguíneo ou a das frutas – tudo isso vem sendo insistentemente discutido pela mídia nos últimos anos, às vezes até desorientando as pessoas sobre o que é uma alimentação equilibrada e saudável. Eis, portanto, um bom assunto para pesquisar, a fim de compreender melhor a avalanche de informações que circulam diariamente sobre o tema, desfazer mitos e orientar-se.

Leia o painel de textos a seguir para situar-se quanto ao tema.

COM ALIMENTAÇÃO PIOR, AUMENTA NÚMERO DE OBESOS NO PAÍS

Os brasileiros estão se alimentando pior e, com isso, é cada vez maior o número de pessoas acima do peso. [...]

A constatação é de pesquisa anual do Ministério da Saúde divulgada nesta segunda-feira. O levantamento foi feito nas 27 capitais por meio de 54 mil entrevistas por telefone com pessoas com mais de 18 anos.

Os dados mostram que 48% da população está acima do peso, entre os quais 15% têm obesidade. Em 2006, os percentuais eram de 42,7% e 11,4% respectivamente. O crescimento de mais de um ponto percentual por ano é considerado 'preocupante' pela pasta, já que o excesso de peso está ligado ao aumento de doenças crônicas.

Alamy/Other Images

Para Deborah Malta, da Secretaria de Vigilância em Saúde do ministério, o fenômeno está ligado a uma mudança no padrão alimentar: maior consumo de produtos industrializados em detrimento de opções mais saudáveis como frutas e legumes.

O feijão é um exemplo. O índice de brasileiros que comem o alimento cinco vezes por semana caiu de 71,9% para 66,7% em apenas quatro anos.

Outro dado preocupante é o sedentarismo: 14,2% da população adulta não pratica nenhuma atividade física, nem durante o tempo de lazer nem para ir ao trabalho. [...]

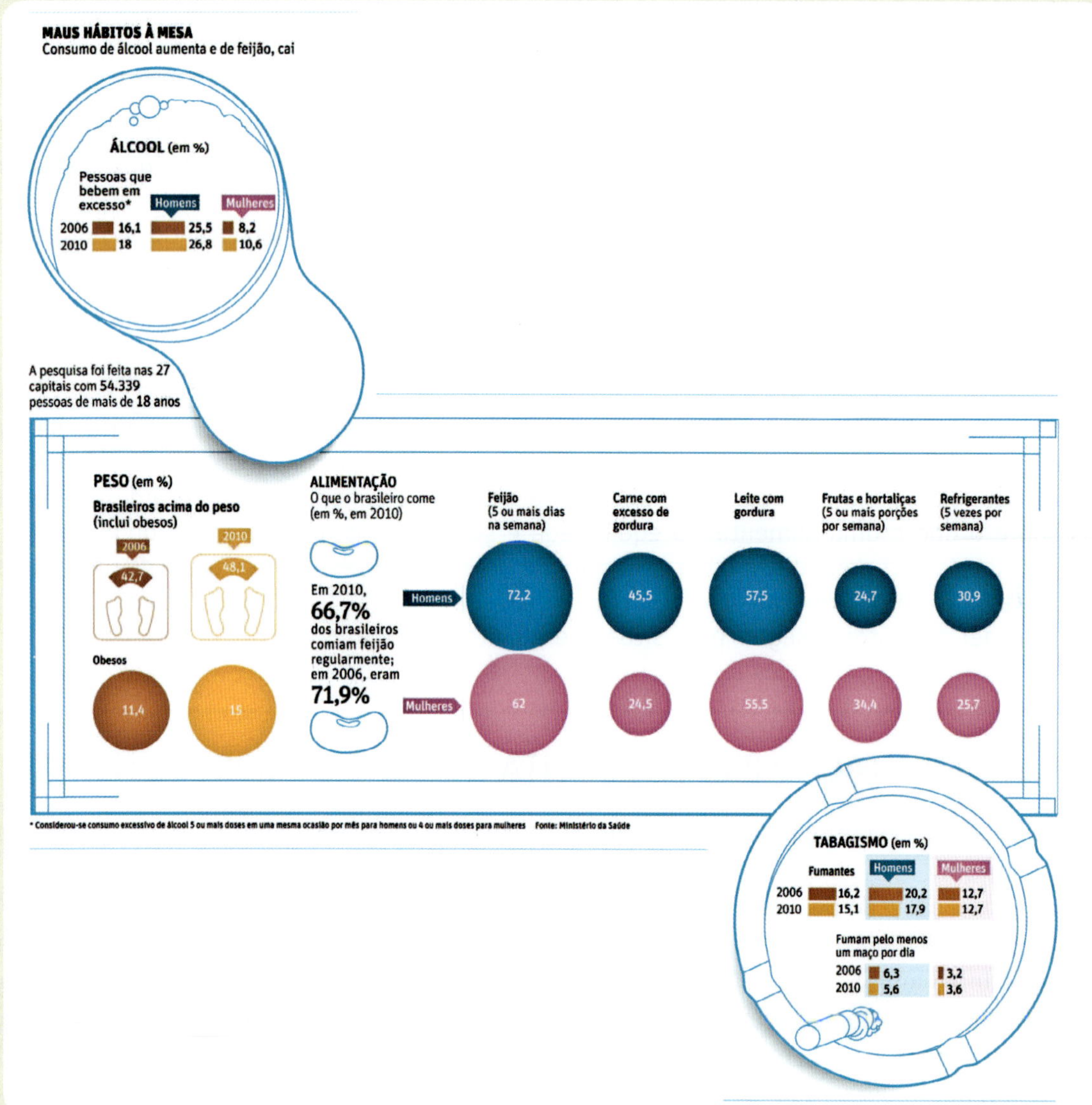

(Disponível em: http://www1.folha.uol.com.br/equilibrioesaude/904163-com-alimentacao-pior-aumenta-numero-de-obesos-no-pais.shtml. Acesso em: 4/2/2012.)

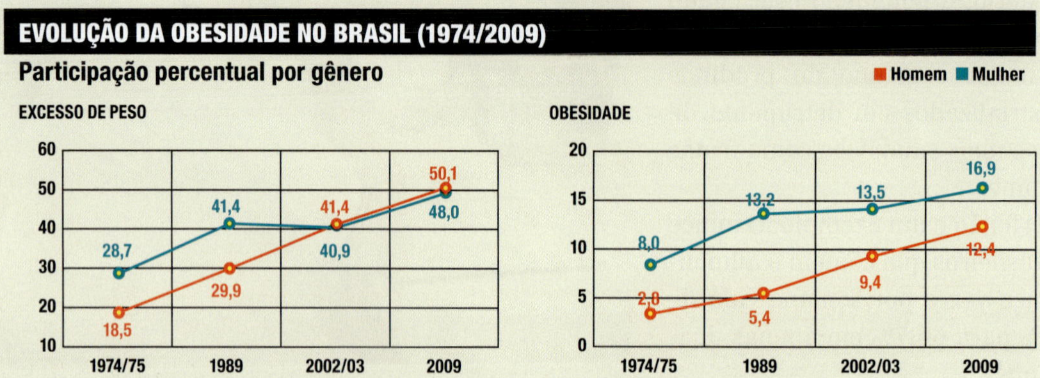

PROBLEMA CRESCENTE *A parcela de homens obesos está crescendo mais que a das mulheres no país*

Instituto Brasileiro de Geografia e Estatística, 2010

CÁLCULO DO ÍNDICE DE MASSA CORPORAL (IMC)

O Índice de Massa Corporal (IMC) é obtido dividindo-se o peso (em quilos) pela estatura (em metros) elevada ao quadrado. Por exemplo, uma pessoa com 1,64 metro de altura que pese 60 quilos deve multiplicar 1,64 por 1,64 — que resulta em 2,6896. Em seguida, dividir 60 por 2,6896 — o que indica IMC de 22,3. A tabela abaixo indica se o peso está acima ou abaixo do considerado saudável. Nem todo IMC elevado é sobrepeso ou obesidade. Atletas podem apresentar índice acima do normal devido a grande massa muscular.

O QUE SIGNIFICA CADA FAIXA DE VALOR	
Menos que 18,5	Abaixo do peso saudável
De 18,5 a 24,9	Peso normal
De 25 a 29,9	Sobrepeso
De 30 a 34,9	Obesidade

Obesidade. É o excesso de peso causado pelo desequilíbrio entre a quantidade de calorias ingeridas e a quantidade de calorias consumidas pelo organismo. As calorias excedentes se acumulam na forma de gordura. Um dos mais usados indicadores de obesidade é o índice de massa corpórea (IMC), pelo qual uma pessoa pode aferir se está no peso ideal [veja a tabela ao lado].

As maiores causas da obesidade são os maus hábitos alimentares, em geral adquiridos na infância, e o sedentarismo. [...]

A obesidade e o sobrepeso já podem ser considerados pandemias. A OMS [Organização Mundial de Saúde] estima que 1,5 bilhão de adultos com mais de 20 anos estejam acima do peso considerado ideal. Desse total, 500 mil eram obesos. [...] Também segundo a OMS, 65% da população mundial vive em países onde o sobrepeso e a obesidade matam, com suas consequências, duas vezes mais que a subnutrição.

(*Almanaque Abril* – 2012, p. 155. Editora Abril.)

Emagrecer com saúde

Detesto a palavra regime. Regime é, invariavelmente, algo doloroso e sacrificado, que as pessoas fazem para perder peso. E, não bastasse isso, regime é temporário. Em outras palavras: faz-se por algum tempo, perde-se peso e, após, abandona-se. Resultado: volta-se ao peso antigo (ou ainda maior).

E dieta, o que é? No sentido exato do termo, é tudo o que comemos, no dia a dia, independentemente de ganharmos, mantermos ou perdermos peso. Para o leigo, no entanto, dieta e regime têm o mesmo significado. Sendo assim, regimes e "dietas" (no sentido popular) não funcionam! Claro, muitos dos regimes e "dietas" da moda (e há tantas) fazem emagrecer. Por quê? Pelo simples fato de que, ao resolver emagrecer, você presta atenção no que come e come menos.

Pode ser a dieta do abacaxi, da lua, do tipo sanguíneo, das proteínas, das gorduras, da sopa e inúmeras outras variações estapafúrdias que, na maior parte das vezes, não têm nenhuma consistência científica e nenhum bom senso. Mas fazem emagrecer — no curto prazo.

Não basta, no entanto, emagrecer. É necessário que se consiga conservar o novo peso. E, para isso, é preciso que você abandone a ideia de regimes e de "dietas" radicais e aprenda a comer (comendo gostoso, de tudo e respeitando seu cotidiano).

Há que ter motivação, persistência e conscientização de que manter-se com um peso adequado é uma luta por toda a vida. [...]

Alfredo Halpern, médico endocrinologista do Hospital das Clínicas de São Paulo, é inventor da dieta dos pontos e criador do *site* www.emagrecendo.com.br.
(Revista *Saúde*, Editora Abril.)

Por que a obesidade vem crescendo tanto?

Thinkstock/Getty Images

Essa é uma pergunta frequente. E as respostas são um tanto óbvias: estamos comendo mais e gastando menos calorias por causa do sedentarismo, sem dúvida. Mas tudo leva a crer que outros fatores estejam relacionados à incrível epidemia de obesidade que nos assola. Quais são eles? A ciência vem pesquisando vários, mas [...] vou citar apenas dois: estresse e falta de sono. Estudos em animais, incluindo macacos geneticamente muito semelhantes aos humanos, mostram que as tensões levam ao ganho de peso, particularmente na região abdominal, mesmo sem aumento na quantidade de alimentos ingeridos. Isso se deve, entre outras causas, à elevação na produção do cortisol, hormônio eminentemente engordativo. Inúmeros dados mostram também que dormir poucas horas engorda. É que a privação está associada à diminuição dos níveis de leptina, hormônio emagrecedor. Isso é só o começo da história. [...]

Alfredo Halpern, médico endocrinologista do Hospital das Clínicas de São Paulo.
(Revista *Saúde*, Editora Abril.)

Reúna-se com seus colegas de grupo e, com a orientação do professor, escolham o tema para a realização de um seminário. Apresentamos a seguir algumas sugestões de temas, mas, se preferirem, poderão pensar em outros que se relacionem com o assunto alimentação.

- Alimentos: o benefício para o corpo humano proporcionado pelos nutrientes contidos nos alimentos.
- Doenças relacionadas com a má alimentação: bulimia, anorexia, hipertensão, colesterol alto, etc.
- A alimentação do brasileiro: ela é equilibrada e adequada? Se necessário fazer alterações, quais seriam?
- Mídia, beleza e alimentação: quais os critérios de beleza ao longo dos séculos? A mídia interfere nos padrões de beleza atuais e provoca mudanças nos padrões de alimentação? Sugerimos a utilização da pintura como recurso para demonstrar as alterações nos critérios de beleza.
- Os diferentes tipos de dieta (a do tipo sanguíneo, a de carboidratos, a de proteínas, a da lua, a dos vigilantes do peso, etc.): vantagens e desvantagens de cada uma.
- A fitoterapia: as ervas podem curar as doenças?
- Obesidade: um fenômeno mundial.

Dividam as tarefas para a realização da pesquisa. Coletem materiais, reúnam-se e discutam a produção do roteiro para um seminário em grupo. Depois, de acordo com as orientações fornecidas no item "Como apresentar um seminário em grupo", exponham para a classe o resultado da pesquisa.

Sugestões de fontes de pesquisa sobre alimentação

Revistas

- *Saúde* e *Boa Forma*, publicadas pela Editora Abril.

Livros

- *Entenda a obesidade e emagreça*, de Dr. Alfredo Halpern (MG Editores Associados).
- *A natureza cura – Segredos para conservação e recuperação da saúde*, de Juan Alfonso Yépez (Vozes).
- *Cem receitas de saúde – Segredos da dieta perfeita*, de Anna Selby (Publifolha).
- *A alimentação que previne doenças*, de Jocelem Mastrodi Salgado (Madras).
- *Alimentação natural*, de Jane Gould (Gaia).
- *A arte da cura pela alimentação*, de Gilberto Pereira (Mauad).

Sites

- www.alimentacaosaudavel.org/
- www.revistasaude.com.br/
- http://portalsaude.saude.gov.br/
- www.nutriweb.org.br/
- http://drauziovarella.com.br/
- www.alimentacao.org.br

Preparação da sala e dos recursos

No dia combinado para a apresentação do seminário, preparem o local com antecedência: iluminação, disposição das cadeiras e dos recursos audiovisuais. Organizem e disponham sobre a mesa os materiais que serão utilizados durante a exposição. Procurem utilizar de modo equilibrado e harmônico recursos audiovisuais como cartazes, transparências para retroprojetor, filmes, músicas, *slides*, *datashow*, a fim de tornar o evento mais agradável e facilitar a transmissão de um volume grande de informações.

Filmando o seminário

Se possível, filmem o seminário para que, posteriormente, todos possam assistir a algumas partes dele ou a todo ele, a fim de observar aspectos positivos e negativos e aprimorar um próximo seminário.

REVISÃO E AVALIAÇÃO DOS SEMINÁRIOS

Depois da apresentação, os seminários devem ser revistos e avaliados, levando-se em conta aspectos como os apontados no quadro abaixo. Caso os seminários sejam filmados, convém assistir a alguns trechos deles para confirmar impressões ou tirar dúvidas. E, com base nas observações feitas, estabelecer metas e compromissos com vistas à realização de um próximo seminário.

CRITÉRIOS PARA A AVALIAÇÃO DO SEMINÁRIO				
Posicionamento do apresentador	Fala e voz	Linguagem	Olhar	Tempo
Verifique se o apresentador: • falou em pé, com o roteiro nas mãos; • demonstrou domínio do conteúdo; • nunca deu as costas ao público ao usar os recursos audiovisuais; • ficou bem-posicionado e movimentou-se entre o público (se possível).	Verifique se o apresentador: • falou alto e claro e variou a entonação, evitando monotonia; • explorou pausas e velocidade em determinadas falas para ressaltar pontos importantes.	Verifique se o apresentador: • utilizou uma variedade de acordo com a norma-padrão, com grau de formalidade adequado ao perfil dos interlocutores; • evitou palavras de baixo calão, gírias e expressões da linguagem oral; • empregou e explicou adequadamente vocábulos e conceitos específicos da área pesquisada; • fez uso de expressões de reformulação, isto é, aquelas que permitem explicar de outra forma uma palavra, um conceito, uma ideia complexa.	Verifique se o apresentador: • olhou para o público, observando reações positivas e negativas; • olhou para todas as pessoas uniformemente, sem privilegiar um único interlocutor; • usou adequadamente o roteiro, fazendo consultas rápidas, sem interromper o pensamento e sem abaixar o tom da voz.	Verifique se o apresentador: • controlou e organizou bem o tempo, sendo capaz de ajustar a exposição ao tempo estipulado.

PROJETO

CIÊNCIA E ÉTICA

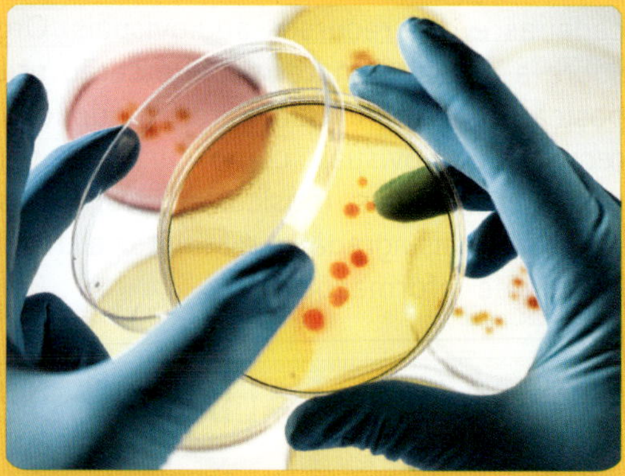

Getty Images

As pesquisas científicas no campo da medicina e da biologia avançam em muitos países, em busca da cura de doenças graves tidas como incuráveis.

Um dos estudos em destaque nesse campo, nos últimos anos, é o das células-tronco embrionárias, que se configura como um dos mais promissores no tratamento de doenças como o câncer, a AIDS, o mal de Parkinson, a hepatite C e as degenerativas. Há países, como a Inglaterra e a Suíça, que permitem a criação de embriões para pesquisa. Em outros, como os Estados Unidos, a pesquisa é permitida, mas o financiamento para sua realização vem apenas de instituições privadas. No Brasil, após muita discussão, ela foi autorizada, porém com restrições. Os estudos precisam ser aprovados por comitês de ética e é proibida a comercialização de embriões e a clonagem humana.

Ainda no campo das pesquisas científicas, os testes feitos com animais têm gerado polêmicas, estimuladas por grupos que defendem os animais.

É inegável que as pesquisas científicas buscam melhorar a qualidade de vida dos seres humanos e, inclusive, salvar vidas. Entretanto, como se tem visto, muitas delas esbarram em questões polêmicas, que envolvem a moral, a religião e a ética.

Para situar-se quanto à polêmica que envolve a relação entre ciência e ética e preparar-se para a apresentação de um seminário, leia o painel de textos a seguir.

O fim justifica os meios

Apesar dos avanços nas simulações por computadores, a medicina e a biologia ainda não podem abrir mão dos testes feitos com animais

Como é feita a ciência? Como os cientistas chegam às suas conclusões sobre os mecanismos e propriedades do mundo natural, da vida e do corpo humano? Essa questão vai ao coração do que constitui ciência e verdade científica. Muita gente acredita que a ciência é sinônimo de verdade, que as afirmações dos cientistas são uma certeza absoluta. A coisa não é assim tão simples. Isso porque o próprio conceito do que é verdade evolui, muda com o tempo. O que era verdade na época de Cabral, um Cosmo fechado com a Terra imóvel no centro, não é mais verdade. Por outro lado, sabemos que, se alguém cair de um telhado, vai se espatifar no chão com uma velocidade calculável usando a lei da queda livre de Galileu, aprimorada nas leis de movimento de Newton. Essas leis não falham. Serão, então, uma verdade absoluta?

Tudo depende da natureza do fenômeno. Se a teoria científica é baseada em medidas, ela tem de oferecer uma descrição precisa do que está sendo medido. Por exemplo, no caso da queda, Galileu mostrou que todos os corpos, independentemente de suas massas, caem com a mesma aceleração. Essa aceleração, mostrou Newton mais tarde, depende da massa e do raio da Terra. Ou seja, em outro planeta, a lei de Galileu também funciona, mas os corpos cairiam com uma aceleração diferente. Fenômeno descrito, assunto encerrado, certo? Errado!

Teorias científicas estão sendo testadas. E se o corpo cair muito rápido? E se a massa do planeta, ou melhor, de uma estrela, for muito grande? Será que as leis de Galileu e Newton ainda funcionam? A ciência avança justamente quando teorias são expostas ao seu limite de validade. De certa forma, cientistas são como crianças tentando quebrar seus brinquedos, testando até onde eles aguentam os seus abusos. São das falhas de uma teoria que nascem novas teorias. No caso da queda dos corpos e da gravidade, Einstein mostrou que as leis de Newton têm, sim, limites. Por exemplo, elas não explicam com alta precisão a órbita de Mercúrio. Nasceu assim uma nova teoria da gravidade, a teoria da relatividade geral, da qual a teoria de Newton é um caso limite, funcionando quando os objetos têm massas pequenas comparadas a uma estrela como o Sol ou estão bem distantes dela.

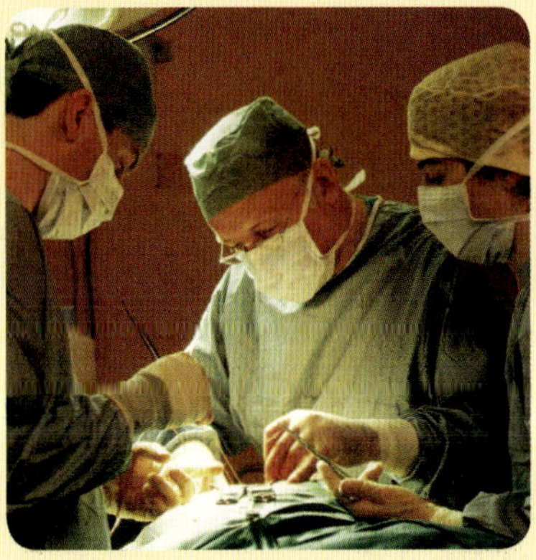

Science Photo Library/Latinstock

Portanto, a ciência não é sinônimo da verdade, mas da constante busca por ela. Cientistas sabem que a noção de verdade é algo elusivo, que quando achamos que chegamos perto ela escapa por entre os nossos dedos. Por isso é necessário testar sempre hipóteses e teorias científicas. E isso não ocorre apenas nas ciências físicas. Na biologia e na medicina é a mesma coisa. Se queremos obter um novo remédio, várias possibilidades têm de ser testadas até que se tenha sucesso. No caso da medicina, o dilema envolve a natureza dos testes. Como testar uma droga experimental num ser humano, se não sabemos se vai ou não funcionar? Se, em alguns casos, ela pode até matar o indivíduo?

Aqui entram várias considerações éticas que não aparecem nos testes da relatividade geral. Em muitos casos, drogas e tratamentos (e cosméticos) são aplicados em animais antes de serem testados em humanos. Isso significa que pomos um valor maior na vida humana do que na de um camundongo ou chimpanzé. Imagino que ninguém goste disso. Por essa razão, vários laboratórios, especialmente de cosméticos, declaram não fazer testes em animais. Na medicina e na biologia, a coisa é mais complicada. Para combater as doenças, precisamos de remédios. Apesar de não existir uma solução óbvia, simulações em computadores cada vez mais avançados tendem a aliviar ao menos um pouco esse dilema. No meio-tempo, cientistas interessados em salvar vidas (humanas) não têm outra opção. Espero que o façam do modo mais humano possível. Afinal, nós não gostaríamos de ser cobaias de outras espécies.

(Marcelo Gleiser. *Galileu*, nº 201.)

"Seu filho vale menos que um rato?"

[Entrevista com Michael Conn, pesquisador americano de remédios para câncer e infertilidade, que já foi ameaçado por grupos extremistas de defensores de animais, porque usa cobaias em experiências.]

Época – Quem está em guerra contra as pesquisas científicas?

Michael Conn – São grupos de ativistas que querem causar danos a quem usa animais de algumas formas com que eles não concordam. Esses extremistas consideram que os animais não deveriam ser usados em pesquisas científicas, nem como fonte de comida ou de couro para roupas. Acham que os animais não podem ser nem bichos de estimação. [...]

Época – Qual é o impacto para a ciência?

Michael Conn – Esses extremistas estão sufocando o desenvolvimento de medicamentos. Para usar remédios em hospitais, onde eles são realmente úteis, é preciso testá-los em animais de laboratório - para ter certeza de que são eficazes e seguros. As pessoas podem até pensar que não precisamos de tantas drogas porque não há mais doenças de antigamente. Não existe uma nova poliomielite nem uma outra peste negra, que matou milhões no século XIV. Porém, novas doenças estão emergindo: temos a AIDS, o vírus ebola, a gripe aviária. [...]

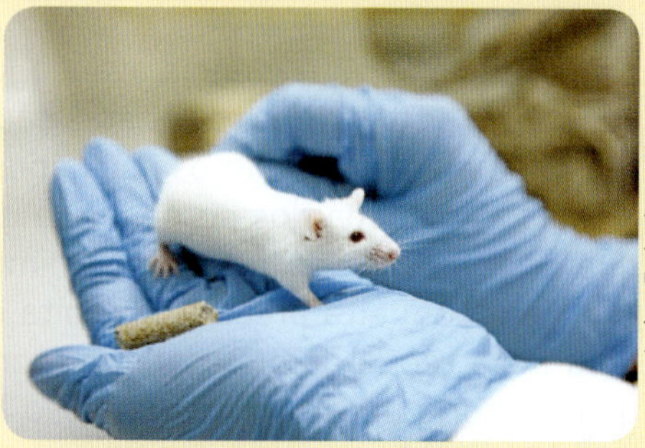

Jochen Tack/Alamy/Glow Images

Época – O senhor diz que as pessoas acreditam em "mitos" sobre o mau uso de animais. Mas não há uma razão para isso?

Michael Conn – As pessoas não conhecem uma instituição de pesquisa por dentro. Nos laboratórios dos EUA, os animais são mais bem tratados que muitas crianças. No Oregon National Primate Research Center, onde trabalho, há 15 veterinários e 110 pessoas para cuidar dos animais – sete ou oito funcionários só para tornar o ambiente em que vivem mais estimulante. Eles têm cuidados médicos e odontológicos constantes, comida maravilhosa, completada por frutas secas e vegetais. Os animais vivem consideravelmente mais tempo em nossa instituição que na vida selvagem.

[...]

Época – Por que não substituímos gradualmente os animais em pesquisas?

Michael Conn – Alguns estudos podem ser feitos em células cultivadas em laboratório, outros em programas de computador. Mas as máquinas apenas analisam os dados obtidos com os animais. Os computadores não geram novas informações. A pesquisa com animais é muito cara e difícil. Se houvesse uma maneira melhor de fazê-la, eu posso garantir que nós a usaríamos.

Época – O senhor já pensou em desistir da pesquisa por causa dessas ações?

Michael Conn – Não. Eu não sou o tipo de pessoa que desiste. Se permitirmos que esses extremistas vençam, os verdadeiros perdedores serão todos os que estão sofrendo com uma doença, seus familiares e amigos. No fim, a questão é uma só. Você acha que a vida de seu filho pode valer menos que a de um rato de laboratório?

(Marcela Buscato. *Época*, nº 5 311. Editora Globo.)

É preciso salvar vidas

[Entrevista realizada pela revista *Veja* com a bióloga Mayana Zatz, pró-reitora de pesquisa e coordenadora do Centro de Estudos de Genoma Humano da Universidade de São Paulo e uma das maiores especialistas em células-tronco no Brasil. A entrevista ocorreu antes de o Supremo Tribunal Federal liberar, em 29 de maio de 2008, as pesquisas com células-tronco.]

Veja – As pesquisas com células-tronco embrionárias encontram-se proibidas no Brasil sob argumento de que vão contra dois princípios constitucionais: o de que a vida é inviolável e o que garante a dignidade da pessoa. Como a senhora avalia essa proibição?

Mayana – Essa proibição é absurda. Inviolável é a vida de inúmeros pacientes que morrem prematuramente ou estão confinados a uma cadeira de rodas e poderiam se beneficiar dessas pesquisas. É preciso entender que os cientistas brasileiros só querem fazer pesquisa com os embriões congelados que permanecem nas clínicas de fertilização, e sempre com o consentimento do casal que os gerou. [...]

Veja – Qual é a contribuição brasileira às pesquisas com células-tronco embrionárias?

Mayana – Muito pequena. Temos uma contribuição significativa em clonagem reprodutiva animal e na pesquisa de terapias com células-tronco adultas na área cardíaca. Com células embrionárias, quase não temos resultados. Acho que nem sequer temos estudos publicados. As células-tronco adultas só formam alguns tecidos, como músculo, osso,

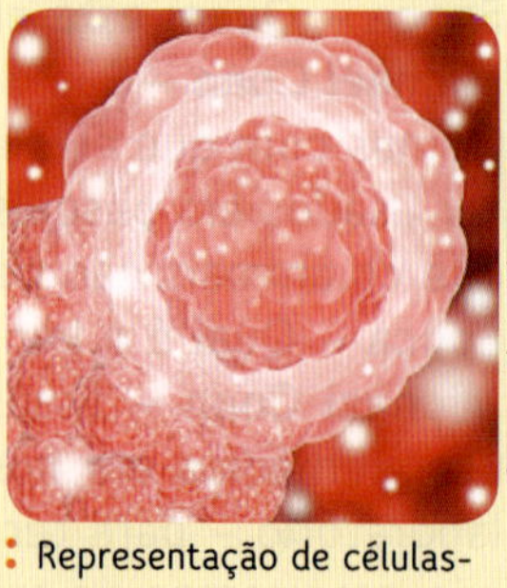

Science Photo Library/Latinstock

Representação de células-tronco.

gordura e cartilagem. Com elas, não se consegue formar células nervosas, fundamentais para tratar doenças neuromusculares, para regenerar a medula de alguém que ficou paraplégico ou tetraplégico ou para tratar um parente que tem Parkinson. Se não tivermos células-tronco embrionárias para formar neurônios, todas essas pesquisas ficarão prejudicadas. [...]

Veja – Como a senhora responde aos críticos que dizem que as pesquisas com células-tronco, mesmo as adultas, vão na contramão da natureza?

Mayana – Quando você faz uma cesariana e não um parto, está indo contra a natureza. Quando vacina seus filhos, está aumentando a imunidade deles e indo contra a natureza. Quando alguém tem uma pneumonia e você dá um antibiótico, está indo contra a natureza. É porque temos ido tão frequentemente contra a natureza que a expectativa de vida tem subido tanto no mundo. Vejo em grande parte as células-tronco como uma possibilidade de regenerar órgãos, como um substituto para os transplantes. Hoje, a sociedade aprova quando um indivíduo está doente e recebe um transplante de coração. Mas não é fácil fazer um transplante. Há filas para receber um órgão, há o desafio de achar um doador compatível. No futuro, se conseguirmos regenerar o coração, ou outros órgãos, com células-tronco, não haverá razão para fazê-lo. [...]

(*Veja*, nº 2050.)

Reúna-se com seus colegas de grupo e, sob a orientação do professor, preparem-se para a realização de um seminário. Escolham um dos assuntos apresentados a seguir ou, se quiserem, algum outro que também se relacione com pesquisas com células-tronco ou testes com animais.

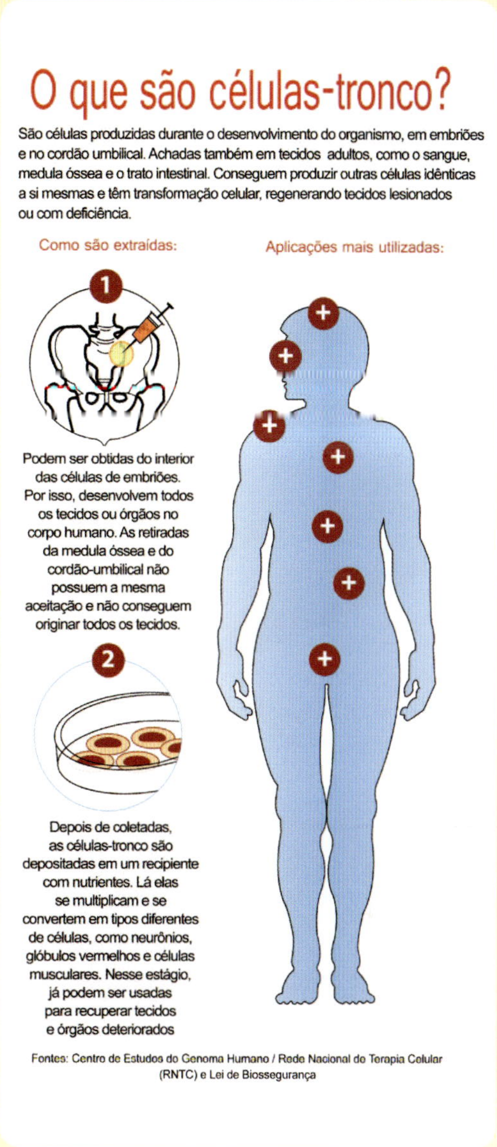

Governo Federal

(Disponível em: http://www.brasil.gov.br/sobre/ciencia-e-tecnologia/tecnologia-de-ponta/pesquisas-com-celulas-tronco. Acesso em: 10/3/2013.)

- O que é a pesquisa com células-tronco embrionárias
- Por que as pesquisas com células-tronco podem revolucionar o tratamento de diversas doenças
- Por que algumas pessoas e entidades são contrárias às pesquisas genéticas e aspectos religiosos, culturais, morais e éticos envolvidos nesses estudos
- Por que a medicina e a biologia ainda não podem abrir mão dos testes feitos com animais
- A vida humana vale menos ou mais que a de cobaias de laboratório?

Dividam as tarefas para a realização da pesquisa. Façam consultas, coletem materiais, reúnam-se e discutam a produção do roteiro para um seminário em grupo. Depois realizem o seminário, seguindo as orientações oferecidas nos itens "Como apresentar um seminário" e "Como apresentar um seminário em grupo", no capítulo 7.

UNIDADE 3 INSTRUINDO E CONVENCENDO

Ode à cebola

Cebola,
luminosa redoma,
pétala a pétala,
se formou a tua formosura,
escamas de cristal te acrescentaram
e no segredo da terra escura
se arredondou o seu ventre de orvalho.
Sob a terra
foi o milagre
e quando apareceu
o teu torpe talo verde,
e nasceram
as tuas folhas como espadas no quintal,
a terra acumulou o seu poderio
mostrando a tua nua transparência,
e como em Afrodite o mar remoto
duplicou a magnólia
levantando os seus seios,
a terra
assim te fez,
cebola,
clara como um planeta
e destinada
a reluzir,
constelação constante,
redonda rosa de água,
sobre
a mesa
das pobres gentes.

(Pablo Neruda. *Antologia poética.* Rio de Janeiro: Sabiá, 1978. p. 173-4.)

Fique ligado! Pesquise!

Assista

- ***Sem reservas***, de Scott Hicks; ***Maria Antonieta***, de Sofia Coppola; ***Um bom ano***, de Ridley Scott; ***O tempero da vida***, de Tassos Boulmetis; ***Chocolate***, de Lasse Hallström; ***A festa de Babette***, de Gabriel Axel; ***Como água para chocolate***, de Alfonso Arau; ***Casamento grego***, de Joel Zwick.

Leia

- ***Cartas a um jovem chef***, de Laurent Suaudeau (Campus); ***Grande dicionário de culinária e Memórias gastronômicas***, de Alexandre Dumas (Jorge Zahar); ***O que Einstein disse a seu cozinheiro – A ciência na cozinha***, de Robert L. Wolke (Jorge Zahar); ***O cinema vai à mesa***, de Nilu Lebert e Rubens Ewald Filho (Melhoramentos); ***De caçador a gourmet – Uma história da gastronomia***, de Ariovaldo Franco (Senac São Paulo); ***O que é gastronomia***, de Renata Braune e Silvia Cintra Franco (Brasiliense); ***A canja do imperador***, de J. Dias Lopes (Nacional); ***Banquete – Uma história da culinária***, de Roy Strong (Jorge Zahar); ***Não é sopa – Crônicas e receitas de comida***, de Nina Horta (Companhia das Letras); ***Sonetos de forno e fogão***, de Celso Jupiassu e Nei Leandro de Castro (José Olympio); ***Receitas de olhar***, de Roseana Murray (FTD).

Ouça

- "Não é proibido", de Marisa Monte, "Feijoada completa", de Chico Buarque, e "Comida", dos Titãs.

Navegue

- www.panelinha.ig.com.br
- www.claudiacozinha.abril.com.br

Caro/Alamy/Glow Images

PROJETO

Campanha: Solidariedade em cartaz

Preparação e realização de uma campanha comunitária de solidariedade, com produção e divulgação de cartazes, anúncios, textos e faixas, além de outras atividades.

Glow Images

CAPÍTULO 8

Os gêneros instrucionais

São muitos os textos que circulam entre nós diariamente com o objetivo de nos dar orientações claras e objetivas sobre como proceder em determinadas situações: receitas, bulas de remédio, instruções e regras de jogos, manuais de funcionamento de aparelhos domésticos e máquinas, prospectos de concursos, manuais do consumidor, guias de cidades, folhetos sobre prevenção de doenças e epidemias, dicas de economia, tutoriais, etc.

Alguns deles apresentam uma estrutura mais ou menos padronizada, enquanto outros empregam a forma que for mais conveniente para atingir sua principal finalidade, que é dar instruções ao leitor.

O TUTORIAL

TRABALHANDO O GÊNERO

As indicações sobre como utilizar determinada ferramenta, aplicativo ou programa de computador encontradas na Internet são exemplo de texto tutorial. Veja a janela:

Alamy/Glow Images

1. O texto que aparece na janela é um tutorial, pois orienta o leitor na realização de determinada ação.
   a) A que área do conhecimento o texto diz respeito?
   b) Qual é a finalidade dele?

2. O público ao qual os tutoriais se destinam é variado, mas tem algumas características específicas. Qual é o perfil das pessoas que geralmente buscam auxílio dos tutoriais?

3. A fim de cumprir sua finalidade de orientar pessoas a utilizar uma ferramenta, os tutoriais costumam seguir uma estrutura definida. Veja outro exemplo de tutorial, na página ao lado, e, em relação a ele e ao lido antes, responda:
   a) Que partes os compõem?
   b) Que títulos apresentam?
   c) Que elementos não verbais são utilizados?

4. Observe, nos dois textos, as formas verbais utilizadas nas instruções relativas aos passos das operações a serem realizadas.
   a) Em que modo estão os verbos?
   b) O que as formas verbais expressam: ordem, dúvida ou orientação?
   c) Levante hipóteses: Por que nos tutoriais os verbos são empregados geralmente nesse modo verbal?

5. Observe a linguagem empregada nos tutoriais.
   a) A variedade linguística empregada segue a norma-padrão?
   b) Trata-se de uma linguagem objetiva ou subjetiva?
   c) Classifique o nível de formalidade dos tutoriais lidos, relacionando-o à situação de produção e circulação desse gênero textual. Exemplifique com trechos dos textos.

6. Reúna-se com seus colegas de grupo e, juntos, concluam: Quais são as características do tutorial? Ao responder, considerem os seguintes critérios: finalidade do gênero, perfil dos interlocutores, suporte e veículo, tema, estrutura, linguagem.

PRODUZINDO O TUTORIAL

Há, a seguir, duas propostas de produção de textos. Você poderá desenvolver as duas ou apenas uma delas, conforme a orientação do professor. Os textos produzidos serão expostos depois na **Feira de inclusão digital** que a classe realizará no projeto do final desta unidade.

1. Não é só na Internet que encontramos tutoriais sobre como realizar determinadas atividades. É comum encontrarmos esses textos também em revistas, folhetos, livros. Leia, a seguir, as resenhas de um filme e de um livro que exploram a ideia do tutorial de forma um tanto inusitada.

O filme *Como perder um homem em 10 dias* conta a história de Andie Anderson, jornalista que escreve a coluna "Como fazer" em uma revista feminina. Em seus textos, Andie dá dicas às mulheres e, no filme, tem como projeto tematizar os erros geralmente cometidos pelas moças ao iniciarem um relacionamento.

(Texto dos autores.)

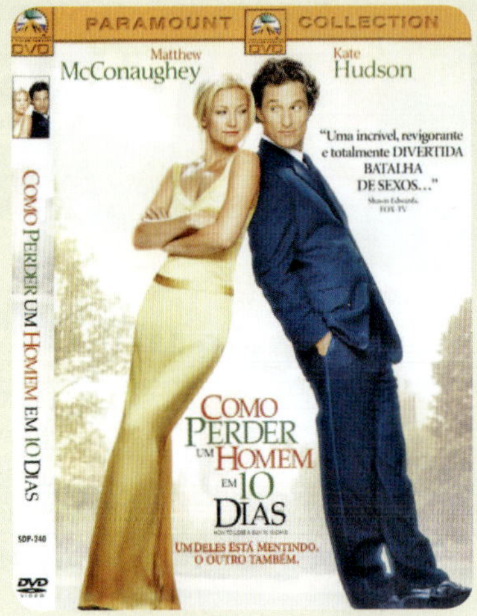

Paramount Pictures

Jessica Packwood levava uma vida tranquila no interior da Pensilvânia e esperava ansiosamente pelo início do último ano escolar. Seus planos eram se formar e conseguir uma bolsa de estudos para a faculdade, ganhar a olimpíada de matemática e namorar seu colega Jake Zinn. Mas aí um novo aluno esquisitão (e muito gato) chamado Lucius Vladescu aparece do nada, dizendo que Jessica pertence à realeza vampírica e lhe foi prometida em casamento para selar a união entre os clãs mais poderosos dos vampiros. E de repente Jessica percebe que sua vida está prestes a virar de pernas para o ar.

(Disponível em: http://www.sextante.com.br/vampiroapaixonado/. Acesso em: 15/3/2012.)

Editora iD

Em grupos, monte com os colegas tutoriais inusitados, como os referidos nos títulos do filme e do livro comentados nas resenhas. Vocês podem escolher uma das sugestões a seguir ou imaginar outro tema, mantendo a ideia de explorar um assunto pouco comum em tutoriais.

- Como responder às perguntas do professor sem saber a matéria
- Como ficar mais 5 minutos na cama de manhã e não perder a hora
- Como ser o mais chato da classe
- Como ser amigo de seu pai/sua mãe em redes sociais sem pagar mico

2. A Internet oferece muitas ferramentas a seus usuários, mas nem todas se difundem amplamente, ficando restritas ao conhecimento de uma parcela pequena da sociedade. Leia a notícia a seguir sobre um projeto do Google, publicada no portal do jornal *Folha de S. Paulo*.

07/02/2011 — 10h20

Google põe acervo dos maiores museus do mundo na web

JULIANA VAZ
COLABORAÇÃO PARA A **FOLHA**

Está bem guardada na National Gallery de Londres a tela "Os Embaixadores" (1533), de Hans Holbein, o Jovem. Mas não é mais preciso tomar um avião à Inglaterra para vê-la em detalhes.

Desde a semana passada, um novo *site* (www.googleartproject.com) do Google disponibiliza imagens em altíssima resolução dessa e de outras obras dos principais museus do mundo.

O projeto, denominado Google Art Project, foi lançado com cerimônia na Tate, uma das 17 galerias participantes, e se assemelha ao Google Street View.

O visitante pode navegar pelos corredores virtuais, "passear" pelas salas, aproximar as pinturas e saber mais sobre elas. A qualidade hiper-real das mais de mil reproduções impressiona, deixa identificar minúcias nas pinceladas, marcas da ação do tempo sobre a matéria.

Mas nem todas as salas estão lá, e muito menos, todas as obras. A parceria com as megainstituições se deu de tal modo que cada museu escolheu exatamente o que de seu acervo mostrar.

Entre as galerias participantes estão, até agora, quatro americanas (MoMA, Metropolitan, Frick Collection e Freer Gallery of Art), duas britânicas (National Gallery e Tate), uma tcheca (Kampa), as berlinenses Alte Nationalgalerie e Gemäldegalerie, as espanholas Reina Sofía e Thyssen-Bornemisza, a italiana Uffizi, o Palácio de Versalhes, duas holandesas (Rijksmuseum e Van Gogh) e duas russas (Museu Hermitage e Tretyakov).

Galleria degli Uffizi, Florença, Itália

"O Nascimento de Vênus", de Botticelli, disponível na web.

Em grupo, faça com os colegas uma visita ao *site* mencionado na notícia. Escolham um dos museus ou galerias, uma das obras de arte e as ferramentas disponibilizadas pelo Google Art Project e montem um tutorial ensinando a utilizar esse *site*.

Planejamento do texto

- Naveguem pelo *site* e anotem os passos para a utilização de cada ferramenta.
- Pensem no perfil do leitor, lembrando que o texto será direcionado a um público que precisa de orientações claras e minuciosas. Assim, indiquem passo a passo as ações necessárias e escolham imagens para ilustrar cada um deles. Criem uma introdução, ressaltando a importância de aprender a lidar com a ferramenta, e um desfecho para o texto. Deem ao tutorial um título atraente.
- Decidam, junto com o professor, o suporte a ser utilizado para a circulação do tutorial: folhetos, a Internet, etc.
- Entre as características do gênero a serem observadas, lembrem que o tutorial deve ter uma linguagem objetiva e sua organização deve ser esquemática, com o auxílio de imagens que indiquem claramente os passos a serem seguidos pelos leitores.
- Façam um rascunho e só passem o texto para o suporte final depois de uma revisão cuidadosa.

Revisão e reescrita

Antes de fazer a versão final do tutorial, observem:

- se ele apresenta título e as seções básicas (introdução, passos, desfecho);
- se as ações estão indicadas passo a passo, na sequência correta e sem que nenhuma etapa tenha deixado de ser mencionada;
- se os verbos referentes às orientações estão empregados no imperativo ou no infinitivo e sem alternância entre um modo e outro;
- se as indicações estão claras e objetivas e ilustradas adequadamente pelas imagens;
- se a linguagem está de acordo com a norma-padrão da língua;
- se o nível de formalidade está adequado ao público-alvo.

Façam as alterações necessárias e passem o texto para o suporte final.

OUTROS GÊNEROS INSTRUCIONAIS: RECEITAS, REGRAS, DICAS

TRABALHANDO O GÊNERO

Os textos instrucionais estão presentes em livros, revistas, jornais e até em embalagens de produtos. É comum, entre os diferentes textos que compõem uma reportagem jornalística (tabelas, gráficos, trechos de entrevistas, fotografias, legendas, etc.), aparecer um texto instrucional. Ou, numa empresa, haver um cartaz que instrui os funcionários sobre segurança no trabalho.

A receita, por exemplo, é um gênero instrucional muito comum, veiculado em embalagens de alimentos, revistas, livros, cadernos de receitas, etc.

Há, a seguir, dois textos instrucionais. O primeiro apresenta algumas dicas para não cair em armadilhas ao procurar um programa de intercâmbio cultural. O segundo é uma receita. Leia-os com atenção.

TEXTO I

Intercâmbio: dicas para não cair em armadilhas

Veja o que você deve analisar na hora de escolher sua viagem

Frank Schwere/Getty Images

Toronto, no Canadá: boas escolas atraem os brasileiros.

- Pesquise sobre o país e a cidade escolhidos. Quem está acostumado com agito pode ficar entediado em um lugarzinho pacato, sem muitas alternativas de diversão.
- Programe-se com antecedência. Em países que exigem visto de entrada, esse documento pode demorar para ser concedido.
- Preste atenção ao clima. Muitos dos destinos procurados pelos paulistanos têm inverno bem mais rigoroso que o nosso.
- Converse com pessoas que passaram pelo mesmo programa que você quer fazer.
- Não vá sem um seguro-saúde. Se houver a possibilidade de praticar esportes radicais, veja se a cobertura está inclusa no pacote.
- Quem optar pelo programa de high school deverá se informar no colégio daqui sobre os documentos necessários para cursar o ensino médio novamente quando retornar.
- Pergunte se o curso escolhido é reconhecido pelas escolas do Brasil.
- Para pós-graduação, verifique se o seu nível linguístico é compatível com o exigido.
- Confira se a agência de viagem faz parte de federações nacionais ou internacionais. Vale checar também se a empresa tem escritórios próximos ao seu destino.
- Se vai ficar em casa de família, entre em contato com os anfitriões. É muito importante saber se há fumantes, animais de estimação, crianças... Está instalado e não se adaptou? Peça mudança à escola ou agência.
- Contrate uma operadora tarimbada em programas de intercâmbio e desconfie de orçamentos muito fora da média do mercado.

- Leia o contrato com atenção. Cheque a cláusula de desistência, pois imprevistos podem acontecer.
- Fuja dos fast-foods e siga uma dieta balanceada. Deixe para experimentar guloseimas gordurosas nos fins de semana. Quem fica em casa de família tende a ter uma alimentação mais saudável.
- Se precisar tomar remédios regularmente, calcule a quantidade necessária para o período da estada e leve-a na bagagem. É importante ter à mão, também, as receitas médicas traduzidas para o idioma do país de destino.
- A conta do celular pode sair cara por causa do roaming. Por isso, se quiser usar seu aparelho, opte por comprar um chip local para fazer ligações. Programas da internet como o Skype dão a oportunidade de falar de graça — ou por um valor razoável — com parentes e amigos distantes.
- Como a internet sem fio gratuita está em casas de família, escolas e cafés, quem quiser poderá levar notebook, netbook ou tablet daqui e usá-lo sem custo adicional.
- É fundamental atentar para a legislação do local que se está visitando, já que ela muda drasticamente de lugar para lugar. Em alguns países e estados dos EUA, a idade mínima para comprar bebidas alcoólicas é de 21 anos. Infratores podem ser multados ou até deportados.
- Encantou-se com aquele garoto ou garota? Lembre-se de que a viagem tem data para acabar. Além disso, algumas agências de intercâmbio garantem que mandam para casa menores de idade que são pegos praticando sexo.

(*Veja São Paulo*, 16/2/2011.)

TEXTO II

Bolo na caneca

Receita enviada por ***Maria do Carmo Santos***

Fabio Yoshihito Matsuura/Mosaico Fotografia

05min

1 porção

Ingredientes

- 1 ovo pequeno
- 4 colheres (sopa) de leite
- 3 colheres (sopa) de óleo
- 2 colheres (sopa) rasas de chocolate em pó
- 4 colheres (sopa) rasas de farinha de trigo
- 4 colheres (sopa) rasas de açúcar
- 1 colher (café) rasa de fermento em pó

Modo de preparo

1. Na própria caneca onde irá consumir, coloque o ovo e bata bem com um garfo
2. Coloque o óleo, o açúcar, o leite e o chocolate e bata mais

3. Coloque a farinha de trigo e o fermento e misture delicadamente até encorpar
4. Leve ao forno micro-ondas por 3 minutos em potência alta

Informações adicionais

Dicas: a caneca deve ter capacidade mínima de 300 ml.
A massa crua é mais mole que um bolo normal, mas não aumente a farinha, senão o bolo ficará duro.
Pode ser servido quente, com caldas, coberturas, castanhas, sorvete e o que mais a imaginação mandar.

(Adaptado de: http://tudogostoso.uol.com.br/)

Ao ler os dois textos, você observou que eles têm estruturas diferentes, mas apresentam algumas características em comum: verbos no imperativo, quando expressam orientações, e linguagem clara, objetiva e de acordo com a norma-padrão.

No texto I, há um título e, abaixo dele, um enunciado chamando a atenção para o assunto. As dicas, expressas em uma frase completa, são ampliadas com informações úteis relacionadas a elas.

No texto II, o título é o nome da receita que se ensina a preparar. Não há enunciado introdutório e o texto é estruturado em duas partes: *Ingredientes* e *Modo de preparo*.

PRODUZINDO A RECEITA

1. Lembre-se de um prato que você adora e escreva a receita dele. Se você já o preparou, pense nos ingredientes necessários e no modo como ele deve ser feito. Se não, peça as informações a uma pessoa que saiba como fazê-lo. Se possível, dê à receita um toque pessoal, isto é, apresente uma dica de como obter um sabor especial, picante, etc.

Editora Abril - Imagens/Conteúdo Expresso

Receitas e afins na Internet
www.panelinha.ig.com.br
www.portaldosabor.org
www.claudiacozinha.abril.com.br
www.luizcintra.com.br
www.tvgazeta.com.br/tvculinaria

PROJETO

Receitas com sabor e poesia

Organize-se com seus colegas para a montagem de um *livro de receitas* da classe.

Reúnam as receitas produzidas, as culinárias e as poéticas, e escrevam-nas em folhas de papel sulfite, ou digitem-nas no computador. Deem destaque ao título de cada uma e ilustrem-nas. Confeccionem a capa em papel mais grosso, e montem-na com o título escolhido pela classe, o nome do ano de vocês e ilustrações relacionadas à culinária. Unam a capa às receitas e grampeiem-nas, formando o livro.

Sob a orientação do professor, exponham o livro na biblioteca da escola e divulguem-no entre professores, funcionários e colegas de outros anos. Depois de certo tempo de exposição, o livro pode circular entre os alunos da classe e ser levado para a casa de cada um por alguns dias.

2. Crie uma receita poética, a exemplo do que fez o poeta Nicolas Behr, neste texto:

Receita

Ingredientes
2 conflitos de gerações
4 esperanças perdidas
3 litros de sangue fervido
5 sonhos eróticos
2 canções dos beatles

Ivan Coutinho

Modo de preparar
dissolva os sonhos eróticos
nos dois litros de sangue fervido
e deixe gelar seu coração

leve a mistura ao fogo
adicionando dois conflitos
de gerações às esperanças
perdidas

corte tudo em pedacinhos
e repita com as canções dos
beatles o mesmo processo usado
com os sonhos eróticos mas desta
vez deixe ferver um pouco mais e
mexa até dissolver.

parte do sangue pode ser
substituído por suco de
groselha mas os resultados
não serão os mesmos

sirva o poema simples
ou com ilusões

(In: *Laranja seleta – poesia escolhida – 1977-2007*. Editora Língua Geral, 2007.)

Planejamento do texto

- Perfil do leitor – Suas receitas serão publicadas no livro de receitas que fará parte do projeto **Receitas com sabor e poesia** e serão lidas por pessoas da comunidade escolar e das famílias dos alunos da classe.
- Características do gênero a serem observadas – As receitas devem ter um título, ser estruturadas em duas partes, *Ingredientes* e *Modo de preparo*, e ter linguagem objetiva, com verbos no modo imperativo ou no infinitivo.
- Se possível, dê à receita um toque pessoal, isto é, apresente uma dica de como obter um sabor especial, picante, etc.

Loucos por receitas

Para aqueles que são aficionados de livros de receitas ou livros e poemas que envolvam esse assunto, sugerimos a leitura de: *O cinema vai à mesa – Histórias e receitas*, de Rubens Ewald Filho e Nilu Lebert (Melhoramentos); *Do jeitinho de Minas – Culinária regional*, de Celia e Celma (Senac); *Carlota – Balaio de sabores*, de Carla Pernambuco, e *As doceiras*, de Carla Pernambuco e Carolina Brandão (Nacional); *A canja do imperador*, de J. Dias Lopes (Nacional); *Banquete – Uma história da culinária*, de Roy Strong (Jorge Zahar); *O fogão de lenha – 300 anos de cozinha*, de Maria Stella Libânio Christo (Vozes); *Le Cordon Bleu – Todas as técnicas culinárias*, de Jeni Wright & Eric Treuille (Marco Zero); *Dona Benta* (Nacional).

Editora Nacional

Revisão e reescrita

Faça primeiramente um rascunho das receitas. Depois releia-as observando:

- se elas apresentam título e as seções básicas (*Ingredientes / Modo de preparo*);
- se os verbos referentes às orientações estão empregados no imperativo ou no infinitivo, e sem alternância entre um modo e outro;
- se a linguagem está de acordo com a norma-padrão da língua.

No caso de receita culinária:

- se as medidas indicadas para os ingredientes são precisas;
- se a sequência de ações está correta, sem a omissão de nenhum passo;
- se a(s) imagem(ns) utilizada(s) chama(m) a atenção do leitor, fazendo o prato parecer apetitoso;
- se as indicações são claras e objetivas.

PRODUZINDO DICAS

O texto a seguir menciona características de vários alimentos e os efeitos que eles provocam no organismo humano. Leia-o.

Saúde no prato

Os alimentos que mais ajudam na hora de eliminar as impurezas do organismo – e os vilões que só aumentam a produção de dejetos

ALIMENTOS DO BEM

- **Frutas**

São ricas em nutrientes como as vitaminas A e C, de função antioxidante, que previnem a ação dos radicais livres. O limão fornece monoterpenos, que facilitam a neutralização de substâncias tóxicas no fígado, e as frutas vermelhas possuem antocianinas, que agem contra infecções por elementos nocivos

Recomendação: cinco porções (unidade, fatia ou copo de suco natural) por dia

Thinkstock/Getty Images

- **Folhas verde-escuras**

As chamadas brássicas (couves, brócolis e repolho) são fonte de glicosinolatos, que, além da ação antioxidante, ajudam a neutralizar agentes tóxicos. Se forem picadas, ainda liberam enzimas capazes de inibir a formação de substâncias associadas ao câncer e favorecer a sua eliminação

Thinkstock/Getty Images

Recomendação: duas porções por dia

- **Peixes marinhos**

Fonte de proteína magra, peixes como salmão e cavalinha fornecem ômega-3, ácido graxo que previne inflamações e reduz a oxidação de gorduras, acumuladas no organismo se consumidas em excesso

Recomendação: duas a três porções por semana

- **Gengibre**

O gengibre é rico em fitoquímicos, como o gingerol e a gingerdiona, com poder antioxidante e anti-inflamatório (eles inibem a produção exagerada de prostaglandina e das enzimas lipoxigenase e cicloxigenase). Com alto teor de fibras, facilita a função intestinal e favorece a eliminação de agentes tóxicos pelas fezes

Recomendação: até 1 grama por dia

- **Oleaginosas**

Essas sementes são boa fonte de gorduras poli-insaturadas e vitamina E, um antioxidante. Nozes e castanhas-do-pará ainda são ricas em selênio, mineral usado na formação da enzima glutationa, que age no fígado combatendo e neutralizando substâncias tóxicas

Recomendação: uma a duas unidades por dia

- **Leguminosas**

Alimentos desse grupo, como o feijão-branco, possuem faseolamina, proteína que, por inibir a formação de uma enzima no intestino, dificulta a absorção completa de carboidratos. Estes, se consumidos em excesso, geram picos de glicose e acentuam o acúmulo de agentes de ação tóxica

Recomendação: uma porção por dia

- **Água e chás**

São os líquidos, como a água, que vão ajudar a dissolver e transportar os elementos tóxicos, facilitando sua expulsão pela urina, pelas fezes e pelo suor. O chá-verde possui catequinas, que estimulam a neutralização e a excreção dessas substâncias. Outras ervas, como dente-de-leão, carqueja e boldo, protegem e estimulam a ação hepática

Thinkstock/Getty Images

Recomendação: 30 mililitros de água para cada quilo do corpo, e até duas xícaras de chá por dia

- **Alcachofra**

É fonte de flavonoides e cinarina. Os primeiros protegem o fígado, e a segunda, presente nas folhas da alcachofra, estimula a produção de bile e de enzimas que atuam nos processos metabólicos do órgão, o principal responsável pela filtragem de substâncias tóxicas no organismo

Thinkstock/Getty Images

Recomendação: uma unidade por semana

ALIMENTOS DO MAL

- **Carne vermelha**

Rica em gordura saturada, se consumida em excesso, a carne vermelha tem o poder de alterar a flora do intestino, aumentando a permeabilidade das paredes do órgão e, como consequência, a absorção de substâncias tóxicas e estranhas ao organismo.

- **Bebidas alcoólicas**

Por ser um elemento tóxico ao organismo, o álcool sobrecarrega a função hepática. O fígado prioriza o metabolismo do álcool e deixa de

Thinkstock/Getty Images

processar agentes nocivos vindos de outras fontes. Além disso, a bebida inflama e altera a permeabilidade da mucosa intestinal, reduzindo as defesas antioxidantes do organismo

- **Frituras**

Além de terem ação semelhante à da carne vermelha no intestino, esses alimentos contêm acroleína, substância formada no processo de fritura – em especial nas frituras em imersão e prolongadas –, que irrita a mucosa intestinal e tem potencial ação cancerígena

Thinkstock/Getty Images

- **Alimentos processados e industrializados**

Aditivos presentes em alimentos prontos, como acidulantes, corantes, conservantes e estabilizantes, por serem artificiais, são estranhos ao nosso organismo. Se consumidos em excesso, o corpo não dá conta de eliminá-los totalmente

Thinkstock/Getty Images

- **Sal**

Como o sal contém sódio, seu consumo abusivo – mais do que 5 gramas, ou uma colher de chá, por dia – favorece a retenção hídrica. O excesso de água no organismo contribui não apenas para o aumento da pressão arterial como também dificulta a eliminação de agentes tóxicos pelas fezes, pela urina e pelo suor

Thinkstock/Getty Images

- **Refrigerantes**

Além de ricas em açúcar, essas bebidas têm pH ácido e, nas versões à base de cola, contêm ácido fosfórico, substância que intoxica o corpo. Quando o refrigerante é consumido com moderação, o organismo tem condições de neutralizar a ação dos agentes tóxicos neles contidos. O problema surge do consumo excessivo, especialmente do ácido fosfórico, que pode levar à osteoporose

- **Embutidos**

São extremamente nocivos se consumidos em excesso. Alimentos como a mortadela e o salame são ricos em gorduras, sódio e aditivos. Tais compostos não são bem digeridos pelo organismo e, acumulados, impedem a eliminação dos agentes tóxicos

Alamy/Other Images

(*Veja*, 22/2/2012.)

Em grupo, criem, a partir das informações do texto, dicas para ajudar o leitor a cuidar da saúde. Selecionem dez informações que julgarem as mais importantes e elaborem dez dicas para desintoxicar o organismo.

Vejam o exemplo:

- **Bebidas alcoólicas**

Por ser um elemento tóxico ao organismo, o álcool sobrecarrega a função hepática. O fígado prioriza o metabolismo do álcool e deixa de processar agentes nocivos vindos de outras fontes. Além disso, a bebida inflama e altera a permeabilidade da mucosa intestinal, reduzindo as defesas antioxidantes do organismo

Dica

Evite o consumo excessivo de bebidas alcoólicas. O álcool sobrecarrega a função hepática e reduz as defesas antioxidantes do organismo.

Planejamento do texto

- Perfil do leitor - Dicas como essas são direcionadas ao público em geral. Portanto, não devem trazer informações excessivamente técnicas, e o texto deve ser sucinto, objetivo e direto, possibilitando uma leitura rápida. Também é interessante que haja imagens para chamar a atenção dos leitores.
- Veículo e suporte em que o texto será veiculado - Decidam com a classe e o professor onde divulgar as dicas: cartazes, folhetos, Internet, etc.
- Características do gênero a serem observadas - Cada dica deve compor um tópico, formado por um breve enunciado introdutório e uma frase ou duas com informações que justifiquem a instrução dada. Também é interessante que haja alguma imagem chamativa para compor o texto. Caso alguma publicação seja consultada, ela deve ser indicada como fonte.
- Título - Deem um título ao conjunto das dicas.

Revisão e reescrita

Façam primeiramente um rascunho do texto. Depois releiam-no, observando:

- se cada dica apresenta um enunciado introdutório e justificativa da orientação dada;
- se as orientações e as justificativas conferem com as informações do texto original;
- se os verbos referentes às orientações estão empregados no imperativo ou no infinitivo, e sem alternância entre um modo e outro;
- se a(s) imagem(ns) ilustrativa(s) escolhida(s), se houver, chama(m) a atenção do leitor para as dicas;
- se as instruções são claras e objetivas;
- se a linguagem está de acordo com a norma-padrão da língua.

Façam as alterações necessárias e passem o texto para o suporte definitivo.

CAPÍTULO 9

Secom/PR

Detalhe de um folheto que divulga uma campanha de combate ao tráfico de mulheres.

O texto de campanha comunitária

TRABALHANDO O GÊNERO

Leia o seguinte texto de uma campanha comunitária.

Ministério da Saúde

1. A finalidade de uma campanha comunitária é esclarecer e orientar a população em geral sobre determinado assunto e persuadi-la a colaborar.

MINISTÉRIO DA SAÚDE

Programa das Nações Unidas para o Controle Internacional de Drogas

ONU Ministério da Saúde

a) Observe acima os logotipos que estão na parte de baixo do texto. Quem é o locutor do texto, isto é, o seu produtor ou responsável?

b) Qual é o objetivo dessa campanha?

2. Observe a imagem do texto.

a) Levante hipóteses: Qual é a faixa etária da pessoa que se vê nele? Justifique sua resposta.

b) O que essa pessoa está fazendo? Em que lugar ela está?

3. Na parte verbal do texto, lemos:

> VOCÊ SABIA QUE O ÁLCOOL, O CIGARRO, OS REMÉDIOS SEM INDICAÇÃO MÉDICA E A COLA DE SAPATEIRO, SÃO AS DROGAS MAIS CONSUMIDAS NO BRASIL? SÃO AS MAIS COMUNS E, POR ISSO MESMO, MUITO TRAIÇOEIRAS. PORQUE O PIOR DE TODA DROGA NEM É O RISCO DE MORTE. É A CERTEZA DE UMA VIDA DE DEPENDÊNCIA. QUEM AINDA ACREDITA QUE AS DROGAS LIBERTAM, É CANDIDATO A ESCRAVO. PORQUE A OUTRA PALAVRA PARA LIBERDADE É INDEPENDÊNCIA.

Ministério da Saúde

a) Que relação há entre a imagem e o trecho "Você sabia que o álcool, o cigarro, os remédios sem indicação médica e a cola de sapateiro são as drogas mais consumidas no Brasil?"?

b) O que representam as pedras de gelo nas quais a personagem se equilibra?

4. O trecho "Quem ainda acredita que as drogas libertam, é candidato a escravo" refere-se a uma contradição. Em que consiste essa contradição?

5. Na frase "Liberdade é não depender de droga nenhuma pra viver", a palavra *droga* foi empregada de modo ambíguo. Que sentidos ela apresenta no contexto?

6. Nos textos de campanha comunitária, é comum os verbos serem empregados no modo imperativo. No texto em estudo, isso não ocorre, mas há outras formas indicativas de persuasão.

a) Levante hipóteses: Por que os verbos no imperativo foram evitados no texto?

b) Identifique no texto um trecho que tem o sentido de injunção (isto é, de ordem ou imposição) e que, de certo modo, exerce um papel semelhante ao do emprego de verbos no imperativo.

7. Na parte inferior do texto, lemos: "A gente te ajuda a sair dessa". Como você caracteriza essa frase em relação ao uso das variedades linguísticas? Justifique sua resposta.

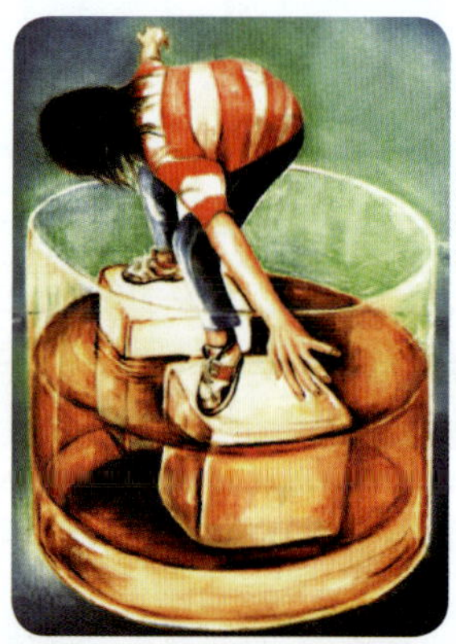

Ministério da Saúde

8. Unindo os vários elementos que compõem o texto – o tipo de linguagem, a imagem principal, a referência à liberdade –, conclua: Qual é o público-alvo a que se destina a campanha? Por quê?

9. Os textos de campanha comunitária podem circular em diferentes suportes e veículos. Levante hipóteses: Em que suportes e veículos você acha que o texto em estudo circulou?

10. Reúna-se com seus colegas de grupo e, juntos, concluam: Quais são as principais características do texto de campanha comunitária? Respondam, considerando os seguintes critérios: finalidade do gênero, perfil dos interlocutores, suporte ou veículo, tema, estrutura, linguagem.

PRODUZINDO O TEXTO DE CAMPANHA COMUNITÁRIA

1. Observe os seguintes cartazes de campanha comunitária. Neles falta o enunciado verbal principal, eliminado propositalmente. O primeiro destinava-se a orientar a população a evitar o sol entre 10 horas e 16 horas; o segundo, a estimular a população a vacinar cães e gatos. Crie enunciados para substituir os que foram eliminados, considerando a finalidade de cada um.

Ziraldo

Ministério da Saúde

2. Individualmente ou em grupo, escreva um texto e pesquise ou crie uma imagem para uma das seguintes campanhas comunitárias, dirigidas à comunidade escolar ou à comunidade do bairro onde se localiza a escola ou, ainda, ao público em geral.

- Inclusão de pessoas portadoras de deficiência
- Doação de livros de literatura infantil e juvenil para a biblioteca da escola
- Banco de óculos em prol de uma entidade assistencial de seu bairro ou da cidade
- Doação de alimentos e agasalhos para uma entidade assistencial de sua cidade ou para pessoas vítimas de enchentes
- Doação de brinquedos e roupas para crianças carentes de uma escola de seu bairro ou da cidade

PLANEJAMENTO DO TEXTO

- Decida com os colegas e o professor em que suporte e veículo os textos de campanha comunitária irão circular. Eles poderão ser utilizados, por exemplo, na campanha **Solidariedade em cartaz**, a ser desenvolvida no final da unidade. Ou ser publicados em um *blog* coletivo da classe ou em uma rede social.
- Decidido o suporte, pense no perfil do leitor: você vai escrever para jovens como você e para adultos. A linguagem deve estar, portanto, adequada ao gênero e ao perfil do público leitor.
- Na proposta 1, crie enunciados atraentes, estimulantes, persuasivos. Na proposta 2, crie um enunciado principal (uma ou mais frases), capaz de introduzir o texto e expressar a ideia principal da

campanha. Depois, se necessário, também um texto complementar, que explique melhor o objetivo da campanha.

- De modo explícito ou implícito, o texto deve apresentar argumentos que convençam o interlocutor a aderir à campanha. Escolha entre usar verbos no modo imperativo ou outras construções injuntivas.
- A linguagem deve seguir a norma-padrão, mas você pode usar um registro informal e recursos como sonoridades e ambiguidades, se julgar conveniente.
- Na proposta 2, lembre-se de que a imagem, mais do que mera ilustração, é importante para a construção dos sentidos do texto e deve estar em sintonia com a parte verbal.

Ministério da Saúde

Revisão e reescrita

Antes de fazer a versão final do texto de campanha comunitária, reveja-o, observando:

- se ele apresenta um enunciado capaz de atrair a atenção dos leitores;
- se o objetivo da campanha está claro, em que ela consiste, quem está promovendo, a quem ela se dirige, a quem beneficia, como as pessoas podem colaborar, etc.;
- se há argumentos capazes de estimular o leitor a aderir à campanha;
- se a linguagem verbal e a linguagem não verbal se completam;
- se a linguagem está de acordo com a norma-padrão da língua e com o grau de formalidade adequado ao público-alvo.

Faça as alterações necessárias e monte o seu texto de campanha, passando-o para o suporte em que ele irá circular.

Museu de Arte, San Diego

CAPÍTULO 10

: *The Troupe of Mademoiselle Eglantine* (1986), Henri de Toulouse Lautrec.

O cartaz

TRABALHANDO O GÊNERO

Leia o cartaz ao lado, de Ziraldo.

Ziraldo

(Ricardo Leite. *Ziraldo em cartaz*. Rio de Janeiro: Senac, 2009. p. 106.)

1. O cartaz é um gênero textual que tem a finalidade de informar as pessoas, sensibilizá-las, convencê-las ou conscientizá-las sobre determinado assunto. O cartaz em estudo foi criado pelo cartunista Ziraldo, a pedido da Prefeitura do Rio de Janeiro.

   a) Qual é a finalidade desse cartaz?

   b) Que tipo de público esse cartaz pretende atingir?

2. Os cartazes geralmente são afixados em lugares públicos, em paredes ou murais. Considerando a entidade responsável pelo cartaz lido e a finalidade que se tem em vista com ele, levante hipóteses: Onde você acha que o cartaz foi afixado?

3. Os cartazes geralmente apresentam linguagem verbal e linguagem visual. Quanto ao cartaz em estudo, explique a relação existente entre a ilustração e o texto verbal.

4. O texto verbal dos cartazes normalmente é curto e em linguagem direta e simples. Pode haver o emprego de frases de efeito, expressões de comando, verbos no modo imperativo, ambiguidades, exploração da sonoridade, etc. No cartaz em estudo:

   a) Que sentidos apresenta o enunciado "Quem faz a sua cabeça é você"?

   b) Que variedade linguística foi empregada no texto?

   c) Por que foi usada a expressão "não a droga", quando geralmente se utiliza "não à droga"?

5. Reúna-se com seus colegas de grupo e, juntos, concluam: Quais são as principais características do cartaz? Respondam, considerando os seguintes critérios: finalidade do gênero, perfil dos interlocutores, suporte ou veículo, tema, estrutura, linguagem.

Ziraldo

PRODUZINDO O CARTAZ

Com a orientação do professor, em dupla ou em grupo, criem um cartaz para uma das seguintes campanhas comunitárias (ou outra, se preferirem):

- Doação de computadores, impressoras e *softwares* usados a entidades ou a comunidades carentes
- Doação de livros de literatura infantil e juvenil e brinquedos a crianças carentes mantidas por uma ONG ou para uma escola de seu bairro ou de sua cidade
- Doação de alimentos e roupas a uma entidade assistencial de seu bairro ou de sua cidade
- Valorização da vida e divulgação dos males resultantes do consumo de drogas, álcool e cigarro
- Preservação da saúde e prevenção de doenças sexualmente transmissíveis e da Aids
- Preservação dos mananciais da cidade
- Economia de água e energia elétrica

PLANEJAMENTO DO TEXTO

- Decidam com os colegas e o professor o veículo em que os cartazes irão circular. Eles poderão, por exemplo, ser dispostos em paredes de toda a escola ou em um mural situado em local estratégico.
- Pensem no perfil dos leitores, lembrando que podem ser jovens, como vocês, e adultos.
- Caso se trate de uma campanha de doação, procurem fazer um texto curto e objetivo, que exponha em que ela consiste, qual é seu objetivo, o que fazer para participar dela. Se pedirem doações, indiquem o modo como elas poderão ser feitas, o local para onde deverão ser enviadas, o horário, etc.

Caso se trate de uma campanha de esclarecimento, escrevam pequenos textos e deem instruções com vistas a persuadir o interlocutor, usando verbos no imperativo.

- Empreguem uma linguagem de acordo com a norma-padrão, menos ou mais formal, simples e direta e acessível ao perfil do público leitor.
- Criem um título chamativo, que ressalte a intenção do cartaz.

Revisão e reescrita

Antes de passar o texto para o suporte final, releiam-no, observando:

- se o enunciado principal atrai a atenção dos leitores;
- se fica claro o objetivo do cartaz: o que ele informa ou procura estimular, a quem se dirige, o que deve ser feito, etc.;
- se a linguagem é simples e direta, de acordo com a norma-padrão e adequada ao público a que se destina.

Façam as alterações necessárias e montem o cartaz. Numa folha de cartolina, disponham o texto verbal e imagens (fotos, ilustrações, colagens) que sirvam de apoio e estímulo à sua leitura. Deixem espaço entre as imagens e o texto verbal e usem letras de diferentes tipos e tamanhos.

TEXTUALIDADE E ESTILO

O DISCURSO CITADO

Observe e compare as duas pinturas a seguir: a primeira é o quadro *O grito* (1893), de Edvard Munch (1863-1944), pintor expressionista do período de transição do século XIX para o século XX; a outra, chamada *O berro*, é de Mauricio de Sousa, autor atual de história em quadrinhos.

O grito (1893), de Edvard Munch.

(Mauricio de Sousa. *História em quadrões com a Turma da Mônica*. São Paulo: Globo, 2010. v. 2, p. 32.)

1. O quadro de Edvard Munch foi pintado no final do século XIX. Observe o espaço retratado, as cores utilizadas e a personagem que está em primeiro plano. A personagem central tapa os ouvidos com as mãos e tem olhos e boca abertos. Que impressões a personagem e a tela como um todo transmitem a você?

2. Observe agora o quadro de Mauricio de Sousa. Pintado em 2008, ele faz uma "releitura" do quadro de Munch, isto é, cita a tela de Munch em forma de paródia.
   a) Que elementos do quadro de Mauricio de Sousa nos lembram o de Munch?
   b) Que novo elemento Mauricio de Sousa incorporou a seu quadro?

3. Compare, nos dois quadros, as duas personagens que estão ao fundo. Que diferença há entre elas?

4. Os elementos presentes no quadro de Munch, ao serem deslocados de seu contexto e transpostos para a tela de Mauricio de Sousa, ganham sentido diferente.
   a) Por que isso ocorre?
   b) Interprete o quadro de Mauricio de Sousa. Qual o sentido que ele sugere?
   c) Que efeito resulta da transposição das personagens de Mauricio de Sousa para o quadro de Munch? Justifique sua resposta.

Mauricio de Sousa, quando pintou *O berro*, pretendia dialogar com o quadro de Munch, e, assim, homenageá-lo. Para fazer isso, **citou-o** claramente, incorporando em seu quadro alguns dos elementos do quadro de Munch.

> **Discurso citado** é o discurso ou parte de discurso que é incorporado por outro discurso.

Você observou um caso de citação discursiva entre duas telas. Mas o discurso citado pode ocorrer em todos os tipos de linguagem: no cinema, no teatro, na música, na literatura, nas artes plásticas, no jornalismo, na publicidade, etc.

Mikhail Bakhtin (1895-1975), filósofo e teórico da linguagem russo, defendia a ideia de que não existe discurso puro e original. Todo discurso, segundo ele, é uma resposta ao discurso de outra pessoa, seja para confirmar, seja para ampliar ou discordar do que o outro disse.

Assim, mesmo sem ter consciência disso, a todo instante dialogamos com o discurso dos outros e trazemos para o nosso discurso diferentes vozes com que temos contato: as vozes de autores de livros, jornais e revistas que lemos, dos professores que nos ensinam, dos familiares com quem convivemos, a voz dos juristas que elaboram as leis que regem a sociedade. Enfim, para se construir, nosso discurso incorpora os discursos de muitas outras pessoas.

EXERCÍCIOS

Observe, a seguir, a capa do disco *Abbey road*, de 1969, da banda inglesa The Beatles, e um quadrinho de Nik.

Apple Records

(Disponível em: http://en.wikipedia.org/wiki/Abbey_Road. Acesso em: 9/5/2012.)

Gaturro, Nik © 2004 Nik / Dist. by Universal Uclick

(*Gaturro*. Buenos Aires: Ediciones de La Flor, 2004. v. 4, p. 89. Tradução dos autores.)

1. Há, entre os dois textos, uma nítida relação de intertextualidade. Que discurso (ou texto) é citado?

2. O humor do quadrinho de Nik se dá pela articulação entre a linguagem verbal e a não verbal. Explique o papel do discurso citado nessa relação.

INTERTEXTUALIDADE, INTERDISCURSIVIDADE E PARÓDIA

Você conhece a personagem Aline, do quadrinista Adão Iturrusgarai? Ela é uma adolescente que vive à procura de namorados. Desta vez, parece que ela se meteu em encrencas. Leia a tira:

(*Folha de S. Paulo*, 5/4/2004.)

A tira de Adão constrói humor por meio da mistura de três gêneros literários ou artísticos: a história em quadrinhos, o romance ou o filme policial, sugerido pela temida figura do *serial killer*, e o conto maravilhoso *Chapeuzinho Vermelho*, sugerido pelo diálogo entre o vizinho (que corresponde ao lobo) e Aline (que corresponde a Chapeuzinho Vermelho).

Ao criar sua tira, Adão não tinha a intenção de imitar os outros textos. Pretendia, sim, "dialogar" com esses textos, *citando-os* em sua tira e criando humor a partir deles. Quando um texto cita outro, dizemos que entre eles existe **intertextualidade**.

Intertextualidade é a relação entre dois textos caracterizada por um citar o outro.

Há diferentes tipos de intertextualidade. A intertextualidade pode ter uma base *temática*, quando os textos apresentam em comum um tema, uma determinada ideologia ou visão de mundo; por exemplo, a que ocorre entre a tragédia grega *Medeia*, de Eurípedes, e a peça teatral *Gota d'água*, de Chico Buarque, uma versão moderna desse texto. Também pode ter uma base *estilística*, quando um texto apresenta certos procedimentos muito conhecidos em outro texto, como, por exemplo, o emprego de palavras, expressões ou estruturas sintáticas similares. Compare os dois textos a seguir.

As armas e os barões assinalados
Que, da ocidental praia lusitana,
Por mares nunca dantes navegados
Passaram ainda além da Taprobana,
Em perigos e guerras esforçados
Mais do que prometia a força humana
E entre gente remota edificaram
Novo Reino, que tanto sublimaram.
[...]

(Luís de Camões. *Os lusíadas*. São Paulo: Abril Cultural, 1979.)

As salas e becões assinalados
Da oriental praia paulistana
Partiram em missão desumana
A bater inimigos colorados.
Depois do empate duro e fero
Três a três em pleno alçapão,
Queriam ao menos 1 a 0,
e o sonho manter no coração.
[...]

(José Roberto Torero. *Folha de S. Paulo*, 8/3/2002.)

Os versos de Luís de Camões homenageiam o heroísmo dos navegantes portugueses, que, no século XV, saindo de Portugal (a "ocidental praia lusitana") com suas caravelas, conseguiram ultrapassar a Taprobana (ilha do Ceilão, limite oriental do mundo conhecido na época). O jornalista José Torero, referindo-se a um jogo entre Santos e Internacional, ocorrido em Porto Alegre pela Copa do Brasil, estabelece uma relação intertextual com o poema de Camões, transmitindo assim a noção de grandiosidade do jogo e, ao mesmo tempo, reverenciando os esforços do grupo santista, comparados aos feitos dos navegantes portugueses.

Entre os diferentes níveis de intertextualidade, há alguns mais sofisticados, em que a relação entre o texto e o intertexto não é apenas a de uma mera citação.

Leia estes versos de dois poetas de épocas diferentes:

Meus oito anos

Oh! Que saudade que tenho
Da aurora da minha vida,
Da minha infância querida
Que os anos não trazem mais
Que amor, que sonhos, que flores
Naquelas tardes fagueiras
À sombra das bananeiras,
Debaixo dos laranjais!
[...]

(Casimiro de Abreu. *Poesias completas de Casimiro de Abreu*. Rio de Janeiro: Ediouro. p. 19-20.)

Meus oito anos

Oh que saudades que eu tenho
Da aurora de minha vida
Das horas
De minha infância querida
Que os anos não trazem mais
Naquele quintal de terra
Da Rua de Santo Antônio
Debaixo da bananeira
Sem nenhum laranjais.
[...]

(Oswald de Andrade. *Primeiro caderno do aluno de poesia Oswald de Andrade*. 4. ed. São Paulo: Globo, 2006. p. 52.)

fagueira: agradável, amena.

O primeiro texto, de Casimiro de Abreu, foi escrito no século XIX; o segundo texto, de Oswald de Andrade, foi escrito no século XX. As semelhanças entre os textos são evidentes, pois o assunto deles é o mesmo e há versos inteiros que se repetem. Portanto, o segundo texto cita o primeiro, estabelecendo com ele uma relação intertextual.

Observe, porém, que o segundo texto tem uma visão diferente da apresentada pelo primeiro. Neste, tudo na infância parece ser perfeito, rodeado por "amor", "sonhos" e "flores"; já no segundo texto, esses elementos são substituídos por um simples "quintal de terra", um espaço concreto e comum, sem idealização. Além disso, com o verso "sem nenhum laranjais", Oswald de Andrade ironiza Casimiro de Abreu, como que dizendo: na minha infância também havia bananeiras, mas não havia os tais "laranjais" que o Casimiro cita em seu poema.

Observe que Oswald de Andrade, com seu poema, não apenas cita o poema de Casimiro de Abreu. Ele também critica esse poema, pois considera irreal a visão que Casimiro tem da infância.

Na opinião de Oswald, infância de verdade, no Brasil, se faz com crianças brincando em quintal de terra, embaixo de bananeiras, e não com crianças sonhando embaixo de laranjeiras.

Nesse tipo de relação estabelecida entre os textos, não há apenas intertextualidade. Há uma relação mais abrangente, que envolve dois discursos poéticos distintos, duas formas diferentes de ver a infância: a de Casimiro de Abreu, mais idealizada e romântica, e a de Oswald de Andrade, moderna e antissentimental. A esse tipo de relação entre discursos, quando se evidenciam os elementos da situação de produção – quem fez, para que, em que momento histórico, com qual finalidade, etc. –, chamamos **interdiscursividade**.

Interdiscursividade é a relação entre dois discursos caracterizada por um citar o outro.

O tipo de relação existente entre os textos de Casimiro de Abreu e Oswald de Andrade é também chamado de **paródia**.

Paródia é um tipo de relação intertextual em que um texto cita outro geralmente com o objetivo de fazer-lhe uma crítica ou inverter ou distorcer suas ideias.

EXERCÍCIOS

Leia, a seguir, os versos de uma canção de Chico Buarque e uma charge de Ziraldo, e responda às questões 1 e 2.

Quando o carnaval chegar

Quem me vê sempre parado, distante
Garante que eu não sei sambar
Tou me guardando pra quando o carnaval chegar
Eu tô só vendo, sabendo, sentindo, escutando
E não posso falar
Tou me guardando pra quando o carnaval chegar
Eu vejo as pernas de louça da moça que passa e
[não posso pegar
Tou me guardando pra quando o carnaval chegar
Há quanto tempo desejo seu beijo
Molhado de maracujá
Tou me guardando pra quando o carnaval chegar
[...]

(http://www.chicobuarque.com.br/letras/quandooc.htm)

Ziraldo

(http://ziraldo.blogtv.uol.com.br/achargenotempo)

1. Em ambos os textos o tema é o carnaval. Contudo:

a) Que sentido tem o carnaval para o eu lírico da canção?

b) E para a personagem da charge?

2. Sabendo que a canção de Chico Buarque foi produzida e divulgada antes da charge de Ziraldo, responda:

a) Que texto estabelece uma relação intertextual com o outro?

b) Essa relação pode ser considerada também interdiscursiva? Por quê?

PROJETO

CAMPANHA: SOLIDARIEDADE EM CARTAZ

Jim West/Alamy/Other Images

No mundo de hoje, muitas são as pessoas que têm procurado dar um pouco de si para outrem e, assim, fazem um exercício de cidadania. Nesta unidade, além da receita culinária, você produziu folhetos de campanha comunitária e cartazes. Agora, sob a orientação do professor e junto com os colegas, participe das campanhas comunitárias para as quais foram produzidos os folhetos e cartazes que você criou. Desse modo, você também estará exercendo o papel de cidadão que cabe a cada um de nós.

Definam com o preofessor o Dia da Solidariedade, no qual a campanha deverá ser lançada para toda a escola, e o local do evento.

I. PREPARANDO A CAMPANHA

1. Cartazes em cena

Reúnam os cartazes que vocês produziram no capítulo 9 desta unidade e estudem pontos estratégicos da escola em que, ao ser expostos, eles fiquem bem visíveis e, assim, possam chamar a atenção do público. Se necessário, façam cópias dos cartazes.

Warrick Page/Getty Images

Jim West/Alamy/Other images

Ana Carolina Fernandes/Folhapress

2. Textos de campanha à vista!

Verifiquem a melhor forma de divulgar os textos de campanha comunitária que vocês produziram no capítulo 9 desta unidade. Dependendo do suporte escolhido, eles poderão ser afixados em paredes e murais da escola, reproduzidos e distribuídos de mão em mão ou divulgados por meio dos dois recursos.

A divulgação da campanha de solidariedade deve ser ampla e deixar bem claro como contribuir. Caso ela envolva doações, estas deverão ser feitas no Dia da Solidariedade e nos textos de campanha deverá constar a quem, quando e onde entregá-las.

Janine Wiedel Photolibrary/Alamy/Other Images

3. Faixas

Produzam algumas faixas, para serem afixadas em pontos estratégicos da escola, convidando as pessoas para participar do Dia da Solidariedade, quando será deflagrada a campanha. Informem o dia, o local e o horário.

Dhavid Normando/Futurapress

II. REALIZANDO A CAMPANHA

1. Esclarecimentos

Preparem o local combinado com faixas e cartazes relativos à campanha e, no Dia da Solidariedade, prestem esclarecimentos aos visitantes, persuadindo-os a colaborar.

2. Doações

Se a campanha envolver doações, façam com que elas cheguem ao seu destino. Se possível, convidem as pessoas beneficiadas ou representantes delas para participar do Dia da Solidariedade.

3. Palestras

Se a campanha for contra o consumo de drogas, álcool e cigarro ou relacionada à preservação da saúde, ou ao meio ambiente, convidem especialistas no assunto ou integrantes de entidades ou ONGs para dar uma breve palestra aos estudantes e visitantes.

Rafaelle Mendes/Futurapress

UNIDADE 4 TEXTO EM CENA

O mundo é um palco...

O mundo é um palco; os homens e as mulheres,
meros artistas, que entram nele e saem.
Muitos papéis cada um tem no seu tempo;
sete atos, sete idades. Na primeira,
no braço de uma ama grita e baba o infante.
O escolar, lamuriento, após, com a mala,
de rosto matinal, como serpente,
se arrasta para a escola, a contragosto.
O amante vem depois, fornalha acesa,
celebrando em balada dolorida
as sobrancelhas da mulher amada.
A seguir, estadeia-se o soldado,
cheio de juras feitas sem propósito,
com barba de leopardo, mui zeloso
nos pontos de honra, a questionar sem causa,
que a falaz glória busca
até mesmo na boca dos canhões.
Segue-se o juiz, com o ventre bem forrado
de cevados capões, olhar severo,
barba cuidada, impando de sentenças
e de casos da prática; desta arte
seu papel representa. A sexta idade
em magras pantalonas tremelica,
óculos no nariz, bolsa de lado,
calças da mocidade bem poupadas,
mundo amplo em demasia para pernas
bem mirradas; a voz viril e forte
que ao falsete infantil voltou de novo,
chia e sopra ao cantar. A última cena,
remate desta história aventurosa,
é mero olvido, uma segunda infância,
falha de vista, dentes, gosto e tudo.

(William Shakespeare. *Obras completas de Shakespeare*. São Paulo: Melhoramentos, s.d. v. 5, p. 51-2.)

Estudantes da Universidade de Estudos Teatrais Aberystwyth encenando a peça *The forty*, de Howard Barker.

Fique ligado! Pesquise!

Assista

- ***Mamma mia***, de Phillida Lloyd; ***O fantasma da ópera***, de Joel Schumacher; ***Dogville***, de Lars von Trier; ***Vestido de noiva***, de Joffre Rodrigues; ***Irma Vap***, de Carla Camuratti; ***A última borboleta***, de Karel Kachyana; ***Moulin Rouge***, de Baz Luhrmann; ***Amadeus***, de Milos Forman; ***Romeu e Julieta***, de Franco Zeffirelli; ***Shakespeare apaixonado***, de John Madden; ***Hamlet***, de Kenneth Branagh; ***Orfeu***, de Carlos Diegues; ***Sonho de uma noite de verão***, de Michael Hoffman; ***Othelo***, de Oliver Parker; ***Cyrano de Bérgerac***, de Jean Paul Rappeneau.
  Assista também aos seguintes filmes baseados em obras de Shakespeare: ***Jogo de intrigas***, de Tim Blake Nelson (baseado em ***Othelo***); ***O casamento de Romeu e Julieta***, de Bruno Barreto (baseado em ***Romeu e Julieta***); ***Dez coisas que eu odeio em você***, de Gil Junger (baseado em ***A megera domada***); ***Ran***, de Akira Kurosawa (baseado em ***Rei Lear***).

Leia

- Coleção ***Os grandes dramaturgos*** (Peixoto Neto); ***Comédias de Jandira Martini e Marcos Caruso***, de Jandira Martini e Marcos Caruso (Panda); ***Um bonde chamado desejo***, de Tennesse Williams (L&PM); ***O pagador de promessas***, de Dias Gomes (Bertrand Brasil); ***Teatro completo de Nelson Rodrigues*** (Nova Aguilar); ***Longa jornada noite adentro***, de Eugene O'Neill (Peixoto Neto); ***O auto da compadecida***, de Ariano Suassuna (Agir); ***Casa de bonecas***, de Henrik Ibsen (Veredas); ***Entre quatro paredes***, de Jean-Paul Sartre (Civilização Brasileira); ***Esperando Godot***, de Samuel Beckett (Cosac Naif); ***Hamlet***, de William Shakespeare (L&PM), ***Vestido de noiva***, de Nelson Rodrigues (Nova Fronteira); ***Eles não usam black-tie***, de Gianfrancesco Guarnieri (Global); ***O noviço***, de Martins Pena (Ouro); ***Dois perdidos numa noite suja***, de Plínio Marcos; ***Deus lhe pague***, de Joracy Camargo; ***O rei da vela***, de Oswald de Andrade (Abril Cultural); ***Roda viva***, de Chico Buarque de Holanda; ***Rasga coração***, de Oduvaldo Viana Filho; ***Morte e vida severina***, de João Cabral de Melo Neto (José Olympio).

Ouça

- Algumas músicas da peça teatral ***Gota d'água***, de Chico Buarque de Holanda, no *site*: www.chicobuarque.com.br.

Navegue

- www.bibvirt.futuro.usp.br/
- www.bibliotecavirtual.sp.gov.br

Stock Illustrations Ltd/Alamy/Glow Images

PROJETO

Teatro de todos os tempos

Pesquisa e produção de textos com vistas à realização de uma mostra de teatro, com leitura dramática e encenação de textos teatrais.

Cena da peça *A família Addams*, com Daniel Boaventura e Marisa Orth nos papéis principais.

CAPÍTULO 11

O texto teatral escrito

TRABALHANDO O GÊNERO

O texto a seguir é um trecho da peça teatral *A vida de Galileu*, do poeta e teatrólogo alemão Bertolt Brecht.

A peça narra uma parte da vida do sábio italiano Galileu, e a história começa com o cientista vivendo em Pádua, onde lhe davam liberdade para pesquisar, mas lhe pagavam baixo salário. Apropriando-se de uma luneta, instrumento ainda desconhecido na Itália, passa por seu inventor e é recebido em Florença, onde começa a residir. As observações que faz sobre o sistema solar levam-no a reconsiderar como verdadeira a concepção de Copérnico segundo a qual a Terra e os astros girariam em torno do Sol. A Igreja Católica, na época, defendia a concepção de Ptolomeu, para quem a Terra seria o centro do Universo.

O trecho faz parte da cena em que Galileu, servindo-se da luneta, confirma a seu amigo Sagredo o sistema copernicano e é advertido por ele das possíveis consequências de sua pesquisa.

Quarto de estudos de Galileu, em Pádua
Noite. Galileu e Sagredo, metidos em grossos capotes, olham pelo telescópio.

SAGREDO (*Olhando pelo telescópio, a meia voz*) — Os bordos do crescente estão irregulares, denteados e rugosos. Na parte escura, perto da faixa luminosa, há pontos de luz. Vão aparecendo, um depois do outro. A partir deles a luz se espraia, ocupa superfícies sempre maiores, onde conflui com a parte luminosa principal.

GALILEU — Como se explicam esses pontos luminosos?

SAGREDO — Não pode ser.

GALILEU — Pode, são montanhas.

SAGREDO — Numa estrela?

GALILEU — Montanhas enormes. Os cimos são dourados pelo sol nascente, enquanto a noite cobre os abismos em volta. Você está vendo a luz baixar dos picos mais altos aos vales.

SAGREDO — Mas isto contradiz a astronomia inteira de dois mil anos.

GALILEU — É. O que você está vendo, homem nenhum viu, além de mim. Você é o segundo.

SAGREDO — Mas a Lua não pode ser uma terra, com montanhas e vales, assim como a Terra não pode ser uma estrela.

GALILEU — A Lua pode ser uma terra com montanhas e vales e a Terra pode ser uma estrela. Um corpo celeste qualquer, um entre milhares. Olhe outra vez. A parte escura da Lua é inteiramente escura?

SAGREDO — Não, olhando bem eu vejo uma luz fraca, cinzenta.

GALILEU — Essa luz o que é?

SAGREDO — ?

GALILEU — É da Terra.

SAGREDO — Não, isso é absurdo. Como pode a Terra emitir luz, com suas montanhas, suas águas e matas, e sendo um corpo frio?

GALILEU — Do mesmo modo que a Lua. Porque as duas são iluminadas pelo Sol e é por isso que elas brilham. O que a Lua é para nós, nós somos para a Lua. Ela nos vê ora como crescente, ora como semicírculo, ora como Terra cheia e ora não nos vê.

SAGREDO — Portanto, não há diferença entre Lua e Terra?

GALILEU — Pelo visto, não.

Acervo Joel de Carvalho/Funarte

Cena da peça *Galileu Galilei*, dirigida por José Celso Martinez Correa, em 1968.

SAGREDO — Não faz dez anos que, em Roma, um homem subia à fogueira. Chamava-se Giordano Bruno e afirmava exatamente isso.

GALILEU — Claro. E agora estamos vendo. Não pare de olhar, Sagredo. O que você vê é que não há diferença entre céu e Terra. Hoje, dez de janeiro de 1610, a humanidade registra em seu diário: aboliu-se o céu.

SAGREDO — É terrível!

GALILEU — E ainda descobri outra coisa, quem sabe mais espantosa.

[...]

SAGREDO (*hesita, antes de voltar ao telescópio*) — O que eu sinto é quase como medo, Galileu.

GALILEU — Vou lhe mostrar uma das nebulosas brancas e brilhantes da Via-Láctea. Me diga do que ela é feita!

SAGREDO — São estrelas, incontáveis.

GALILEU — Só na constelação de Órion são quinhentas estrelas fixas. São os muitos mundos, os incontáveis outros mundos, as estrelas distantes de que falava o queimado-vivo, que ele não chegou a ver, mas que ele esperava!

SAGREDO — Mas, mesmo que esta terra seja uma estrela, há muita distância até as afirmações de Copérnico, de que ela gira em volta do Sol. Não há estrela no céu que tenha outra girando à sua volta. Mas, em torno da Terra, gira sempre a Lua.

GALILEU — Eu duvido, Sagredo. Desde anteontem que eu duvido. Olhe Júpiter (*acerta o telescópio*), junto dele estão quatro estrelas menores, que só se veem pelo telescópio. Eu as vi na segunda-feira, mas não fiz muito caso da sua posição. Ontem, olhei outra vez. Eu jurava que todas as quatro tinham mudado de lugar. Eu tomei nota. Estão diferentes outra vez. O que é isso? Se eu vi quatro! (*Agitado.*) Olhe você!

SAGREDO — Eu vejo três.

GALILEU — A quarta onde está? Olhe as tabelas. Vamos calcular o movimento que elas possam ter feito. (*Excitados, sentam-se e trabalham. O palco escurece, mas no horizonte continua-se a ver Júpiter e seus satélites. Quando o palco clareia, ainda estão sentados, usando capotes de inverno.*)

GALILEU — Está provado. A quarta só pode ter ido para trás de Júpiter, onde ela não é vista. Está aí uma estrela que tem outra girando à sua volta.

SAGREDO — Mas e a esfera de cristal, em que Júpiter está fixado?

GALILEU — De fato, onde é que ela ficou? Como pode Júpiter ficar fixado, se há estrelas girando em volta dele? Não há suporte no céu, não há ponto fixo no universo! É outro sol!

SAGREDO — Calma, você pensa depressa demais!

GALILEU — Que depressa nada! Acorda, rapaz! O que você está vendo nunca ninguém viu. Eles tinham razão.

SAGREDO — Quem, os copernicanos?

GALILEU — E o outro! O mundo estava contra eles e eles tinham razão. [...]

SAGREDO (*gritando*) — A mesma fala do queimado-vivo?

GALILEU — A mesma fala do queimado-vivo!

Photo Researchers RM/Getty Images

Galileu Galilei (1564-1642).

SAGREDO — Por isso ele foi queimado! Não faz dez anos!

GALILEU — Porque ele não podia provar nada! Porque ele só afirmava! [...]

SAGREDO — Galileu, eu sempre o conheci como homem de juízo. Durante dezessete anos em Pádua, e durante três anos em Pisa, pacientemente, você ensinou a centenas de alunos o sistema de Ptolomeu, que é adotado pela Igreja e é confirmado pelas Escrituras, na qual a Igreja repousa. Você, na linha de Copérnico, achava errado, mas você ensinava, não obstante.

GALILEU — Porque eu não podia provar nada.

SAGREDO (*incrédulo*) — E você acha que isso faz alguma diferença?

GALILEU — Faz toda a diferença. Veja aqui, Sagredo! Eu acredito no homem, e isto quer dizer que acredito na sua razão! Sem esta fé eu não teria força de sair da cama pela manhã.

(São Paulo: Abril Cultural, 1977. p. 47-58.)

1. Sagredo adverte Galileu sobre as possíveis consequências de sua pesquisa.

a) Quais poderiam ser elas?

b) Baseado em que Galileu se mostra determinado a desafiar os dogmas da Igreja na época?

A função do teatro

O teatro nasceu entre os gregos, na Antiguidade. A principal alteração que tem experimentado, desde então, é quanto à sua função: tem servido para divertir, satirizar a classe política, refletir sobre os problemas sociais, conscientizar politicamente os oprimidos, fazer refletir sobre a própria condição humana. Para o dramaturgo alemão Bertolt Brecht, a principal função da atividade teatral, entretanto, é a de proporcionar prazer. Um prazer que educa, conscientiza e diverte.

Raphael Gaillarde/Gamma-Rapho via Getty Images

Teatro de Comédia Francesa, em Paris, na França.

2. O texto teatral tem semelhanças com o texto narrativo: apresenta fatos, personagens, tempo e lugar.

a) Onde ocorre a cena?

b) Quando ela acontece?

3. Comparando a estrutura do texto teatral com a dos gêneros narrativos, como o conto e a fábula, por exemplo, observamos que ele se constrói de uma forma diferente.

a) Há no texto teatral lido um narrador que conta a história?

b) O texto nos possibilita ter uma visão acerca das personagens. Que ideia você faz de Galileu e de Sagredo?

c) De que forma as características de cada personagem nos são reveladas no texto lido?

4. Em outros gêneros narrativos, como no conto, a fala das personagens é introduzida geralmente depois de verbos como *dizer*, *perguntar*, *exclamar*, *afirmar*, chamados *dicendi*. No texto teatral escrito, as falas das personagens são introduzidas de forma diferente.

a) No texto teatral lido, como o leitor sabe quem é que está falando?

b) A fala das personagens é reproduzida pelo discurso direto ou pelo discurso indireto?

5. O texto teatral apresenta trechos em letra de tipo diferente – no texto lido, o itálico. Veja estes exemplos:

SAGREDO (*Olhando pelo telescópio, a meia voz*)
SAGREDO (*gritando*)
GALILEU ... (*Agitado.*)

Esses trechos são chamados de rubricas. Qual é a função das rubricas?

6. Que tipo de variedade linguística foi empregado pelas personagens?

7. Quando um texto teatral é lido, o leitor é o interlocutor da história vivida pelas personagens. Quando o texto teatral é encenado, quem é o interlocutor?

8. Qual é o suporte do texto teatral escrito, isto é, como ele é veiculado para atingir o público a que se destina?

9. Reúna-se com os colegas de seu grupo e concluam: Quais são as características do texto teatral escrito? Ao responder, considerem os seguintes critérios: finalidade do gênero, perfil dos interlocutores, suporte ou veículo, tema, estrutura, linguagem.

O texto estudado é uma cena de uma peça de teatro. É, portanto, uma parte de um texto dramático, isto é, um texto que serve para a representação teatral.

Imagine essa cena se desenvolvendo num palco: haveria um cenário (o quarto de estudos de Galileu), e o diálogo entre as personagens Galileu e Sagredo não seria contado por um narrador, mas mostrado pelos atores, que, *representando* as personagens, se movimentariam no palco e falariam. O diálogo, portanto, constitui o elemento dominante e essencial no texto teatral.

No diálogo, manifestam-se uma oposição e uma luta de vontades que caracterizam o conflito, elemento essencial para possibilitar ao leitor ou à plateia criar expectativa em relação aos fatos que lê ou vê. No texto em estudo, a determinação de Galileu em provar a teoria sobre o sistema solar defendida por Copérnico opõe-se ao temor de Sagredo em revelá-la, pois isso despertaria a ira da Igreja. O *conflito* é, portanto, uma oposição que acontece entre os elementos da história, criando uma tensão que organiza os fatos narrados/mostrados e, consequentemente, prendendo a atenção do leitor ou da plateia.

Quando é encenado, o texto teatral exige outros elementos, como cenário, música, luz, figurino, maquiagem, gestos, movimentos, etc.

No texto teatral escrito, esses elementos estão indicados nas **rubricas**, que são trechos em letra de tipo diferente (no texto estudado, em itálico) e indicam como as personagens devem falar (rubricas de interpretação) e se movimentar em cena (rubricas de movimento). Quando lemos um texto teatral, as rubricas cênicas procuram nos dar informações sobre aquilo que, na montagem, se vê no palco.

Quando a peça teatral é longa, ela costuma ser dividida em partes, que são chamadas de **atos**.

Ator, texto e público

Não há fenômeno teatral sem a conjunção da tríade ator, texto e público. Um *ator* interpreta um *texto* para o *público*. E entre ator e público é estabelecida uma cumplicidade: ambos sabem que se trata de um jogo, de uma representação. Por meio da razão e da emoção, estabelece-se um diálogo vivo entre ator e público. Proporcionando prazer, o teatro age diretamente sobre os homens. Ele ensina, provoca, faz refletir.

Teatro: o encontro das artes

Além da presença física do ator, o teatro conta com a colaboração de outras artes: a arquitetura, a pintura, a música, a arte da indumentária (o figurino), da iluminação e do mobiliário. E também com a arte literária, pois o autor comunica-se com o público principalmente por meio da palavra, que, para sua interpretação, precisa também de pausas, gestos, mímicas, além da postura, do olhar e do movimento que compõem a expressão corporal do ator. O teatro exige ainda outros componentes, como maquiagem, sonoplastia, contrarregra.

A coordenação de todos esses elementos na realização de um espetáculo é feita pelo encenador ou diretor. O dramaturgo é o autor do texto, e o diretor, o autor do espetáculo.

A literatura dramática fica documentada em livros; os cenários e os figurinos subsistem em fotografias e desenhos. O teatro, porém, é efêmero: só se realiza integralmente enquanto dura o espetáculo. Talvez esteja nessa peculiaridade todo o fascínio e a grandeza da arte teatral.

PRODUZINDO O TEXTO TEATRAL

Reúna-se com seus colegas de grupo e escolham uma das propostas a seguir para produzir um texto teatral.

1. Escolham um dos cenários descritos a seguir e escrevam uma cena teatral que se desenvolva nele. Se quiserem, criem outro cenário.

CENÁRIO 1

Uma pequena praça, onde desembocam duas ruas. Uma à direita, seguindo a linha da ribalta, outra à esquerda, ao fundo, de frente para a plateia, subindo, enladeirada e sinuosa, no perfil de velhos sobrados coloniais. Na esquina da rua da direita, vemos a fachada de uma igreja relativamente modesta, com uma escadaria de quatro ou cinco degraus. Numa das esquinas da ladeira, do lado oposto, há uma vendola, onde também se vende café, refresco, cachaça etc.; a outra esquina da ladeira é ocupada por um sobrado cuja fachada forma ligeira barriga pelo acúmulo de andares não previsto inicialmente. O calçamento da ladeira é irregular e na fachada dos sobrados veem-se alguns azulejos estragados pelo tempo. Enfim, é uma paisagem tipicamente baiana, da Bahia velha e colonial, que ainda hoje resiste à avalanche urbanística moderna.

Devem ser, aproximadamente, quatro e meia da manhã. Tanto a igreja como a vendola estão com suas portas cerradas.

(Dias Gomes. *O pagador de promessas*. 54. ed. Rio de Janeiro: Bertrand Brasil, 2011. p. 20.)

CENÁRIO 2

A ação se passa na sala e na biblioteca de um apartamento classe média. Ambas são visíveis ao público, separadas por uma porta. As outras portas são a da entrada social, a do lavabo, além das passagens que levam à cozinha e aos quartos.

É final de tarde.

Inês, vinda da porta que dá acesso aos quartos, entra esbaforida na sala, pronta para sair. Afobada e atrasada, procura pelas chaves do carro e verifica tudo para ter certeza de que não se esqueceu de nada.

(Marcos Caruso. *Trair e coçar é só começar*. São Paulo: Benvirá, 2011. p. 17.)

Fabio Cerati e Célia Santos/BR PRODUTORA

Cena da peça *Trair e coçar é só começar*.

Loucos por teatro

Para aqueles que são aficionados de teatro e querem ampliar seus conhecimentos nessa área, sugerimos a leitura dos seguintes livros: *Comédias*, de Jandira Martini e Marcos Caruso (Panda Books); coleção *Palco Iluminado* (Scipione); *Teatro para a juventude I* e *II*, de Tatiana Belinky (Ibep Nacional); *Um caminho do teatro na escola* (Scipione) e *Técnicas dramáticas aplicadas à escola* (José Olympio), de Olga Reverbal; *Off – Uma história do teatro*, de Manuel Carlos (Globo); *O que é teatro*, de Fernando Paixão (Brasiliense); *200 exercícios e jogos para o ator e não ator com vontade de dizer algo através do teatro*, de Augusto Boal (Civilização Brasileira); *Improvisação para o teatro*, de Viola Spolin (Perspectiva); *Panorama do teatro brasileiro*, de Sábato Magaldi (Difel); *História concisa do teatro brasileiro*, de Décio de Almeida Prado (Edusp).

2. O roteiro a seguir inclui fatos, personagens, lugar e tempo. Criem uma cena de texto teatral com base nesses elementos e acrescentem outros que julgarem necessários.

- **Fatos**: cinco amigos se reúnem para preparar uma festa pró-formatura. Um dos participantes é pessimista e atrapalhado, e todas as ideias são criticadas e desestimuladas por ele.
- **Personagens**: cinco amigos, vestidos de forma bem descontraída.
- **Lugar**: pátio da escola, em cujas paredes há desenhos e quadros de avisos.
- **Tempo**: época atual, começo da noite.

3. Criem uma cena teatral com cenário, personagens, fatos, tempo e lugar imaginados por vocês.

Planejamento do texto

Ao redigir seus textos teatrais, levem em conta as orientações a seguir.

Kevin Dodge/Corbis/Latinstock

- Discutam a caracterização de cada personagem (modo de falar, temperamento, tiques, etc.) e do lugar.
- Planejem o que vão escrever. Pensem no(s) fato(s) que comporá(ão) o texto e como as ações vão se encaminhar para criar um conflito entre as personagens. Discutam como prender a atenção da plateia e como encaminhar a(s) cena(s) para um desfecho triste ou cômico.
- Ao escrever, lembrem-se de indicar o nome das personagens antes de suas falas, adequar a linguagem às personagens e ao contexto, fazer as indicações de cenário, de figurino, etc. e inserir as rubricas de movimento e de interpretação. Procurem dar dinamismo ao diálogo, criando uma tensão crescente entre as personagens.

Revisão e reescrita

Façam primeiramente um rascunho do texto. Depois releiam-no, observando se ele:

- mostra o desenvolvimento das ações;
- evidencia um conflito que possa prender a atenção da plateia;
- apresenta rubricas indicativas do cenário e da movimentação dos atores no palco e se elas estão em letra de tipo diferente;
- apresenta uma linguagem condizente com as personagens e o contexto;
- está de acordo com o suporte e o veículo nos quais será veiculado.

Façam as alterações necessárias e passem o texto a limpo.

No projeto **Palavra em cena**, que a classe desenvolverá no final da unidade, vocês irão fazer a leitura dramática e a encenação do texto.

TEXTUALIDADE E ESTILO

TIPOS DE DISCURSO NA LINGUAGEM VERBAL

Leia o texto:

Do que são feitos os meninos? Bananas

Dieta da mãe durante a gravidez — mais ou menos calórica — pode definir sexo do bebê

A dieta da mãe pode determinar o nascimento de meninos ou meninas. Cientistas das universidades de Oxford e Exeter, na Inglaterra, entrevistaram 740 mulheres que engravidaram pela primeira vez. Queriam conhecer seus hábitos alimentares no ano anterior ao da concepção. Elas foram divididas em grupos de "altas, médias e baixas calorias", informa o *Guardian*. As descobertas: 56% das mulheres do grupo de refeições calóricas que ingeriam com frequência cereais e banana no café da manhã tiveram bebê do sexo masculino — ante 45% da turma de dieta mais frugal, menos rica. "Pela primeira vez mostramos uma associação clara entre os hábitos alimentares da mãe e o sexo do filho", disse Fiona Mathews, líder do estudo.

Mais que uma questão de saúde, é uma consequência das mudanças de comportamento. Os pesquisadores afirmam que a tendência moderna de optar por dieta de baixas calorias pode explicar a queda no nascimento de meninos em países desenvolvidos, diz a *BBC*. As estatísticas acompanham o raciocínio. Nos últimos 40 anos houve um pequeno, mas constante, declínio do nascimento de meninos em países desenvolvidos como a Inglaterra.

(*Revista da Semana*, ano 2, nº 17.)

Thinkstock/Getty Images

Filho ou filha: 56% das mulheres que ingeriam cereais no café da manhã tiveram meninos.

1. O texto acima relata um estudo feito por cientistas das universidades de Oxford e Exeter, na Inglaterra, que queriam conhecer os hábitos alimentares de mulheres no ano anterior ao da concepção de seu filho. Identifique um trecho em que o jornalista reproduziu a fala da líder do estudo, com as mesmas palavras que ela empregou.

2. Em outro trecho do texto, o jornalista conta o que os pesquisadores disseram, mas sem reproduzir as mesmas palavras usadas por eles. Identifique o trecho.

No texto acima, o jornalista utilizou dois procedimentos para citar o discurso das pessoas envolvidas na pesquisa: reproduziu textualmente a fala de Fiona Mathews, a líder do estudo ("Pela primeira vez mostramos uma associação clara entre os hábitos alimentares da mãe e o sexo do filho"), o chamado **discurso direto**, e reproduziu, com suas próprias palavras, a fala dos pesquisadores ("Os pesquisadores afirmam que a tendência moderna de optar por dieta de baixas calorias pode explicar a queda no nascimento de meninos em países desenvolvidos"), o **discurso indireto**.

Em textos verbais, além do discurso direto e do indireto, existe também o **discurso indireto livre**.

Discurso direto

Na palma da sua mão

E tem a história do cara que foi consultar uma quiromante, para que ela lesse seu destino na palma da sua mão. Queria saber, acima de tudo, como e quando seria a sua morte. Queria saber seu futuro para poder evitá-lo, pois tinha um plano para ludibriar a Morte.

A quiromante sorriu.

— Ninguém pode mudar seu destino — disse.

— Eu posso — disse o homem.

A quiromante continuou a sorrir, alisando a palma da mão dele com a sua.

— Como você pretende ludibriar a Morte?

— Deixa comigo. Só me diga como e quando ela virá.

— O que está na palma da sua mão não pode ser mudado. Se eu lhe disser que você vai morrer em minutos, você vai morrer em minutos. Ninguém pode negociar com a Morte.

— Sabendo como e quando Ela virá, pode.

— Mas a Morte tem mil disfarces. Vem de várias formas, das maneiras mais inesperadas. Não pode ser evitada.

— Só me diga o que você vê na palma da minha mão e deixe o resto comigo.

Então a quiromante examinou a palma da mão do homem e parou de sorrir. Disse:

— Você vai morrer em minutos.

— Onde você viu isso? — perguntou o homem.

— Aqui — disse a quiromante, cruzando a linha da vida do homem com a sua unha envenenada.

E o homem morreu em minutos. A Morte tem mil disfarces.

(Luis Fernando Verissimo. *Mais comédias para ler na escola.* Seleção de Marisa Lajolo. Rio de Janeiro: Objetiva, 2010. p. 115.)

Veja que, no trecho "– Eu posso – disse o homem", foram empregados dois travessões. O primeiro introduz a fala da personagem; o segundo separa a fala da personagem da fala do narrador. Em textos literários, é mais comum o emprego do travessão para isolar o discurso direto; em textos jornalísticos e científicos, é mais comum o emprego das aspas.

Veja também que, em "– disse o homem", foi empregado o verbo de elocução *dizer*, cujo papel é informar quem está falando. Às vezes, esse verbo, ou outro verbo de elocução, é omitido, mas está implícito na situação:

Verbos de elocução

O discurso direto caracteriza-se pela presença de verbos *dicendi*, aqueles que servem para introduzir a fala de outra pessoa (*dizer, afirmar, responder, declarar, definir*), de verbos da área semântica de *perguntar* (*indagar, inquirir, questionar, interrogar*) e de verbos *sentiendi*, os que expressam estado de espírito, reação psicológica da pessoa que fala, emoções (*gemer, suspirar, gritar, lamentar(-se), queixar-se, explodir*). Esses verbos podem vir implícitos ou explícitos.

A quiromante continuou a sorrir, alisando a palma da mão dele com a sua. [Pergunta:]
— Como você pretende ludibriar a Morte?

Para introduzir o discurso direto, é comum também o emprego de dois-pontos.

Discurso indireto

No discurso indireto, o locutor (aquele que fala) reproduz com suas próprias palavras a fala de outras pessoas ou personagens. Veja como ficaria uma das falas da personagem da crônica, caso fosse empregado o discurso indireto:

A quiromante disse que o homem ia morrer em minutos.

Observe que, para transformar o discurso direto em indireto, foi adotado o seguinte procedimento. Indicar quem está falando (a quiromante) + verbo *dicendi* (disse) + que.

Além disso, o verbo que está no presente do indicativo (*vai*) passou para o pretérito imperfeito do indicativo (*ia*). Assim, o discurso indireto caracteriza-se pela presença de verbos *dicendi* e *sentiendi*, pela presença da conjunção integrante *que* e pela alteração de tempos verbais. Também ocorrem alterações de advérbios e pronomes.

Do discurso direto para o discurso indireto

Há, a seguir, um quadro com as principais transformações que ocorrem na passagem do discurso direto para o indireto, e vice-versa:

DISCURSO DIRETO	DISCURSO INDIRETO
VERBOS	
Presente do indicativo O delegado afirmou: – Não *confio* em ninguém.	*Imperfeito do indicativo* O delegado afirmou que não *confiava* em ninguém.
Perfeito do indicativo A garota perguntou: – Meu namorado não *esteve* aqui?	*Mais-que-perfeito do indicativo* A garota perguntou se seu namorado não *estivera* (*tinha* estado) ali.
Futuro do presente O rapaz garantiu: – Eu *farei* a revisão do texto.	*Futuro do pretérito* O rapaz garantiu que *faria* a revisão do texto.
Presente do subjuntivo – Não quero que *espalhem* meus livros – disse-lhes o professor.	*Imperfeito do subjuntivo* O professor disse-lhes que não queria que eles *espalhassem* seus livros.
Imperativo – *Faça*-me um favor – pediu-me o rapaz.	*Imperfeito do subjuntivo* O rapaz pediu-me que eu lhe *fizesse* um favor.
PRONOMES	
eu, nós, você(s), senhor(a)(s) O homem sussurrou: – *Eu* estou rico.	*ele(s), ela(s)* O homem sussurrou que *ele* estava rico.
meu(s), minha(s), nosso(a)(s) – *Minha* irmã vai adorar esta revista – disse a garota.	*seu(s), sua(s), dele(a)(s)* A garota disse que *sua* irmã ia adorar aquela revista.
este(a)(s), isto, isso – *Esta* é sua casa? – perguntou.	*aquele(a)(s), aquilo* Ele(a) perguntou se *aquela* era sua casa.

ADVÉRBIOS	
hoje, ontem, amanhã – *Hoje* o comércio não abre – disse eu.	*naquele dia, no dia anterior, no dia seguinte* Eu disse que *naquele dia* o comércio não abria.
aqui, cá, aí – Não saio mais *daqui*! – falou Paulo.	*ali, lá* Paulo falou que não saía mais *dali*.

Discurso indireto livre

Mais comum em textos ficcionais, o **discurso indireto livre** ou **semi-indireto** é uma fusão dos discursos direto e indireto, porque apresenta a fala ou o pensamento da personagem discretamente inseridos no discurso do narrador. Observe a presença do discurso indireto livre nas frases destacadas deste texto:

> *Se não fosse isso... An! em que estava pensando?* Meteu os olhos pela grade da rua. *Chi! que pretume!* O lampião da esquina se apagara, *provavelmente o homem da escada só botara nele meio quarteirão de querosene.*
>
> (Graciliano Ramos)

O discurso indireto livre caracteriza-se por não apresentar as conjunções integrantes *que* e *se* e os verbos de elocução do discurso indireto; por manter as expressões empregadas pela personagem e sua correspondente pontuação "An! em que estava pensando?" / "Chi! que pretume!". Mantém, geralmente, os tempos verbais, advérbios e pronomes da forma como aparecem no discurso direto em 3ª pessoa.

EXERCÍCIOS

1. Leia este texto:

É POSSÍVEL FECHAR A INTERNET?

Para entrar na internet, uma máquina precisa conversar com um provedor de internet. Assim, ela consegue se conectar às outras máquinas conectadas ao redor do mundo. Se o provedor para de funcionar, você sabe, sua internet cai. Então é possível derrubar a internet. O presidente Hosni Mubarak fechou a rede do Egito por 5 dias em 2011, tentando censurar os protestos que o acabariam tirando do poder. Foi relativamente simples: bastou contatar os 6 provedores que funcionavam no país e obrigá-los a interromper o serviço.

Em blecautes como esse, porém, alguém sempre pode acender uma vela. Os ativistas egípcios, por exemplo, mantiveram contato online com o resto do mundo com ajuda de europeus. Como eles ainda tinham linhas de telefone, ligaram para fora do país e entraram na internet usando as velhas conexões discadas, via Europa.

Derrubar a internet é sempre complicado, porque ela foi criada, em 1969, justamente para não cair nunca — a ideia era que o governo americano tivesse uma rede de computadores à prova de ataques soviéticos. "Ela foi criada para se curar sozinha. Se você ataca uma parte da web, o resto irá simplesmente contornar o dano", diz Galperin.

Blecautes localizados já aconteceram em outros países, como Síria, Mianmar e China. Cortar a internet em todo o mundo, no entanto, seria extremamente difícil — exigiria um acordo de todos os líderes mundiais e de todos os provedores. "O dano econômico seria inestimável. O Egito já teve um prejuízo estimado em milhões de dólares ao cortar o acesso por 5 dias", afirma Galperin.

Até os EUA já pensaram em criar uma lei para fazer isso. Em 2010, senadores discutiram um projeto que daria ao presidente o poder de cortar todo acesso à rede, em caso de risco à segurança nacional. Seria algo complexo, por causa do grande número de provedores existentes no país. Muito criticada, a lei acabou não sendo aprovada.

(Guilherme Rosa. *Galileu*, nº 248, p. 60.)

Galperin: Eva Galperin, da ONG Electronic Frontier Foundation.

Para construir uma resposta à pergunta formulada no título do texto, o autor se vale do discurso citado.

a) Identifique no texto duas situações em que há emprego do discurso citado.

b) Nas duas situações em que há discurso citado, de quem são os discursos originais?

c) Que tipo de discurso foi utilizado: o direto ou o indireto?

2. Identifique nos textos abaixo os trechos que constituem discurso direto e indireto e, a seguir, transforme o discurso direto em indireto, e vice-versa. Faça as adaptações necessárias, lembrando-se de usar os sinais de pontuação adequados.

a)

Quero lhe fazer um pedido" — disse a voz feminina do outro lado da linha. Era uma voz agradável, musical, firme – de uma mulher ainda jovem. "Sim" – eu perguntei de forma lacônico-psicanalítica, não sem uma pitada de medo. [...] "Eu queria que o senhor escrevesse uma crônica em defesa das flores..." – Sorri feliz. [...].

(Rubem Alves. *O amor que acende a lua*. 15. ed. Campinas-SP: Papirus, 2011. p. 13.)

b)

[...] Tem propósito uma coisa dessas? Ela acabou chorando, dizendo que eu sou um bruto, um rinoceronte. Engraçado. Minha mulher vem com uma rosa para casa, uma rosa dada por um homem, e eu não devo achar ruim [...]

(Carlos Drummond de Andrade. *O poder ultrajovem*. 21. ed. Rio de Janeiro: Record, 2011. p. 71.)

3. Identifique nos textos a seguir os trechos que correspondem ao discurso indireto livre.

a)

Estão os dois, à mesa do restaurante. Olham-se. Seus olhos não são os olhos ingênuos que contemplam as cenas de felicidade das telas de Larsson. A cena, refletida nos olhos do outro, não é uma cena de felicidade. Seus olhos procuram a felicidade que se perdeu. Mas como se perdeu? O rosto não é o mesmo, aquele mesmo rosto que, jurei pra mim mesmo, haveria de amar para sempre? [...]

(Rubem Alves. *O amor que acende a lua*, cit., p. 146.)

b)

Thinkstock/Getty Images

O garoto não parava um só minuto. Subia as escadas, pendurava-se no corrimão, corria pelos corredores. Sou o Batman! Depois, Homem-Aranha. Sinal de que havia melhorado e a febre fora embora.

Cena da peça *Espelho*, do grupo Refinaria Teatral.

CAPÍTULO 12

O texto teatral escrito: leitura dramática e encenação

TRABALHANDO O GÊNERO

O texto a seguir é um fragmento da peça teatral *O pagador de promessas*, de Dias Gomes.

A peça conta a história de Zé-do-Burro, um camponês que promete levar uma cruz tão pesada quanto a de Cristo até a igreja de Santa Bárbara, em Salvador, se seu burro de estimação se recuperar de um acidente. Ao tentar cumprir a promessa, ele vai enfrentar a oposição do vigário e de outras autoridades. O desenrolar das cenas constitui uma crítica aos políticos, à Igreja Católica, à polícia e à imprensa e leva a uma reflexão sobre a influência da religião na sociedade.

Na cena que constitui o fragmento, Zé-do-Burro e sua mulher Rosa chegam à praça em que fica a igreja de Santa Bárbara.

Primeiro quadro

Ao subir o pano, a cena está quase às escuras. Apenas um jato de luz, da direita, lança alguma claridade sobre o cenário. Mesmo assim, após habituar a vista, o espectador identificará facilmente uma pequena praça, onde desembocam duas ruas. Uma à direita, seguindo a linha da ribalta, outra à esquerda, ao fundo, de frente para a plateia, subindo, enladeirada e sinuosa, no perfil de velhos sobrados coloniais. Na esquina da rua da direita, vemos a fachada de uma igreja relativamente modesta, com uma escadaria de quatro ou cinco degraus. Numa das esquinas da ladeira, do lado oposto, há uma vendola, onde também se vende café, refresco, cachaça etc.; a outra esquina da ladeira é ocupada por um sobrado cuja fachada forma ligeira barriga pelo acúmulo de andares não previsto inicialmente. O calçamento da ladeira é irregular e na fachada dos sobrados veem-se alguns azulejos estragados pelo tempo. Enfim, é uma paisagem tipicamente baiana, da Bahia velha e colonial, que ainda hoje resiste à avalanche urbanística moderna.

Devem ser, aproximadamente, quatro e meia da manhã. Tanto a igreja como a vendola estão com suas portas cerradas. Vem de longe o som dos atabaques dum candomblé distante, no toque de Iansan. Decorrem alguns segundos até que Zé-do-Burro surja, pela rua da direita, carregando nas costas uma enorme e pesada cruz de madeira. A passos lentos, cansado, entra na praça, seguido de Rosa, sua mulher. Ele é um homem ainda moço, de 30 anos presumíveis, magro, de estatura média. Seu olhar é morto, contemplativo. Suas feições transmitem bondade, tolerância e há em seu rosto um "quê" de infantilidade. Seus gestos são lentos, preguiçosos, bem como sua maneira de falar. Tem barba de dois ou três dias e traja-se decentemente, embora sua roupa seja mal talhada e esteja amarrotada e suja de poeira. Rosa parece pouco ter de comum com ele. É uma bela mulher, embora seus traços sejam um tanto grosseiros, tal como suas maneiras. Ao contrário do marido, tem "sangue quente". É agressiva em seu "sexy", revelando, logo à primeira vista, uma insatisfação sexual e uma ânsia recalcada de romper com o ambiente em que se sente sufocar. Veste-se como uma provinciana que vem à cidade, mas também como uma mulher que não deseja ocultar os encantos que possui.

Zé-do-Burro vai até o centro da praça e aí pousa a sua cruz, equilibrando-a na base e num dos braços, como um cavalete. Está exausto. Enxuga o suor da testa.

Zé — (*Olhando a igreja*) É essa. Só pode ser essa.

(Rosa para também, junto aos degraus, cansada, enfastiada e deixando já entrever uma revolta que se avoluma).

Joel Maia/Editora Abril/Conteúdo Expresso

Cena da peça teatral *O pagador de promessas*, de Dias Gomes, interpretada por Tony Ramos, em montagem de 1989.

Flavio Ciro/Editora Abril/Conteúdo Expresso

Cena da minissérie *O pagador de promessas*, baseada na peça homônima de Dias Gomes e exibida pela Rede Globo em 1988.

Rosa — E agora? Está fechada.

Zé — É cedo ainda. Vamos esperar que abra.

Rosa — Esperar? Aqui?

Zé — Não tem outro jeito.

Rosa — (*Olha-o com raiva e vai sentar-se num dos degraus. Tira o sapato*). Estou com cada bolha dágua no pé que dá medo.

Zé — Eu também. (*Contorce-se num ritus de dor. Despe uma das mangas do paletó*). Acho que os meus ombros estão em carne viva.

Rosa — Bem feito. Você não quis botar almofadinhas, como eu disse.

Zé — (*Convicto*) Não era direito. Quando eu fiz a promessa, não falei em almofadinhas.

Rosa — Então: se você não falou, podia ter botado; a santa não ia dizer nada.

Zé — Não era direito. Eu prometi trazer a cruz nas costas, como Jesus. E Jesus não usou almofadinhas.

Rosa — Não usou porque não deixaram.

Zé — Não, nesse negócio de milagres, é preciso ser honesto. Se a gente embrulha o santo, perde o crédito. De outra vez o santo olha, consulta lá os seus assentamentos e diz: — Ah, você é o Zé-do-Burro, aquele que já me passou a perna! E agora vem me fazer nova promessa. Pois vá fazer promessa pro diabo que o carregue, seu caloteiro duma figa! E tem mais: santo é como gringo, passou calote num, todos os outros ficam sabendo.

Rosa — Será que você ainda pretende fazer outra promessa depois desta? Já não chega?...

Zé — Sei não... a gente nunca sabe se vai precisar. Por isso, é bom ter sempre as contas em dia.

(*Ele sobe um ou dois degraus. Examina a fachada da igreja à procura de uma inscrição*).

Rosa — Que é que você está procurando?

Zé — Qualquer coisa escrita... pra a gente saber se essa é mesmo a igreja de Santa Bárbara.

Rosa — E você já viu igreja com letreiro na porta, homem?

Zé — É que pode não ser essa...

Rosa — Claro que é essa. Não lembra o que o vigário disse? Uma igreja pequena, numa praça, perto duma ladeira...

Zé — (*Corre os olhos em volta*) Se a gente pudesse perguntar a alguém...

Rosa — Essa hora está todo o mundo dormindo. (*Olha-o quase com raiva*). Todo o mundo... menos eu, que tive a infelicidade de me casar com um pagador de promessas. (*Levanta-se e procura convencê-lo*) Escute, Zé... já que a igreja está fechada, a gente podia ir procurar um lugar pra dormir. Você já pensou que beleza agora uma cama?...

Zé — E a cruz?

Rosa — Você deixava a cruz aí e amanhã, de dia...

Zé — Podem roubar...

Rosa — Quem é que vai roubar uma cruz, homem de Deus? Pra que serve uma cruz?

Zé — Tem tanta maldade no mundo. Era correr um risco muito grande, depois de ter quase cumprido a promessa. E você já pensou: se me roubassem a cruz, eu ia ter que fazer outra e vir de novo com ela nas costas da roça até aqui. Sete léguas.

Rosa — Pra quê? Você explicava à santa que tinha sido roubado, ela não ia fazer questão.

Zé — É o que você pensa. Quando você vai pagar uma conta no armarinho e perde o dinheiro no caminho, o turco perdoa a dívida? Uma ova!

Rosa — Mas você já pagou a sua promessa, já trouxe uma cruz de madeira da roça até à igreja de Santa Bárbara. Está aí a igreja de Santa Bárbara, está aí a cruz. Pronto. Agora, vamos embora.

Zé — Mas aqui não é a igreja de Santa Bárbara. A igreja é da porta pra dentro.

Rosa — Oxente! Mas a porta está fechada e a culpa não é sua. Santa Bárbara deve saber disso, que diabo.

Zé — (*Pensativo*) Só se eu falasse com ela e explicasse a situação...

Rosa — Pois então... fale!

Zé — (*Ergue os olhos para o céu, medrosamente e chega a entreabrir os lábios, como se fosse dirigir-se à santa. Mas perde a coragem*) Não, não posso...

Rosa — Por quê, homem?! Santa Bárbara é tão sua amiga... Você não está em dia com ela?

Zé — Estou, mas esse negócio de falar com santo é muito complicado. Santo nunca responde em língua da gente... não se pode saber o que ele pensa. E além do mais, isso também não é direito. Eu prometi levar a cruz até dentro da igreja, tenho que levar. Andei sete léguas. Não vou me sujar com a santa por causa de meio metro.

Rosa — E pra você não se sujar com a santa, eu vou ter que dormir no chão, no "hotel do padre". (*Olha-o com raiva e vai deitar-se num dos degraus da escada da igreja*) E se tudo isso ainda fosse por alguma coisa que valesse a pena...

Zé — Você podia não ter vindo. Quando eu fiz a promessa, não falei em você, só na cruz.

Rosa — Agora você diz isso. Dissesse antes...

Zé — Não me lembrei. Você também não reclamou...

Rosa — Sou sua mulher. Tenho que ir pra onde você for...

Zé — Então...

[...]

(10. ed. Rio de Janeiro: Ouro, s. d., p. 13-20.)

Keystone

Os atores Glória Menezes e Leonardo Villar, em cena do filme *O pagador de promessas*, de 1963, dirigido por Anselmo Duarte.

1. No fragmento do texto teatral lido há, antes do diálogo entre as personagens, um trecho em itálico no qual são indicados os elementos que, no palco, compõem o espaço em que ocorre a ação. Com base nesse trecho, responda:

a) Em que lugar ocorre a ação?

b) A ação inicia-se, aproximadamente, às quatro e meia da manhã. Como o espectador terá noção de que a ação se inicia nessa hora?

c) Quando as cortinas se abrirem, o espectador ouvirá algum som?

d) O trecho em itálico dá indicações sobre a caracterização das personagens, bem como sobre o figurino. O que esses elementos revelam quanto à condição social das personagens?

2. Observe as falas das personagens.

a) Em que tipo de variedade linguística elas estão? Justifique sua resposta.

b) A ação da peça ocorre na Bahia. Levando esse dado em conta, responda: Há na linguagem do texto palavras ou expressões regionalistas? Exemplifique.

FAZENDO A LEITURA DRAMÁTICA E/OU ENCENAÇÃO DO TEXTO TEATRAL

Reúna-se com seus colegas de grupo e escolham um texto teatral entre os que foram estudados ou produzidos por vocês para fazer uma leitura dramática e/ou encenação. Neste capítulo, a plateia de vocês será a classe. No capítulo seguinte (**Projeto**), ela será composta pelos convidados para assistir a uma mostra sobre teatro que toda a classe deverá produzir.

Para realizar a atividade, orientem-se pelas indicações dadas nos boxes a seguir.

LEITURA DRAMÁTICA

Jupiter Unlimited/Other Images

1. Formem um grupo com um número de integrantes igual ao número de personagens do texto. Cada componente do grupo deve ler o texto individualmente pelo menos uma vez.

2. Façam, em grupo, uma segunda leitura do texto, em voz alta, cada aluno lendo as falas de uma personagem. Leiam procurando uma compreensão mais ampla do texto e um domínio maior da história.

3. A partir da terceira leitura, comecem a buscar a representação, isto é, comecem a transformar a leitura em ação. Lembrem-se: o ator é um fingidor, alguém que cria ilusões.
   a) Para uma boa interpretação, analisem e debatam o comportamento psicológico de cada personagem: quais são seus desejos; que fatos ou que personagem se contrapõem a elas; como ela reage, etc.
   b) Em seguida, cada um deve buscar a melhor forma de interpretar sua personagem.
   c) Considerem a pontuação do texto e as rubricas de interpretação.
   d) Não deixem cair a entonação no final das frases. Observem como falam os locutores de rádio e televisão e procurem imitá-los.
   e) Se julgarem necessário, marquem o texto com pausas para respiração e destaquem os verbos das frases para dar um apoio maior à inflexão da voz.
   f) Para ajudar no volume da voz, imaginem – como fazem no meio teatral – que na última fileira do teatro há uma velhinha meio surda e que vocês devem representar para ela.

4. Depois que cada um dos elementos do grupo tiver encontrado a expressão própria de sua personagem, façam a leitura do texto dramático para a classe.

ENCENAÇÃO

Para encenar um texto, é necessário fazer antes sua leitura dramática.

Em seguida:

1. Cada um deve decorar as falas de sua personagem, imaginando-se nas situações vividas por ela, o cenário e as outras personagens que contracenam com ela.

2. Além das rubricas de interpretação, vocês devem, agora, observar também as de movimento.

3. Criem o cenário, a sonoplastia (o som que acompanha o texto), os figurinos. Contem para isso com a criatividade individual e do grupo e envolvam outros colegas na montagem.

Fine Art Photographic Library/Corbis/Latinstock

: *L'Harlequinade*, pintura de Mariano Alonso Pérez (1857-1930) na qual é retratada cena de espetáculo de dança que explora a figura do arlequim.

4. Ensaiem quantas vezes forem necessárias.

5. Caso algum elemento do grupo se esqueça de uma parte do texto durante os ensaios ou na apresentação, improvisem uma saída, ou recorram ao ponto. *Ponto* é uma pessoa que, no teatro, vai lendo o que os atores devem dizer para ajudar na memorização das falas.

6. Tudo pronto, apresentem o espetáculo.

7. Durante os ensaios e a apresentação, coloquem-se naturalmente no lugar das personagens e vivam-nas, ou seja, comecem a fazer teatro.

© adoc-photos/Corbis/Latinstock

: Arlequina, retratada em uma gravura de cerca de 1860.

Caso gostem muito dessa atividade, formem um grupo de teatro com outros colegas e, seguindo as mesmas orientações, encenem outros textos e, se possível, uma peça de teatro completa.

·· PROJETO ··

TEATRO DE TODOS OS TEMPOS

Massimo Listri/Corbis/Latinstock

Palco do teatro do Palácio Drottningholm, em Estocolmo, na Suécia.

Como encerramento desta unidade, participe com seus colegas da realização de uma **mostra de teatro** baseada na pesquisa de vários temas. No dia combinado, apresentem os resultados da pesquisa e façam leitura dramática ou encenação de textos teatrais. Convidem para a mostra colegas de outras classes, professores e funcionários da escola, amigos e familiares.

Temas para pesquisa

Cada grupo deve escolher um dos temas a seguir.

- O teatro grego: a tragédia e a comédia
- O teatro na Idade Média: os saltimbancos
- A *commedia dell'arte* italiana
- O teatro de bonecos
- O teatro brasileiro

Cada um dos temas é bastante amplo e oferece inúmeras possibilidades de trabalho. Por isso, pesquisem primeiramente numa enciclopédia e na Internet, para poder ter uma ideia do todo, e em seguida delimitem um aspecto que queiram pesquisar com mais profundidade.

Image Library/Other Images

O teatro grego

O grupo que escolheu o teatro grego pode buscar informações sobre as origens desse teatro, os temas comumente abordados, o tipo de roupa, sapatos e maquiagem, o porquê do uso de máscaras, o local da encenação. Pode também estudar qual era o papel do coro na ação dramática, o que era a lei das três unidades e como ela era empregada nas peças teatrais. Os textos escritos resultantes da pesquisa podem ser em forma de diálogos, notícias, reportagem, entrevistas, anúncios, receitas, etc.

Os grandes dramaturgos do teatro grego foram, na tragédia, Ésquilo, Sófocles e Eurípedes e, na comédia, Aristófanes. Pesquisem a obra desses autores, escolham uma peça ou cena e realizem uma leitura dramática ou encenação.

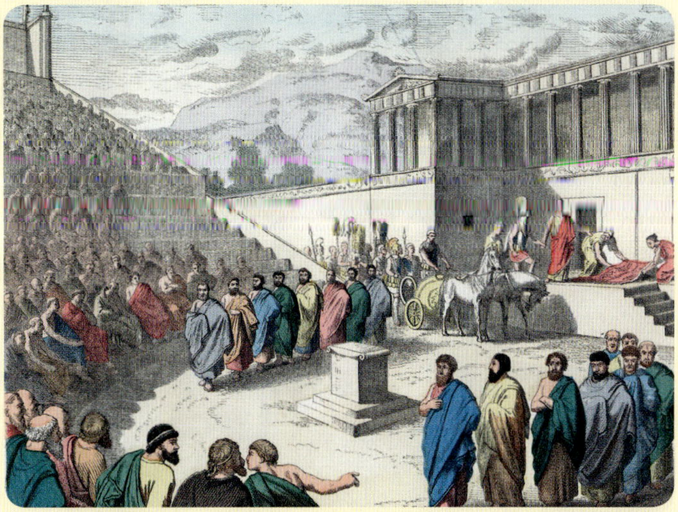

Stefano Bianchetti/Corbis/Latinstock

Representação teatral na Grécia antiga, em pintura de Henrich Lentmann (1824-1905).

Os saltimbancos

Por volta de 700 d.C., surgiram na Europa grupos de teatro formados por artistas chamados saltimbancos. Viajavam de aldeia em aldeia, levando em suas carroças atores e atrizes, cenários e figurinos. A carroça, além de meio de transporte, costumava servir de casa e também de palco para as encenações, que podiam ser tanto de histórias engraçadas como trágicas. O circo tem suas raízes nesses grupos teatrais.

Pesquisem sobre esse tipo de teatro, sobre as histórias que encenavam, o cenário e o figurino que usavam, a improvisação. Se conseguirem algum texto da época, preparem sua leitura dramática ou encenação. Se não, criem um texto que lembre esse teatro.

DeAgostini/Getty Images

Teatro de bonecos na Roma antiga, em pintura de Achille Pinelli (1809-1841).

A *commedia dell'arte*

Derain, Andre. Harlequin and Pierrot, 1924/Keystone

A *commedia dell'arte* italiana é um tipo incomum de teatro, pois concentra-se nas personagens e na improvisação. Os atores, misto de dançarinos, cantores, acrobatas, comediantes e mímicos, faziam sempre os mesmos papéis, improvisavam diálogos e usavam máscaras. Os tipos mais conhecidos da *commedia dell'arte* são o Polichinelo, o Arlequim, o Capitão, a Colombina e o Pantaleão.

Pesquisem esse tipo de teatro, as características de cada personagem, a técnica da improvisação. Tentem, também, "improvisar" um diálogo engraçado entre duas ou três personagens da *commedia*, como, por exemplo, a Colombina, o Arlequim e o Polichinelo.

Arlequim e Pierrô (1924), de Andre Derain.

O teatro de bonecos

Muitas são as técnicas do teatro de bonecos, que vão das conhecidas marionetes até figuras de sombra. São também muitos os materiais empregados em cada técnica – pano, enchimento de espuma, palha, isopor, madeira –, assim como os tipos de cenário. O teatro de bonecos é quase sempre feito para crianças, e existem no mundo alguns famosos, como o Bunraku, do Japão, o teatro de sombra da Turquia, China e Tailândia, os bonecos de vara, de Java.

Pesquisem esse tipo de teatro, suas técnicas de confecção de bonecos e manipulação, cenários e figurinos, histórias que encenam, tipo de público, etc. Se possível, escolham uma história, confeccionem os bonecos, montem os cenários e apresentem-na.

Michael S. Yamashita/Corbis/Latinstock

Teatro Bunraku, Japão.

O teatro brasileiro

Quando se fala em teatro no Brasil, citam-se grupos de teatro que marcaram época, assim como autores e diretores famosos, ora pela aceitação da crítica da época em que viveram, ora por inovações na técnica teatral. Entre os primeiros, citam-se *Os comediantes* e o *Grupo Opinião*, no Rio de Janeiro, o *Teatro de Arena*, o *Teatro Brasileiro de Comédia* e o *Grupo Oficina*, em São Paulo. Entre os autores e diretores, citam-se, entre outros, Martins Pena, França Júnior, Artur Azevedo, Oswald de Andrade, Gianfrancesco Guarnieri, Ariano Suassuna, Nélson Rodrigues, Oduvaldo Viana Filho, Paulo Pontes, Flávio Rangel, Augusto Boal, Ziembinski, José Celso Martinez Corrêa, Antunes Filho.

Flávio [illegible]/Folhapress

O ator Paulo Autran durante ensaio da peça *O avarento*, de Molière, encenada em 2006.

Pesquisem sobre os grupos ou sobre autores e diretores, procurando enfocar sua importância na época, que tipo de inovações realizaram, sua linha de trabalho, isto é, se fizeram um teatro de crítica aos costumes, de protesto, etc. Escolham uma cena de uma peça de um dos autores citados, ou outro, e preparem sua leitura dramática ou encenação.

A mostra

A mostra pode conter duas partes. Na primeira, um integrante de cada grupo pode ler os textos resultantes da pesquisa, enquanto os demais dançam ou fazem mímicas que lembrem características do tipo de teatro pesquisado. Em seguida à leitura, faz-se uma rápida encenação de um trecho. O resultado da pesquisa pode ser também apresentado de forma teatral, ou com o apresentador vestido a caráter, ou em forma de novela de rádio, etc. Se os grupos quiserem, poderão reproduzir ilustrações, fotos e pinturas da época, escrever legendas para elas, isto é, pequenos textos que as expliquem; ou poderão, ainda, montar um painel fotográfico que sirva de cenário e seja ao mesmo tempo fonte de informação.

Alamy/Other Images

Na segunda parte, cada grupo faz a leitura dramática ou a encenação das cenas teatrais produzidas nos outros capítulos desta unidade.

Um aluno pode conduzir toda a programação, anunciando a entrada e a apresentação dos grupos.

Não se esqueçam de preparar o lugar para a apresentação: na classe, no pátio ou no anfiteatro da escola, montem um cenário que sirva a todas as apresentações, feito, por exemplo, de material reciclado, panos velhos, papel colorido, máscaras, bonecos, cartazes alusivos aos temas, etc. Procurem montar uma trilha sonora para cada apresentação ou uma que sirva para todas elas.

H. Schmid/Corbis/Latinstock

UNIDADE 5 OPINANDO E DEBATENDO

Reclame

se o mundo não vai bem a seus olhos
use lentes..
ou transforme o mundo.

ótica olho vivo
agradece a preferência.

(Chacal. *Belvedere*. São Paulo: Cosac Naify, 2007. p. 237.)

Fique ligado! Pesquise!

Assista

- Para comprovar como a argumentação é eficaz na persuasão e capaz de mudar o rumo de uma sentença, assista aos filmes: ***Erin Brockovich – Uma mulher de talento***, de Steven Soderberg; ***O julgamento de Nuremberg***, de Yves Simoneau; ***O julgamento do diabo***, de Alec Baldwin; ***Uma lição de amor***, de Jessie Nelson; ***Patch Adams***, de Tom Shadyac; ***Questão de honra***, de Rob Reiner; ***O júri***, de Gary Fleder; ***Kramer vs. Kramer***, de Robert Benton; ***Filadélfia***, de Jonathan Demme; ***Advogado do diabo***, de Taylor Hackford; ***12 homens e uma sentença***, de William Friedkin; ***O desafio da lei***, de David Anspaugh; ***A qualquer preço***, de Steven Zaillan; ***Anatomia de um crime***, de Otto Preminger; ***Cadete Winslow***, de David Mameti.

Ingram/Other Images

Leia

- ***A argumentação***, de Marcos Marciolino e Christian Plantin (Parábola); ***A arte da persuasão***, de Mario Moussa e Richard Shell (Campus); ***Linguagem e persuasão***, de Adílson Citeli (Ática); ***A arte de argumentar***, de Antônio Suarez de Abreu (Ateliê Editorial); ***Texto e argumentação***, de Eduardo Guimarães (Pontes); ***O social irradiado – Violência urbana, neogrotesco e mídia***, de Muniz Sodré (Cortez); ***Mundo pós-moderno***, de José Arbex e Cláudio Júlio Tognoli (Scipione); ***Manual do telespectador insatisfeito***, de Wagner Bezerra (Summus); ***Videologias***, de Eugênio Bucci e Maria Rita Kehl (Boitempo).

PROJETO

Feira de inclusão social
Leitura de textos argumentativos sobre cotas na universidade, exposição de artigos de opinião, pesquisa de opinião e debate com vistas à realização de um plebiscito.

Navegue

- www.abril.com.br/forum/

Alamy/Other Images

CAPÍTULO 13

O debate regrado público

TRABALHANDO O GÊNERO

No trabalho, nas conversas com familiares, professores, vizinhos e amigos, assim como em outras situações cotidianas, temos a oportunidade de opinar sobre certos assuntos. Muitas vezes há divergência entre o que pensamos e o que nosso interlocutor pensa. Então, somos compelidos a defender nosso ponto de vista a fim de mostrar que temos razão ou a apresentar um ponto de vista mais adequado àquela situação comunicativa.

Além dessas situações, em que a argumentação oral ocorre espontaneamente, existem aquelas em que duas ou mais pessoas participam de uma discussão que envolve um tema de interesse coletivo. Nesses casos a discussão se dá em torno de um confronto de ideias, e os participantes obedecem a certas regras preestabelecidas. É então utilizado o gênero argumentativo oral chamado **debate regrado público**, mais conhecido como **debate**, simplesmente.

Embora o debate seja um gênero argumentativo oral, transcrevemos a seguir, com o objetivo de que sejam observadas algumas características do gênero, uma parte de um debate realizado em São Paulo sobre o tema **Orkut, MSN, YouTube: paquera e narcisismo na Internet**. O debate teve participação do escritor e dramaturgo Fernando Bonassi e da professora Lucia Santaella, do Centro de Investigação em Mídias Digitais, da PUC-SP, e mediação do escritor Marcelo Rubens Paiva e do jornalista Marcelo Tas.

Há, a seguir, a transcrição de alguns trechos do debate.

***Marcelo Rubens Paiva* — […] segundo o Ibope existem 900 mil pessoas no Brasil que acessam diariamente as salas de paquera e a maioria é homem, o que me surpreendeu. Queria que você explicasse se há alguma razão para isso ou não.**

Lucia — Esta notícia me surpreende, mas a Internet é feita de surpresas. […] se os homens entram mais na Internet, é porque as mulheres são mais tímidas do que eles. Eu creio na possibilidade de se comunicar através da tela; longe da ideia de que esta tela seja constrangedora, ela é liberadora. Então para o homem esta liberação funciona.

***Marcelo Rubens Paiva* — […] os homens são mais travados e precisam dessa ferramenta para se soltar?**

Lucia — Que os homens são mais travados não tenho dúvida nenhuma. Quando digo travado, não estou atendendo os homens. As mulheres são mais maleáveis, faz parte da psique feminina. A questão da sedução tem a marca registrada da mulher, porque a mulher conhece esta manha. Ela detém esta arte. As artimanhas da sedução pertencem à mulher. Basta olhar o corpo curvilíneo da mulher, os olhares, etc. Então, para o homem me parece que a tela funciona mesmo como uma possibilidade liberadora. Mas não podemos extrair regras da Internet. Amanhã mesmo ou daqui a um mês as coisas podem mudar. […] Há alguns anos me chamaram para falar, no Dia dos Namorados, sobre a paixão. E eu comecei por um texto que foi publicado em um livro meu chamado "Miniaturas", que dizia "a paixão não se fala, a paixão se vive". E a paquera é a mesma coisa, falar sobre ela é de certa forma destruí-la, assim como pôr a mão em uma espuma. O que gostaria de dizer hoje é que o que o ser humano mais deseja é ser desejado por outro ser humano. E os meios que aparecem para que nós consigamos atingir este fim são múltiplos. E a Internet veio acrescentar mais um meio possível com suas características próprias. […] há ganhos na Internet, porque temos acesso na hora em que queremos. De madrugada, quando se perde o sono e manda uma mensagem. A qualquer hora é como se o outro estivesse lá presente. Então o que este mundo traz parece paradoxal, mas é esta presença-ausente. Você sente que o outro está presente sem estar.

***Marcelo Tas* — […] Bonassi, […] todas essas novidades nos levam a um estágio de evolução no caso do namoro, da paquera, ou tudo continua a mesma coisa?**

Fernando — Com a tecnologia tudo muda. Quer dizer, às coisas se agregam valor e possibilidades tecnológicas diferentes. Então a plataforma tecnológica […] te permite o anonimato que te protege. É uma situação em que todos se protegem de todo mundo, portanto todos podem inventar tudo. […] isto é um traço da paquera. Quando você se aproxima de alguém, quando se está buscando seduzir alguém, você também se transforma. Você tem estratégias para obter este amor que você não tem. […] a Internet te permite dizer coisas que você não diria, fazer coisas que você não faria e engendrar ideias e identidades que você não teria. Esta coisa do horário, de ser on-line, de estar sempre aberta, de poder escrever uma mensagem

Thinkstock/Getty Images

fora do horário convencional requalifica esta relação. [...] A Internet [...] coloca no meio das pessoas uma plataforma de contato que tem os ganhos e as perdas de ser uma coisa virtual. Esta coisa da identidade é muito curiosa. [...] o que acho importante é que a Internet permite que qualquer cidadão comum, não apenas os que estão aqui ou na rede, recoloque o tema do afeto no seu cotidiano. Porque esta nuvem do anonimato é a chave da sedução. Não vamos seduzir ninguém com o que nós somos. Ninguém vai seduzir ninguém com mau hálito, mal vestido, com a roupa que dorme, com um moletom amarfanhado. Ao entrar no jogo da sedução, nós preparamos a nossa identidade, nos requalificamos para apresentar o melhor possível. Nenhuma plataforma tecnológica que viabiliza isto poderia ser um problema, porque o que ela faz é justamente isso, a sedução é um projeto de melhora de si próprio. E acho que os homens são mais travados do que as mulheres por fatores de criação, de encaminhamento dentro da sociedade. [...]

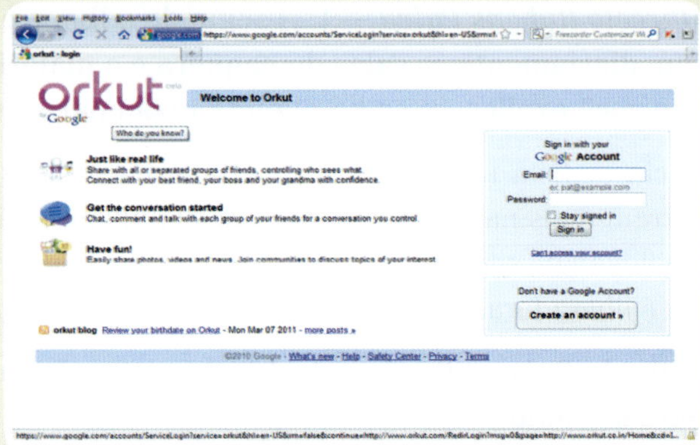

Anil Kumar/Alamy/Other Images

***Marcelo Tas* — O que eu queria trazer aqui pra vocês é o site de maior audiência da Internet brasileira [...] o Orkut, que é um subproduto do Google. O Orkut é um site criado por um cara chamado Orkut, um turco que até visitou o Brasil este ano. E ele criou nas horas vagas esse site e aqui no Brasil ele é primeiro lugar de audiência. [...] Por que esse é o site de maior audiência no Brasil e o que isso significa?**

Fernando — Este é um país pobre e burro em que é perigoso andar na rua. O mundo real é muito afetivo e muito perigoso. Ou assim nos é vendido, assim se produzem as relações sociais por aqui. Então o Orkut tem uma coisa que é poder entrar em contato com muitas pessoas, com toda a proteção e partilhando um tema ou não. O que acho mais bacana do Orkut é justamente encará-lo seriamente, porque é o primeiro espaço livre que se tem. Não conheço outro semelhante. Eu me lembro de uma praça em Londres em que você pode ir lá, subir na tribuna e xingar todo mundo, menos a rainha. Você pode falar mal de todo mundo, menos da rainha. É ridículo isto, britânico demais. Este espaço livre permite que pessoas de diferentes lugares e pensamentos entrem para debater conjuntamente um tema como, por exemplo, um senador da República cuja contabilidade é no mínimo esquisita. [...] é um dos poucos espaços ainda livres em que se pode promover discussões sem características rigorosas, sem o rigor dos vários ambientes sociais. Permite que as pessoas entrem em contato e se manifestem politicamente. Especialmente a indústria cultural ao olhar para isso. Não é incomum que os jornalistas demonizem isso, porque serão os primeiros a serem varridos do mapa. A indústria cultural está morrendo de medo do que vai acontecer. Na indústria do livro, cinema e televisão as pessoas não sabem mais onde vão ganhar dinheiro. Há uma dúvida sobre o futuro em negócios fundamentais da raça humana neste momento. Então é fácil demonizar isto. Porque é um espaço de liberdade onde os cidadãos manifestam pelo menos o seu querer político, o seu querer afetivo, o seu senso de humor. [...]

Lucia — Primeiro que o Orkut não é só frequentado, ele é habitado. [...] a cultura brasileira é muito expansiva. O brasileiro não se intimida de expor a sua vida privada. Quem tem experiência de viver fora do Brasil em culturas mais contidas isto fica muito claro. Você está em um ponto de ônibus ou viaja de trem com alguém e de repente aquela pessoa começa a contar a sua vida inteira, de repente você também se vê contando coisas íntimas de sua vida. Isto é muito do brasileiro.

(diversão.uol.com.br/ultnot/2007/06/12/ult4326u249.jhtm. Debate realizado em 12/6/2007. Adaptado.)

1. Num debate regrado público, há geralmente um coordenador e organizador, chamado **mediador** ou **moderador**. Além de conduzir o debate, cabe a ele, juntamente com os participantes, definir as regras e colocá-las em prática durante o evento. De modo geral, o moderador procura fazer poucas interferências.

a) No debate lido, quem desempenha o papel de moderador?

b) No decorrer do debate, se o moderador percebe que a discussão sobre determinado aspecto do tema está perdendo força, ou se julga que o debate ficaria mais enriquecido se fosse incluído outro aspecto, ele tem a liberdade de fazer perguntas aos debatedores, pedir a um ou a outro participante que dê um exemplo ou explique melhor sua afirmação, etc. No debate em estudo, o moderador faz alguma interferência desse tipo? Em caso afirmativo, identifique o trecho em que isso ocorre.

2. Num debate, é comum as pessoas apresentarem opiniões diferentes ou até contrárias acerca de um tema. Compare as falas de Fernando Bonassi e de Lucia Santaella nas respostas às três primeiras perguntas.

a) Há divergência entre eles quanto à afirmação de que os homens são mais travados do que as mulheres para paquerar?

b) Eles apresentam os mesmos argumentos em relação a esse tema? Justifique sua resposta.

3. Segundo Marcelo Tas, o Orkut é o *site* de maior audiência da Internet brasileira.

a) Qual dos dois debatedores apresenta argumentos que justificam a preferência brasileira por esse *site*?

b) Para Fernando Bonassi, o Orkut constitui um espaço de cidadania em qualquer país? Por quê?

4. Fernando Bonassi aborda o tema da sedução dentro e fora da Internet. Há, de acordo com ele, características próprias da Internet no que se refere à sedução? Se sim, quais?

5. Nos debates, é comum uma pessoa retomar a fala de outra para concordar com ela ou refutar o que ela afirmou. Essa retomada pode ocorrer explicitamente, por meio de frases como: *conforme fulano falou..., concordo com..., discordo de...* . Ou pode ocorrer implicitamente, como quando o debatedor, por exemplo, cita uma parte do discurso de outro. No debate em estudo, há concordância ou negação explícita de um dos debatedores em relação ao outro debatedor? E concordância implícita? Se houver, dê um exemplo.

Debate: divergências que fazem crescer

Debater não é brigar. É argumentar, expor livremente nosso ponto de vista e conhecer o pensamento dos outros.

Quando debatemos, pretendemos convencer nosso interlocutor de que temos razão. Contudo, nem sempre conseguimos esse resultado. Por outro lado, por entrarmos em contato com outras ideias e passarmos a ver diferentes ângulos do problema, pode acontecer de sermos convencidos pelo interlocutor. Qualquer que seja o resultado, o debate é sempre enriquecedor para quem dele participa ou para quem o presencia.

6. Ao argumentar, um debatedor expressa seu ponto de vista. Por isso, é comum o emprego de expressões, como *na minha opinião, para mim, do meu ponto de vista*. Há, no debate lido, expressões como essas? Se sim, dê exemplos.

7. Geralmente, nos debates públicos predomina a norma culta, menos ou mais formal, dependendo do perfil sociocultural dos participantes: idade, hábitos linguísticos, grau de escolaridade, profissão, grau de intimidade que têm entre si, etc. Observe a linguagem empregada pelos participantes no debate lido.

a) O que predomina: a formalidade ou a informalidade?

b) Identifique marcas da oralidade nas falas de Fernando Bonassi.

8. A que tipo de público o debate regrado público se destina?

9. Qual é o suporte desse gênero textual, isto é, como ele é veiculado para atingir o público a que se destina?

10. Reúna-se com os colegas de seu grupo e, juntos, concluam: Quais são as características do debate regrado público? Respondam, considerando os seguintes critérios: finalidade do gênero, perfil dos interlocutores, suporte ou veículo, tema, estrutura, linguagem.

PRODUZINDO O DEBATE REGRADO

Há, a seguir, duas propostas para a realização de debates regrados. Com a orientação do professor, realize ao menos uma das propostas.

1. O texto a seguir trata da amizade nas redes sociais da Internet. Leia-o com atenção.

Como a internet está mudando a amizade

[...]

Então as pessoas começam a se adicionar no Facebook e no final todo mundo vira amigo? Não é bem assim. A internet raramente cria amizades do zero — na maior parte dos casos, ela funciona como potencializadora de relações que já haviam se insinuado na vida real. [...] As redes sociais têm o poder de transformar os chamados elos latentes (pessoas que frequentam o mesmo ambiente social que você, mas não são suas amigas) em elos fracos – uma forma superficial de amizade. Pois é. Por mais que existam exceçoes a qualquer regra, todos os estudos apontam que amizades geradas com a ajuda da internet são mais fracas, sim, do que aquelas que nascem e crescem fora dela.

Masterfile/Other Images

Isso não é inteiramente ruim. Os seus amigos do peito geralmente são parecidos com você: pertencem ao mesmo mundo e gostam das mesmas coisas. Os elos fracos não. Eles transitam por grupos diferentes do seu, e por isso podem lhe apresentar coisas e pessoas novas e ampliar seus horizontes – gerando uma renovação de ideias que faz bem a todos os relacionamentos, inclusive às amizades antigas. Os sites sociais como Orkut e Facebook tornam mais fácil fazer, manter e gerenciar amigos. Mas também influem no desenvolvimento das relações – pois as possibilidades de interagir com outras pessoas são limitadas pelas ferramentas que os sites oferecem. "Você entra nas redes sociais e faz o que elas querem que você faça: escrever uma mensagem, mandar um link, cutucar", diz o físico e especialista em redes Augusto de Franco, que já escreveu mais de vinte livros sobre o tema. O problema, por assim dizer, é que a maioria das redes na internet é simétrica: se você quiser ter acesso às informações de uma pessoa ou mesmo falar reservadamente com ela, é obrigado a pedir a amizade dela, que tem de aceitar. Como é meio grosseiro dizer "não" a alguém que você conhece, mesmo que só de vista, todo mundo acaba adicionando todo mundo. E isto vai levando à banalização do conceito de amizade. [...] É verdade. Mas, com a chegada de sites como o Twitter, a coisa ficou diferente.

Amizade assimétrica

Bernhard Lang/Riser/Getty Images

No Twitter, eu posso te seguir sem que você tenha de autorizar isso, ou me seguir de volta. É uma rede social completamente assimétrica. E isso faz com que as redes de "seguidores" e "seguidos" de alguém possam se comunicar de maneira muito mais fluida. [...]

É o seguinte. Eu posso me interessar pelo que você tem a dizer e começar a te seguir. Nós não nos conhecemos. Mas você saberá quando eu o retuitar ou mencionar seu nome no site, e poderá falar comigo. Meus seguidores também podem se interessar pelos seus tuítes e começar a seguir você. Os seus seguidores podem ter curiosidade sobre mim e entrar na conversa que estamos tendo. Em suma: nós continuaremos não nos conhecendo, mas as pessoas que estão à nossa volta estabelecem vários níveis de interação e podem até mesmo virar amigos entre si.

Mas boa parte dos cientistas ainda acha que, mesmo estando em contato com qualquer pessoa mais facilmente e a todo momento, a distância continuará prejudicando as amizades. [...] É verdade. A maioria dos especialistas em relacionamento humano acredita que a proximidade física é essencial para sentirmos os efeitos benéficos das amizades profundas. Só que o cérebro pode estar começando a mudar de opinião.

Um estudo que está sendo realizado na Universidade da Califórnia começou a desvendar o efeito que as redes sociais produzem no organismo. Mais precisamente, o que acontece com os níveis de ocitocina quando usamos o Twitter, por exemplo. E há um efeito. Os primeiros resultados mostraram que tuitar estimula a liberação desse hormônio, e consequentemente diminui os níveis de hormônios como cortisol e ACTH, associados ao estresse.

Isso significa que o cérebro pode ter desenvolvido uma nova maneira de interpretar as conversas no Twitter. "O cérebro entende a conexão eletrônica como se fosse um contato presencial", diz Paul Zak. Isso seria uma adaptação evolutiva ao uso da internet. "O sistema de ocitocina está sempre se ajustando ao ambiente em que você está", diz. "Pode ser que, de tanto interagir em redes sociais, as pessoas estejam se tornando mais sintonizadas para a amizade. E aí elas acabam fazendo mais amigos, inclusive presencialmente." Ou seja: além de mudar as amizades, a internet também pode acabar modificando o próprio cérebro humano. Mas ainda é cedo para dizer se acabaremos nos tornando seres hipersociais, com cérebros capazes de acomodar um número maior de amigos. O próprio Paul Zak diz que não é possível desconsiderar a importância do contato físico – um dos mais importantes estimulantes da liberação de ocitocina no organismo. "No máximo, vamos ter mais possibilidades de manter relações íntimas a distância por mais tempo", diz. Outros, como Robin Dunbar, acham que a tecnologia ainda pode nos surpreender e romper a última barreira da amizade online: "O Skype e outros serviços do tipo não são bons o suficiente, porque não nos permitem tocar um no outro em realidade virtual. Ainda."

ocitocina: hormônio que estimula a interação entre as pessoas. Age no corpo como um oposto da adrenalina: reduz os batimentos cardíacos e a pressão sanguínea e, por consequência, o estresse.

Paul Zak: neurologista.

Robin Dunbar: antropólogo.

(Camilla Costa. *Superinteressante*, nº 288, p. 55-7.)

Debata com os colegas o seguinte tema: **As amizades feitas pela Internet são reais e duradouras, mesmo sem a presença física do outro?**.
Ao tratar do tema, procurem considerar se, ao contrário, o relacionamento virtual leva as pessoas a se isolar e encontrar dificuldades para fazer amizades sólidas fora do círculo da Internet.

2. Releia o texto "Adolescentes abrem mão da privacidade e dividem senhas na Web", que se encontra na página 55.

Depois debata com seus colegas a seguinte questão: **Os namorados devem dividir as senhas na Web? Por quê?.**

Prepare-se para debater o tema lendo também o quadro "Planejamento do debate regrado público". Em seguida, junto com os colegas, elejam o moderador, definam as regras e iniciem o debate.

PLANEJAMENTO DO DEBATE REGRADO PÚBLICO

Preparação da sala

- Não há uma disposição obrigatória da sala para a realização do debate. Se o número de participantes for pequeno, é possível que todos se sentem em círculo. Se, entretanto, forem muitos os participantes (debatedores e/ou público), as pessoas devem ocupar as cadeiras normalmente, conforme a disposição original da sala.

O moderador

- Posicione-se em pé na sala, numa posição central, de modo que possa ver e ser visto por todos.
- Inicie os trabalhos cumprimentando o público e apresentando o tema a ser debatido. Faça algumas considerações sobre o tema ou sobre a importância daquele debate e lembre as regras previamente estabelecidas.
- Se julgar necessário, indique uma pessoa para secretariar os trabalhos, fazendo as inscrições das pessoas que desejam falar.
- Ao passar a palavra a um debatedor, utilize expressões como: "Vamos ouvir a opinião de fulano", ou "Fulano, sua vez".
- Faça sinais para os debatedores alguns segundos antes do término da fala (por exemplo, 10 ou 15 segundos), a fim de alertá-los sobre o tempo.
- Interfira no debate ao perceber que o debatedor está apresentando um argumento pouco claro ou superficial, fazendo perguntas como "Por quê?", pedindo que dê exemplo ou que explique melhor determinada afirmação.
- Interfira sempre que houver na sala ruídos ou conversas paralelas que atrapalhem o andamento dos trabalhos.

Os debatedores

Tempo

- Os debatedores devem ter igualdade de condições e de tempo para expor suas ideias.
- Não se alongue com informações secundárias ou supérfluas, pois corre o risco de não concluir o pensamento por falta de tempo.
- Vá ao ponto principal logo no início da fala e, se possível, use o restante do tempo com exemplos.
- Durante a fala de outro debatedor, anote o nome dele e o argumento que ele apresentou. Posteriormente, se for retomar ou combater esse argumento, consulte suas anotações.

Procedimento

- Nunca leve as discussões para o terreno pessoal. O que está em avaliação são as ideias, não as pessoas.
- Fale livremente; é seu direito não sofrer interrupções e não ser alvo de zombaria. Porém, manifeste-se apenas quando chegar a sua vez.
- Respeite as regras estabelecidas; caso contrário, porá em risco o andamento e o sucesso de todo o debate.

Expressão

- Fale alto, de modo claro e articulado. Se necessário, fale em pé para ser ouvido por todos.
- Olhe diretamente nos olhos do moderador ou dos demais participantes; assim passará a impressão de firmeza e segurança.
- Se fizer uso de anotações durante a fala, leia-as de forma rápida e sutil, sem interromper o fluxo da fala e do pensamento. Evite abaixar a cabeça e o tom da fala.
- Evite gesticulação excessiva, que possa distrair a atenção dos ouvintes.

Uso da língua

- Use a norma culta, menos ou mais formal, de acordo com o perfil dos participantes.
- Evite o uso reiterado de palavras e expressões como *né?*, *tipo*, *tipo assim*, etc., pois atrapalham o fluxo das ideias e dispersam a atenção dos ouvintes.
- Faça referência à fala de outro debatedor, com expressões como *Conforme disse fulano...*, *Concordo com a opinião de fulano...*, *Discordo em parte do ponto de vista de fulano...*, *Gostaria de acrescentar ao comentário de fulano que...*

Filmando o debate

Filmem o debate para que, posteriormente, todos possam assistir a algumas partes dele, ou a todo ele, a fim de observar aspectos positivos e negativos e aprimorar o próximo debate.

Jeff Greenberg/Alamy/Other Images

Revisão e avaliação

Depois de realizado o debate, avaliem-no, levando em conta as orientações apresentadas no quadro "Planejamento do debate regrado público". Verifiquem:

- se houve respeito às regras estabelecidas;
- se o moderador cumpriu bem o seu papel de coordenador;
- se o tempo foi respeitado;
- se houve riqueza de ideias e argumentos;
- se o desempenho dos participantes foi bom;
- se houve respeito entre os participantes;
- se a linguagem empregada pelos participantes seguiu a norma-padrão informal;
- se houve ou não na fala dos participantes certos vícios de linguagem, como "tipo", "tipo assim", "tá ligado", entre outros.

Se necessário, assistam novamente a alguns trechos do debate gravado para observar detalhes, confirmar impressões ou tirar dúvidas. Ao final, estabeleçam metas e compromissos com vistas à realização do próximo debate.

TEXTUALIDADE E ESTILO

MECANISMOS DE COESÃO

Você já observou que um texto não pode ser um amontoado aleatório de palavras e frases soltas, sem conexão umas com as outras. Pode-se chamar **coesão** justamente a essa ligação entre frases e palavras para que o conjunto delas se torne de fato um texto. Assim, a coesão contribui para a tessitura do texto, é o que confere textualidade ao "amontoado de palavras e frases", estabelecendo as relações entre elas. Como você já viu, a coesão e a coerência de um texto são dois dos elementos essenciais da textualidade.

A fim de aprofundar seus conhecimentos sobre coesão textual, leia os parágrafos abaixo e faça o que pedem as questões propostas.

I. Eu considerei que este é o luxo do grande artista, atingir o máximo de matizes com o mínimo de elementos. De água e luz ele faz seu esplendor; seu grande mistério é a simplicidade.

Getty Images

II. Considerei, por fim, que assim é o amor, oh! minha amada; de tudo que ele suscita e esplende e estremece e delira em mim existem apenas meus olhos recebendo a luz de teu olhar. Ele me cobre de glórias e me faz magnífico.

III. Eu considerei a glória de um pavão ostentando o esplendor de suas cores; é um luxo imperial. Mas andei lendo livros, e descobri que aquelas cores todas não existem na pena do pavão. Não há pigmentos. O que há são minúsculas bolhas d'água em que a luz se fragmenta, como em um prisma. O pavão é um arco-íris de plumas.

(Rubem Braga. In: *Ai de ti, Copacabana.* Rio de Janeiro: Editora do Autor, 1960. p. 149.)

1. Os trechos acima compõem o texto "O pavão", uma pequena crônica de Rubem Braga, composta de três parágrafos. Esses parágrafos estão embaralhados.

a) Coloque-os na ordem correta.

b) Qual(is) critério(s) você utilizou para responder ao item anterior? Justifique, citando elementos do texto.

2. Observe como o autor começa os parágrafos de seu texto:

Eu considerei
Eu considerei
Considerei, por fim

Discuta com seu professor e seus colegas: A repetição da mesma forma verbal em todos os parágrafos deixa o texto truncado, empobrecendo-o? Justifique sua resposta.

3. Além da coesão entre os parágrafos de um texto, também existe a coesão gramatical, dada por pronomes, artigos, concordância, elipse (supressão) de termos, tempos verbais, palavras sinônimas, etc.

Identifique no texto o termo anteriormente expresso a que se refere cada uma das expressões:

- este (parágrafo I, linha 1)
- ele (parágrafo I, linha 3)
- Ele (parágrafo II, linha 5)
- suas (parágafo III, linha 1)

4. Releia o trecho abaixo:

> "assim é o amor, oh! minha amada; de tudo que ele suscita e esplende e estremece e delira em mim"

a) O termo **assim** pode tanto retomar algo que já foi dito quanto anunciar o que ainda será dito. Qual é a função dele no trecho lido?

b) Há no trecho uma repetição do conectivo **e**. Pode-se dizer que essa repetição é prejudicial à leitura, deixando o trecho pouco coeso? Discuta com seu professor e seus colegas e concluam: Qual é o efeito dessa repetição para o texto?

5. Também contribui para a coesão de um texto a organização de sua estrutura. É possível considerar que ao longo de todo o texto de Rubem Braga há uma equivalência entre as funções de elementos distintos, em uma relação que poderia ser assim resumida:

> ______ TRANSFORMA ______ EM ______

a) Utilize todos os termos apresentados abaixo para escrever a relação estabelecida pelo texto em cada parágrafo.

- minúsculas bolhas d'água [na pena do pavão]
- o mínimo de elementos
- a luz de teu olhar
- a luz
- o artista
- meus olhos
- tudo o que ele [o amor] suscita e esplende e estremece e delira em mim
- aquelas cores todas
- o máximo de matizes

b) Tendo em vista sua resposta ao item anterior e o que o eu lírico diz no texto sobre o amor, conclua: Como ele se coloca em relação a sua interlocutora?

6. As conjunções desempenham um papel importante na construção da coesão textual, tanto no interior de frases quanto na relação entre frases e parágrafos. A conjunção **mas**, por exemplo, normalmente estabelece oposição entre ideias. Que ideias a conjunção **mas** opõe no trecho:

> "Eu considerei a glória de um pavão ostentando o esplendor de suas cores; é um luxo imperial. Mas andei lendo livros, e descobri que aquelas cores todas não existem na pena do pavão."

iStockphoto/Getty Images

EXERCÍCIOS

1. Nem sempre a repetição é utilizada como um recurso expressivo; há casos em que ela pode sugerir falta de atenção, de repertório lexical, ou mesmo do domínio de estratégias de coesão.

O texto que segue foi modificado propositalmente, com o fim de apresentar repetições inadequadas de palavras. Identifique em que situações isso ocorre e, trocando ideias com os colegas, dê sugestões para evitar tais repetições.

Já abriu seu Facebook um belo dia e deu de cara com uma foto antiga sua, postada por um "amigo" que você não vê há séculos? Se servir de consolo, você não é o único

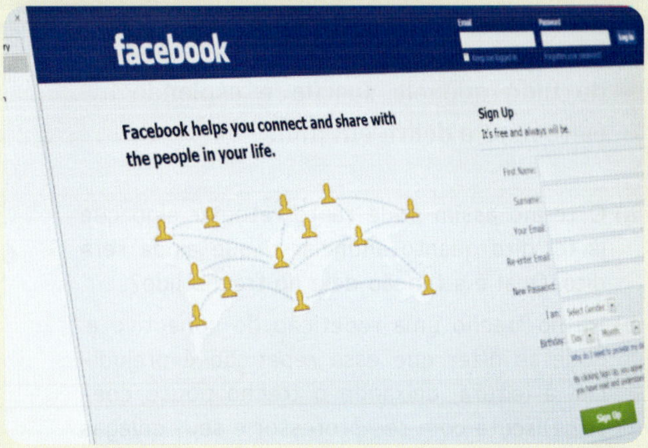

imagebroker RM/DIOMEDIA

É, amigo, o mundo virtual traz coisas que a gente não gostaria nunca que chegassem ao real.

A foto, aquela foto, chega mais cedo ou mais tarde. Às vezes, num ato de saudosismo radical de um amigo, você é agraciado com uma foto que o seu amigo resolveu publicar. Saiba que ainda tem amigos com hora livre para digitalizar fotos, e aí é que nós, ocupados demais, nos vemos em fotos horríveis com os amigos de antigamente. No fim da noite, quando entramos para dar uma espiada nas fotos de nossos amigos, já vemos comentários de amigos recentes em nossas fotos: "é você nessa foto? Nossa, quem diria", ou, mais cruel ainda, um seco e sonoro "ahahahahahahahaha". Sem contar aqueles amigos que fazem download da foto para no futuro ter um trunfo contra você.

(Adaptado de: http://revistatrip.uol.com.br/revista/213/reportagens/curtiu.html#4. Acesso em: 20/3/2013.)

2. Nas frases abaixo há sempre as mesmas duas ideias interligadas por conectores com diferentes sentidos. Crie situações para que cada uma das frases se constitua em um enunciado coerente.

a) O vestido é curto, mas ela vai comprá-lo.

b) O vestido é curto; portanto, ela vai comprá-lo.

c) O vestido é curto e ela vai comprá-lo.

d) O vestido é curto, porque ela vai comprá-lo.

3. Leia a tira abaixo.

© 2013 King Features Syndicate/Ipress

a) A construção do humor da tirinha toma por base o uso de um conectivo. Qual é ele?

b) Quais ideias são ligadas por esse conectivo na tirinha? E qual relação se espera que haja entre elas?

c) Substitua o conectivo utilizado na tirinha por um outro que estabeleça a relação citada por você no item **b**.

d) Explique como se dá a construção de humor da tirinha com base na troca desses conectores.

Tim Teebken/Photodisc/Getty Images

CAPÍTULO 14

O debate regrado público: estratégias de contra-argumentação

TRABALHANDO O GÊNERO

No capítulo anterior, você estudou o *debate regrado público*. Neste capítulo, vai retomar o trabalho com esse gênero oral e vai aprender, especialmente, como contra-argumentar.

A fim de observar de que modo são construídos e apresentados os argumentos utilizados em debates, você vai ler, a seguir, dois textos sobre a política de reserva de vagas para negros nas universidades brasileiras. Apesar de os ministros do Supremo Tribunal Federal (STF) terem aprovado por unanimidade a lei sobre reserva de cotas em universidades, o tema é bastante controvertido. Para ampliar esse debate, o jornal *O Estado de S. Paulo* convidou dois advogados ligados ao movimento negro para opinarem sobre o assunto. Leia os artigos de opinião, um com posição contrária e outro favorável às cotas, escritos para o jornal pelos dois profissionais.

CONTRA

Cota valida teses racistas

A diversidade racial significa o Estado conferindo validade à tese racista da classificação racial, que nós repudiamos

José Roberto Ferreira Militão

O desafio enfrentado pelo Supremo Tribunal Federal é mais filosófico do que jurídico: se a segregação de direitos raciais pelo Estado viola o significado da igualdade humana e se isto está conforme o espírito e a letra da Constituição. Com o devido respeito a quem pensa diferente, essa segregação de direitos, apelidada de cotas raciais, encontra-se vedada pela consciência nacional, anunciada na cabeça do art. 5º e expresso na letra do art. 19 da Carta: É vedado à União, aos Estados, ao Distrito Federal e aos municípios: III – criar distinções entre brasileiros ou preferências entre si. São cláusulas imperativas, que asseguram a igualdade de direitos, base fundamental da dignidade humana.

Os defensores da segregação de direitos raciais desprezam a igualdade humana trazida pelo iluminismo – Todos os seres humanos nascem livres e iguais em dignidade e em direitos, deferida por Immanuel Kant – e sustentam a tese da desigualdade natural de Aristóteles: Se os homens não são iguais, não devem receber coisas iguais.

Vivemos, enquanto colônia de Portugal, com leis que faziam discriminações pela cor, origem, religião e cultura. Porém, sob a influência iluminista do século 18, desde a primeira Constituição do Brasil, de 1824, a igualdade tem sido declarada e reiterada nas cartas. A de 1988 reafirma o primado da igualdade humana sem a hipótese de classificação racial para o exercício de direitos. É a expressão de nossa índole.

Em *Raízes do Brasil* (1936), Sérgio Buarque de Holanda saudava a mistura de genes de três povos fundadores da nação: o nativo, o europeu e o africano, edificando no Brasil um ser miscigenado com caráter de ser nacional. Era a negação do decantado encontro de raças e do ser racial. O ser nacional, dizia Sérgio, é mutável, conforme suas circunstâncias. O ser racial fica submetido a uma prisão.

[...]

Pesquisa divulgada no Rio de Janeiro, em 2008, atestava: 63% dos afro-brasileiros são contra a segregação de direitos raciais. Política racial, mesmo de boa-fé, é terapia estatal para uma doença inexistente: não temos identidade racial.

A questão em julgamento não são as políticas públicas de inclusão de afro-brasileiros nas universidades públicas, o que poderá ser contemplado pelo critério de cotas sociais ampliando as oportunidades aos mais pobres, dos quais 70% são pretos e pardos. O que se disputa é a possibilidade da segregação de direitos raciais pelo Estado. Os defensores falam em diversidade racial. Nós contrapomos o império do pensamento da diversidade humana. A diversidade racial significa o Estado conferindo validade à tese racista da classificação racial, que nós repudiamos.

Sergio Lima/Folhapress

: Em Brasília, estudantes se acorrentam em frente ao Palácio do Planalto, pedindo cotas para negros em concursos públicos.

[...] Ortega y Gasset, o filósofo espanhol, nos diz da responsabilidade da atual geração entregar à futura um ambiente social melhor do que o recebido. A nossa geração recebeu uma sociedade sem direitos e sem ódios raciais. Como vamos entregá-la?

José Roberto Ferreira Militão foi secretário-geral do Conselho da Comunidade Negra no governo do Estado de São Paulo e atuou na Comissão de Assuntos Antidiscriminatórios da OAB/SP.

A FAVOR

Cotas enriquecem universidades

Na vigência da Constituição de 1988, o país adotou cotas para portadores de deficiência e para mulheres nas candidaturas partidárias

Hédio Silva Jr.

No início do governo Getúlio, em 1931, o Brasil aprovava a primeira lei de cotas de que se tem notícia nas Américas: a Lei da Nacionalização do Trabalho, ainda hoje presente na CLT, que determina que dois terços dos trabalhadores das empresas sejam nacionais.

Com o surgimento da Justiça do Trabalho, também naquele período, o Direito do Trabalho inaugurava uma modalidade de ação afirmativa que até hoje considera o empregado um hipossuficiente, favorecendo-o na defesa judicial dos seus direitos.

Em 1968, o Congresso instituía cotas nas universidades, por meio da chamada Lei do Boi, cujo artigo primeiro prescrevia: "Os estabelecimentos de ensino médio agrícola e as escolas superiores de Agricultura e Veterinária, mantidos pela União, reservarão, anualmente, de preferência, 50% (cinquenta por cento) de suas vagas a candidatos agricultores ou filhos destes, proprietários ou não de terras, que residam em cidades ou vilas que não possuam estabelecimentos de ensino médio".

Na vigência da Constituição de 1988, o país adotou cotas para portadores de deficiência no setor público e privado, cotas para mulheres nas candidaturas partidárias e instituiu uma modalidade de ação afirmativa em favor do consumidor: dada a presunção de que fornecedores e consumidores ocupam posições materialmente desiguais, estes últimos são beneficiados com a inversão do ônus da prova em seu favor, de modo que em certas hipóteses ao fornecedor cabe provar que ofereceu um produto em condições de ser consumido.

Master File Other Images

Dois registros: 1. o Brasil poderia tranquilamente orgulhar-se de exibir cotas e outras políticas de ação afirmativa como um produto genuinamente nacional; 2. não é mera casualidade o fato de jamais ter havido qualquer questionamento quanto à adoção de cotas para quaisquer outros segmentos, mas, no momento em que este mesmo princípio jurídico passa a ser invocado para favorecer a população negra, emerge uma oposição colérica e incapaz de enfrentar o contraditório, o debate público, aberto.

Doze anos depois da implantação de ações afirmativas para o acesso de jovens negros e brancos pobres ao ensino superior, os dados falam por si: os alunos cotistas apresentam o mesmo desempenho de seus colegas; as universidades ganharam em criatividade e desempenho e não há registro de incidente mais sério, a não ser velhas manifestações de intolerância que datam desde a chegada de Cabral. No mais, há dez documentos públicos nos quais os brasileiros são classificados racialmente desde tempos imemoriais, funcionando muito bem obrigado até a classificação racial ser invocada para a fruição – e não a violação – de direitos.

Ao julgar a constitucionalidade das ações afirmativas, o STF tem em mãos mais uma oportunidade de reafirmar a esperança que os indivíduos devem ter em relação a um dos pilares do funcionamento da Justiça: a interpretação dos textos e dos fatos deve ter como base a norma jurídica, o direito, não podendo ser circunscrita aos valores e credos pessoais. As normas são, presumivelmente, boas para todos; ao passo que valores quase sempre são bons apenas para nós.

Hédio Silva Jr. foi secretário de governo no Estado de São Paulo e atualmente atua como diretor acadêmico da Faculdade Zumbi dos Palmares e do Centro de Estudos das Relações de Trabalho e Desigualdades.

(*Estado de S. Paulo*, 25/4/2012. Disponível em: http://blogs.estadao.com.br/roldao-arruda/cotas-raciais-contra-e-a-favor/. Acesso em: 12/7/2012.)

ação afirmativa: conjunto de políticas públicas adotadas com o objetivo de contribuir para a ascensão de grupos minoritários, como os étnico-culturais, sexuais ou de portadores de necessidades especiais.

1. Para tratar do assunto, os dois artigos focam a constitucionalidade do sistema de cotas raciais para ingresso nas universidades brasileiras.

Thinkstock/Getty Images

a) De acordo com o primeiro texto, essa medida tem caráter racista. Em que essa opinião é fundamentada?

b) O segundo texto fundamenta sua argumentação favorável ao sistema de cotas raciais no conceito de "política de ação afirmativa". De acordo com o autor, que situações são ilustrativas da presença desse tipo de política na legislação brasileira?

2. Ao desenvolver seus argumentos, o autor do primeiro texto cita dois filósofos e um historiador brasileiro.

a) Qual filósofo confirma o que o autor pensa? Qual contraria?

b) Na visão do historiador, por que não há diversidade racial em nosso país?

3. Os dois autores fazem referência à Constituição de 1988.

a) Com que objetivo o autor desfavorável às cotas faz referência a esse documento?

b) E o autor do segundo texto?

4. Argumentando em favor do sistema de cotas nas universidades, o autor do segundo texto aponta resultados positivos de sua implantação. Quais são esses resultados?

5. O autor do primeiro texto, embora contrário às cotas raciais, aceita outro tipo de cotas: as sociais. Como ele justifica este posicionamento?

6. Nos textos argumentativos, é comum a utilização de diferentes tipos de argumento para fundamentar o ponto de vista defendido: exemplos, citações de pessoas ilustres, comparações, referências históricas, estatísticas, etc. Desses tipos de argumento, quais são utilizados:

a) no texto de José Roberto Ferreira Militão?

b) no texto de Hédio Silva Jr.?

7. Como se observa, os dois autores apresentaram argumentos que revelam segurança e conhecimento do tema. Apesar disso, todos os argumentos são passíveis de contra-argumentação.

a) Que contra-argumentos você apresentaria para rebater o ponto de vista de José Roberto Ferreira Militão, desfavorável às cotas raciais?

b) E para rebater o ponto de vista de Hédio Silva Jr., favorável às cotas raciais?

c) Na sua opinião, qual dos articulistas foi mais persuasivo?

Os autores dos dois artigos de opinião são pessoas renomadas no meio jornalístico e cultural brasileiro. Ambos têm ideias próprias sobre o tema e mostram-se capazes de sustentar seu ponto de vista com argumentos consistentes e convincentes. Apesar disso, nem um nem outro é dono da verdade absoluta. Diante de um bom argumento, sempre é possível contra-argumentar, isto é, esvaziar ou fragilizar o argumento de nosso interlocutor, evidenciando os pontos fracos de sua argumentação.

Vamos aprender como fazer isso.

Estratégias de contra-argumentação

Laerte Silvino

1. Tente descobrir incoerências ou contradições nos argumentos do adversário; se houver, aponte-as e transforme-as em argumentos em seu favor.

2. Normalmente o debatedor tende a apresentar um argumento como verdade irrefutável. Contudo, sempre que possível, procure se servir de dados e informações (estatísticas, pesquisas, publicações, exemplos históricos, comparações com realidades diferentes, citações, etc.) capazes de demonstrar que o argumento do interlocutor é falso ou apenas parcialmente verdadeiro. Ao fazer isso, você fragiliza a força do argumento do interlocutor, o que confere maior credibilidade aos seus próprios argumentos.

3. Se as afirmações do adversário são generalizantes, demonstre, com um ou mais exemplos de casos ou situações particulares, que o argumento utilizado por ele é inconsistente ou apenas parcialmente verdadeiro quando confrontado com a realidade. Cite casos, conte histórias, dê exemplos que mostrem o quanto o ponto de vista do adversário é parcial, insuficiente e discutível.

4. Examine o valor e o sentido das palavras empregadas. Veja, por exemplo, como os dois autores usaram em seu favor o sentido da expressão *classificação racial*. Às vezes, uma palavra mal-empregada pelo adversário pode ser a porta de entrada para a contra-argumentação e levar a uma inversão daquilo que ele pretendia dizer.

5. Outra estratégia possível é, já no final do debate, fazer uma síntese dos argumentos do adversário e dos contra-argumentos que você apresentou, demonstrando aos ouvintes, de forma global, que o ponto de vista do adversário está fundamentado em argumentos inconsistentes ou em razões falsas ou apenas parcialmente verdadeiras. Em seguida, compare com seus próprios argumentos, mostrando a coerência e a consistência deles. Se utilizou números em seus argumentos, poderá afirmar, por exemplo, "os números não mentem"; se empregou comparações históricas, poderá dizer algo como "a História já provou inúmeras vezes o que estou afirmando".

6. Faça concessões. É possível que, durante o debate, você concorde em parte com algumas das ideias do adversário. Se isso ocorrer, não sinta vergonha de admitir que o outro tem razão. Aproveite a situação para negociar: diga, por exemplo, que o outro tem razão *em parte*. Provavelmente o interlocutor fará o mesmo, o que pode ser o caminho para um acordo, isto é, para que as partes cheguem a uma posição intermediária entre as ideias divergentes.

Cotas para pessoas com deficiência

Você certamente conhece alguma pessoa com deficiência e faz ideia das dificuldades pelas quais ela passa, em especial para participar da vida escolar e da vida profissional. A Constituição estabelece o sistema de cotas para a admissão de pessoas com deficiência no setor público e privado e, atualmente, há um esforço para a inclusão dos estudantes com deficiência em salas de aula comuns.

A fim de se informar melhor sobre o tema para depois participar do debate sobre ele, leia o texto que segue.

E SE EU NÃO FOSSE...

Jairo Marques

Projetar aquilo que a gente não é pode ajudar a valorizar, a dar carinho, àquilo que a gente de fato é

É certo que toda pessoa que habita este mundo e que tenha a carcaça avariada como eu já pensou algumas vezes ao longo da existência em como seria a vida "se não fosse" a condição de paralisia, de cegueira, de surdez, de inabilidades gerais do esqueleto ou da cachola.

Masterfile/Other Images

Essa reflexão se diferencia, a meu ver, daquela "e se eu não fosse" tradicional, usada pelos mortais comuns.

Essa dá e passa logo porque, afinal, para ser milionário tem a loteria, para ser loira tem a água oxigenada, para ser magro tem o picote no estômago, para ser bonito tem o Pitanguy, para esvaziar o saco cheio tem o passeio no parque.

Mas, para voltar a bater perna livremente, para ouvir os gracejos da novela, para ver o raiar do sol, é preciso esperança em um tal ratinho que encheram de eletrodos no Japão, em outro que tomou chá de células-tronco na China e em diversos voluntários que tomam agulhadas da ciência ao redor do planeta.

Logo, o "se eu não fosse" para esse povo é calcado em uma esperança de algo que ainda não existe. E vai tempo, e vai estudo, e vai teste para que surja algo que abra caminho para uma mudança de realidade. Tem também o lance do "milagre", da força da fé, mas isso é motivo de outra prosa.

De minha parte, "se eu não fosse" cadeirante, acho que seria mais leve tanto por não ter de tocar os dez quilos da minha charrete como por não ter de me programar exageradamente para conseguir atuar em sociedade.

É um tal de pensar se vou caber no banheiro da casa da sogra, se a mesa da reunião será muito alta e vou ficar escondido atrás dela, se vai haver rampa na entrada do pé-sujo onde vai acontecer um happy hour com os amigos, se as calçadas da cidade do futuro veraneio vão ser boazinhas para meu ir, vir e tomar uma brisa.

Botar na roda o questionamento “e se eu não fosse assim”, porém, não é de todo ruim. Projetar aquilo que a gente não é pode ajudar a valorizar, a dar carinho, àquilo que a gente de fato é.

Não enxergar muito bem pode ser compensado com mais poder às papilas gustativas que vão decifrar fácil os segredos do bolo de cenoura daquela tia de Sorocaba. Usar aparelho no ouvido é ter prerrogativa “maravilwonderful” de se desligar do mundo na final do campeonato em que o vizinho grita desesperado pela janela.

Ter incapacidades sérias de interagir com outros seres viventes é oportunidade de examiná-los em detalhes, de ter uma perspectiva de escafandrista enquanto todos os outros se imaginam borboletas lindas e perfeitas que se esquecem de que foram lagartas, que se esquecem de suas efemeridades.

Ok. Admito que é gostoso e diverte a alma imaginar possibilidades, brincar de desenhar para o cotidiano da gente certas sensações inéditas e aparentemente inatingíveis. Sem falar que, no campo imaginativo, nas “viagens na maionese”, nós podemos ser verdadeiramente iguais uns aos outros.

Porém, quando o galo canta e o homem se levanta, ele será exatamente aquilo que as circunstâncias da existência o fizeram, com a chance de moldar “apenas” seu caráter, sua maneira de interagir e de aproveitar as 24 horas do dia.

(*Folha de S. Paulo*, 19/6/2012.)

Debata com os colegas da classe:

- Na sua opinião, devem existir cotas para o ingresso de pessoas com deficiência no serviço público e em empresas privadas?
- O que você acha da política de inclusão em escolas comuns, isto é, não especializadas, de pessoas com deficiência?

Depois de realizado o debate, avaliem-no levando em conta os aspectos apontados na seção **Revisão e avaliação**, na página 137.

© Images.com/Corbis/Latinstock

CAPÍTULO 15

O artigo de opinião

TRABALHANDO O GÊNERO

No mundo em que vivemos, com frequência temos de nos posicionar sobre certos temas que circulam socialmente. Por exemplo: Os médicos têm o direito de interromper o tratamento de um paciente em estado terminal? Os programas de televisão devem sofrer algum tipo de controle? Os governos têm o direito de invadir a privacidade dos internautas com o pretexto de fazer investigações policiais?

Para responder a essas e a outras questões, são publicados em jornais, revistas e em *sites* da Internet artigos de opinião, nos quais os autores expressam seu ponto de vista sobre certos temas.

Um tema polêmico que vem sendo muito debatido nos últimos anos, e tem dividido a opinião pública em geral, é a implementação do sistema de cotas para ingresso nas universidades. A adoção desse sistema é apresentada como forma de reduzir as desigualdades, promover a diversidade étnica e combater a exclusão.

A propósito desse tema, leia, a seguir, um artigo de opinião de autoria da escritora Lya Luft.

Cotas: o justo e o injusto

Ron Chapple/Taxi/Getty Images

O medo do diferente causa conflitos por toda parte, em circunstâncias as mais variadas. Alguns são embates espantosos, outros são mal-entendidos sutis, mas em tudo existe sofrimento, maldade explícita ou silenciosa perfídia, mágoa, frustração e injustiça.

Cresci numa cidadezinha onde as pessoas (as famílias, sobretudo) se dividiam entre católicos e protestantes. Muita dor nasceu disso. Casamentos foram proibidos, convívios prejudicados, vidas podadas. Hoje, essa diferença nem entra em cogitação quando se formam pares amorosos ou círculos de amigos. Mas, como o mundo anda em círculos ou elipses, neste momento, neste nosso país, muito se fala em uma questão que estimula tristemente a diferença racial e social: as cotas de ingresso em universidades para estudantes negros e/ou saídos de escolas públicas. O tema libera muita verborragia populista e burra, produz frustração e hostilidade. Instiga o preconceito racial e social. Todas as "bondades" dirigidas aos integrantes de alguma minoria, seja de gênero, raça ou condição social, realçam o fato de que eles estão em desvantagem, precisam desse destaque especial porque, devido a algum fator que pode ser de raça, gênero, escolaridade ou outros, não estão no desejado patamar de autonomia e valorização. Que pena.

Nas universidades inicia-se a batalha pelas cotas. Alunos que se saíram bem no vestibular — só quem já teve filhos e netos nessa situação conhece o sacrifício, a disciplina, o estudo e os gastos implicados nisso — são rejeitados em troca de quem se saiu menos bem mas é de origem africana ou vem de escola pública. E os outros? Os pobres brancos, os remediados de origem portuguesa, italiana, polonesa, alemã, ou o que for, cujos pais lutaram duramente para lhes dar casa, saúde, educação?

A ideia das cotas reforça dois conceitos nefastos: o de que negros são menos capazes, e por isso precisam desse empurrão, e o de que a escola pública é péssima e não tem salvação. É uma ideia esquisita, mal pensada e mal executada. Teremos agora famílias brancas e pobres para as quais perderá o sentido lutar para que seus filhos tenham boa escolaridade e consigam entrar numa universidade, porque o lugar deles será concedido a outro. Mais uma vez, relega-se o estudo a qualquer coisa de menor importância.

Lembro-me da fase, há talvez vinte anos ou mais, em que filhos de agricultores que quisessem entrar nas faculdades de agronomia (e veterinária?) ali chegavam através de cotas, pela chamada "lei do boi". Constatou-se, porém, que verdadeiros filhos de agricultores eram em número reduzido. Os beneficiados eram em geral filhos de pais ricos, donos de algum sítio próximo, que com esse recurso acabaram ocupando o lugar de alunos que mereciam, pelo esforço, aplicação, estudo e nota, aquela oportunidade. Muita injustiça assim se cometeu, até que os pais, entrando na Justiça, conseguiram por liminares que seus filhos recebessem o lugar que lhes era devido por direito. Finalmente a lei do boi foi para o brejo.

Nem todos os envolvidos nessa nova lei discriminatória e injusta são responsáveis por esse desmando. Os alunos beneficiados têm todo o direito de reivindicar uma possibilidade que se lhes oferece. Mas o triste é serem massa de manobra para um populismo interesseiro, vítimas de desinformação e de uma visão estreita, que os deixa em má posição. Não entram na universidade por mérito pessoal e pelo apoio da família, mas pelo que o governo, melancolicamente, considera deficiência: a raça ou a escola de onde vieram — esta, aliás, oferecida pelo próprio governo.

Lamento essa trapalhada que prejudica a todos: os que são oficialmente considerados menos capacitados, e por isso recebem o pirulito do favorecimento, e os que ficam chupando o dedo da frustração, não importando os anos de estudo, a batalha dos pais e seu mérito pessoal. Meus pêsames, mais uma vez, à educação brasileira.

(*Veja*, nº 2 046.)

1. A autora introduz o tema e seu ponto de vista sobre ele por meio de uma ampla apresentação.

a) Qual é o tema do artigo de opinião lido?

b) Identifique, no 2º parágrafo, o ponto de vista da autora.

2. A articulista, ao apresentar sua opinião sobre o tema, mostra que a implementação do sistema de cotas fere um princípio fundamental das sociedades democráticas.

a) Qual é esse princípio?

b) Qual é a posição da articulista em relação ao sistema de cotas?

3. Num texto de opinião, o autor normalmente fundamenta seu ponto de vista em verdades e opiniões (leia o boxe "Verdade X opinião").

a) Identifique no texto verdades, isto é, dados objetivos que podem ser comprovados.

b) Com que objetivo a autora cita essas verdades?

c) Afirmações como:

"uma questão que estimula tristemente a diferença racial e social: as cotas de ingresso em universidades para estudantes negros e/ou saídos de escolas públicas"

"A ideia das cotas reforça dois conceitos nefastos: o de que negros são menos capazes, e por isso precisam desse empurrão, e o de que a escola pública é péssima e não tem salvação. É uma ideia esquisita, mal pensada e mal executada."

são verdades ou opiniões?

4. Num texto de opinião, a ideia principal defendida pelo autor precisa ser fundamentada com bons **argumentos**, isto é, com razões ou explicações.

A ideia principal do texto lido é fundamentada por dois argumentos básicos, contrários à implementação do sistema de cotas. Quais são eles?

5. No 6º parágrafo, a autora faz referência aos envolvidos na lei: os alunos beneficiados e os responsáveis pela lei das cotas.

a) Ela exime de responsabilidade os alunos beneficiados pelo sistema de cotas? Justifique sua resposta.

b) Que opinião ela expressa sobre os responsáveis pela lei das cotas?

Verdade × opinião

Nos gêneros argumentativos em geral, o autor sempre tem a intenção de convencer seus interlocutores. Para isso, precisa apresentar bons argumentos, que consistem em verdades e opiniões.

Consideram-se verdades tanto as afirmações universalmente aceitas (por exemplo, o fato de a Terra girar em torno do Sol, a poluição prejudicar o meio ambiente) quanto dados científicos em geral, como estatísticas, resultados de pesquisas sociais ou de laboratório, entre outras. Já as opiniões são fundamentadas em impressões pessoais do autor do texto e, por isso, são mais fáceis de contestar.

Os bons textos argumentativos geralmente fazem um uso equilibrado dos dois tipos de argumento.

6. No último parágrafo, a autora conclui seu ponto de vista sobre o assunto. De acordo com essa conclusão:

a) Quem são as vítimas do sistema de cotas?

b) Do que o texto expõe, conclua: Para a autora, a exclusão do negro das universidades públicas deve ser tratada como uma questão étnico-racial? Justifique sua resposta.

7. Observe a organização do texto quanto à estrutura e à exposição das ideias. A conclusão é coerente com a ideia e com os argumentos apresentados ao longo do texto? Justifique sua resposta.

8. Observe a linguagem do texto.

a) Que variedade linguística foi empregada? A formal ou a informal?

b) Considerando-se o tema, o veículo em que o texto foi publicado e o perfil do público leitor, pode-se dizer que a escolha dessa variedade linguística foi adequada? Por quê?

9. Reúna-se com seus colegas de grupo e, juntos, concluam: Quais são as características do artigo de opinião? Respondam, considerando os seguintes critérios: finalidade do gênero, perfil dos interlocutores, suporte ou veículo, tema, estrutura, linguagem.

PRODUZINDO O ARTIGO DE OPINIÃO

Em décadas passadas, os jovens saíam às ruas para protestar e divulgar suas ideias, às vezes enfrentando a repressão policial. Hoje, muitos jovens se contentam em fazer um *click* num *site* ou numa rede social e, assim, protestar contra a matança de baleias, contra a corrupção, ou contra a construção de uma usina nuclear.

Prepare-se para produzir um artigo de opinião sobre o tema: **A participação política dos jovens na Web tem o mesmo valor que a participação política presencial?**.

Para isso, leia o painel de textos a seguir.

A internet como força mítica

[...]

Ser jovem é saber como participar no Twitter e no Facebook, é entender o novo código de conduta digital e segui-lo. Quando surgiu o rádio e, depois, a TV, muita gente achou que seria o fim da civilização. O mesmo com a internet e suas mídias sociais.

Na rede, a liberdade pode ser virtual, mas tem gosto de real. E aqueles que sentem o seu gosto, que veem a importância de pensar criticamente sobre a sociedade e a possibilidade de manifestar posições contrárias ao regime sem ser morto ou preso não querem ter as asas cortadas. [...]

Que a luta desses milhões de pessoas leve a resultados concretos e duradouros. Também querem contribuir na criação da nova ordem mundial. E têm todo o direito de buscar esse objetivo.

(Marcelo Gleiser. *Folha de S. Paulo*, 6/3/2011.)

Masterfile/Other Images

Faça sua revolução

Depois de 5 anos pesquisando campanhas e movimentos ao redor do globo, a jornalista norte-americana Tina Rosenberg chegou à conclusão de que as pessoas apoiam uma causa não por ela ser correta, justa, ou porque aquilo parece o melhor a ser feito, mas sim por uma característica humana primitiva: a vontade de pertencer e ser aceito por um grupo. [...]

Partindo da lógica de que todos nós queremos viver em bandos, as causas que mais conseguem adeptos são aquelas que formam os grupos mais atraentes. "Elas oferecem às pessoas um novo e desejável clube a se juntar — na maioria das vezes, são grupos tão fortes e tão convincentes que a pessoa adota uma nova identidade por meio dele", diz Rosenberg.

[...]

A questão é que, muitas vezes, as pessoas restringem sua participação ao mundo virtual, seguindo o que [Malcolm] Gladwell chama de engajamento de ocasião: é fácil passar os olhos e dar um clique de apoio a um movimento sem, de fato, arregaçar as mangas. Das cerca de 50 mil pessoas que confirmaram no Facebook sua presença no Churrascão da Gente Diferenciada, em maio, 4 mil compareceram. O evento era um protesto contra o cancelamento das obras da estação Angélica do metrô de São Paulo (moradores eram contra, porque ela poderia trazer uma "gente diferenciada" a Higienópolis, bairro de alto padrão da capital paulista). "Não dá pra ser só guerrilheiro de teclados", diz Marcelo Marquesini, da Escola de Ativismo, em São Paulo, que ensina a organizar manifestações. "Boa parte da juventude brasileira perdeu o hábito de ir para as ruas de forma organizada e com estratégia."

Ninguém duvida do poder de disseminação da Web, mas ela deve servir como ferramenta para os protestos, que precisam se concretizar no mundo offline. Pois aí sim o efeito é multiplicado. [...] O próprio Churrascão da Gente Diferenciada, provavelmente, só teve uma boa repercussão, com aparição em jornais e TVs, porque migrou do Twitter para um encontro de verdade. Não se sabe o quanto o evento colaborou, mas os governantes decidiram construir a estação de metrô antes banida.

[...]

(Rafael Tonon e Marcelo Min. Revista *Galileu*, nº 247, p. 39-43.)

Danilo Verpa/Folhapress

: Manifestação estudantil em São Paulo, em 2011.

Política não se curte

[...] as redes on-line incentivam os membros a expor seu lado militante. O mural (onde as mensagens são publicadas) do Facebook, por exemplo, é, como o próprio nome sugere, um ótimo lugar para “colar” cartazes e “ostentar” bandeiras ideológicas virtuais. Ali se faz proselitismo de vegetarianismo, de crenças religiosas, de posições políticas e de outras causas. Como não há botão de “Não curtir” no Facebook, resta discordar por meio de um comentário ou se calar. Alguns sociólogos acreditam que o contato involuntário com opiniões conflitantes nas redes on-line pode ter ao menos o efeito positivo de estimular a participação política dos cidadãos. Uma pesquisa com 3 500 jovens de 18 a 24 anos feita durante as primárias das eleições presidenciais americanas de 2008, contudo, mostrou que o interesse em compartilhar informações e comentários de cunho ideológico na internet não se estendia a atividades políticas convencionais, como votar. Nada é mais improdutivo do que usar o botão do mouse para discutir política com os amigos.

(Diogo Schelp. *Veja*, nº 2 255, p. 87.)

Planejamento do texto

Thinkstock/Getty Images

- Decida com os colegas e com o professor em que suporte os artigos de opinião irão circular. Vocês podem, por exemplo, publicá-los em um *blog* coletivo da sala ou em uma rede social, ou enviá-los a um fórum de debates na Internet. Se quiserem, poderão também expô-los para a escola toda, em um mural.
- Decidido o suporte, pense no perfil do seu leitor: você vai escrever para jovens como você e para adultos. A linguagem deve estar, portanto, adequada ao gênero e ao perfil desse público leitor.
- Anote as ideias e os argumentos dos textos lidos que podem ser úteis para fundamentar o ponto de vista que você pretende desenvolver.
- Pense em um enunciado (uma ou mais frases) que possa cumprir o papel de introduzir o texto e, ao mesmo tempo, expressar a ideia principal (a síntese de seu ponto de vista) que pretende defender e anote-o.
- Entre os argumentos que anotou, escolha aqueles que podem fundamentar de modo mais consistente a ideia principal do texto. Em vez de quantidade, dê preferência à qualidade e à profundidade dos argumentos. Se achar conveniente, acrescente novos argumentos.

- Pense na melhor forma de concluir seu texto: ou retomando o que foi exposto, ou confirmando a ideia principal, ou fazendo uma citação de algum escritor ou alguém importante na área relativa ao tema debatido.
- Dê ao texto um título que desperte a curiosidade do leitor.
- Lembre-se de que o artigo de opinião tem uma estrutura convencional e linguagem objetiva, de acordo com a norma-padrão.
- Se digitar o texto, formate-o em colunas. Faça as alterações necessárias e passe seu artigo de opinião para o suporte final.

Revisão e reescrita

Antes de fazer a versão final do seu artigo de opinião, releia-o, observando:

- se você se posiciona claramente sobre o tema;
- se o texto apresenta uma ideia principal que resume seu ponto de vista;
- se a ideia principal é fundamentada com argumentos claros e consistentes;
- se os argumentos são bem-desenvolvidos;
- se a conclusão retoma e confirma o ponto de vista defendido;
- se o título dado ao texto é, além de atraente, também coerente com as ideias desenvolvidas;
- se o texto como um todo é persuasivo;
- se a linguagem está de acordo com a norma-padrão da língua e com um grau de formalidade adequado ao público-alvo.

PROJETO

FEIRA DE INCLUSÃO SOCIAL

© Images.com/Corbis/Latinstock

As atividades sugeridas a seguir incluem a leitura de textos informativos e argumentativos sobre cotas na universidade, a exposição dos artigos de opinião produzidos nesta unidade, a produção de um debate e a realização de uma pesquisa e de um plebiscito. Para realizá-las, siga os procedimentos sugeridos, de acordo com as orientações do professor.

O que é um plebiscito?

O plebiscito existe desde o Império Romano, na forma de decretos que o povo promulgava em praças públicas.

Modernamente, é a decisão tomada pelo povo, por voto direto, a respeito de alguma questão polêmica de interesse geral que divide a opinião pública.

Antes de ser feita a votação propriamente dita, são realizados vários debates públicos, com cobertura dos meios de comunicação, nos quais são expostos argumentos das diferentes posições.

O último plebiscito realizado no Brasil ocorreu em 1993. Sua finalidade foi verificar a opinião popular a respeito da forma de governo: parlamentarista, presidencialista ou monarquista. Venceram os presidencialistas.

Colhendo mais informações e conhecendo outros pontos de vista

O painel de textos a seguir apresenta diferentes opiniões, de estudantes e acadêmicos, sobre o sistema de cotas nas universidades brasileiras.

Thinkstock/Getty Images

“ Provavelmente foi a melhor coisa que aconteceu nos últimos 20 anos no Brasil. Sou a favor das cotas por princípio, porque **existe uma cota implícita na sociedade brasileira** destinada a quem tem pele branca e nasce com dinheiro. Mas o sistema deve ter data para ser gradativamente substituído por outras medidas

MUNIZ SODRÉ,
professor titular da Escola de Comunicação da UFRJ

“ A cota não é uma forma de democratizar o ensino. O pessoal vai entrar na faculdade com uma defasagem. Sou contra as cotas raciais porque não acredito que dessa **forma a dívida que a sociedade acha que tem com os negros e indígenas será paga**

SÍLVIO LUIZ CESÁRIO FILHO, 18 ANOS,
vestibulando de direito, formado em escola pública

“ **Acho que não deveria existir esse tipo de cota**. Mas, como teremos, acho que não precisava ser uma porcentagem tão grande de cotistas aprovados

JENIFFER KIM, 18 ANOS
vestibulanda de ciências biológicas,
formada em escola particular

“ Sou favorável às cotas. Mas, em primeiro lugar, **sou favorável a uma educação básica de qualidade**. O sistema de cotas é um jeitinho que a gente está dando para mudar a cor da elite brasileira enquanto não se faz uma escola de igual qualidade para pobres e ricos

CRISTOVAM BUARQUE,
senador e ex-ministro da Educação

“ Se o objetivo do sistema de cotas é combater o racismo, ele estabelece um paradoxo porque a única forma de combatê-lo é eliminar o conceito de raças. As cotas raciais como estão definidas pela lei **dividem os cidadãos e podem produzir algo incontrolável**

YVONNE MAGGIE,
professora titular do departamento de
Antropologia Cultural da UFRJ

“ O sistema de cotas **viola princípios básicos da Constituição**, como o de que todos são iguais perante a lei. Trata-se de uma tentativa de remediar, mas reforça a concepção de raça. O abandono do princípio do mérito é ruim

JOSÉ GOLDEMBERG,
pesquisador e ex-reitor da USP

“ O sistema de cotas é uma fundamental **ação de combate à desigualdade de uma sociedade**. Mas temos que pensar o sistema com período finito. Tem que acabar porque tem caráter emergencial, mas tem que ser acompanhado de ações como a melhoria da escola básica

CÂNDIDO GRZYBOWSKI,
diretor do Ibase

(*Folha de S. Paulo*, 23/12/2012.)

Conhecendo a opinião da escola

Em grupo de quatro ou cinco pessoas, realizem uma pesquisa entre os estudantes de sua escola a fim de saber se eles são a favor ou contra as cotas para alunos negros nas universidades públicas. Com a ajuda do professor de Matemática, façam uma tabulação estatística desses dados e exponham os resultados no mural da classe.

Expondo os textos de opinião

Preparem um ou mais painéis com papel *Kraft* e afixem neles os artigos de opinião produzidos no capítulo anterior. Façam uma montagem criativa do painel, permitindo, contudo, boa leitura por parte dos visitantes. Na parte superior, escrevam um título, como "Cotas para negros nas universidades públicas?", ou outro que prefiram. Exponham os painéis nos corredores ou no pátio da escola, de modo que todos possam ler os textos e se inteirar das ideias que serão debatidas na feira.

Debatendo e persuadindo

Neste capítulo e no anterior, você leu e escreveu textos, conheceu dados objetivos e diferentes pontos de vista acerca das cotas nas universidades públicas. Agora é sua vez: participe do debate regrado público que vai preceder a votação final a respeito do tema e tome uma posição: *Você é a favor da existência de cotas para alunos negros nas universidades públicas?*

Junto com os colegas, elejam um aluno para ser o mediador do debate, discutam previamente as regras e, no transcorrer das discussões, lembrem-se de levar em conta as orientações do quadro "Planejamento do debate regrado público" (página 136) e do capítulo 14, "O debate regrado público: estratégias de contra-argumentação" (página 141).

Filipe Rocha

O plebiscito: a decisão pelo voto

Façam uma urna de papelão ou cartolina e produzam cédulas com duas opções a serem votadas: *sim* (a favor da existência de cotas para alunos negros nas universidades públicas) e *não* (contra a existência de cotas).

Votem de maneira que ninguém possa ver a opção assinalada e depositem a cédula na urna. Terminada a votação, façam a apuração dos votos. Em seguida, registrem o resultado da votação em um cartaz e afixem-no no mural da sala de aula, para que todos possam constatar a posição da classe a respeito do assunto.

UNIDADE 6 PALAVRA-IMAGEM

Ars poética

Um poema deve ser palpável, silencioso,
como um fruto redondo.

Mudo
como os velhos medalhões ao toque dos dedos.

Silente
como o gasto peitoril de uma janela em que
[cresceu o musgo.

Um poema deve ser calado
como o voo dos pássaros.

Como a lua que sobe,
um poema deve ser imóvel
no tempo,

deixando, memória por memória, o pensamento
como a lua detrás das folhas de inverno;

deixando-o como, ramo a ramo, a lua solta
as árvores emaranhadas na noite.

Um poema deve ser imóvel
no tempo
como a lua que sobe.

Um poema deve ser igual a:
não a verdade.

Para toda a história da dor,
uma porta franqueada e uma folha de ácer.

Para o amor,
as gramíneas inclinadas e duas luzes sobre o mar.

Um poema deve ser,
e não significar.

(Archibald MacLeish. In: *O livro de ouro da poesia dos Estados Unidos* – Coletânea de poemas norte-americanos. Tecnoprint, s.d. p. 197.)

Fique ligado! Pesquise!

Assista

- ***Possessão***, de Neil LaBute; ***O carteiro e o poeta***, de Michael Radford; ***Sonhos***, de Akira Kurosawa; ***O eclipse de uma paixão***, de Agnieszka Holland; ***Sociedade dos poetas mortos***, de Peter Weir.

Leia

- ***Cartas a um jovem poeta***, de Rainer Maria Rilke (L&PM); ***Leitura de poesia***, de Alfredo Bosi (Ática); ***Versos, sons e ritmos***, de Norma Goldstein (Ática); ***O que é poesia***, de Fernando Paixão (Brasiliense); ***O que é poesia marginal***, de Glauco Mattoso (Brasiliense); ***Poesia não é difícil***, de Carlos Felipe Moisés (Artes e Ofícios); ***Poética – Como fazer versos***, de Vladimir Maiakovski (Global); ***Itinerário de Pasárgada***, de Manuel Bandeira (In: ***Poesia completa & prosa***, Nova Aguilar); ***A filosofia da composição***, de Edgar Allan Poe (In: ***Ficção completa*** – Poesia & ensaios, Nova Aguilar); ***Quem, eu?***, de José Paulo Paes (Atual).

Thinkstock/Getty Images

Ouça

- Ouça estes CDs de poesia: ***Moderna poesia brasileira***, poemas lidos por João Villaret; ***20 poemas de amor e uma canção desesperada***, lidos por Pablo Neruda; ***Poemas e canções de Federico García Lorca***, com um grupo de teatro da Espanha (Festa); ***As fugas do Sol***, de José Nêumanne Pinto; ***Caravana contrária***, de Mário Chamie (CPC-Umes); coleção ***Poesia Falada*** (Luz da Cidade); ***Fernando Pessoa***, por Paulo Autran; ***Amor, poesia – Carlos Drummond de Andrade***, por Scarlet Moon (Som Livre); ***Mensagem***, por André Luiz Oliveira (Eldorado); ***Belém – O azul e o raro***, com João Jesus de Paes Loureiro; ***A voz do Nordeste***, com Ascenso Ferreira (Violões da Amazônia); ***Poesia viva de Ariano Suassuna*** (Ancestral); ***Madan***, de Madan (Dabliú).

PROJETO

Poesia de todos os tempos
Mostra de poesia, com apresentação de poemas produzidos pelos alunos, declamação de poemas de autores conhecidos e recital literomusical.

Navegue

- www.jornaldepoesia.jor.br
- www.carlosdrummond.com.br/
- www.avozdapoesia.com/poetas/index.htm
- www.tvcultura.com.br/musikaos/listas/poesia.htm
- www.olharliterario.hpg.ig.com.br/poesias.htm
- www.algumapoesia.com.br

The Bridgeman Art Library/Glow Images

Retrato de Madame de la Pleigne, de François Pascal Simon Gerard.

CAPÍTULO 16

O poema (I)

TRABALHANDO O GÊNERO

Leia em voz alta o poema abaixo, procurando ficar atento(a) aos sons e ritmos que ele apresenta. A seguir, responda ao que se pede.

Minha desgraça

Minha desgraça, não, não é ser poeta,
Nem na terra de amor não ter um eco,
E meu anjo de Deus, o meu planeta
Tratar-me como trata-se um boneco...

Não é andar de cotovelos rotos,
Ter duro como pedra o travesseiro...
Eu sei... O mundo é um lodaçal perdido
Cujo sol (quem mo dera!) é o dinheiro...

Minha desgraça, ó cândida donzela,
O que faz que o meu peito assim blasfema,
É ter para escrever todo um poema,
E não ter um vintém para uma vela.

(Álvares de Azevedo. In: Frederico Barbosa, org. *Clássicos da poesia brasileira*. São Paulo: O Estado de S. Paulo/Klick Editora, 1997. p. 98.)

Tracy Hebden/Alamy/Other Images

1. O título do poema é "Minha desgraça". Deduza: Como se sente o eu lírico em relação à vida e ao mundo?

2. Nas duas primeiras estrofes, o eu lírico tenta definir qual é a sua desgraça pela negação; e, na terceira estrofe, pela afirmação.

a) De acordo com as duas primeiras estrofes, o que não é a desgraça do eu lírico?

b) De acordo com a última estrofe, qual é a desgraça do eu lírico?

c) Por que na revelação da desgraça do eu lírico há humor?

3. Há, no poema, três **estrofes** – grupos de versos separados por uma linha em branco. Cada estrofe apresenta um grupo de versos, as linhas poéticas. Quantos versos há em cada estrofe?

4. O poema caracteriza-se por apresentar uma forte **sonoridade**, construída por meio de repetições, ritmo, rima. Destaque do poema um trecho em que há a *repetição* de uma palavra.

5. No poema, o ritmo é dado pela alternância de sílabas acentuadas e não acentuadas, isto é, sílabas que apresentam maior ou menor intensidade quando pronunciadas. Leia em voz alta os seguintes versos do poema, pronunciando com intensidade maior as sílabas destacadas.

> "Minha desgraça, **não**, não é ser po**e**ta,
> Nem na terra de a**mor** não ter um **e**co"

Tracy Hebden/Alamy/Othe Images

Leia agora estes outros dois versos e identifique as sílabas acentuadas.

> "É ter para escrever todo um poema,
> E não ter um vintém para uma vela."

6. Ao ler o poema, você provavelmente fez uma pequena pausa no final de cada linha ou verso. Essa pausa se acentua em razão da rima – semelhança sonora – que há no final dos versos, como, por exemplo, entre as palavras *eco* e *boneco* da primeira estrofe. Que outros pares de palavras rimam entre si no poema?

7. A linguagem empregada no poema é figurada, ou seja, é construída a partir de imagens. Identifique a figura de linguagem presente nestes versos do poema:

> "Eu sei... O mundo é um lodaçal perdido
> Cujo sol (quem mo dera!) é o dinheiro..."

8. A linguagem do poema é expressiva, figurada e própria da norma-padrão. Além disso, ela é pessoal e subjetiva ou impessoal e objetiva?

9. A que tipo de público o poema se destina?

10. O poema lido foi publicado no século XIX, quando o livro era o principal veículo da poesia. Hoje, em que veículos e suportes esse poema pode ser divulgado?

11. Reúna-se com os colegas de seu grupo e concluam: Quais são as características do poema? Ao responder, considerem os seguintes critérios: finalidade do gênero, perfil dos interlocutores, suporte ou veículo, tema, estrutura, linguagem.

OS VERSOS E SEUS RECURSOS MUSICAIS

Segundo o poeta Carlos Drummond de Andrade, "entre coisas e palavras – principalmente entre palavras – circulamos". As palavras, entretanto, não circulam entre nós como folhas soltas no ar. Elas são organizadas em textos, por meio dos quais podem criar significados capazes de transmitir ideias, sentimentos, desejos, emoções.

Muitas delas se combinam de tal forma que fica evidente terem sido selecionadas com a finalidade de compor imagens, sugerir formas, cores, odores, sons, permitindo múltiplas sensações, leituras e interpretações. Isso é o que observamos quando lemos, ouvimos ou vemos um poema, forma de composição que se destaca também por uma espécie de melodia e de ritmo que emanam do modo como as palavras são arranjadas.

O **poema** é um gênero textual que se constrói não apenas com ideias e sentimentos, mas também por meio do emprego do verso e de seus recursos musicais – a sonoridade e o ritmo das palavras – e de palavras com sentido figurado, conotativo.

A musicalidade que caracteriza os textos poéticos é resultado da utilização de recursos presentes na poesia de todos os tempos, tais como a métrica, o ritmo, a rima, a aliteração e a assonância.

O que é poesia?

Talvez ninguém consiga dar uma resposta definitiva a essa pergunta. Entretanto, a poesia está em toda parte: nas canções de ninar, nas cantigas de roda, nos trava-línguas, nas parlendas, nos provérbios, nas quadrinhas populares, nas propagandas, nas letras de música, nos livros...

O conceito de poesia varia de acordo com a época, o movimento literário e também de escritor para escritor.

O poeta francês Mallarmé, por exemplo, definiu poesia como a "suprema forma da beleza". Para o americano Edgar Allan Poe, é a "criação rítmica da beleza". Cassiano Ricardo diz: "Pouco importa, contudo, definir o que seja poesia. O que importa, literariamente, é que ela encontre o seu núcleo no poema, feito e trabalhado precisamente para consegui-la. Ela é indefinível, porém definidora".

O verso e a estrofe

O poema "Minha desgraça" apresenta doze versos.

Verso é uma sucessão de sílabas ou fonemas que formam uma unidade rítmica e melódica, correspondente em geral a uma linha do poema.

Os versos organizam-se em estrofes. No poema em estudo, estão organizados em três estrofes.

Estrofe ou **estância** é um agrupamento de versos.

O número de versos agrupados em cada estrofe pode variar. **Dístico** é o nome que se dá à estrofe de dois versos.

Leia o poema a seguir, de Mário Quintana, formado por um único dístico:

Viajante

Ricardo Dantas

Eu, sempre que parti, fiquei nas gares
Olhando, triste, para mim...

(Mário Quintana. *Apontamentos de história sobrenatural.* São Paulo: Globo. by Helena Quintana.)

Veja como se chamam outros tipos de estrofe:

- **terceto**: três versos;
- **quadra** ou **quarteto**: quatro versos;
- **quintilha**: cinco versos;
- **sexteto** ou **sextilha**: seis versos;
- **sétima** ou **septilha**: sete versos;
- **oitava**: oito versos;
- **nona**: nove versos;
- **décima**: dez versos.

As formas fixas

Uma das composições de forma fixa mais conhecidas é o **soneto**, em que os versos são agrupados em duas quadras e dois tercetos. O soneto geralmente desenvolve uma ideia até o penúltimo verso e no último, considerado *chave de ouro*, apresenta uma síntese do que foi desenvolvido.

Na língua portuguesa, destacam-se como sonetistas Camões, Antero de Quental, Bocage e Vinícius de Morais.

Outros poemas de forma fixa são, por exemplo, a **balada** (três oitavas e uma quadra), o **vilancete** (um terceto e outros tipos de estrofe, à escolha do poeta), o **rondó** (apenas quadras, ou então quadras combinadas com oitavas).

Um tipo curioso de forma fixa é o **haicai**, poema de origem japonesa. Constituído por uma estrofe de três versos, ele deve ter 17 sílabas, distribuídas do seguinte modo: 1º verso: 5 sílabas; 2º verso: 7 sílabas; 3º verso: 5 sílabas.

Veja este haicai, de Yataro Kobayashi, poeta japonês do século XVIII:

Vem cá passarinho
E vamos brincar nós dois
Que não temos ninho.

(In: Millôr Fernandes. *Hai-Kais.* Porto Alegre: L&PM, 1997. p. 5.)

Weberson Santiago

Métrica

A **métrica** é a medida dos versos, isto é, o número de sílabas poéticas apresentadas pelos versos.

Para determinar a medida de um verso, nós o dividimos em sílabas poéticas. Esse procedimento tem o nome de *escansão*.

Em razão de ter por base a oralidade – fala ou canto –, a divisão silábica poética obedece a princípios diferentes dos que orientam a divisão silábica gramatical: as vogais átonas são agrupadas numa única sílaba, e a contagem das sílabas deve ser feita até a última tônica.

Compare a divisão silábica gramatical à divisão silábica poética de dois versos do poema de Álvares de Azevedo estudado:

Divisão silábica gramatical

Mi	nha	des	gra	ça,	ó	cân	di	da	don	ze	la,	
1	2	3	4	5	6	7	8	9	10	11	12	
O	que	faz	que	o	meu	pei	to	as	sim	blas	fe	ma,
1	2	3	4	5	6	7	8	9	10	11	12	13

Divisão silábica poética

Mi	nha	des	gra	ça, ó	cân	di	da	don	ze	la,
1	2	3	4	5	6	7	8	9	10	
O	que	faz	que o	meu	pei	to as	sim	blas	fe	ma,
1	2	3	4	5	6	7	8	9	10	

Na divisão silábica poética, conforme você pode observar, a 5ª sílaba do 1º verso e a 4ª e a 7ª sílabas do 2º verso são formadas pela união das sílabas *ça* e *ó*, *que* e *o*, *to* e *as*, respectivamente. Isso ocorre sempre que há o encontro de duas vogais átonas no final de uma palavra e início de outra. Além disso, na divisão silábica poética, a contagem encerra-se na sílaba tônica da última palavra do verso; nesse caso, na sílaba *ze* da palavra *donzela*, no 1º verso, e na sílaba *fe* da palavra *blasfema*, no 2º verso.

De acordo com o número de sílabas poéticas, os versos recebem as seguintes denominações: *monossílabo* (uma sílaba), *dissílabo* (duas sílabas), *trissílabo* (três sílabas), *redondilha menor* ou *pentassílabo* (cinco sílabas), *redondilha maior* ou *heptassílabo* (sete sílabas), *octossílabo* (oito sílabas), *decassílabo* (dez sílabas), *alexandrino* (doze sílabas), etc.

O verso cuja métrica se repete é chamado de *verso regular*. No século XX, os poetas modernos criaram o *verso livre*, que não obedece a uma regularidade métrica. Assim, os poemas apresentam versos de tamanhos variados, como neste poema, de Cacaso:

Happy end

o meu amor e eu
nascemos um para o outro

agora só falta quem nos apresente

(Cacaso. *Lero-lero*. Rio de Janeiro: 7 Letras; São Paulo: Cosac & Naify, 2002. p. 114.)

Ricardo Dantas

Ritmo

Ao ouvirmos uma melodia qualquer, percebemos que ela foi composta em determinado ritmo. Um poema também tem seu ritmo, que lhe é dado pela alternância de sílabas acentuadas e não acentuadas, isto é, sílabas que apresentam maior ou menor intensidade quando pronunciadas. O conceito poético de sílaba acentuada nem sempre coincide com o conceito gramatical de sílaba tônica, pois a acentuação de uma sílaba poética é determinada pela sequência melódica em que ela se insere.

Observe o ritmo dos seguintes versos de Camões. As sílabas acentuadas estão destacadas.

Amor é fogo *que* a*r*de sem se *ver*;
É ferida que *dói* e não se *sen*te;
É um contenta*men*to descon*ten*te;
É dor que desa*ti*na sem do*er*

(In: Vera Aguiar, coord. *Poesia fora da estante*. Porto Alegre: Projeto, 2002. v. 2, p. 83.)

Você deve ter notado nesse trecho que o ritmo decorre da incidência de acentuação na 6ª e na 10ª sílaba de cada verso.

O ritmo em outras linguagens

O ritmo não é exclusividade da poesia. Ele existe também na música, na arquitetura e em outras artes visuais, desde que haja uma repetição regular de determinado elemento. Na fotografia abaixo, o ritmo é criado pela recorrência regular das formas no espaço.

Ismar Ingber/Pulsar Imagens

Rima

A **rima** é um recurso musical baseado na semelhança sonora de palavras no final de versos (rima externa) e, às vezes, no interior de versos (rima interna).

Observe como o compositor Chico Buarque, no seguinte trecho da canção "Quando o carnaval chegar", explora tanto a rima no final dos versos quanto a rima interna:

Quem me vê sempre parado, dis*tante*
Gar*ante* que eu não sei samb*ar*
Tô me guard*ando* pra qu*ando* o carnaval cheg*ar*
Eu tô só v*endo*, sab*endo*, sentindo,
Escut*ando*, não posso fal*ar*
Tô me guard*ando* pra qu*ando* o carnaval cheg*ar*

(In: Adélia Bezerra de Menezes Bolle, org. *Chico Buarque de Hollanda*. São Paulo: Abril Educação, 1980. p. 34. by Marola Edições Musicais Ltda.)

As rimas externas classificam-se como *intercaladas*, *alternadas* e *emparelhadas*, segundo sua organização em esquemas ABBA, ABAB e AABB, respectivamente. Observe a incidência de rimas e sua organização em esquema nestes versos, de Fernando Pessoa:

Fabio Colombini

Deus quer, o homem sonha, a obra n*asce*. (A)
Deus quis que a terra fosse toda *uma*, (B)
Que o mar unisse, já não separ*asse*. (A)
Sagrou-te, e foste desvendando a esp*uma*, (B)

(In: Sueli Barros Cassal, org. *Poesias*. Porto Alegre: L&PM, 2011. p. 10.)

Os versos que não apresentam rimas entre si são chamados de *versos brancos*. Veja esse tipo de verso neste poema, de Rubem Braga:

Weberson Santiago

Não quero ser Deus, nem Pai nem Mãe de Deus,
Não quero nem lírios nem mundos
Sou pobre e superficial como a Rua do Catete.
Quero a pequena e amada agitação,
A inquieta esquina, aves e ovos, pensões,
Os bondes e tinturarias, os postes,
Os transeuntes, o ônibus Laranjeiras,

Único no mundo que tem a honra de pisar na
[Rua do Catete.

(*Livro de versos*. 3. ed. Rio de Janeiro: Record, 1998. p. 5.)

Outros recursos sonoros

Aliteração

É a repetição constante de um mesmo fonema consonantal. Observe como o poeta Castro Alves alitera o fonema /b/ nestes versos:

Auriverde pendão de minha terra
Que a *b*risa do *B*rasil *b*eija e *b*alança

Assonância

É a repetição constante de um mesmo fonema vocálico. Observe a assonância do fonema vocálico /a/ nestes versos de Cruz e Souza:

Ó Form*a*s *a*lv*a*s, br*a*nc*a*s, Form*a*s cl*a*r*a*s

Paronomásia

É o emprego de palavras semelhantes na forma ou no som, mas de sentidos diferentes, próximas umas das outras. Veja:

Trocando em miúdos, pode guardar
As *sobras* de tudo que chamam lar
As *sombras* de tudo que fomos nós

(Chico Buarque. In: Adélia Bezerra de Menezes Bolle, org., op. cit., p. 45.)

Ah pregadores! Os de cá achar-vos-eis com mais *paço*; os de lá, com mais *passos*.

(Pe. Antônio Vieira)

Paralelismo

É a repetição de palavras ou estruturas sintáticas maiores (frases, orações, etc.) que se correspondem quanto ao sentido. Observe o paralelismo nestes versos da canção "Sem fantasia", de Chico Buarque:

Vem que eu te quero fraco
Vem que eu te quero tolo
Vem que eu te quero todo meu.

(In: Adélia Bezerra de Menezes Bolle, org., op. cit., p. 23.)

EXERCÍCIOS

Leia a tira a seguir, de Laerte, e responda às questões 1 e 2.

(*Folha de S. Paulo*, 26/02/2012.)

1. Reescreva as falas da personagem, dispondo-as em versos.

a) Quantos versos você obteve?

b) Que critérios você utilizou para fazer a disposição das falas em versos?

2. Observe o esquema de rimas e de ritmo do poema.

a) De que tipo são as rimas?

b) Em que sílabas poéticas, pela ordem, incidem as sílabas tônicas?

c) Que nome é dado ao tipo de verso utilizado?

3. Identifique o(s) recurso(s) sonoro(s) empregado(s) nos versos de Chico Buarque a seguir.

a)

E a própria vida
Ainda vai sentar sentida
Vendo a vida mais vivida
Que vem lá da televisão

(Chico Buarque. In: Adélia Bezerra de Menezes Bolle, org., op. cit., p. 21. by Marola Edições Musicais Ltda.)

b)

Ninguém, ninguém vai me acorrentar
Enquanto eu puder cantar
Enquanto eu puder sorrir
Enquanto eu puder cantar
Alguém vai ter que me ouvir.

(Idem, p. 30. 1967. by Marola Edições Musicais Ltda.)

c)

Você vai me trair
Você vem me beijar
Você vai me cegar
E eu vou consentir
Você vai conseguir
Enfim me apunhalar.

(Idem, p. 55. by Marola Edições Musicais Ltda.)

A POESIA DE TRADIÇÃO ORAL: O CORDEL

Na poesia popular brasileira de tradição oral, destaca-se a **literatura de cordel**, um tipo de poesia muito conhecido e apreciado em todo o Nordeste brasileiro.

Normalmente o poema de cordel é produzido oralmente e depois impresso em pequenos folhetos, ilustrados com xilogravura. O nome desse tipo de poesia se deve ao modo tradicional de expor os folhetos, isto é, pendurados em cordel (corda fina) ou barbante.

A estrutura da poesia de cordel não é rígida, porém a forma mais comum são estrofes de seis ou sete versos, geralmente redondilhas maiores (sete versos). As rimas costumam acontecer em versos alternados. Veja, como exemplo, os versos a seguir, do poeta José Antonio dos Santos, que conta, em sua *História da literatura de cordel*, como surgiu o cordel no Brasil. Aproveite para observar a métrica (redondilhas) e as rimas no 2º, no 4º e no 6º versos.

[...]

Na Europa medieval
Surgiram os menestréis
Por serem bons trovadores
às musas eram fiéis
E prendiam seus livrinhos
Pendurados em cordéis.

Pois a palavra cordel
Significa cordão
Onde o Cordel era exposto
No meio da multidão
O trovador andarilho
Fazia declamação.

E o povo gostava
De poemas de bravezas
Contando muitas histórias
De encantadas princesas
Também de príncipes valentes
E suas grandes proezas.

[...]

Eis a origem da nossa
Poesia Popular
Pro Brasil, os portugueses
Trouxeram algum exemplar
E pras novas gerações
Puderam repassar.

[...]

(*História da literatura de cordel*. Fortaleza: Tupynanquim, maio 2007. p. 2-3.)

Gonçalo Ferreira da Silva

Gonçalo F. da Silva/Academia Brasileira de Literatura de Cordel

Receita para cordel

O verso para cordel
Fica bem em septilha,
Mas faltando ingrediente
Pode ser feito em sextilha,
Faça por essa receita
Que fica uma maravilha.

Não esqueça de botar
Um pouco de alegria,
Humor é fundamental
Para a boa poesia,
Se o colega duvidar
Confirme com Zé Maria.

[...]

Desenvolva seu cordel
Com humildade e amor,
Coloque tempero bom
Para agradar o leitor,
Pois ele é quem avalia
A receita do autor.

Se você tem esse dom
Só precisa aprimorar,
Se nasceu pra ser poeta
A rima não vai faltar,
Você acha inspiração
Sem precisar se esforçar.

Uma pitada de rima
Você tem que acrescentar,
Métrica se faz relevante
Para o verso não quebrar,
Na cobertura uma capa
Para melhor ilustrar.

(Mundim do Vale. http://mundocordel.blogspot.com/2007/12/poetas-em-mundocordel.html)

Cordel: do varal à Internet

Se você quiser conhecer mais poemas de cordel, acesse os *sites*:

- www.camarabrasileira.com/cordel.htm
- www.secrel.com.br/jpoesia/cordel.html
- http://mundocordel.blogspot.com/2007/12/poetas-em-mundocordel.html

PRODUZINDO O POEMA

Há, a seguir, quatro propostas de produção de textos. Você poderá desenvolver todas ou parte delas, conforme a orientação do professor.

1. Partindo dos versos a seguir, crie um ou mais versos para compor poemas. Tente manter o ritmo presente no verso inicial, se possível, e procure expressar em seus versos uma ideia inesperada.

a) "Eu renuncio à poesia!"

b) "Ai! por ela eu passei, perto, despercebido"

c) "Não leves nunca de mim"

d) "Oh! Que saudades que tenho"

e) "Mandei a palavra rimar"

Loucos por poesia

Para aqueles que são aficionados de poesia e querem conhecer outros poemas, sugerimos a leitura dos seguintes livros: *O que é poesia*, de Fernando Paixão (Brasiliense); *Cartas a um jovem poeta*, de Rainer Maria Rilke (L&PM); *Poesia não é difícil*, de Carlos Felipe Moisés (Artes e Ofícios); *Estrela da vida inteira*, de Manuel Bandeira (Nova Fronteira); *Para gostar de ler – Poesia marginal* (Ática); *Alguns poemas*, de Carlos Drummond de Andrade (Record); *Antologia poética*, de Mário Quintana (L&PM); *Boa companhia – Poesia* (Companhia das Letras); *Os cem melhores poemas do século*, seleção de Italo Moriconi (Objetiva); *Amor adolescente* e *Cantigas de adolescer*, de Elias José (Atual); *Lero-lero*, de Antônio Carlos Brito (Cosac & Naify); os poemas de Paulo Leminski, José Paulo Paes e Ferreira Gullar, da antologia *Melhores poemas* (Global); *Antologia escolar de poemas para a juventude*, organização de Henriqueta Lisboa (Ediouro); *No cais do primeiro amor*, de Roseana Murray (Larrousse do Brasil).

2. Leia estas quadrinhas populares:

Não sei se é fato ou se é fita,
Não sei se é fita ou se é fato.
O fato é que ela me fita
Me fita mesmo de fato.

(In: Maria José Nóbrega e Rosane Pamplona, orgs. *Diga um verso bem bonito! – Trovas*. São Paulo: Moderna, 2005. p. 9.)

Ricardo Dantas

Açucena quando nasce,
Arrebenta pelo pé.
Assim arrebenta a língua
De quem fala o que não é.

(Idem, p. 25.)

Se meus suspiros pudessem
A teus ouvidos chegar,
Verias que uma saudade
É bem capaz de matar.

(Idem, p. 29.)

Alegria eu não tenho,
Tristeza comigo mora;
Quando eu tiver alegria,
Jogarei tristeza fora.

(Idem, p. 27.)

A forma fixa de poesia popularmente chamada quadrinha ou trova compõe-se de quatro versos, com rima obrigatória entre os versos pares, isto é, entre o segundo e o último. A medida mais comum de uma quadrinha é o verso de sete sílabas, a redondilha maior, e sua riqueza temática é notável: o amor, a valentia, a presunção, a melancolia, etc. É a forma preferida da lírica popular e a mais frequente no nosso folclore.
Crie uma ou mais trovas sobre um dos temas sugeridos a seguir ou outro de sua preferência: a amizade, o mundo digital, a ignorância, o consumo, a juventude, o amor não correspondido. Se quiser, explore o humor.

3. Explorando as letras, o significado das palavras e a disposição delas no papel, crie três ou mais poemas concretos a partir dos temas a seguir ou outros de sua preferência: encontro, engarrafamento, liberdade, fotografia, primeiro amor.

4. Escreva algumas estrofes (sextilhas) de cordel, fazendo uso dos recursos básicos desse tipo de poesia, como a redondilha e as rimas intercaladas. Como sugestão, escreva sobre o tema "Meu canto", ou outro que prefira. Procure dar ritmo ao poema, como fazem os cordelistas.

Planejamento do texto

Ao redigir seus poemas, leve em conta as orientações a seguir.

- Perfil do leitor – No projeto **Palavra em cena** a ser desenvolvido no final da unidade, você terá a oportunidade de expor seus textos em um varal de poesia ou declamá-los em um sarau poético para colegas de sua e de outras classes, professores, funcionários da escola e outros convidados para o evento.
- Veículo e suporte em que o texto será veiculado – Procure empregar uma linguagem adequada ao perfil dos interlocutores e à situação.
- Características do gênero a serem observadas – Lembre-se dos recursos sonoros e visuais do poema. Decida previamente se os versos serão regulares ou livres, se vai utilizar ritmo, rimas e outras sonoridades.

Nelsina Vitorino/DB/D.A Press

Revisão e reescrita

Faça primeiramente um rascunho de seu texto. Depois releia-o, observando se ele leva em conta as características do gênero, o perfil dos leitores, a correção e adequação da linguagem, o suporte e o veículo. Faça as alterações necessárias e passe-o a limpo.

TEXTUALIDADE E ESTILO

A DENOTAÇÃO E A CONOTAÇÃO

Leia este poema:

> A vida é uma cereja
> A morte um caroço
> O amor uma cerejeira.
>
> (Jacques Prévert. *Poemas*. Rio de Janeiro: Nova Fronteira, 2000. p. 65.)

David Sacks/Photographer's Choice/Getty Images

1. Compare estas frases:

> "A vida é uma cereja"
>
> À época do Natal, é comum encontrarmos cerejas frescas para comprar.

a) Em qual delas a palavra *cereja* foi empregada em seu sentido comum, que é "fruto da cerejeira"?

b) Em qual delas a palavra *cereja* ganha um sentido figurado, diferente do seu sentido comum?

c) Qual é esse sentido figurado?

2. Que outras palavras, no poema, estão empregadas em sentido figurado?

Como você observou ao ler o poema, em determinados contextos as palavras ganham um sentido novo, figurado, diferente daquele encontrado nos dicionários. Esse novo sentido é, geralmente, carregado de valores afetivos, ideológicos ou sociais.

Quando a palavra é utilizada no seu sentido usual, dizemos que está empregada **denotativamente**. Quando é utilizada em um sentido diferente daquele que lhe é comum, dizemos que ela está empregada **conotativamente**.

A palavra *cereja*, por exemplo, além de significar um tipo de fruta, tem no poema também o sentido conotativo de frescor, paixão, prazer.

Apesar de seu uso constante na linguagem poética, a conotação não é exclusiva da literatura. Ela costuma estar presente nas conversas do dia a dia, em anúncios publicitários, na linguagem dos quadrinhos, nas letras de música, etc.

As principais diferenças entre denotação e conotação podem ser assim sintetizadas:

DENOTAÇÃO

- Palavra com significação restrita.
- Palavra com o sentido comum, aquele encontrado no dicionário.
- Palavra utilizada de modo objetivo.
- Linguagem exata, precisa.

CONOTAÇÃO

- Palavra com significação ampla, dada pelo contexto.
- Palavra com sentidos carregados de valores afetivos, ideológicos ou sociais.
- Palavra utilizada de modo criativo, artístico.
- Linguagem expressiva, rica em sentidos.

EXERCÍCIOS

Leia o poema a seguir, de Carlos Drummond de Andrade, e responda às questões de 1 a 4.

Passagem da noite

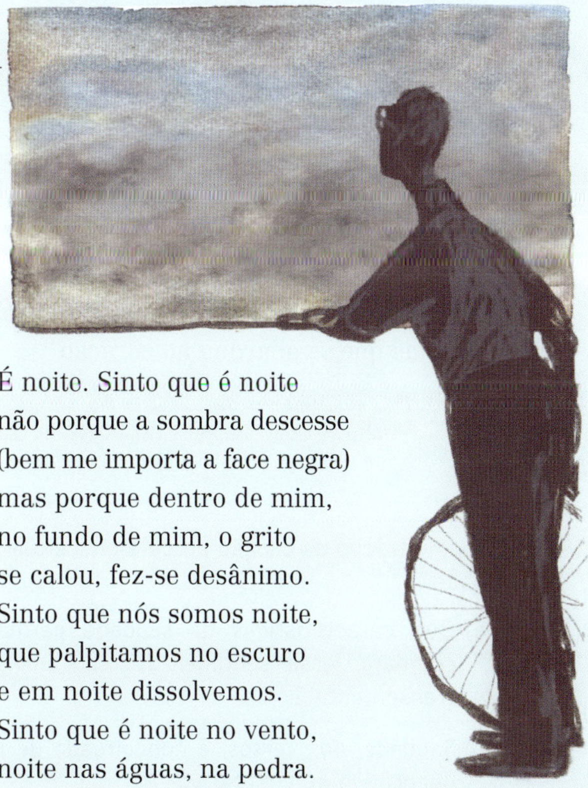
Filipe Rocha

É noite. Sinto que é noite
não porque a sombra descesse
(bem me importa a face negra)
mas porque dentro de mim,
no fundo de mim, o grito
se calou, fez-se desânimo.
Sinto que nós somos noite,
que palpitamos no escuro
e em noite dissolvemos.
Sinto que é noite no vento,
noite nas águas, na pedra.

E que adianta uma lâmpada?
E que adianta uma voz?
É noite no meu amigo.
É noite no submarino.
É noite na roça grande.
É noite, não é morte, é noite
de sono espesso e sem praia.
Não é dor, nem paz, é noite,
é perfeitamente a noite.

Mas, salve, olhar de alegria!
E salve, dia que surge!
Os corpos saltam do sono,
o mundo se recompõe.
Que gozo na bicicleta!
Existir: seja como for.
A fraterna entrega do pão.
Amar: mesmo nas canções.
De novo andar: as distâncias,
as cores, posse das ruas.

Tudo que à noite perdemos
se nos confia outra vez.
Obrigado, coisas fiéis!
Saber que ainda há florestas,
sinos, palavras; que a terra
prossegue seu giro, e o tempo
não murchou; não nos diluímos!
Chupar o gosto do dia!
Clara manhã, obrigado,
o essencial é viver!

(*Reunião*. 10. ed. Rio de Janeiro: José Olympio, 1980. p. 88.)

1. O poema está estruturado em três estrofes.

a) Que relação há entre a 3ª estrofe e as anteriores?

( ) contradição
( ) confirmação
( ) oposição
( ) aproximação

b) A relação entre as estrofes é representada por duas palavras. Quais são essas palavras?

2. A palavra *noite*, utilizada nas duas primeiras estrofes, está empregada em sentido figurado, ou seja, conotativo.

a) Que sentidos conotativos essa palavra tem no contexto?

b) Em que trechos do poema se nota o uso conotativo de *noite*?

3. Na 3ª estrofe, a palavra *dia* também foi empregada em sentido conotativo e estabelece, portanto, oposição à noite.

a) Que sentidos conotativos essa palavra tem no contexto?

b) Indique trechos do poema em que se observa o uso de sentidos conotativos de *dia*.

4. O poema foi publicado no livro *A rosa do povo*, de 1945, que reúne textos escritos por Drummond durante a Segunda Guerra Mundial e a ditadura do Estado Novo, instaurada por Getúlio Vargas no Brasil. Considerando esse fato, indique as afirmativas verdadeiras:

a) A noite representa para o eu lírico um momento de tristeza e de desesperança, possivelmente relacionado com a guerra e a ditadura.

b) Apesar do descontentamento com o momento político, o poema manifesta a esperança de um futuro melhor.

c) As palavras *noite* e *dia*, empregadas conotativamente, representam respectivamente um tempo de dificuldades e um tempo de redenção.

d) Os sentimentos do eu lírico oscilam entre o modo como as pessoas, em geral, sentem a noite e o dia.

e) No poema, a contraposição entre dia e noite expressa o descontentamento do eu lírico com a passagem do tempo.

5. Observe estes versos, de uma canção de Gilberto Gil:

Toda saudade é um capuz
Transparente
Que veda
E ao mesmo tempo
Traz a visão
Do que não se pode ver
Porque se deixou para trás
Mas que se guardou no coração

("Toda saudade". In: Carlos Rennó, org. *Gilberto Gil – Todas as letras*. São Paulo: Companhia das Letras, 1996. p. 295.)

Todo o trecho da canção procura conceituar saudade.

a) Que características da saudade permitiram comparar esse sentimento com "um capuz transparente"?

b) Saudade, nos versos, é conceituada de modo denotativo ou conotativo? Por quê?

AKG Images/Latinstock

Gênios da poesia II (1897), de A. Zick.

CAPÍTULO 17

O poema (II)

TRABALHANDO O GÊNERO

Veja e leia estes poemas:

TEXTO 1

ele
nós
vós
eles

(Sérgio Capparelli e Ana Cláudia Gruszynski. *Poesia visual*. São Paulo: Global, 2001. p. 14.)

TEXTO 2

vento
que é vento
fica

parede
parede
passa

meu ritmo
bate no vento
e se
des
pe
da
ça

(Paulo Leminski. In: *Poesia fora da estante*. 8. ed. Vera Aguiar, coord. Porto Alegre: Projeto; CPL/PUC-RS, 2002. p. 73.)

TEXTO 3

vem navio
vai navio
vir navio
ver navio
ver não ver
vir não vir
vir não ver
ver não vir
ver navios

(Haroldo de Campos. In: *Poesia concreta*. São Paulo: Abril Educação, 1982. p. 30. Literatura Comentada.)

TEXTO 4

(Paulo Leminski. *Melhores poemas*. São Paulo: Global, 1999. p. 99.)

1. Esses poemas apresentam algumas diferenças em relação aos estudados no capítulo anterior. Na sua opinião, esses poemas foram feitos apenas para serem lidos ou também para serem vistos? Justifique sua resposta.

2. O texto 1 é composto apenas de pronomes pessoais. Observe como eles se apresentam na página.

a) O que sugere a disposição gráfica dos pronomes *eu* e *tu*?

b) Na junção dos pronomes *eu* e *tu*, foi usada a cor vermelha. Considerando o sentido que essa cor tem em nossa cultura, levante hipóteses: O que a cor vermelha pode sugerir no contexto do poema?

c) Compare o tamanho e a largura das letras que compõem os pronomes, incluindo *ele*, *nós*, *vós* e *eles*, e a disposição gráfica deles. Dê uma interpretação para o poema, considerando essas diferenças.

3. Observe no texto 2 o aspecto visual da forma verbal *despedaça*. Que relação há entre o significado dessa palavra e o aspecto visual que ela tem no poema?

4. O texto 3 é construído a partir da expressão *ver navios*, usada geralmente com o verbo *ficar*: *ficar a ver navios*.

a) Qual é o significado dessa expressão?

b) Do ponto de vista formal, esse poema faz uso de um recurso que o aproxima do texto 2. Qual é esse recurso?

5. Observe o texto 4. Comparado com os demais poemas, que elemento novo esse poema de Paulo Leminski apresenta?

Poesia contemporânea na Internet

Nos *sites* a seguir, você encontra poemas visuais e poemas em movimento, além de poemas declamados por Augusto de Campos e Arnaldo Antunes.

- www.meiotom.art.br/LEM.htm
- www.arnaldoantunes.com.br
- www.artewebbrasil.com.br/marcelo/poesia_visual.htm
- www.blocosonline.com.br/literatura/poesia/poedigital/poedig001.htm

Da poesia visual à poesia digital

Com a ruptura da obrigatoriedade do uso do verso linear e convencional, as possibilidades da poesia se multiplicaram. Primeiramente, ela passou a contar com recursos como cores, formas e texturas, próprios das artes visuais. Além disso, ganhou novos meios e suportes, como o cartaz, o panfleto, as paredes e os muros, o disco, as telas do computador. Hoje, com a Internet, as possibilidades da poesia têm se ampliado ainda mais. Palavra, cor, som, forma, movimento, textura, tudo participa da aventura inesgotável da palavra.

PRODUZINDO O POEMA VISUAL

1. Há, a seguir, o início de alguns poemas concretos. Complete-os, utilizando os mesmos recursos gráficos empregados pelo poeta. Lembre-se de que suas palavras e frases devem manter coerência em relação às ideias do autor e ao contexto do poema.

a)

a vida
comida
a vida

b)

forma
reforma
disforma

(José Lino Grünewald)

c)

tempo
passatempo

(José Lino Grünewald)

d)

ruaruaruasol
ruaruasolrua

(Ronaldo Azeredo)

e)

mal me quer
se mal me queres
mal

se mal me queres
bem mal queres

(Edgar Braga)

2. Leia estes poemas:

De palavra em palavra

SOM
MAR
AMARELANIL
MARÉ
ANILINA
AMARANILANILINALINARAMA
SOM
MAR SILÊNCIO
NÃO
SOM

(Caetano Veloso. © Guilherme Araújo Produções Artísticas Ltda. Adm. por Warner Chappell Edições Musicais Ltda.)

solitário solidário soli ário
solitário solitário soli ário
solidário solitário soli ário
solidário solidário soli ário

(Ronaldo Azeredo)

ROSA TUMULTUADA

a
t
te a doro
n
i
a da
tu m ul tu
r o sa
n
i

(Manuel Bandeira)

Com base nos poemas lidos, crie com as palavras sugeridas a seguir, ou com outras de sua preferência, montagens e desmontagens capazes de gerar novos significados. Se quiser, introduza outras letras, prefixos e sufixos, números, símbolos, etc., troque sílabas de lugar, empregue letras de tamanhos e formatos variados, etc.

alienação realidade eternamente canavial democracia inflamado
carregador felizardo depressão desumano carnaval

3. Explorando as letras e a disposição visual das palavras, crie três ou mais poeminhas concretos a partir destes temas ou outros de sua preferência:

• cores • pais e filhos • escolhas • lição • *rap* • amor • Internet • livros

4. Crie um ou mais poemas, concretos ou não, a partir destas ideias do poeta Maiakovski:

"... Estou solto no papel
as palavras feito aves."

Ao terminar seus poemas, troque de caderno com um colega: você lê os dele e ele lê os seus, fazendo sugestões. Passe-os a limpo em folhas separadas e guarde-os para pendurá-los no varal de poesias da mostra **Poesia de todos os tempos** proposta no capítulo **Projeto** desta unidade.

TEXTUALIDADE E ESTILO

FIGURAS DE LINGUAGEM

Leia este poema:

Menina na janela

A lua é uma gata branca,
mansa,
que descansa entre as nuvens.

O sol é um leão sedento,
mulambento,
que ruge na minha rua.

Eu sou uma menina bela,
na janela,
de um olhar sempre à procura.

(Sérgio Capparelli. *Restos de arco-íris.* 6. ed. Porto Alegre: L&PM, 2002. p. 35.)

1. O eu lírico diz ser "uma menina bela, na janela":
   a) Quanto tempo a menina fica à janela?
   b) Na sua opinião, o que o olhar do eu lírico procura?

2. Se dizemos "A lua é branca" ou "a gata é mansa", estamos utilizando uma linguagem normal, em que as palavras são empregadas em seu sentido cotidiano. Contudo, se dizemos "A lua é uma gata branca, mansa", estamos utilizando uma linguagem nova, poética, em que as palavras compõem imagens e ganham sentidos novos.
   a) O que permitiu ao poeta, na primeira estrofe, aproximar lua e gata?
   b) O que permitiu, na segunda estrofe, aproximar sol e leão sedento?

3. Há, no poema, imagens que evocam impressões sensoriais. A qual dos nossos sentidos se relaciona a impressão sugerida em cada um dos versos seguintes?
   a) "A lua é uma gata branca, mansa"
   b) "O sol é um leão sedento"
   c) "que ruge na minha rua"

4. Imagens como "A lua é uma gata branca" ou "O sol é um leão sedento" são exemplos da figura de linguagem chamada metáfora. O que o uso dessa figura de linguagem acrescenta ao texto?

Quando dizemos "Minha gata é branca", estamos empregando a palavra *gata* no sentido que lhe é comum, próprio. Entretanto quando o eu lírico do poema afirma que "A lua é uma gata branca", sua intenção não é apenas informar como é a lua, mas também construir outro sentido, uma imagem, uma analogia que expresse, com sensibilidade, a emoção que ele sente diante da lua. O mesmo ocorre quando compara o sol a um leão, e quando associa à lua e ao sol palavras e expressões que evocam impressões sensoriais, como "mansa" (tato), "sedento" (gosto), "ruge" (audição).

Como se observa, palavras e expressões são empregadas no poema com um sentido novo, figurado, constituindo, assim, figuras de linguagem.

Figura de linguagem é uma forma de expressão que consiste no emprego de palavras em sentido figurado, isto é, em um sentido diferente daquele em que convencionalmente são empregadas.

As figuras de linguagem são normalmente utilizadas para tornar mais expressivo o que queremos dizer. Empregadas tanto na língua escrita quanto na língua falada, ampliam o significado de uma palavra, suprem a falta de termos adequados, criam significados diferentes. Veja a seguir algumas delas.

Comparação e metáfora

Leia estes versos, de Fernando Pessoa:

> Minha alma é como um pastor,
> Conhece o vento e o sol
> E anda pela mão das Estações
> A seguir e a olhar.
>
> (*Obra poética*. Rio de Janeiro. Aguilar, 1965. p. 203.)

Observe que o eu lírico compara o termo *alma* a *pastor*, aproximando-os pela sua semelhança, de modo que as características de *pastor* sejam atribuídas a *alma*. Note também que nos versos há uma **comparação** feita de modo explícito, por meio de um elemento comparativo expresso, que é *como*.

Eliminando a comparação e empregando o segundo termo (*pastor*) com o valor do primeiro (*alma*), temos uma **metáfora**:

Minha alma é um pastor.

Nessa construção, há uma comparação implícita entre os dois seres, pois o elemento comparativo fica subentendido. Alma é pastor em virtude de certa semelhança entre os dois elementos: na situação dos versos, relacionada ao fato de ambos conhecerem o sol e o vento e andarem em todas as estações, a seguir e a olhar.

Há também outro tipo de metáfora: o que ocorre com a supressão de um termo e o emprego de outro no lugar dele. Observe nos seguintes versos a presença desse tipo de metáfora, constituída pelo emprego da expressão *mar azul* em sentido figurado.

> Beber a água
> do mar azul
> dos teus olhos.
> Taí uma coisa difícil.
>
> (João Claudio Arendt. In: Vera Aguiar, coord. *Poesia fora da estante*. Porto Alegre: Projeto, 2002. v. 2, p. 80.)

Ricardo Dantas

Comparação é a figura de linguagem que consiste em aproximar dois seres em razão de alguma semelhança existente entre eles, de modo que as características de um sejam atribuídas ao outro, e sempre por meio de um elemento comparativo expresso: *como*, *tal qual*, *semelhante a*, *que nem*, etc.

Metáfora é a figura de linguagem que consiste no emprego de uma palavra em um sentido que não lhe é comum ou próprio, sendo esse novo sentido resultante de uma relação de *semelhança*, de *intersecção* entre dois termos.

Metonímia

Leia estes versos:

Que tarde!

Além do calor e da prova,
aquela minissaia
sentada bem ao meu lado!

Assim não há memória
que resista...

(Carlos Queiroz Telles. *Sementes de sol.* São Paulo: Moderna, 2003. p. 16.)

Ivan Coutinho

Observe que, no 3º verso, o eu lírico, em vez de empregar a palavra *garota*, utiliza a palavra *minissaia*, que tem com a garota uma relação de interdependência, de implicação, pois são as garotas que geralmente usam minissaia. Temos, assim, uma **metonímia**.

Metonímia é a figura de linguagem que consiste na substituição de uma palavra por outra em razão de haver entre elas uma relação de interdependência, de inclusão, de implicação.

A metonímia ocorre quando empregamos:

- o efeito pela causa, e vice-versa:

Pedro é alérgico a poeira e a *cigarro*. (fumaça)

- o nome do autor pelo nome da obra:

Nas horas vagas, ouvíamos *Mozart*. (a música)

- o continente (o que está fora) pelo conteúdo:

O nenê comeu dois *pratos*. (alimento)

- a marca pelo produto:

Menino, você quer um *chiclete*? (goma de mascar)

- o concreto pelo abstrato:

Só ele tem *cabeça* para resolver isso. (inteligência, sagacidade)

- o lugar pelo produto característico de determinado local:

O gerente ofereceu um *havana* a seus colegas. (charuto produzido em Havana)

Metonímias visuais

Os sistemas de pictogramas (imagens ou grupos de imagens que integram uma escrita sintética, resumida) costumam empregar a metonímia como recurso para orientar usuários em guias turísticos, terminais de transportes, postos rodoviários, ginásios de esportes, etc. Assim, uma cesta e uma bola podem ser usadas para representar o basquete; talheres, para representar um restaurante; uma cama, para representar hospedagem; uma mamadeira, para indicar o berçário, etc.

Daniel Cymbalista/Pulsar Imagens

• a parte pelo todo:

Mil *olhos* apreensivos seguiam a partida de futebol. (pessoas, torcedores)

• o singular pelo plural:

O *brasileiro* é bem-humorado. (os brasileiros)

• a matéria pelo objeto:

A um sinal do maestro, os *metais* iniciaram o concerto. (instrumentos de sopro feitos de metal)

A metáfora e a metonímia na mídia

Os recursos mais empregados na mídia brasileira, seja em anúncios, seja em capas de revistas, são a metáfora e a metonímia. Observe, no anúncio do Greenpeace (uma organização não governamental), ao lado, a presença de metonímia. A figura de um palito de fósforo com graduação sugere metonimicamente um termômetro, que se relaciona com a temperatura ambiente. Como o palito está parcialmente queimado, a figura sugere calor, que, por sua vez, remete ao aquecimento global, fenômeno ambiental que vem sendo fortemente combatido pela entidade por meio de campanhas e anúncios.

(Revista *Greenpeace*, abril-maio-junho 2011.)

Greenpeace

Antítese

Leia os versos a seguir, de Vinícius de Morais.

Maior amor nem mais estranho existe
que o meu — que não sossega a coisa amada
e quando a sente alegre, fica triste,
E se a vê descontente, dá risada.

("Soneto do amor maior". In: *Nova antologia poética de Vinicius de Moraes*. Seleção e organização: Antonio Cícero e Eucanaã Ferraz. São Paulo: Cia. das Letras, Editora Schwarcz, 2008. p. 64. VM Empreendimentos Artísticos e Culturais Ltda.)

Observe que o eu lírico emprega palavras e expressões que se opõem quanto ao sentido: *alegre* se opõe a *triste*, *descontente*, a *dar risada*. Temos, nesses casos, **antíteses**.

Antítese é a figura de linguagem que consiste no emprego de palavras que se opõem quanto ao sentido.

Paradoxo

Leia estes versos, de Fernando Pessoa:

Thinkstock/Getty Images

Sempre que olho para as cousas e penso no que os
[homens pensam delas,
Rio como um regato que soa fresco numa pedra.
Porque o único sentido oculto das cousas
É elas não terem sentido oculto nenhum.

(Op. cit., p. 223.)

Os dois últimos versos apresentam elementos que, apesar de se excluírem mutuamente, se fundem, constituindo afirmações aparentemente sem lógica. Temos, assim, um **paradoxo**.

Paradoxo é a figura de linguagem que consiste no emprego de palavras ou expressões que, embora opostas quanto ao sentido, se fundem em um enunciado.

Personificação ou prosopopeia

Leia os versos ao lado, de Castro Alves.

Já viste às vezes, quando o sol de maio
Inunda o vale, o matagal, a veiga?
Murmura a relva: "Que suave raio!"
Responde o ramo: "Como a luz é meiga!"

(*Poesias completas de Castro Alves*. Rio de Janeiro: Edições de Ouro. p. 58.)

veiga: planície fértil e cultivada; várzea.

No 3º e no 4º versos da estrofe, a relva e o ramo aparecem personificados, pois a eles são atribuídas ações – murmurar e responder – próprias dos seres humanos. Temos, nesse caso, situações de **personificação**.

Nas fábulas, a personificação é abundante, uma vez que nelas os animais ganham características humanas: falam, pensam, brigam, têm sentimentos, desejos.

Personificação ou **prosopopeia** é a figura de linguagem que consiste em atribuir linguagem, sentimentos e ações próprias dos seres humanos a seres inanimados ou irracionais.

Hipérbole

Leia os versos ao lado, de Vinícius de Morais.

Observe que o eu lírico, com a intenção de impressionar seu(sua) amado(a), exagera ao dizer o número de beijos que dará. Temos, nesse caso, uma **hipérbole**.

Pois há menos peixinhos a nadar no mar
Do que os beijinhos que darei
Na sua boca

(http://letras.terra.com.br/vinicius-de-moraes/87381)

Hipérbole é a figura de linguagem que consiste em expressar uma ideia com exagero.

Eufemismo

Certas palavras, quando empregadas em determinados contextos, são consideradas desagradáveis, ou por apresentarem uma ideia muito negativa ou por chocarem quem ouve. Por isso, muitas pessoas as substituem por palavras ou expressões mais suaves, mais delicadas, que, embora tenham o mesmo sentido, causam menor impacto. É o caso, por exemplo, do emprego de *falecer*, *entregar a alma a Deus*, *descansar*, etc. no lugar de *morrer*.

Leia estes versos, de Camões:

> Alma minha gentil que te partiste
> Tão cedo desta vida [...]

Nos versos de Camões, o eu lírico refere-se a *morrer*, empregando o verbo *partir*. Temos, nesse caso, um **eufemismo**.

> **Eufemismo** é a figura de linguagem que consiste no emprego de uma palavra ou expressão no lugar de outra palavra ou expressão considerada desagradável ou chocante.

Ironia

Leia os versos ao lado, de Mário de Andrade.

Observe que o eu lírico é irônico nesses versos quando resume, na expressão *um amor*, a beleza, a fineza, a tradição familiar e a "inteligência" da moça. Temos, nesse caso, **ironia**.

> Moça linda bem tratada,
> Três séculos de família
> Burra como uma porta:
> Um amor.
>
> (http://www.revistaagulha.com.br/and.html#moca)

> **Ironia** é a figura de linguagem que consiste em afirmar o contrário do que se quer dizer.

A ironia em outras linguagens

A ironia não é específica da linguagem verbal e pode se dar em diferentes situações. A base desse recurso de linguagem é o deslocamento contextual em determinada situação, em que se espera um tipo de comportamento e acaba ocorrendo outro. Observe um exemplo na tira abaixo. O título proposto pelo jornalista para a matéria sobre o político que doou tudo aos pobres é irônico porque, para ele e provavelmente para os leitores daquele jornal, é inacreditável que um político faça uma boa ação desse tipo.

Frank Ernest, Bob Thaves/ Universal Uclick

(*O Estado de S. Paulo*, 5/4/2007.)

EXERCÍCIOS

Leia a tira a seguir, de Fernando Gonsales, para responder às questões 1 e 2.

(*Folha de S. Paulo*, 21/10/2004.)

1. Os ratinhos estão namorando sob a luz das estrelas. Que figura de linguagem o ratinho emprega para atender ao pedido da ratinha?

2. A ratinha parece ter ficado impressionada com a fala do ratinho.

a) Que palavra ela empregou para expressar sua satisfação?

b) Apesar de satisfeita, ela ainda espera algo do ratinho. O que ela espera quando pede a ele que traduza o que disse?

3. Identifique os recursos estilísticos empregados nos textos a seguir, de Mario Quintana. Trata-se de metáfora, comparação ou metonímia?

a) **Cozinha**

Cada brasa palpita como um coração...

b) **Carreto**

Amar é mudar a alma de casa.

c) **Cântico dos cânticos**

Maria, com um vinco entre as sobrancelhas, escolhe o segundo prato. Depois sorri-me deliciosamente. Como não encantar-me? Como não comparar-me a Salomão? "Sustentai-me (diz-lhe Sulamita), sustentai-me com passas, confortai-me com maçãs, que desfaleço de amor".

d) **Mentira?**

A mentira é uma verdade que se esqueceu de acontecer.

(Os textos foram tirados do livro *Poesias*. 9. ed. São Paulo: Globo, 1994. p. 82, 69, 78, 83, respectivamente.)

Leia a tira a seguir e responda às questões de 4 a 6.

(Luis Fernando Verissimo. *As cobras em: Se Deus existe que eu seja atingido por um raio.* Porto Alegre: L&PM, 1997. p. 38.)

4. As cobras estão tomando sol.
   a) Que fato se opõe ao desfrute desse prazer?
   b) Que palavra da fala do 2º quadrinho indica essa oposição?

5. O humor da tira está no 3º quadrinho. Depois que o lemos, a frase do 2º quadrinho adquire duplo significado.
   a) Que palavra do 2º quadrinho é responsável por isso?
   b) Qual é o significado dessa palavra antes e depois da leitura do 3º quadrinho?

6. O humor da fala do 3º quadrinho se sustenta também na dupla significação de uma palavra.
   a) Que palavra é essa?
   b) Que significado ela tem, considerando-se apenas o contexto do 2º quadrinho? E no contexto do 3º quadrinho?
   c) Em qual dos contextos essa palavra é tomada no sentido metafórico?

Leia a tira abaixo, de Adão Iturrusgarai, e responda à questão 7.

(*Folha de S. Paulo*, 18/6/2005.)

7. Zezo é um menino mal-humorado, que detesta sair de casa.
   a) A que se refere a palavra **troço**, no último quadrinho?
   b) O que a última cena revela sobre os hábitos do garoto?
   c) Identifique uma figura de linguagem empregada na tira.
   d) Os pais de Zezo estão numa situação informal. Contudo, caso o pai do Zezo quisesse empregar um português formal, rigorosamente de acordo com a norma-padrão, como ficaria o 2º quadrinho?

8. Identifique as figuras de linguagem empregadas nos seguintes versos ou frases.

a) O vento está dormindo na calçada,
O vento enovelou-se como um cão...
Dorme, ruazinha... Não há nada...

(Mario Quintana. *Poesias*. 9. ed. São Paulo: Globo, 1994. p. 3.)

b) Teu amor na treva é — um astro,
No silêncio uma canção,
É brisa — nas calmarias,
É abrigo — no tufão

(Castro Alves. op. cit. p. 49.)

c) Marcela amou-me durante quinze meses e onze contos de réis.

(Machado de Assis)

d) a divina, num simples vestido roxo, que a vestia como se a despisse.

(Raul Pompeia)

e) Noite,
noite escura
de lua nova.
Estrelas sujam o céu
de imensidão e mistério.

(Roseana Murray. *Paisagens*. Belo Horizonte: Lê, 2005. p. 15.)

PROJETO

POESIA DE TODOS OS TEMPOS

Nesta unidade, você leu e criou poemas, estudou sua forma, brincou e desenhou com palavras.

Há, a seguir, algumas atividades orais e escritas para serem feitas individualmente e em grupo. Escolham uma delas e realizem-na. Busquem informações em livros, revistas, suplementos literários de jornais e na Internet e também nos livros indicados na seção **Fique ligado! Pesquise!**, na abertura da unidade. No dia combinado com o professor, todos devem trazer seus trabalhos e preparar a realização de uma **mostra** com o título **Poesia de todos os tempos** ou outro escolhido pela classe. Convidem para participar do evento outras classes, professores, funcionários, amigos e familiares.

1. Varal de poemas

1. Escolha entre os poemas que criou nesta unidade aquele de que mais gostou. Passe-o a limpo num papel especial, com capricho, ou digite-o no computador. Ilustre-o, se quiser. No dia combinado, estique com os colegas uma cordinha no local da mostra, formando um varal, e prenda nele o seu poema, para que os visitantes possam lê-lo e apreciá-lo.
2. Um projeto do jornal *Folha de S. Paulo* promoveu a eleição dos cem melhores poemas do século XX e dos trinta principais poemas brasileiros de todos os tempos. Os dez mais de todos os tempos são, na sequência:
   1. "A terra desolada", de T. S. Eliot (*Poesia*, Nova Fronteira).
   2. "Tabacaria", de Fernando Pessoa (*Obra poética*, Nova Aguilar).
   3. "O cemitério marinho", de Paul Valéry (*Cemitério marinho*, Max Limonad).
   4. "Velejando para Bizâncio", de William Butler Yeats (*W. B. Yeats – Poesias*, Companhia das Letras).
   5. "Hugh Selwin Mauberley", de Ezra Pound (*Poesia*, Hucitec).
   6. "Pranto por Ignacio Sánchez Mejías", de Gabriel García Lorca (*Obra poética*, Martins Fontes).
   7. "Elegias de Duíno", de Rainer Maria Rilke (*Elegias de Duíno*, Companhia das Letras).
   8. "À espera dos bárbaros", de Konstantinos Kaváfis (*Poemas*, Nova Fronteira).
   9. "Zone", de Guillaume Apollinaire (*Alcools*, Gallimard).
   10. "Mensagem", de Fernando Pessoa (*Obra poética*, Nova Aguilar) e "A canção de amor de J. Alfred Prufrock", de T. S. Eliot (Poesia, Nova Fronteira).

Leiam esses poemas – encontrados nas obras relacionadas entre parênteses. Copiem num papel especial ou digitem no computador os poemas ou trechos de que mais gostaram e pendurem-nos no varal, juntamente com os poemas da classe.

Nani Gois/Abril Comunicações S/A

Paulo Leminski.

2. Recital literomusical

1. Poetas e poesias

Em grupo, façam pesquisas sobre um dos poetas a seguir. Cada grupo escolhe um deles, de forma que não haja repetição.

- Fernando Pessoa
- Carlos Drummond de Andrade
- Cecília Meireles
- João Cabral de Melo Neto
- Manuel Bandeira
- Oswald de Andrade
- Álvares de Azevedo
- Gonçalves Dias
- Castro Alves
- Mário Quintana
- Ferreira Gullar
- Ana Cristina César
- Paulo Leminski

Ricardo Chaves/Abril Comunicações S/A

Mário Quintana.

Façam um pequeno resumo da vida e da obra do poeta, dando atenção também às características de sua poesia. Reúnam fotos, reportagens, revistas ou artigos sobre o autor e os poemas de que mais gostaram.

Com a ajuda de colegas que saibam tocar instrumento musical ou tenham um grupo de música, ensaiem músicas que possam servir de fundo musical para a apresentação. Se quiserem, gravem um CD com as músicas. Alguns participantes do grupo podem ficar encarregados de declamar trechos dos poemas ou falar sobre o poeta escolhido de maneira que lembre uma reportagem jornalística.

Façam um pequeno roteiro que coordene a apresentação do grupo: entrada dos participantes, material e instrumentos necessários, distribuição de tarefas, etc.

2. "Moça do corpo dourado do sol de Ipanema"

O verso acima pertence à música *Garota de Ipanema*, do poeta e compositor Vinícius de Morais, que cantou em versos e músicas o amor, a beleza, a mulher, a vida. Pesquisem a produção musical desse poeta, seus parceiros, os movimentos musicais de que participou. Consultem, se necessário, os livros do autor, especialmente *Vinicius de Moraes – Obra poética* (Editora Aguilar) e *Vinicius de Moraes – Todas as letras* (Companhia das Letras).

Ouçam suas músicas e escolham aquelas de que mais gostarem. Ensaiem-nas ao som de violão ou outros instrumentos e apresentem-nas na mostra. Se não for possível executá-las ao vivo, promovam sua audição.

Chico Nelson/Abril Comunicações S/A

Vinícius de Morais e Tom Jobim.

3. Poesia em movimento

Escolham um poema de autoria do poeta cuja vida e obra o grupo pesquisou. Um participante do grupo decora o poema e outros preparam uma expressão corporal ou uma dança com fundo musical suave. No dia da mostra, façam a apresentação do poema, acompanhada de movimento e som.

Recital literomusical

Para apresentar o recital, escolham um ou mais colegas da classe. A ele(s) caberá organizar a programação e, no dia da mostra, fazer a abertura do recital e anunciar a apresentação dos grupos.

O palco pode ser a frente da sala de aula ou um local demarcado no pátio. Se a escola dispuser de anfiteatro, combinem com a direção e façam aí a apresentação ou unam-se a outras classes para apresentarem um único recital.

Everett Collection/Keystone Brasil

UNIDADE 7 NO ESCURINHO DO CINEMA

A Carlito

Velho Chaplin:
as crianças do mundo te saúdam.
Não adiantou te esconderes na casa de areia
[dos setenta anos,
refletida no lago suíço.
Nem trocares tua roupa e sapatos heroicos
pela comum indumentária mundial.
Um guri te descobre e diz: Carlito
CARLITO — ressoa o coro em primavera.

Homens apressados estacam. E readquirem-se.
Estavas enrolado neles como bola de gude de
[quinze cores,
concentração do lúdico infinito.
Pulas intato da algibeira.
Uma guerra e outra guerra não bastaram
para secar em nós a guerra linfa
em que, peixe, modulas teu bailado.

O filme de 16 milímetros entra em casa
por um dia alugado
e com ele a graça de existir
mesmo entre os equívocos, o medo, a solitude
[mais solita.

Agora é confidencial o teu ensino,
pessoa por pessoa,
ternura por ternura,
e desligado de ti e da rede internacional de
[cinemas,
o mito cresce.

O mito cresce, Chaplin, a nossos olhos
feridos do pesadelo cotidiano.
O mundo vai acabar pela mão dos homens?
A vida regenera a vida?
Não restará ninguém para pregar
o último rabo de papel na túnica do rei?
Ninguém para recordar
que houve pelas estradas um errante poeta
[desengonçado,
a todos resumindo em seu despojamento?

Perguntas suspensas no céu cortado
de pressentimentos e foguetes
cedem à maior pergunta que o homem
[dirige às estrelas.
Velho Chaplin, a vida está apenas alvorecendo
e as crianças do mundo te saúdam.

(Carlos Drummond de Andrade. *Poesia completa e prosa.* Rio de Janeiro: José Aguilar, 1973. p. 340-1.)

Cena do filme *A corrida do ouro*, de 1925.

Fique ligado! Pesquise!

Assista

- Em 1995, o cinema fez 100 anos. Nessa ocasião, o jornal *Folha de S. Paulo* consultou críticos e jornalistas especializados em cinema para escolher os dez melhores filmes entre os realizados até então. Eis a lista: ***Cidadão Kane***, de Orson Welles; ***Um corpo que cai***, de Alfred Hitchcock; ***Apocalypse now***, de Francis Coppola; ***O encouraçado Potemkin***, de Sergei Einsenstein; ***A regra do jogo***, de Jean Renoir; ***8 e 1/2*** e ***Amarcord***, de Federico Fellini; ***Viagem a Tóquio***, de Yasujiro Ozu; ***Aurora***, de Friendrich Murnau; ***Rashomon***, de Akira Kurosawa.
  O *site* http://melhoresfilmes.com.br/ traz listas dos melhores filmes por gênero. Segundo o *site*, alguns clássicos do cinema são: ***A doce vida***, de Federico Fellini; ***Psicose***, de Alfred Hitchcock; ***Sonhos***, de Akira Kurosawa; ***O poderoso chefão***, de Francis Coppola; ***Ladrões de bicicleta***, de Vittorio de Sica; ***Lawrence da Arábia***, de David Lean; ***Manhattan***, de Woody Allen; ***Blade Runner, o caçador de androides***, de Ridley Scott; ***Tempo de violência***, de Quentin Tarantino e ***A lista de Schindler***, de Steven Spielberg.

Lisa O'Connor/Zema Press/Glow Images

Leia

- ***1001 filmes para ver antes de morrer***, de Steven Jay Schneider, Carlos Irineu da Costa e Fabiano Morais (Sextante Ficção); ***Guia ilustrado Zahar de cinema***, de Ronald Bergan (Jorge Zahar); ***Um filme é para sempre – 60 artigos sobre cinema***, de Ruy Castro (Companhia das Letras); ***Breve história do cinema***, de Jair Ruis (Educat); ***História do cinema mundial***, de Fernando Mascarello (Papirus); ***O que é cinema***, de Jean-Claude Bernadet (Brasiliense); ***Escrevendo curtas***, de Luiz Gustavo Bayão (LGB Comunicação); ***Dicionário de filmes*** (L&PM) e ***História do cinema mundial*** (Martins Fontes), de George Sadoul; ***Dicionário do cinema***, de Rubens Ewald Filho (L&PM); ***Cinema – Mundo em movimento***, de Inácio Araújo (Scipione); ***História do cinema brasileiro***, organização de Fernão Ramos (Art Editora).

PROJETO

A sétima arte

Reunião, em um jornal falado, de textos jornalísticos e filmes produzidos pela classe a partir de pesquisa de temas relacionados ao cinema.

Navegue

- www.adorocinema.com.br
- www.roteirodecinema.com.br

Cena do filme *Bossa Nova*, dirigido por Bruno Barreto em 2000.

CAPÍTULO 18

O roteiro de cinema

TRABALHANDO O GÊNERO

O texto a seguir é parte do roteiro do filme *Bossa Nova*, de Alexandre Machado e Fernanda Young.

As lindas paisagens do Rio de Janeiro e as canções de Tom Jobim compõem a ambientação de uma história em que nove personagens cruzam seus destinos. O fio condutor da narrativa é o amor que se inicia entre Mary Ann, uma charmosa professora de inglês viúva, e o advogado Pedro Paulo, seu aluno, recém-separado da esposa. A vida dessas duas personagens se cruza com a da sonhadora Nadine, que acredita ter encontrado seu grande amor na Internet; com a de um jogador de futebol prestes a entrar num time inglês; e a da estagiária de Direito Sharon, que balança o coração de Acácio, irmão do advogado.

O trecho que você vai ler mostra o momento em que Pedro Paulo e Mary Ann se encontram depois de uma aula de inglês. Pouco antes, durante a aula, Mary Ann recebera um pacote de presente, sem a identificação de quem o enviara. O pacote continha uma blusa que Pedro Paulo havia feito para ela.

INT. CURSO DE INGLÊS — NOITE

A aula termina, os alunos saem. Pedro Paulo é o último a sair. Saindo, observa o jeito que Mary Ann olha pro pacote.

INT. CORREDOR DO TERCEIRO ANDAR/ ELEVADOR — NOITE

O elevador chega ao andar do curso, os alunos entram — menos Pedro Paulo, que disfarça e fica, esperando Mary Ann sair.

Segundos depois, ela sai, vestindo a blusa por cima da roupa que usava — ficou bonita assim. Sorriem, encabulados.

PEDRO PAULO

Hi...

MARY ANN

Hi...

Esperam o elevador, calados. Mas rola um clima entre os dois.

PEDRO PAULO

Beautiful blouse.

MARY ANN

Thanks... It was a present.

Outro momento de silêncio.

PEDRO PAULO

Your boyfriend has a good taste.

MARY ANN

No... I don't have a boyfriend.

(*hesita*)

I'm guessing it was from a pupil.

PEDRO PAULO

A what?

MARY ANN

Pupil... Aluno.

PEDRO PAULO

(*reage e continua*)

Someone from our class?

MARY ANN

No. He's a private student.

Thinkstock/Getty Images

Vista do Corcovado e do Pão de Açúcar, no Rio de Janeiro.

Pedro Paulo disfarça a decepção — e parece já com ciúmes.

PEDRO PAULO

Ah...

Ficam de novo em silêncio quando a porta do elevador abre.

VERMONT (O.S)

Pedro Paulo!...

PEDRO PAULO

Doutor Vermont!...

Pedro Paulo conduz Mary Ann pra dentro do elevador, de forma cavalheirística. Vermont está lá dentro e continua surpreso.

VERMONT

(*vendo o luminoso do curso*)

Ué. Voltou a estudar inglês?

A porta se fecha e o elevador volta a descer. Pedro Paulo e Mary Ann se entreolham. Vermont fica esperando a resposta.

PEDRO PAULO

I would like to introduce you to my girlfriend, Mary Ann.

(*abraça Mary Ann*)

She teaches English here.

Mary Ann cumprimenta Vermont, sorridente, percebendo que a mentira de Pedro Paulo é necessária e entrando de cúmplice.

MARY ANN

(*pra Vermont*)

It's a pleasure.

Vermont reage encantado.

(Legendas: Oi. / Oi. / Bonita blusa. / Obrigada. Foi um presente. / Seu namorado tem bom gosto. / Não tenho namorado. Acho que foi um aluno. / Um o quê? / Alguém da nossa turma? / Não, um aluno particular. / Gostaria de apresentar minha namorada, Mary Ann. Ela ensina inglês aqui. / É um prazer.)

[...]

EXT. CALÇADÃO DE COPACABANA — NOITE

Vemos as ondas de pedras portuguesas atravessando a tela.

Mary Ann vem seguindo o desenho do calçadão com os braços abertos, como se voasse pelas pedras. Pedro Paulo vem atrás, com um olhar terno e feliz. Subitamente ela fica meio tonta: freia os passos, parece sentir-se fraca. Ele se preocupa.

PEDRO PAULO

Are you all right?

MARY ANN

Can't drink like I used to...

Mary Ann respira fundo, tentando se recuperar. Ele toca em seu ombro, carinhoso. Ela tira os sapatos e corre pra areia.

MARY ANN (cont.)

I like the sand. It makes me feel grounded.

Ela corre pela areia, como uma criança. Ele vai atrás dela.

PEDRO PAULO

I have a confession.

MARY ANN

(*virando-se para ele*)

What?

PEDRO PAULO

I have to make you a confession.

MARY ANN

(*sorri*)

What?

PEDRO PAULO

The blouse. I sent it to you.

MARY ANN

You?

Ele se aproxima dela. Ela parece confusa.

PEDRO PAULO

Nunca fiz uma roupa feminina, não sei nem se fiz os acabamentos direito.

Ele aproveita pra pegar de leve na blusa dela.

Ismar Ingber/ Pulsar Imagens

MARY ANN

Wait, wait, wait... You made the blouse?

PEDRO PAULO

My father has a taylor shop. I didn't pick up the scissors for twenty years.

Ela está completamente surpresa — parece mesmo não acreditar.

MARY ANN

Você fez essa blusa pra mim? É verdade?

PEDRO PAULO

I'm a attorney. Advogados não mentem.

Ela continua sem ter certeza de que ele fala sério.

PEDRO PAULO (cont.)

Não, fora da corte.

Beijam-se. Momento de enlevo e emoção. Os dois se juntam num abraço cada vez mais apertado. Paixão. Então Mary Ann perde os sentidos por um momento, desmaiando nos braços dele.

PEDRO PAULO (cont.)

Mary Ann!... Mary Ann!...

Ele fica nervoso, não sabe o que fazer com ela nos braços. Até que ela reabre os olhos lentamente.

PEDRO PAULO (cont.)

Are you okay?

MARY ANN

(após um tempo)

Ótima.

Beijam-se novamente. Agora de maneira ainda mais apaixonada.

(Legendas: Você tá bem? / Não posso mais beber como antes. / Adoro pisar na areia. Me acalma. / Tenho uma confissão. / Hã? / Tenho que fazer uma confissão. / O quê? / A blusa. Eu que mandei pra você. / Você? / Espera aí... Você fez a blusa? / Meu pai tem uma alfaiataria. Não pegava na tesoura há 20 anos. / Sou advogado. / Você tá bem?)

(Alexandre Machado e Fernanda Young. *Bossa nova - O roteiro.* Rio de Janeiro: Ediouro, 2000. p. 47-9; 50-2.)

1. O texto em estudo é parte de um roteiro de cinema. Para que serve um roteiro de cinema?

2. Como o conto e a crônica, um roteiro de cinema costuma contar uma história e, por isso, apresenta os elementos básicos do gênero narrativo (fatos, personagens, tempo e lugar). Entretanto, é diferente deles, porque tem finalidade e estrutura próprias.

   O texto em estudo está organizado em sequências, ou cenas, iniciadas por títulos. Observe que os títulos estão em letras maiúsculas e contêm algumas informações.

   a) Sabendo que uma filmagem pode ocorrer em estúdio ou ao ar livre, levante hipóteses: O que significam as abreviaturas INT. e EXT.?

   b) Que outras indicações o roteirista faz no título das cenas? Dê exemplos.

3. Um roteiro cinematográfico apresenta algumas semelhanças com o texto teatral quanto à organização do diálogo entre as personagens e à presença de rubricas.

   a) Observe no roteiro em estudo a indicação do nome das personagens feita em letras maiúsculas e em negrito e, em seguida, sua fala. Que tipo de discurso é usado para reproduzir essas falas?

Sony Pictures/Everett Collection

Bruno Barreto e a atriz Amy Irving durante as filmagens de *Bossa Nova*.

   b) Os trechos localizados depois dos nomes ou de falas das personagens e grafados em itálico são chamados de *rubricas*. Por exemplo:

> O elevador chega ao andar do curso, os alunos entram — menos Pedro Paulo, que disfarça e fica, esperando Mary Ann sair.
>
> Segundos depois, ela sai, vestindo a blusa por cima da roupa que usava — ficou bonita assim. Sorriem, encabulados.

   Qual é a função desses trechos?

Romance, peça de teatro e roteiro

Um roteiro não é um romance nem uma peça de teatro. Veja o que diz Syd Field, no livro *Manual do roteiro – Os fundamentos do texto cinematográfico*, a propósito da diferença entre esses gêneros textuais:

> Se você olha um romance e tenta definir sua natureza essencial, nota que a ação dramática, o enredo, geralmente acontece na mente do personagem principal. Privamos, entre outras coisas, de pensamentos, sentimentos, palavras, ações, memórias, sonhos, esperanças, ambições e opiniões do personagem. Se outros personagens entram na história, o enredo incorpora também seu ponto de vista, mas a ação sempre retorna ao personagem principal. Num romance, a ação acontece na mente do personagem, dentro do *universo mental* da ação dramática.
>
> Numa peça de teatro, a ação, o enredo, ocorre no palco, sob o arco do proscênio, e a plateia torna-se a quarta parede, espreitando as vidas dos personagens. Eles falam sobre suas esperanças e sonhos, passado e planos futuros, discutem suas necessidades e desejos, medos e conflitos. Neste caso, a ação da peça ocorre na *linguagem* da ação dramática; que é falada, em *palavras*.
>
> Filmes são diferentes. O filme é um meio visual que dramatiza um enredo básico; lida com fotografias, imagens, fragmentos e pedações de filme: um relógio fazendo tique-taque, a abertura de uma janela, alguém espiando, duas pessoas rindo, um telefone que toca. O roteiro é uma história contada em imagens, diálogos e descrições, localizada no contexto da estrutura dramática.

(Rio de Janeiro: Objetiva, 2001. p. 1-2.)

4. As personagens principais dialogam em inglês e em português.

a) Por que elas se comunicam em inglês?

b) No final de cada cena do texto lido, há, entre parênteses, a palavra *legendas* e a tradução do diálogo das personagens. Considerando que esse roteiro é base para um filme, levante hipóteses: Por que o roteiro prevê o uso de legendas em português?

5. Observe a linguagem utilizada pelas personagens nas falas em português.

a) Que tipo de variedade linguística elas utilizam? Justifique sua resposta com exemplos do texto.

b) Considerando o contexto em que ocorre o diálogo entre as personagens, o emprego dessa variedade linguística é coerente? Justifique sua resposta.

6. Reúna-se com os colegas de seu grupo e concluam: Quais são as características do roteiro de cinema? Respondam, considerando os seguintes critérios: finalidade do gênero, perfil dos interlocutores, suporte ou veículo, tema, estrutura, linguagem.

Roteiros na Internet

Para saber mais sobre roteiros de cinema e de televisão, acesse os *sites*:

- www.roteirista.com
- www.roteirodecinema.com.br
- www.roteirosonline.com.br/dicas.htm

Loucos por roteiro de cinema

Para aqueles que são aficionados de roteiros de cinema, sugerimos a leitura de *O roteirista profissional – Televisão e cinema*, de Marcos Rey (Ática); *Oficina de roteiro de Gabriel García Marquez*, de Gabriel García Marquez (Casa Jorge Editorial); *Zuzu Angel*, de Marcos Bernstein e Sergio Rezende; *A dona da história*, de João Falcão, João Emanuel Carneiro e Daniel Filho (Ática); *Como fazer um filme de amor*, de Luiz Moura e José Roberto Torero; *Narradores de Javé*, de Eliane Caffé e Luís Alberto de Abreu (Imprensa Oficial); *Central do Brasil*, de João Emanuel Carneiro e Marcos Bernstein; *Cidade de Deus*, de Fernando Meirelles, Bráulio Mantovani e Anna Luíza Müller (Objetiva); *Meu tio matou um cara e outras histórias*, de Jorge Furtado (L&PM); *Quatro casamentos e um funeral*, de Richard Curtis; *O último selo*, de Melvyn Bragg; *Pulp fiction*, de Quentin Tarantino; *Razão e sensibilidade*, de Emma Thompson (Rocco).

PRODUZINDO O ROTEIRO DE CINEMA

Há, a seguir, duas propostas de produção de roteiro de cinema. Escolha uma delas e realize-a.

1. Crie um roteiro de cinema, utilizando uma das seguintes séries de elementos, ou outra, se preferir.

- uma rua de intenso comércio; vésperas de Natal: vaivém de pedestres; camelôs apregoando mercadorias; uma família modesta: um pai, uma mãe, dois filhos; um batedor de carteira
- carnaval de rua; moças e rapazes alegres brincando; um bêbado de chapéu-coco e bengala; uma ratazana de esgoto
- um salão de festas; uma reunião de jovens amigos; um adulto entra chorando copiosamente

Curta-metragem: a medida ideal para começar

É comum os cineastas iniciarem suas carreiras de diretores de cinema com a produção de filmes curtos, de um minuto ou poucos mais – os chamados *curtas-metragens*. Acesse na Internet os *sites* indicados a seguir e fique por dentro de festivais e mostras, nacionais e internacionais, de curtas.

- www.curtaocurta.com.br
- www.portacurtas.com.br
- www.kinoforum.org.br/curtas/

2. A adaptação de romances, contos, crônicas e mesmo peças de teatro para a linguagem cinematográfica e televisiva é muito comum. Você já deve ter visto alguns, como *Vidas secas*, de Graciliano Ramos, *A casa dos espíritos*, de Isabel Allende, no cinema, e *Comédias da vida privada*, adaptação da obra homônima de Luis Fernando Verissimo, ou a minissérie *A casa das sete mulheres*, baseada no romance de mesmo nome, de Letícia Wierzchowski, na televisão. Escolha um dos textos narrativos lidos neste livro, ou outro de sua preferência, e, individualmente ou em dupla, tente transformá-lo, no todo ou em parte, em um roteiro de cinema. Lembre-se: seu roteiro não precisa necessariamente apresentar todo o conteúdo do texto escolhido para a adaptação. Como o cinema e a televisão são, normalmente, veículos de entretenimento, procure considerar que o público gosta de ação, suspense, espetáculo.

Planejamento do texto

Ao escrever seu roteiro de cinema, leve em conta as orientações a seguir.

- Escreva antes de tudo o argumento do seu curta-metragem, isto é, esboce no papel a ideia do filme inteiro: como começa, como o enredo se desenrola, como termina, sem colocar os diálogos das personagens.
- Tenha sempre em mente o espectador: a que tipo de plateia o filme será dirigido.
- Pronto o argumento, passe para o roteiro. Se quiser imprimir e entregá-lo aos participantes (diretor, atores, etc.), é interessante fazer uma capa com o título do filme, o nome do(s) roteirista(s) e a data (mês/ano) de criação do roteiro.
- Qual é o perfil de seu leitor? O roteiro será lido pelo diretor e pelos atores e é importante que o texto forneça os subsídios para que possa ser realizado o trabalho de direção do curta e construção das personagens.
- A cada cena, indique se ela é interna ou externa, o local exato onde ela acontece e em que momento do dia.
- Apresente as personagens por meio de rubricas, indicando a maneira como falam e agem, dando outras informações, se necessário.
- Nos diálogos, coloque antes das falas, com letras maiúsculas, os nomes das personagens. Acrescente outras rubricas ao texto quando necessário. Ao criar as falas, lembre-se de que o movimento da câmera é que vai fazer o papel dos trechos descritivos e que a narração da história deve acontecer nos diálogos.
- Faça um rascunho e, antes de passar o texto a limpo, avalie seu roteiro de acordo com as orientações da seção **Revisão e reescrita**.
- Pronto o roteiro, encaminhe-o às pessoas que você deseja que participem do vídeo e estipule uma data para elas darem suas respostas.
- Selecionados os participantes, transforme o roteiro em um curta-metragem e apresente-o na mostra de cinema proposta no projeto desta unidade.

Revisão e reescrita

Antes de finalizar seu roteiro de cinema, leia-o e observe se:

- o texto se estrutura em diálogos capazes de mostrar o desenvolvimento das ações;
- há indicações de que as cenas são externas ou internas;
- as rubricas de movimento e interpretação estão indicadas com letra de tipo diferente;
- há indicações de cenários;
- a linguagem empregada está adequada às personagens e ao contexto.

TEXTUALIDADE E ESTILO

A AMBIGUIDADE

Leia esta tira:

(Laerte. *Classificados*. São Paulo: Devir, 2004, v. 3, p. 8.)

1. No primeiro balão da tira, o rapaz diz à moça: "... comprei na planta, amor!". Desconsiderando-se a imagem, que sentido tem a palavra *planta* no enunciado?

2. Observe agora a imagem.
a) O que o rapaz está mostrando para a companheira?
b) Que sentido passa a ter a palavra *planta*?

Como você pode observar, o humor da tira está no jogo de sentidos existente na relação entre a imagem (uma casa construída sobre uma planta) e o texto "... comprei na planta, amor!". O cartunista, nesse caso, usou intencionalmente a **ambiguidade** (duplicidade de sentidos) para provocar humor.

Ambiguidade é a duplicidade de sentidos que pode haver em um texto, verbal ou não verbal.

Quando empregada intencionalmente, a ambiguidade pode ser um importante recurso de expressão. Quando, porém, é resultado da má organização das ideias, do emprego inadequado de certas palavras ou, ainda, da inadequação do texto ao contexto discursivo, ela provoca falhas na comunicação.

A ambiguidade como recurso de construção

A ambiguidade é utilizada com frequência como recurso de expressão em textos poéticos, publicitários e humorísticos, em quadrinhos e anedotas.

Quadrinhos como o visto acima, por exemplo, fazem uso da ambiguidade como recurso para uma comunicação mais direta, descontraída e divertida.

A ambiguidade como problema de construção

Rogério Reis/Pulsar

Imagine que uma pessoa relate da seguinte forma, por escrito, a violência ocorrida numa partida de futebol:

> Durante o jogo, Lúcio deu várias caneladas em Guilherme. Depois entrou o Marcelo no jogo e ele levou vários empurrões e pontapés.

Se o leitor do texto não assistiu à partida, terá dificuldade para compreender o texto e a intenção comunicativa do narrador, pois o texto é ambíguo. Afinal, quem levou empurrões e pontapés? Marcelo, que entrara no jogo por último? E, no caso, quem o teria agredido? Ou foi Lúcio, que antes agredia Guilherme e, depois da entrada de Marcelo, passou a ser agredido por este?

Se o leitor tivesse assistido ao jogo, certamente essa ambiguidade se dissiparia. E a intencionalidade do texto seria outra. Em vez de informar, o texto provavelmente teria como finalidade comentar.

Diferentemente da linguagem oral, que conta com certos recursos para tornar o sentido preciso – os gestos, a expressão corporal ou facial, a repetição, etc. –, a linguagem escrita conta apenas com as palavras. Por isso, temos de empregá-las adequadamente se desejarmos que os textos que produzimos tenham clareza e precisão.

EXERCÍCIOS

1. No texto que segue há uma ambiguidade. Identifique-a e refaça o trecho, procurando desfazê-la.

> Gastou mais de 12 milhões de dólares herdados do pai, cuja família fez fortuna no ramo de construção de estradas de ferro, com festas, viagens, bebidas e mulheres.
>
> (*Veja*, 10/3/2004.)

2. As frases a seguir são ambíguas. Reescreva-as de modo a desfazer a ambiguidade.

a) Trouxe o remédio para seu pai que está doente neste frasco.

b) Durante o namoro, Tiago pediu a Helena que se casasse com ele muitas vezes.

3. (UNICAMP-SP) A leitura literal do texto abaixo produz um efeito de humor.

> As videolocadoras de São Carlos estão escondendo suas fitas de sexo explícito. A decisão atende a uma portaria de dezembro de 91, do Juizado de Menores, que proíbe que as casas de vídeo aluguem, exponham e vendam fitas pornográficas a menores de 18 anos. A portaria proíbe ainda os menores de 18 anos de irem a motéis e rodeios sem a companhia ou autorização dos pais.
>
> (*Folha Sudeste*, 6/6/1992.)

a) Transcreva a passagem que produz efeito de humor. Qual a situação engraçada que essa passagem permite imaginar?

b) Reescreva o trecho de forma que impeça tal interpretação.

Leia este poema, do poeta Arnaldo Antunes, e responda às questões de 4 a 6.

Richard Bullard/Getty Images

(*2 ou + corpos no mesmo espaço*. São Paulo: Perspectiva, 1997. p. 40-1.)

4. Ao lermos o poema, notamos que a palavra *casulo* foi empregada de forma ambígua, possibilitando mais de um significado e mais de uma leitura para o texto.

Observe os sentidos da palavra *casulo* registrados no dicionário:

> **casulo**: *s.m.* **1**. Invólucro filamentoso, construído pela larva do bicho-da-seda ou por outras [...]. **2**. Invólucro das sementes de várias plantas [...]
>
> (Aurélio Buarque de Holanda Ferreira)

a) Que verso do poema aproxima a palavra *casulo* de seu sentido literal, denotativo?

b) Que versos quebram o sentido literal de *casulo*, gerando a ambiguidade?

5. Associe o texto à imagem que acompanha o poema e levante hipóteses: Que novo sentido ganha a palavra *casulo* no poema?

6. Pode-se dizer que o poema é ecológico? Por quê?

CAPÍTULO 19

Diomedia/Imagebroker RM/Bern

O roteiro de vídeo

TRABALHANDO O GÊNERO

A programação de um canal de televisão costuma ser variada. Além de jornalismo, filmes, desenhos animados, programas humorísticos e novelas, inclui também documentários, isto é, programas que enfocam de forma mais abrangente e aprofundada certos temas, como o meio ambiente, as festas e tradições populares, os esportes, a educação, a saúde, a vida nas grandes metrópoles ou no interior, o cinema, as artes em geral.

Os documentários feitos para TV são uma espécie de reportagem que envolve imagens, entrevistas, depoimentos, músicas e quase sempre também uma narração.

Como os filmes feitos para o cinema, os documentários para TV têm por base um **roteiro**. No cinema, as cenas são filmadas a partir de um roteiro; na TV, o autor tanto pode escrever primeiramente um roteiro básico e em seguida buscar imagens, quanto pode partir das imagens para, depois, escrever o roteiro.

O texto a seguir é composto de dois fragmentos do roteiro do documentário para TV *A alma do circo*, de autoria do jornalista e escritor Ricardo Soares.

Leia com atenção o texto:

Abertura

Imagens do palhaço Picolino preparando maquiagem diante do espelho no Circo Escola Picadeiro. Conforme ele vai se aprontando sobe som com a música *Smile* na voz de Djavan. Edição lenta, suave, sem ritmo de clipe. Os movimentos do palhaço harmonizam-se com a música. [...]

Bloco 1

off

"Fincam-se as estacas. A lona está erguida. O picadeiro vazio esconde um silêncio remoto, milenar. Nele se revela a crônica de um espetáculo há muito anunciado. Mesmo prevendo o que vamos assistir, as mesmas boas e velhas surpresas estão para acontecer."

— fusão de imagens das estacas sendo fincadas, com a lona erguida e o picadeiro vazio se fundindo com crianças na plateia.

— corta para imagem da fita 27 em 00'52" quando o mestre de cerimônias do Gran Circo Norte-Americano diz "Bem-vindo ao maravilhoso mundo do circo"

Peter Leone/Futura Press

off

"O trapézio alça voo, a rede se estende, toda graça delicada se permite. Está feito o convite para entrarmos no cenário milenar das cores que se contrastam sob a lona. Pode o circo ter alma?"

— corta para imagem do picadeiro e plateia vazios em fusão com apresentação de diversos palhaços

off

"É provável que os fantasmas de circos ancestrais ainda brinquem no escuro dos vazios picadeiros. Estes fantasmas são uns palhaços, pois não viveram sob o signo do medo. Por isso pode o circo ter alma?"

— corta para imagens de lonas de vários circos (Gran Circo Americano, Real Moscou, Tihany, Beto Carrero, Circo Escola Picadeiro, Circo Enturmando o Grajaú) em fusão com malabaristas, imagens fechadas da serragem dentro do picadeiro e as luzes e tecnologia do Circo Tihany. A ideia é trazer o telespectador a uma viagem pelo universo do circo. Deixá-lo deslumbrado com uma quantidade enorme de cores e movimentos.

— fundir estas imagens com animais passeando no picadeiro, domadores, trapezistas e acrobatas. Fusão com a expressão das pessoas que assistem aos espetáculos.

[...]

off

"Desde sempre todos foram convidados para esta festa. O circo não exclui. Talvez por isso seja aqui na Terra aquilo que mais se aproxima da mitologia do paraíso. O circo respira, morre, nasce, troca de plumagem, eternamente ressuscita. E vaga pelos quatro cantos do planeta rindo das fronteiras e dos ódios. De invisíveis e doces intenções o circo resgata sempre a delicadeza perdida. Por tudo isso e por atravessar muros intransponíveis o circo zomba do átomo e ri da matéria. Por tudo isso o circo tem alma e eis aqui um pouco da alma do circo."

— corta para imagem de Roger Avanzi ensinando monociclo a uma aluna.

[...]

— sonora Roger Avanzi (fita 4) — inserts com atividades do Circo Escola Picadeiro + 00'30'' (imagem fechada na camiseta do Circo Escola Picadeiro)

— sonoras — 04'04" a 05'00" + 7'18" a 7'56" (docinhos e hospitalidade mineira)

[...]

"Mas esta alma pode ser preservada aqui, no extremo sul de São Paulo, onde a aridez da paisagem e o cotidiano violento cercam este picadeiro onde crianças aprendem e vivem circo?"

— corta para imagens *fita 22 de 17'47'' a 20'51''* + imagens *fita 23 de 00'30'' a 5'15''* (crianças entrando no circo) e de *5'15'' a 6'10''* (olá e assobios) [...]

— *passagem de bloco:*

GC: Já, já Arrelia, mais do que a alma do circo

Toshifumi Kitamura/AFP

Bloco 2

Imagens do Arrelia em ação vindas diretamente do arquivo da TV Record.

[...]

GC CRAWL — ***Waldemar Seyssel, 92 anos, o antológico palhaço Arrelia, é a mais completa tradução da alma do circo...***

[...]

— começa com *fita 17 em 14'50''* quando ela canta canções antigas de circo. Muito bom. Depois vamos para a entrevista de fato.

— *fita 15 de 4'48'' a 5'37''* (a primeira vez que esteve abaixo de uma lona de circo)

[...]

9'39'' a 10'59'' (e o nome palhaço Arrelia veio de onde?)

18'28'' a 19'40'' (família de circo + paixão pelo circo)

20'32'' (faz a boca do palhaço Arrelia) "Comecei a estudar meu tipo no espelho"

29'20'' a 31'02'' (o que é preciso para ser bom circo?)

— fita 17

[...]

12'32" — O palhaço o que é? (desrosqueia a lente — bom efeito involuntário)

— corta para

12'50" "De onde vem, o palhaço o que é?" (Arrelia ri)

15'25" "e como surgiu o como vai, como vai, como vai?" + 16'17" ("Eu estava em Catanduva") em *18'25"* vem o ponto exato do bordão

22'37" a 23'05" (crítica velada a Xuxa e Angélica, ausência da gargalhada)

— fita 18

5'13" (o circo acaba um dia?) a 6'42" + 7'20" (pedaço tem que ser editado porque ele interrompe para ouvir musiquinha)

7'45" a 9'46" — linda despedida, editar a sequência

— *passagem de bloco:*

imagem de Orlando Orfei falando. [...]

— GC — Já, já Orlando Orfei e o circo passional. Com muita alma.

(Original cedido pelo autor.)

clipe: sequência de imagens sobrepostas, sempre sonorizada, ou seja, acompanhada de uma narração em *off* ou de música, como ocorre nos videoclipes musicais.

GC: letreiro.

off: vozes ou sons não produzidos na cena focada.

1. Um roteiro de vídeo costuma ser dividido em blocos.

a) De que trata o bloco 1?

b) E o bloco 2?

2. Observe a organização interna de cada bloco. O bloco inicia-se com indicações das imagens de abertura (no caso do bloco 1, essa indicação veio anteriormente, sob o título "Abertura"), depois apresenta em negrito o texto em *off* e, em seguida, indica imagens e sonoras. No bloco 1, nas primeiras narrações em *off*, o narrador pergunta se o circo pode ter alma.

a) Ele responde afirmativa ou negativamente a essa pergunta? Justifique sua resposta.

b) No final desse bloco, entretanto, o narrador faz uma nova pergunta: "Mas esta alma pode ser preservada aqui, no extremo sul de São Paulo, onde a aridez da paisagem e o cotidiano violento cercam este picadeiro onde crianças aprendem e vivem circo?". Explique que preocupação em relação ao futuro do circo é revelada nessa pergunta.

3. Tanto nas indicações de sonoras quanto nas de imagens, o autor emprega sinais como 6'42'' (que significa 6 minutos e 42 segundos) para indicar a *minutagem*, isto é, as partes do filme indicadas em minutos e segundos.

a) Portanto, que tipo de informação o autor pretende transmitir com uma indicação do tipo: "fita 22 de 17'47'' a 20'51''?

b) Em alguns casos, após a indicação da minutagem, o autor acrescenta algumas frases. Observe: "corta para imagens *fita 22 de 17'47'' a 20'51''* + imagens *fita 23 de 00'30'' a 5'15''* (crianças entrando no circo) e de *5'15'' a 6'10''* (olá e assobios)". No todo, o que esses acréscimos informam?

c) Há, ainda, nessas frases, breves comentários pessoais do autor, como, por exemplo, "*Muito bom*"; "*bom* efeito involuntário"; "*linda* despedida". Deduza: Predomina nesses fragmentos a objetividade ou a subjetividade? Por quê?

Chico Sanchez/Corbis/Latinstock

4. Observe que o autor faz várias indicações de corte no texto, mostrando o momento em que uma imagem deve dar lugar a outra. Imagine esse roteiro transformado em vídeo. Que efeito esse recurso pode provocar no espectador?

5. Além das entrevistas, as narrações em *off* são a parte de linguagem verbal do roteiro de vídeo que chega diretamente ao telespectador. Observe o tipo de linguagem empregado pelo autor nesses trechos.

a) Que tipo de variedade linguística predomina?

b) A predominância dessa linguagem é coerente com esse tipo de texto?

6. As narrações em *off* apresentam algumas figuras de linguagem, como metáforas, personificações, antíteses, etc.

a) Identifique uma dessas figuras de linguagem.

b) Que efeitos esses recursos podem causar no público?

7. Reúna-se com seus colegas de grupo e, juntos, concluam: Quais são as características do roteiro de vídeo? Respondam, considerando os seguintes critérios: finalidade do gênero, perfil dos interlocutores, suporte ou veículo, tema, estrutura, linguagem.

PRODUZINDO O ROTEIRO DE VÍDEO

Forme um grupo com três ou quatro colegas e discuta com eles como criar um roteiro de vídeo para um documentário sobre um dos temas seguintes ou outro de sua preferência.

- Poetas e artistas plásticos da cidade ou do bairro
- A arte de surfar, jogar futebol, praticar *skate*, paraquedismo ou outro esporte
- A atuação de uma comunidade de bairro ou ONG
- A escolha profissional
- A história da cidade ou do bairro
- Ser jovem hoje

PLANEJAMENTO DO TEXTO

Ao escreverem o roteiro de vídeo, sigam estas orientações:

- Estabeleçam o que pretendem mostrar no documentário e a forma de fazê-lo: como uma crítica ou uma crônica poética, por exemplo.
- Pensem em pessoas que possam aparecer no vídeo: como entrevistá-las, que perguntas fazer, como obter depoimentos, etc.
- Pensem nas cenas – quais serão externas (em ruas, avenidas, algum lugar específico, etc.), quais serão internas (em ambiente fechado) –, nas narrações em *off*, nos clipes, etc.
- Imaginem uma sequência ideal. Por onde começar? Com uma imagem panorâmica? Com um trecho de uma das entrevistas ou depoimentos? Com imagens e sons apenas, sem narrações em *off*? E depois? O que pode tornar o documentário atraente para o espectador?
- Que músicas podem ser usadas como fundo para as sequências das imagens? Lembrem: toda imagem pode corresponder a um som, seja uma música, seja o barulho próprio das ruas ou ambientes, seja a fala de um entrevistado.
- Façam as indicações da sequência de imagens, de sons e dos textos em *off*. Como vocês ainda não têm as imagens, não é necessário fazer indicações sobre fitas e minutagem.
- Qual é o perfil de seu leitor? O roteiro será lido pelo diretor e pelo(s) produtor(es) e é importante que o texto forneça os subsídios para que eles se interessem por participar da produção e possam orientar seus trabalhos uma vez que tenham decidido fazer o vídeo.
- Façam um rascunho e passem o roteiro a limpo depois de realizar uma revisão cuidadosa, de acordo com as orientações da seção **Revisão e reescrita**.
- Pronto o roteiro, entrem em contato com as pessoas que vocês desejam que participem do vídeo e estipulem uma data para elas darem suas respostas.
- Selecionados os participantes, transformem o roteiro em vídeo e, no dia combinado para a apresentação do jornal falado proposto no projeto desta unidade, apresentem-no para os convidados do evento.

REVISÃO E REESCRITA

Antes de finalizar o roteiro de vídeo, leiam-no e observem se:

- ele indica a seleção e a ordem das imagens que serão colhidas, o uso de recursos como *insert*, *flashback*, clipe, etc. e também entrevistas e depoimentos;
- ele organiza adequadamente as partes em sequências, blocos ou cenas;
- ele propõe uma linguagem que seja adequada ao tema do vídeo e ao público a que o trabalho se destina.

PROJETO

A SÉTIMA ARTE

Alberto Ruggieri/Illustration Works/Corbis/Latinstock

Para encerrar esta unidade, participe com os colegas da preparação e apresentação de um **jornal falado** produzido com base em pesquisas de temas relacionados ao cinema.

Temas para pesquisa

Cada grupo deve pesquisar um dos temas a seguir, ou outro, se preferir.

- O cinema: como tudo começou
- A linguagem cinematográfica: imagem, som e efeitos especiais
- Charles Chaplin: vida e obra
- O mundo mágico de Walt Disney
- Grandes diretores do cinema italiano: Federico Fellini e Roberto Rossellini
- Cinema-suspense: Alfred Hitchcock
- Por que *Cidadão Kane*, de Orson Welles, é considerado o maior filme da história do cinema
- Marilyn Monroe, a eterna musa do cinema
- O cinema brasileiro: a Atlântida e a Companhia Cinematográfica Vera Cruz
- Brasil: o Cinema Novo
- O cinema brasileiro contemporâneo

Buena Vista Pictures/Courtesy

Cena do filme *A Bela e a Fera*, de Walt Disney, produzido em 1991.

Para a apresentação no jornal falado, o grupo pode usar informações interessantes e curiosas que apareçam no decorrer da pesquisa, como, por exemplo, curiosidades cinematográficas, a vida nos bastidores, as grandes produções, excentricidades de atores, atrizes e diretores, os atores e atrizes mais conhecidos, listas dos melhores filmes em cada gênero (policial, terror, guerra, faroeste, musical, drama, comédia, infantil, ficção científica). A revista *Set*, da Editora Peixes, traz inúmeras matérias sobre cinema.

A pesquisa, a produção dos textos, a montagem do jornal falado

Antes da escolha do tema, leiam o painel de textos "Era uma vez o cinema". Escolhido o tema, pesquisem em enciclopédias, revistas e livros especializados em cinema, entre eles os sugeridos na seção **Fique ligado! Pesquise!**, na abertura desta unidade. Com base nos resultados da pesquisa, escrevam os textos em forma de notícias, reportagens, entrevistas, anúncios, etc., procurando dar a eles um toque pessoal para facilitar o entendimento ou despertar a curiosidade.

Reúnam todo o material relacionado ao tema que for possível: livros, artigos de revista, fotografias de artistas, diretores e cenas de filmes, pôsteres, cartazes, vídeos, roupas inspiradas em heróis e heroínas da tela, etc. Na apresentação do jornal falado, exponham os textos, um grupo por vez, tentando apresentá-los de maneira criativa e interessante e ilustrando-os com o material colhido. Se possível, apresentem também trechos de filmes e, entre uma e outra exposição, apresentem os filmes feitos por vocês a partir dos roteiros produzidos nos capítulos da unidade.

Escolham um colega para conduzir a programação do jornal, ou seja, para fazer o papel de jornalista âncora. A ele caberá apresentar os grupos, o tema, dar voz aos "repórteres", apresentar os entrevistados, anunciar as matérias, falar dos vídeos produzidos, etc.

Convidem para o evento colegas de outras classes, professores e funcionários da escola, amigos e familiares.

Por dentro do cinema e da televisão

Para saber mais sobre cinema e televisão, veja alguns destes filmes: *O último magnata*, de Elia Kazan; *Cinema Paradiso* e *O homem das estrelas*, de Giuseppe Tornatore; *Quiz show – A verdade dos bastidores*, de Robert Redford; *Sábado*, de Ugo Giorgetti; *Branca de neve e os sete anões*, de Walt Disney, em edição que inclui um documentário exclusivo de como foi feito o filme; *Ed TV*, de Ron Howard; *O show de Truman – O show da vida*, de Peter Weir; *A nuvem*, de Fernando Solana.

ERA UMA VEZ O CINEMA

A estreia

A história do cinema começa em 28 de dezembro de 1895, no Grand Café, em Paris, com a exibição pública de quatro documentários curtos, de mais ou menos dois minutos de projeção: *A saída dos operários das usinas*, *A chegada do trem na estação*, *O almoço do bebê* e *O mar*, dos irmãos Lumière.

Cena do filme *A chegada do trem na estação*.

Hollywood, cidade-cinema

Courtesy Everett Collection/Keystone

Cena do filme *Cidadão Kane.*

Na costa oeste dos Estados Unidos, Hollywood se transformou na cidade do cinema, oferecendo o cenário ideal para filmes realizados ao ar livre, à luz do dia. O diretor David Griffith (1875-1948) aí realizava filmes grandiosos, como o *Nascimento de uma nação* (1915), o primeiro longa-metragem americano, tido como a base da criação da indústria cinematográfica de Hollywood. Griffith foi o primeiro diretor a utilizar dramaticamente o *close*, a montagem paralela, o suspense e o movimento de câmera. Com *Intolerância*, de 1919, fez uma ousada experiência, com montagens e histórias paralelas.

Após a Depressão, com a recuperação da indústria, Hollywood viveu seus anos de ouro. Em 1938/39, surgiram superproduções como *A dama das Camélias*, *...E o vento levou*, *O morro dos ventos uivantes* e *Casablanca*. Novos recursos técnicos possibilitaram o desenvolvimento pleno de todos os gêneros cinematográficos. Em 1941, desafiando o esquema dos grandes estúdios hollywoodianos, Orson Welles lançou *Cidadão Kane*, filme que revolucionou a estética do cinema.

O genial Carlitos

Charles Chaplin (1889-1977), diretor, produtor e ator, teve uma infância miserável, vivida em orfanatos, na Inglaterra. Empregou-se em *music halls* em 1908 e fez sucesso como mímico. Contratado por um empresário norte-americano, foi para os Estados Unidos em 1913 e ali, um ano depois, realizou seu primeiro filme – *Carlitos repórter*. Sua personagem Carlitos, o vagabundo com bengala, chapéu-coco e calças largas, tornou-se o tipo mais famoso do cinema.

Reprodução

Charles Chaplin no filme *Em busca do ouro*, de 1925.

Courtesy Everett Collection/Keystone

Greta Garbo no filme *Ninotchka*, de 1939.

O cinema falado

Em 1927, nasceu o cinema falado. Enormes microfones eram escondidos por toda parte no estúdio e gravavam tudo, até mesmo as interferências. Para os atores próximos dos microfones, havia sempre o medo de se esquecerem do texto. E a mais leve tossida era suficiente para estragar a cena! Os problemas pouco a pouco iam sendo resolvidos: câmeras silenciosas entraram em ação e microfones muito sensíveis presos a suportes permitiam acompanhar os atores.

A invenção espetacular do cinema falado assinalou o fim de carreiras brilhantes para um grande número de atores e atrizes e o início de uma nova vida para aqueles que conseguiram se adaptar. O ator John Gilbert, grande astro do cinema mudo, por exemplo, fazia o público cair na risada com sua voz de falsete e, após algumas tentativas para modificar a voz, acabou sumindo das telas. Em contrapartida, o público adorava a voz de Greta Garbo, uma atriz de origem sueca. Em 1930, a última moda era falar como ela!

Efeitos especiais

"O cinema é uma mentira que diz a verdade." Essa frase, de Jean Cocteau, faz alusão aos artifícios e trucagens com os quais o cinema cria a ilusão. Para filmar *Super-Homem*, por exemplo, foi usada uma trucagem chamada tela azul: o ator, suspenso por um cabo na frente de uma tela pintada de azul, foi filmado por uma câmera. Depois o fundo azul foi substituído por tomadas de Nova York filmadas de um helicóptero.

Warner Bros/Courtesy Everett Collection/Everett Collection/Keystone

Cena de *Batman - O cavaleiro das trevas*, de 2012, dirigido por Cristopher Nolan.

Cinema no Brasil

Video Filmes/O2 Filmes; Elimar Prod. Art.; Sony Pictures - Classic/Columbia; Globo Filmes; Video Filmes/Sony Pictures

O cinema brasileiro conheceu três grandes estúdios cinematográficos. Em 1930, surgiu a Companhia Cinédia, que se dedicava a produzir dramas populares e comédias musicais, conhecidas pela denominação genérica de chanchadas. A ela se deve o lançamento de atores como Oscarito e Grande Otelo. Em 1941, no Rio de Janeiro, foi fundada a Atlântida. Inicialmente voltada à produção de filmes de temas brasileiros, a companhia passou a fazer chanchadas, filmes de custo baixo e sucesso de público garantido, nos quais atuavam comediantes como Oscarito, Zé Trindade, Grande Otelo e Dercy Gonçalves. Em 1959, em São Paulo, surgiu um empreendimento grandioso, a Companhia Vera Cruz, que, renegando a chanchada, ambicionava realizar produções mais aprimoradas. O estúdio produziu filmes como *Tico-tico no fubá*, de Adolfo Celli, *O cangaceiro*, de Lima Barreto, e os de Mazzaroppi, o caipira mais bem-sucedido do cinema nacional.

Minha câmera

Eu a coloquei sobre uma charrete,
eu a fiz rolar
como uma bola sobre a terra,
eu a prendi ao pescoço, ao ventre
de cavalos arrebatados pelo galope.
Eu a joguei nas vagas,
eu a prendi ao homem
e fiz andar, correr,
virar a cabeça, cair de joelhos.
Eu fiz disso um ser vivo,
um cérebro, e,
melhor ainda,
eu tentei fazer disso um coração!

(Abel Gance)

Na década de 1950 apareceu o movimento Cinema Novo, com o filme *Rio, 40 graus*, de Nelson Pereira dos Santos. O riso, a música e o romantismo dos filmes anteriores deram lugar a uma realidade mais crua. São ligados a esse movimento clássicos como *Os cafajestes*, de Ruy Guerra, *Deus e o diabo na terra do sol* e *Terra em transe*, de Glauber Rocha, *A hora e a vez de Augusto Matraga*, de Roberto Santos, e *O pagador de promessas*, de Anselmo Duarte, que em 1962 ganhou a Palma de Ouro de melhor filme no Festival de Cannes.

Em meados da década de 1980, a produção do cinema brasileiro entrou em declínio, por falta de incentivos financeiros. A partir de 1993, com a criação de programas de incentivo à indústria cinematográfica, começou a ressurgir, e em 1999 o filme *Central do Brasil*, de Walter Salles, ganhou o Urso de Ouro do Festival de Berlim e ainda concorreu ao Oscar de melhor filme estrangeiro. *Cidade de Deus*, de Fernando Meirelles, recebeu em 2002 quatro indicações para o Oscar, além de inúmeros prêmios em vários festivais.

Warner

A última imagem do filme *Tempos modernos*, de Charles Chaplin.

Thinkstock/Getty Images

UNIDADE 8 EM DIA COM O QUE ACONTECE

O jornal

Um jornal é tão bonito
Um jornal é tão bonito
Tudo escrito, tudo dito
Tudo num fotolito
É tão bonito um jornal

Vigilantes do momento
Senhores do bom jargão
Façam já soprar o vento
Seja em qualquer direção
Que o jornal é a matéria
E o espírito do mundo
Coisa fútil, coisa séria
Todo escrever vagabundo

Um jornal é tão diverso
Um jornal é tão diverso
Tudo impresso, tudo expresso
Tudo pelo sucesso
É tão diverso um jornal

Não importa a má notícia
Mas vale a boa versão
Na nota um toque de astúcia
E faça-se a opinião
De outra feita, quando seja
Desejo editorial
Faça-se sujo o que é limpo
Troque-se o bem pelo mal

Um jornal é tanta gente
Um jornal é tanta gente
Tudo frio, tudo quente
Tudo preso à corrente
É tanta gente um jornal

Um que dita, um que escreve
Um que confessa, um que mente
Um que manda, um que obedece
Um que calcula, um que sente
Um que recebe propina
Um que continua honesto
Um puxa-saco dos fortes
Um que mantém seu protesto
Um que trafica influência
Um que tem opinião
Um jornalista de fato
Um rato de redação

Um jornal é igual ao mundo
Um jornal é igual ao mundo
Tudo certo, tudo incerto
Tudo tão longe e perto
É igual ao mundo um jornal

(Gilberto Gil. In: http://letras.terra.com.br/gilberto-gil/585144/)

Fique ligado! Pesquise!

Assista

- *Leões e cordeiros*, de Robert Redford; *A caçada*, de Richard Sheperd; *Capote*, de Bennet Miller; *Cidadão Kane*, de Orson Welles; *Nos bastidores da notícia*, de James C. Brooks; *O show de Truman*, de Peter Weir; *Em defesa da verdade*, de David Drury; *Um sonho sem limites*, de Gus van Sant; *Quase famosos*, de Cameron Crowe; *O preço de uma verdade*, de Billy Ray; *O povo contra Larry Fynt*, de Milos Forman; *O informante*, de Michael Mann; *Todos os homens do presidente*, de Alan J. Pakula; *A testemunha ocular*, de Howard Franklin; *O jornal*, de Ron Howard; *Íntimo e pessoal*, de Jon Avnet; *Bom dia, Vietnã*, de Barry Levinsun. Sobre o cotidiano de jornalistas correspondentes de guerra: *Red*, de Warren Beatty; *Os gritos do silêncio*, de Roland Joffé.

Getty Images

Leia

- *O grande livro do jornalismo*, de Jon E. Lewis (José Olympio); *Ética no jornalismo*, de Rogério Christofoletti (Contexto); *O prazer de ler jornal*, de Walter Galvani (Unisinos); *O destino do jornal*, de Lourival Sant'Anna (Record); *O que é ser jornalista* (Record) e *A arte de fazer um jornal diário* (Contexto), de Ricardo Noblat; *Jornal, história e técnica – As técnicas do jornalismo*, de Juarez Bahia (Ática); *O texto da reportagem impressa – Um curso sobre sua estrutura*, de Oswald Coimbra (Ática); *Manual de redação e estilo de O Estado de S. Paulo* (Moderna); *Projeto gráfico – Teoria e prática da diagramação*, de A. C. Collaro (Summus).

PROJETO

Em tempo
Produção de textos jornalísticos para montagem de um jornal mural.

Ouça

- Ouça as músicas "Notícia de jornal", de Luís Reis e Haroldo Barbosa (CD *Chico Buarque*), e "De frente pro crime", de João Bosco e Aldir Blanc (CD *Caça à raposa*).

Navegue

- www.cartacapital.com.br
- www.terra.com.br/istoe/
- http://revistaepoca.globo.com
- http://veja.abril.com.br
- www.estadao.com.br
- www.folha.uol.com.br

Henri de Toulouse-Lautrec

CAPÍTULO 20

A notícia

: *Monsieur Dihau* (1890), de Toulouse-Lautrec. Esta tela ilustra a importância do jornal na vida cotidiana das pessoas a partir do século XIX.

TRABALHANDO O GÊNERO

Leia esta notícia:

Bebê impresso

Débora Mismetti

Editora-assistente de "Saúde"

Os nove meses de gestação não precisam mais terminar para ter o bebê nas mãos. Um exame que entra neste mês no mercado no país oferece a possibilidade de imprimir o feto em três dimensões.

O resultado é uma réplica do bebê em tamanho real, feita de um material similar ao gesso ou de um tipo de resina – e, a depender da escolha dos pais, até de prata.

Até agora, afirma o ginecologista Heron Werner Jr., o método estava sendo usado só para pesquisas com foco em malformações, como tumores cervicais, lesões externas, fenda no lábio e problemas nos membros e na coluna. Casos como esses ainda devem ser as principais indicações do exame, que está em testes há mais de cinco anos.

Um dos objetivos, segundo o especialista em medicina fetal, é entender melhor os problemas do feto. "A ideia é transformar isso numa interface amigável para a equipe. É mais fácil discutir o caso mostrando um modelo físico e não só vê-lo na tela."

Algumas malformações podem requerer cirurgias logo após o nascimento, que podem ser

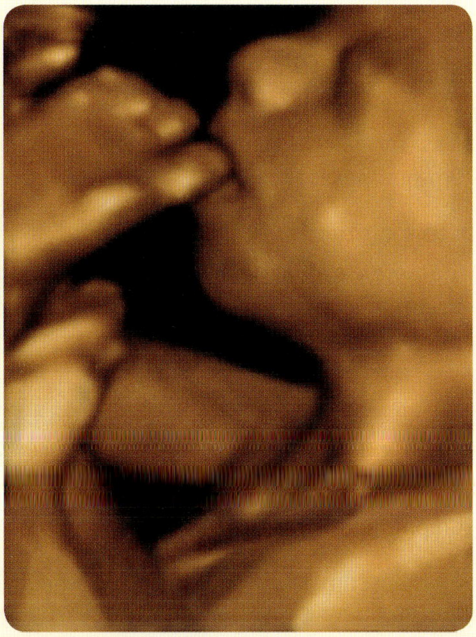

: Ultrassonografia 3D.

mais bem planejadas com o modelo impresso, diz Werner. Outra vantagem é facilitar a comunicação do problema aos pais.

Mas, assim como aconteceu com a ultrassonografia 3D e a apelidada de 4D (em que é possível ver uma imagem tridimensional do feto se mexendo em tempo real), a nova tecnologia também deve servir para os pais guardarem uma lembrança do período de gestação do filho.

Da impressão em 3D, leva-se uma réplica que pode virar até pingente de prata. "Não é esse o objetivo inicial, mas acaba pegando carona. A cópia é muito fiel."

[...]

(*Folha de S. Paulo*, 8/4/2012.)

interface: ponto de integração com um usuário.
malformação: má-formação; deformidade ou anomalia congênita.

1. A notícia, assim como a entrevista, a reportagem e o editorial, é um gênero jornalístico.

a) Qual é o objetivo de uma notícia?

b) A que tipo de público uma notícia se dirige?

2. Entre os gêneros jornalísticos, há aqueles que priorizam a informação e os que priorizam o comentário. Os textos que priorizam a informação se ocupam de divulgar um fato novo, um acontecimento; os textos que priorizam o comentário se ocupam de expressar uma opinião, um julgamento.

a) De que a notícia se ocupa: de informação ou de comentário?

b) A notícia em estudo confirma sua resposta à questão anterior?

3. Uma notícia geralmente compõe-se de duas partes: ***lead*** (lê-se "lide") e corpo. O *lead* consiste normalmente no primeiro parágrafo da notícia e é a parte que apresenta um resumo, feito em poucas linhas, no qual são fornecidas respostas às questões fundamentais do jornalismo: **o que** (fatos), **quem** (personagens/pessoas), **quando** (tempo), **onde** (lugar), **como** e **por quê**. Na notícia em estudo, identifique no primeiro e no segundo parágrafos:

a) o fato principal;

b) as pessoas envolvidas;

c) quando ocorreu o fato;

d) o lugar onde ocorreu o fato;

e) por que o fato aconteceu.

Isto é notícia

Observe algumas definições da palavra *notícia*:

"Notícia é tudo que alguém, em algum lugar, está tentando esconder, e que outras pessoas desejam e têm o direito de saber."

"Notícia é aquilo que atrai as pessoas e afeta a sua vida de alguma forma, mesmo que elas ainda não saibam."

"Notícia é o que as pessoas gostariam de contar a outras, desde que ficassem sabendo antes do jornal publicar."

"Notícia é tudo aquilo que o jornal publica."

(André Carvalho e Sebastião Martins. *Jornalismo*. 2. ed. Belo Horizonte: Lê, 1991. p. 16.)

Veja mais esta definição, dada por um editor de um jornal de Nova Iorque, *The Sun*, há mais de cem anos: "Quando um cachorro morde um homem, isso não é notícia. Mas, quando um homem morde um cachorro, isso é notícia".

(Chris e Ray Harris. *Faça o seu próprio jornal*. Campinas: Papirus, 1993. p. 10.)

4. O corpo da notícia é a parte que apresenta o detalhamento do *lead*, fornecendo ao leitor novas informações em ordem cronológica ou de importância. Na notícia em estudo, que parágrafos constituem o corpo?

5. Para ampliar o enfoque sobre o fato relatado, os jornalistas costumam entrevistar pessoas envolvidas com ele. Depois, ao redigir a notícia, é comum citarem o discurso de algumas pessoas. Na notícia em estudo:

a) Identifique uma dessas citações e dê o nome da pessoa citada.

b) Como o leitor pode identificar esses discursos?

c) Que tipo de discurso é empregado nos textos citados: o discurso direto ou o indireto?

d) Qual é o papel do discurso citado nas notícias e nos textos jornalísticos em geral?

6. Observe a linguagem empregada no texto.

a) Que características ela apresenta?

- impessoal, clara, objetiva, direta, acessível a qualquer leitor
- pessoal, indireta, emprega palavras de uso não corrente na língua
- coloquial e com o uso de gírias

b) Em que variedade linguística ela está?

c) Nas formas verbais, que tempo predomina? Em que pessoa?

7. Observe o título da notícia em estudo.

a) Ele anuncia o assunto que será desenvolvido no texto?

b) Ele é objetivo ou subjetivo?

c) As palavras empregadas nele são de uso comum, fáceis de serem compreendidas pela maioria dos leitores?

d) Em que tempo e modo encontra-se o verbo empregado no título?

8. Reúna-se com seus colegas de grupo e, juntos, concluam: Quais são as características da notícia? Respondam, considerando os seguintes critérios: finalidade do gênero, perfil dos interlocutores, suporte ou veículo, tema, estrutura, linguagem.

A linguagem jornalística: o mínimo de palavras e o máximo de informação

A linguagem jornalística adota a norma-padrão da língua, sem contudo perder de vista o universo vocabular do leitor. Exige o emprego do mínimo de palavras e o máximo de informação, correção, clareza e exatidão.

Para uma boa redação de textos jornalísticos:

- construa períodos curtos, com no máximo duas ou três linhas, evitando frases intercaladas ou ordem inversa desnecessária;
- adote como norma a ordem direta, elaborando frases cuja estrutura seja sujeito, verbo e complemento;
- empregue o vocabulário usual. Adote esta regra prática: nunca escreva o que você não diria. Termos técnicos ou difíceis devem ser evitados; se tiver que escrevê-los, coloque entre parênteses seu significado. Os termos coloquiais ou de gírias devem ser usados com parcimônia, apenas em casos especiais;
- nunca use duas palavras se puder usar uma só;
- evite os superlativos e adjetivos desnecessários;
- empregue verbos de ação e prefira a voz ativa, que dinamizam mais a frase e estimulam o leitor.

(Adaptado de: Eduardo Martins. *Manual de redação e estilo de O Estado de S. Paulo*. São Paulo: Moderna, 1997.)

PRODUZINDO A NOTÍCIA

Escolha ao menos uma das seguintes propostas para produzir uma notícia.

1. Escreva uma notícia sobre um fato ocorrido recentemente no Brasil ou no mundo. Ela pode se referir a um fato relacionado à política nacional ou internacional, à economia, ao meio ambiente, à saúde, à educação, aos esportes, às artes em geral, aos jovens, à violência urbana, etc.

2. Escreva uma notícia sobre um fato ocorrido recentemente em seu bairro ou em sua escola. Um fato referente ao bairro pode ser, por exemplo, uma campanha de entidade filantrópica, um movimento cultural, um passeio ciclístico, um evento promovido por uma sociedade de amigos de bairro, a inauguração de um centro esportivo ou cultural, a abertura de um estabelecimento comercial, uma festa de rua, etc. Um fato referente à escola pode ser uma formatura de alunos, uma campanha, uma feira de livros, uma mostra de cinema, uma feira científica, uma apresentação teatral, uma comemoração cívica, um campeonato esportivo, aquisição de jornais, revistas ou livros para a biblioteca, uma festa beneficente, uma excursão, etc.

Photos 12 - Cinema/Diomedia

Cena do filme *Boa noite, boa sorte*, que aborda o tema do jornalismo.

Loucos por notícias e jornais

Para aqueles que são aficionados dos gêneros jornalísticos ou pretendem adotar o jornalismo por profissão, sugerimos a leitura de: *A arte de fazer um jornal diário*, de Ricardo Noblat (Contexto); *Jornal, história e técnica – História da imprensa brasileira* e *Jornal, história e técnica – As técnicas do jornalismo*, de Juarez Bahia (Ática); *O texto da reportagem impressa – um curso sobre sua estrutura*, de Oswaldo Coimbra (Ática). Leia também os poemas "Poema tirado de uma notícia de jornal", de Manuel Bandeira, e "Jornal, longe", de Cecília Meireles. E ouça a canção "Notícia de jornal", de Luis Reis e Haroldo Barbosa, cantada por Chico Buarque (CD *Chico Buarque & Maria Bethânia ao vivo*).

Planejamento do texto

- No capítulo **Projeto**, você vai montar com os colegas um jornal mural do qual farão parte as notícias produzidas neste capítulo. Considerando esse suporte, pense no perfil dos leitores – lembrando que podem ser jovens como você e adultos – e empregue uma linguagem adequada ao gênero e a esse público.
- Leia jornais e revistas; depois, converse com seus pais, professores, colegas e vizinhos sobre o assunto escolhido, procurando obter o maior número possível de informações.
- Escreva com simplicidade, na ordem direta (sujeito, verbo e complemento); sempre que possível, empregue uma palavra em vez de duas ou mais; use frases curtas, com duas ou três linhas no máximo, e parágrafos com poucas frases; empregue um vocabulário acessível; evite palavras difíceis, termos coloquiais, gírias, superlativos e adjetivos desnecessários; procure responder às perguntas que um leitor faria: "o quê?, quem?, quando?, onde?, como?, por quê?".
- Comece seu texto pela informação que considerar a mais interessante ou esclarecedora para o leitor; use no relato verbos em 3ª pessoa; limite-se a informar, não dando sua opinião sobre o fato, e empregue a norma-padrão da língua. Dê a sua notícia um título curto e sugestivo e que sirva para anunciar ao leitor o assunto que será desenvolvido.

Revisão e reescrita

Antes de fazer a versão final da notícia que você escreveu, releia-a, observando:

- se ela apresenta título, *lead* e corpo;
- se o *lead* menciona a maior parte das informações essenciais relacionadas ao fato ocorrido: *o que, quem, quando, onde, como* e *por que*;
- se o corpo contém o detalhamento do *lead*;
- se a linguagem empregada é impessoal e segue a norma-padrão.

Faça as alterações necessárias e passe o texto a limpo.

TÍTULO, LEGENDA E TEXTO-LEGENDA

Título

A primeira página da maioria dos jornais contém o resumo das principais notícias do dia. Para atrair a atenção do público, essas notícias vêm acompanhadas de títulos em letras bem grandes, chamados *manchetes*. Essas mesmas notícias são encontradas pelo leitor no interior do jornal, acrescidas de outras informações.

Veja, ao lado, as manchetes da primeira página do jornal *Folha de S. Paulo* de 14/5/2012.

FOLHA DE S.PAULO

UM JORNAL A SERVIÇO DO BRASIL

SEGUNDA-FEIRA, 14 DE MAIO DE 2012

Comissão deve focar violência dos dois lados, diz ex-ministro

ESPORTE

3 x tri

Com dois gols de Neymar, o Santos venceu o Guarani por 4 a 2 e conquistou o tricampeonato, feito que não acontecia desde a época de Pelé, em 1967/68/69

Dilma prepara a exigência de ficha limpa para cargos federais

Assessor multiplica por dez seus imóveis em SP

Diretor que liberava empreendimentos na gestão Kassab nega irregularidades

BOA NOTÍCIA

Mosquitos transgênicos já combatem a dengue

CIÊNCIA

Universidade saudita atrai brasileiros com superbolsas

Brasil vai ficar para trás entre os emergentes

Advogado diz que Cachoeira deve se manter calado na CPI

FOLHATEEN

Começa a valer hoje multa para desrespeito aos ciclistas em SP

Esquerda quer novas eleições na Grécia

Folhapress

1. Que tipo de letra é empregado no início da primeira palavra dos títulos: maiúscula ou minúscula?

2. A forma verbal empregada nos títulos é geralmente o presente do indicativo. Levante hipóteses: Por que é adotado esse tempo e esse modo verbal?

3. Observe a ordem dos termos nos títulos.

   a) Eles estão na ordem direta ou na ordem inversa?

   b) O que o emprego dessa ordem confere ao título?

4. Há, no final dos títulos, algum sinal de pontuação?

5. Observe, agora, este título e este subtítulo:

> **Assessor multiplica por dez seus imóveis em SP**
>
> Diretor que liberava empreendimentos na gestão Kassab nega irregularidades

   a) Se o título é o anúncio propriamente dito da matéria jornalística, qual é o papel do subtítulo?

   b) O subtítulo apresenta algumas semelhanças com o título. Quais são elas?

   c) Em que o subtítulo é diferente do título?

O título e o leitor

Toda matéria jornalística – notícia, reportagem, editorial, crítica, entrevista, etc. – é encabeçada por um título. O título constitui um resumo, em poucas palavras, da informação mais importante do texto. Por meio de palavras de uso comum, ele deve fazer com precisão, clareza e objetividade uma síntese do fato enfocado.

Veja o que o *Manual de estilo* da Editora Abril diz sobre esse elemento da matéria jornalística:

> O título é a chave. Para funcionar, precisa ter impacto. Sem impacto não chamará a atenção. Se não chamar a atenção, será inútil.

Como escrever um título jornalístico

Entre outras instruções para escrever um título jornalístico com adequação, o *Manual de redação e estilo de O Estado de S. Paulo* fornece estas:

- Procure sempre usar verbos nos títulos: eles ganham em impacto e expressividade. Para dar maior força ao título, recorra normalmente ao presente do indicativo, e não ao pretérito: *Lula acena* (e não *acenou*) *com correção da tabela do Imposto de Renda.*
- Evite empregar adjetivo; por mais forte que ele seja, não substitui a informação específica. Observe: *Ministro da Educação propõe profundas mudanças no ensino médio.* O adjetivo *profundas* não dá a informação essencial: quais mudanças.
- O artigo pode ser dispensado, na maior parte dos casos: *Cruz Vermelha pede ajuda para norte-coreanos.*
- Os títulos devem ser claros. Veja este exemplo de título confuso: *Presos acusados de roubo.* Presos foram acusados de roubo ou foram presos os acusados de roubo?
- Evite o uso de *foi* nos casos em que se recorre ao particípio. Assim: (*Foi*) *Aprovada a venda da Garoto.*
- O futuro do pretérito não deve ser empregado, porque transmite ao leitor ideia de insegurança, de falta de convicção: *Excesso de informação causaria estresse.* Uma saída é recorrer a palavras como *pode, deve, possível, provável, ameaça, espera*, etc. Assim: *Excesso de informação pode causar estresse.*
- Sempre que possível, substitua um título com *não* pela forma positiva. Empregue, por exemplo, *Ator rejeita prêmio* em vez de *Ator não aceita prêmio*; *Funcionário recusa promoção* em vez de *Funcionário não quer promoção.*

(Adaptado de: Eduardo Martins. *Manual de redação e estilo de O Estado de S. Paulo.* São Paulo: Moderna, 1997. p. 282-9.)

EXERCÍCIOS

1. Dê títulos às seguintes notícias:

a)

O concurso Intergroom, realizado anualmente em Nova Jersey, nos Estados Unidos, é uma espécie de Copa do Mundo dos profissionais especializados em tosa de cachorros. Na mais recente edição do evento, realizado no mês passado com a presença de 3000 competidores de 21 países, o paulistano William Galharde, de 27 anos, venceu na categoria "estrela em ascensão". Em sua apresentação, usou as mãos para aparar os pelos de um terrier. "Sei o que é adequado para cada raça", afirma ele, que é gerente técnico de estética animal da rede Pet Center Marginal. Apesar do esforço, Galharde recebeu um módico prêmio de 300 dólares dos organizadores. "Valeu mais pelo reconhecimento", consola-se.

Thinkstock/Getty Images

(*Veja São Paulo*, 23/5/2012.)

b)

Depois de empresariar Cesar Cielo entre 2007 e 2009, **Fernando Scherer**, o Xuxa, foi contratado para cuidar da carreira de outra estrela nacional das piscinas: **Thiago Pereira**, do Corinthians, especialista em provas como os 400 metros medley e esperança de medalha na Olimpíada de Londres. Segundo o contrato fechado recentemente pela dupla, Xuxa será responsável pela busca de patrocinadores e por montar um plano de carreira para quando o pupilo encerrar suas atividades. Com 26 anos de idade, Thiago planeja competir até 2016. "Nessa fase pós-esporte, quero agendar palestras para ele e ajudá-lo até a fazer investimentos financeiros", explica o ex-nadador.

(*Veja São Paulo*, 16/5/2012.)

Jonne Roriz/Agência Estado/AE

Thiago Pereira.

c) Médicos estão testando uma droga que poderia acabar com os efeitos colaterais do álcool mesmo quando a pessoa está embriagada. Pesquisadores acreditam que o iomazenil, tomado antes de beber, poderia diminuir os efeitos que o álcool traz ao cérebro, segundo o jornal Daily Mail.

Porém, os estudiosos da Universidade de Yale, nos Estados Unidos, não querem desenvolver um medicamento que permita que as pessoas bebam mais. Eles esperam que, ao cessar os efeitos do álcool em determinadas células do cérebro, o iomazenil poderia ajudar fazendo com que as pessoas fiquem sóbrias, afastando os bebedores pesados do álcool, já que eles perderiam parte do prazer de beber. Além disso, a droga também reduziria os danos causados ao fígado e outros órgãos.

[...]

(*IstoÉ*. Disponível em: http://www.istoe.com.br. Acesso em: 15/12/2012.)

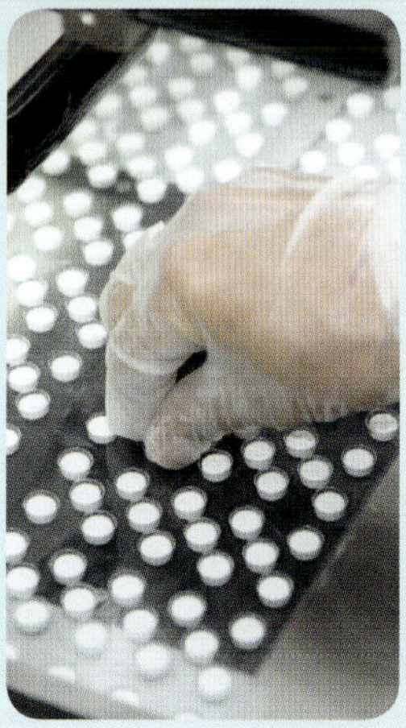

Thinkstock/Getty Images

2. Dê um título e um subtítulo à seguinte notícia:

Pesquisar no Google, mandar um torpedo pelo celular, atualizar o Twitter e postar fotos no Facebook são algumas atividades que crianças e adolescentes são capazes de executar — todas praticamente ao mesmo tempo.

Até aí, nada de surpreendente, afinal estamos falando dos nativos da "geração digital", para quem o e-mail já é uma antiguidade. Mas nem mesmo esses seres multitarefas passam incólumes por tanta conectividade e tanta informação.

O impacto dessa avalanche se reflete não apenas em aumento de riscos para a segurança dos jovens, temidos pelos pais, como também pode afetar seu desenvolvimento social e psicológico.

Ao lado de ameaças que são velhas conhecidas, como pedofilia e obesidade, surgem outras: ciberbullying, "sexting", "grooming" e tecnoestresse.

O tal do tecnoestresse é causado pelo uso excessivo da tecnologia e provoca dificuldade de concentração e ansiedade. O jovem tecnoestressado também pode tornar-se agressivo ao ficar longe do computador.

Segundo o neurologista pediátrico Eduardo Jorge, professor da Universidade Federal do Rio de Janeiro, pesquisas já associam overdose de tecnologia com problemas neurológicos e psiquiátricos.

"Estão aumentando os casos de doenças relacionadas ao isolamento. A depressão é a que mais cresce."

O neurologista também diz que há uma incidência maior do transtorno de deficit de atenção entre adolescentes aficionados por computador.

"Não é fácil de diagnosticar. Os pais não acham que o filho tem dificuldade de concentração porque ele fica parado no computador."

Outro risco é a enxaqueca. "Essas novas telas de LED são um espetáculo, mas têm um brilho e uma luminosidade que fazem com que aumentem tanto o número de crises de enxaqueca como a intensidade delas", alerta.

[...]

(*Folha de S. Paulo*, 15/5/2012.)

Legenda e texto-legenda

Grande parte das matérias jornalísticas é ilustrada com fotografias, gráficos e desenhos. Essas ilustrações vêm sempre acompanhadas de legendas ou textos-legenda.

Legenda é uma frase curta, enxuta, que normalmente cumpre duas funções: descreve a ilustração e dá apoio à matéria jornalística, informando sobre os fatos noticiados. Como o título, geralmente emprega verbos no presente do indicativo. Quanto à pontuação, a norma da maioria dos jornais é não utilizar ponto no final do texto.

Veja os exemplos ao lado.

Alvinho Duarte/Fotoarena/Folhapress

Andy MacDonald, durante o Oi Vert Jam, na Lagoa Rodrigo de Freitas.

Mark Ralston/AFP/Getty Images

Golfinhos jogam bola no Aquário Beijing, na China.

O **texto-legenda** é uma ampliação da legenda e contém as principais informações sobre o assunto. Pode também ser a chamada para uma matéria jornalística no interior do jornal ou da revista.

Veja os exemplos:

Rodrigo Coca/Fotoarena/AE

Menina observa escultura de vaca, intitulada "Do pasto à passarela", exposta durante a edição 2010 da Cow Parade, na capital paulista. Cerca de 90 esculturas de diferentes artistas ficaram espalhadas por São Paulo durante a exposição, que é o maior evento de arte pública do mundo. As vacas foram leiloadas após o evento e a renda, revertida para entidades.

André Lessa/AE

Vista do primeiro bebê das girafas Palito e Mel, que nasceu no dia 4 de fevereiro de 2011, no Zoológico de São Paulo. O filhote teria seu nome escolhido em uma gincana.

EXERCÍCIOS

1. Crie uma legenda para cada uma destas fotos:

Imaginechina/AP Photo/Glow Images

Tim Fitzharris/Minden Pictures/Latinstock

2. Crie um texto-legenda para cada uma destas fotos:

Mike Hewitt/Getty Images

Christian Jakubaszek/Getty Images

Jason Kempin/WireImage/Getty Images

Fernando Meirelles, cineasta.

CAPÍTULO 21

A entrevista

TRABALHANDO O GÊNERO

Existem diferentes tipos de entrevista, entre os quais a entrevista de emprego, a entrevista médica, a entrevista jornalística, etc. Basicamente um gênero oral, a entrevista pressupõe uma interação entre duas pessoas, cada uma com um papel específico: o entrevistador, responsável pelas perguntas, e o entrevistado, responsável pelas respostas.

Entre os tipos de entrevista, o que costuma despertar maior interesse público é a *entrevista jornalística*, difundida pelos meios de comunicação orais e escritos, como o jornal falado da tevê, o rádio, o jornal escrito, a revista e a Internet. Antes de ser publicada em revistas ou jornais escritos, a entrevista geralmente é feita de forma oral, quando é gravada, e depois transcrita para a linguagem escrita. Na passagem da linguagem oral para a escrita, quase sempre são realizadas modificações nas falas originais.

Leia a entrevista a seguir, concedida pelo cineasta Fernando Meirelles à revista *Planeta*.

Plantar árvores dá mais prazer do que fazer filmes

O CINEASTA PAULISTA FERNANDO MEIRELLES CONCILIA O CINEMA COM O ATIVISMO EM DEFESA DAS FLORESTAS E DEDICA BOA PARTE DO SEU TEMPO A ACOMPANHAR AS QUESTÕES ECOLÓGICAS. ATUALMENTE, ANDA POUCO ENTUSIASMADO COM OS EVENTOS DO SETOR NO BRASIL.

Por Maria da Paz Trefaut

Aos 56 anos, o cineasta Fernando Meirelles integra a galeria dos melhores diretores do cinema brasileiro. Entusiasta de filmes experimentais na juventude, criou programas para a televisão, trabalhou com publicidade e dirigiu sucessos como *Cidade de Deus*, em que usou a estética dos videoclipes para retratar a violência no Rio de Janeiro — obra que concorreu ao Oscar de melhor filme estrangeiro em 2004. Depois, vieram *O jardineiro fiel* e *Ensaio sobre a cegueira*, com atores e produtores internacionais. Seu filme mais recente, *360*, [...] foi filmado em Viena com os atores Jude Law, Rachel Weisz e Anthony Hopkins. Em 2012, o cineasta iniciará um longa baseado no livro *Nêmesis*, do inglês Peter Adams, sobre a vida do multimilionário grego Aristóteles Onassis.

Tanto quanto [por] cinema, Meirelles sempre se interessou por ecologia. No ano passado, chegou a ir ao Senado para se posicionar contra o novo Código Florestal. Há cinco anos vem se dedicando a um projeto de reflorestamento das matas ciliares da sua Fazenda Rifaina, em Rifaina, no interior de São Paulo. Já replantou 2,8 hectares com 3 mil mudas de 32 espécies de árvores nativas, das quais muito se orgulha, e vai continuar plantando. "Continuo melhorando meu viveiro de mudas nativas. Isso me dá mais satisfação do que fazer filmes", afirma. Nesta entrevista, Meirelles revela que não está nada satisfeito com os rumos do Brasil.

Precisamos mudar de cultura para adequar nossa civilização aos limites do planeta?

Sabemos que precisaríamos dos recursos de três planetas para a população atual alcançar os padrões de consumo do Primeiro Mundo. Esse parece ser o objetivo de todos os governos e habitantes. Mas está claro que essas aspirações não cabem no espaço que temos. Apesar de muitos estudos anunciando a falta iminente de minérios, de peixes ou de água potável, nossa sociedade não sabe existir sem crescer. A mim parece óbvio que, mesmo contando com a ciência para tornar mais eficiente o uso de energia e de recursos naturais, uma hora vamos ter de inventar outra maneira de viver que não dependa do crescimento.

Universal Pictures

: *O jardineiro fiel*, dirigido em 2005 por Fernando Meirelles.

Você integra o grupo Floresta Faz Diferença. O que essa causa representa para você?

O *www.florestafazdiferenca.org.br* é o *site* de uma associação de 144 ONGs criada para informar o debate sobre o novo Código Florestal. Nele há informações a respeito das mudanças nocivas propostas para o código e alternativas elaboradas pela Sociedade Brasileira para o Progresso da Ciência ou pela Academia Brasileira de Ciência. Há, também, depoimentos de artistas, cientistas e técnicos. Tentamos iluminar a cabeça dos congressistas, embora muitos pareçam ser à prova de luz. Esse novo Código Florestal pode vir a ser um dos maiores erros já cometidos pelo Congresso, pois autoriza a derrubada de uma quantidade de mata que dificilmente será recuperada um dia. A visão de alguns ruralistas é estreita: eles não apresentam nenhum argumento que não seja o lucro de curto alcance.

Há pessimismo sobre o esforço para se controlar as mudanças climáticas. Estamos numa corrida contra o tempo?

Alguns cientistas dizem que estamos quase no ponto em que o processo de aquecimento se torna irreversível. Outros, que já ultrapassamos. Em 2000 estava claro que para o planeta não esquentar 2 graus centígrados até 2050 as emissões de carbono teriam que ser reduzidas em 2% ao ano, ao longo da década. Não aconteceu. Há indícios claros de que algo está mudando muito mais rapidamente do que se previa.

Que exemplos o preocupam?

No norte do Canadá existe a chamada Passagem do Nordeste, que era atravessada por barcos quebra-gelo no verão. Desde 2007 ela fica completamente aberta durante o verão e, para a alegria dos cargueiros, não há mais gelo.

Em 2011 houve o maior degelo já registrado na região. Quando essa passagem deixar de se fechar no inverno, a água aquecida vai acelerar o degelo do Ártico. Isso pode causar um tal aumento do nível dos oceanos que a rua Ataulfo de Paiva, no Leblon, no Rio, poderá se transformar num embarcadouro mais cedo do que imaginamos. Mesmo assim o Brasil investe toda sua energia em mais extração de óleo e tenta acelerar o crescimento. Maluco, não?

O desenvolvimento da China, da Índia e do Brasil diminui a pobreza global, mas aumenta os impactos socioambientais. Dá para desarmar o impasse?

Uma hora não será uma questão de querer ou não desarmar o impasse. Não haverá mais recursos naturais e ponto. Segundo a ONU, há 1,1 bilhão de pessoas sem acesso a água potável. Massas de refugiados estão começando a se deslocar no norte da África. Isso pode provocar mudanças geopolíticas e conflitos entre países. A China tem planos para ampliar a dessalinização da água do mar. Como essa água é mais cara, será usada de maneira mais racional. É pena que só assim consigamos ser mais racionais.

Você acha que há empenho em mudar o modelo de vida consumista que temos?

Muito pouco. Ambientalista ainda é sinônimo de chato, quando não de hippie maconheiro. "É gente contra o progresso, que acredita que comida nasce em supermercado", diz a inacreditável senadora Kátia Abreu. Em curto prazo entendo por que se associa crescimento a bem-estar. O problema é que a visão de longo prazo não cabe no sistema visual dos homens públicos: eles trabalham com horizontes que vão, no máximo, até as próximas duas ou três eleições.

A mensagem ambiental prega comprar menos, gastar menos, dirigir menos, compartilhar recursos, sacrifícios e severidade. É avessa à abundância e ao desfrute. Dá para mudar essas percepções?

Não acho que haveria menos desfrute num mundo que consumisse menos bens. Desfruto mais da minha vida quando uso meu dinheiro e meu tempo para ler, estudar, ir ao cinema, praticar esporte, encontrar os amigos ou ouvir música. Essas atividades são sustentáveis e mais desfrutáveis do que achar vaga em estacionamento de *shopping* para comprar bugigangas que não preciso e que entopem armários.

Qual é sua atitude diante do automóvel, da bicicleta e dos meios de transporte urbanos?

Moro fora da cidade de São Paulo, num lugar que, infelizmente, não tem opção de transporte público. Organizei minha vida para não ter que sair de casa todos os dias. Quando tenho que ir ao centro, deixo meu carro próximo a uma estação e vou de metrô. Quase não uso ônibus, devido à falta de qualidade do serviço – não há corredores de trânsito, as viagens são muito demoradas, há poluição –, mas seria um usuário assíduo se houvesse opção melhor. Fora do Brasil, raramente tomo táxi. Só uso bicicleta ou transporte público. Em Los Angeles sou obrigado a alugar carro, pois, como aqui, as opções de transporte público são pouco eficientes.

No passado todos se diziam democratas. Agora todas as empresas e todos os países se dizem sustentáveis. A palavra está desgastada?

Virou um ponto de venda, uma questão de marketing, mais do que uma efetiva preocupação com os processos de produção e uso de energia e de recursos. Mesmo assim, é louvável que a sustentabilidade tenha se tornado um valor desejável. Ao anunciar um apartamento sustentável, mesmo que o imóvel não seja de fato lá essas coisas, vende-se a ideia de responsabilidade ambiental como um valor desejável.

[...]

Você é contra o eucalipto?

Não. Acho que serve como combustível e para a produção de celulose. Mas querer usar plantação de eucalipto como reserva legal de floresta é palhaçada. Quantos passarinhos você já ouviu num bosque de eucaliptos? Não é por ser árvore que vamos acreditar que lavoura de eucalipto seja floresta. Floresta tem que ter diversidade.

O cinema pode mitigar as emissões de carbono?

Como toda forma de comunicação, o cinema pode ajudar a mudar comportamentos ao informar e tocar as pessoas. Lembro que fiquei extremamente impactado ao assistir a filmes como o francês *Home — Nosso planeta, nossa casa* ou o norte-americano *Food Inc.* São filmes sensacionais a respeito dos temas desta entrevista.

(*Planeta*, nº 472.)

O2 Filmes e Fideofilmes/Globo Filmes/Lumiere/Wild Bunch/Album/Album Cinema/Latinstock

Cena do filme *Cidade de Deus*, de Fernando Meirelles.

mitigar: abrandar, suavizar, atenuar, diminuir.

1. As entrevistas publicadas em jornais e revistas apresentam diferentes objetivos, dependendo do tipo de informação que veiculam e do público que pretendem atingir. A entrevista em estudo foi publicada na revista *Planeta*. Com que tipo de pessoa e com que finalidade a entrevista em estudo foi feita?

a) Foi entrevistada uma autoridade, conhecida do público da revista, com o fim de obter sua opinião sobre um fato em destaque no momento.

b) Foi entrevistado um especialista em certo assunto, com o objetivo de explicar um fato de interesse científico, suscetível de descrição ou explicação. O especialista é desconhecido do público em geral e, por esse motivo, antes da entrevista propriamente dita há um texto introdutório que o apresenta.

c) Foi entrevistada uma pessoa pública (político, ator ou atriz, músico, cineasta, figura de destaque na sociedade e na mídia, etc.), com o objetivo de apresentar suas ideias, promovê-la (ou ao grupo ou entidade que ela representa) ou levar o público da revista a conhecê-la melhor.

2. Em toda entrevista, uma (ou mais de uma) pessoa faz perguntas, e outra (ou outras) responde. Na entrevista em estudo, quem é o entrevistado?

3. Embora conste nas entrevistas (no início ou no fim) o nome de quem fez as perguntas, raramente ele é usado no corpo do texto. Algumas publicações usam o próprio nome antes das perguntas, em vez do nome do entrevistador. Outras diferenciam perguntas e respostas por meio de recursos gráficos (como, por exemplo, negrito ou itálico), sem identificar explicitamente os participantes. Na entrevista que você leu:

a) Em que parte aparece o nome da jornalista que a realizou, isto é, o crédito da entrevistadora? Qual é o nome dela?

b) Como são diferenciadas as falas da entrevistadora e do entrevistado?

c) Levante hipóteses: Qual seria a razão da não identificação de entrevistador e entrevistado?

4. Observe o título da entrevista. Considerando que a revista *Planeta* é dirigida principalmente a um público com acesso a produtos culturais, responda:

a) A escolha do título está relacionada ao perfil do público-alvo?

b) O que, à primeira vista, o título sugere?

c) Qual é, de fato, o assunto da entrevista?

5. Antes da entrevista propriamente dita, abaixo do título, há um texto que a introduz. Qual é a finalidade desse texto introdutório?

6. Observe o modo como a entrevistadora faz as perguntas a Fernando Meirelles.

a) Há, nas perguntas, indícios de que a entrevistadora as preparou previamente? Por quê?

b) Considerando-se que o público leitor da revista é formado por pessoas interessadas em ecologia, o modo como a entrevistadora conduziu as perguntas foi, na sua opinião, apropriado?

Francois Guillot/AFP/Getty Images

Fernando Meirelles, entre a floresta e o cinema.

7. Observe as respostas do entrevistado.

a) Elas revelam segurança em relação ao assunto?

b) As respostas dele são direcionadas exclusivamente a um público especializado no assunto tratado? Justifique sua resposta.

8. Numa entrevista, quem controla a interação entre os participantes é o entrevistador, uma vez que cabe a ele fazer as perguntas. O entrevistado, porém, pode enfatizar um aspecto da pergunta e ignorar outros ou dar à resposta um rumo que lhe seja mais conveniente. Identifique, na entrevista lida, trechos em que se verificam iniciativas como essas.

9. Observe a linguagem empregada pela entrevistadora e pelo entrevistado.

a) Que variedade linguística foi empregada por eles?

b) Que forma de tratamento foi usada pela entrevistadora para dirigir-se ao entrevistado?

c) Essa forma de tratamento confere maior ou menor formalidade à interação entre entrevistador e entrevistado?

10. Quando falamos, é comum suspendermos o pensamento, deixando frases incompletas, assim como empregarmos gestos no lugar de frases, rirmos de alguma ideia engraçada, usarmos expressões que retomam ideias anteriores, como *então, aí* ou *como eu dizia*, etc., ou expressões como *né, hum, pois é*, etc.

a) Na entrevista lida, há alguma marca de oralidade desse tipo?

b) Na sua opinião, por que isso acontece?

11. Reúna-se com seus colegas de grupo e, juntos, concluam: Quais são as características da entrevista? Respondam, considerando os critérios a seguir: finalidade do gênero, perfil dos interlocutores, suporte ou veículo, tema, estrutura, linguagem.

PRODUZINDO A ENTREVISTA

Reúna-se com seus colegas de grupo para, juntos, produzirem uma entrevista.

A pessoa a ser entrevistada pode ser um profissional de uma área pela qual tem interesse, uma pessoa conhecida na cidade, um diretor de uma ONG, um empresário, um comerciante, um escritor, um professor, um atleta, um ex-aluno da escola, um colecionador de selos ou de revistas em quadrinhos, um músico, um ator, etc.

Planejamento do texto

Preparando e realizando a entrevista

- No capítulo **Projeto** desta unidade, você vai montar com seus colegas um jornal mural, do qual fará parte a entrevista que o grupo produzirá. Considerando esse suporte, pensem no perfil dos leitores – lembrando que podem ser jovens como vocês e adultos – e empreguem uma linguagem adequada ao gênero e a esse público.
- Procurem conhecer a pessoa que será entrevistada e o assunto que será o foco da entrevista. Assim, se a pessoa for, por exemplo, um profissional de uma área pela qual o grupo tem interesse, procurem informações sobre ele, onde trabalha, há quanto tempo, se participa de alguma entidade filantrópica, etc.
- Façam um roteiro de perguntas. Se o escolhido para ser entrevistado for um profissional, vocês podem perguntar, por exemplo, que pessoas ou fatos tiveram influência na sua escolha profissional; qual foi o processo de escolha da profissão; que fator teve mais influência na escolha: o lado econômico ou a realização profissional; qual a importância de ser ou não realizado profissionalmente; quais os prós e os contras da profissão escolhida; que importância a atualização constante tem na formação profissional; que conselhos daria para um jovem indeciso quanto à escolha profissional, etc.
- Façam perguntas curtas e objetivas. Procurem prever possíveis respostas e preparem novas perguntas a essas possíveis respostas.
- Ao entrevistar, não confiem na memória: levem um gravador. Apresentem uma pergunta de cada vez e saibam ouvir. Fiquem atentos às respostas, pois vocês podem aproveitar um comentário do entrevistado e improvisar uma pergunta que resulte numa resposta interessante.

Transcrevendo a entrevista

- Com a gravação em mãos, transcrevam a entrevista, passando-a para o papel.
- Escolham uma frase significativa do entrevistado para servir de título ou criem um título com base no assunto tratado.
- Escrevam uma introdução, apresentando o entrevistado e o assunto da entrevista.

- Coloquem o nome do entrevistador (ou o nome do grupo ou do jornal) antes de cada pergunta e o nome do entrevistado antes das respostas. Ou, para diferenciar as perguntas das respostas, empreguem recursos gráficos.
- Reproduzam o diálogo mantendo a linguagem empregada pelo entrevistado, mas evitando as marcas da linguagem oral.

Revisão e reescrita

Antes de fazer a versão final da entrevista, releiam-na, observando:

- se ela veicula informações suficientes a respeito do assunto abordado;
- se a sequência de perguntas e respostas flui com naturalidade;
- se há título e texto de apresentação;
- se o nome do entrevistador (ou do grupo ou do jornal) e o nome do entrevistado estão colocados, respectivamente, antes das perguntas e das respostas, ou se as falas de um e outro são diferenciadas por meio de recursos gráficos;
- se a linguagem está adequada ao perfil dos leitores e ao gênero.

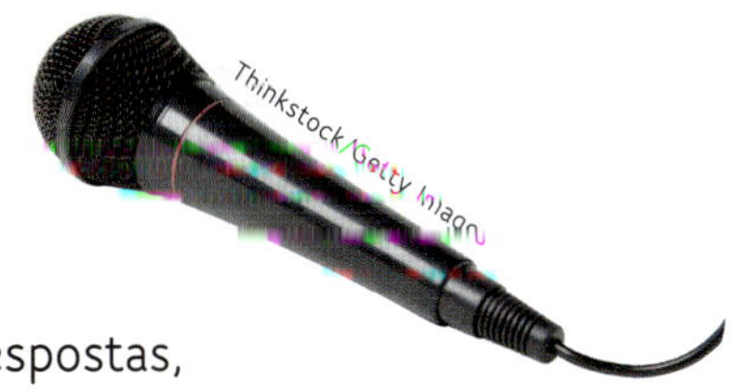

Thinkstock/Getty Images

Façam as alterações necessárias e passem o texto para um suporte e formato adequados à situação de leitura em que ele será lido.

TEXTUALIDADE E ESTILO

O DISCURSO CITADO EM TEXTOS JORNALÍSTICOS

Leia este texto jornalístico:

Conferência da ONU deve ter metas para a sustentabilidade

CLAUDIO ANGELO
DE BRASÍLIA

Pelo menos um consenso já existe na conferência Rio+20: diplomatas reunidos nesta semana na sede da ONU, em Nova York, definiram que a cúpula proporá a criação dos Objetivos de Desenvolvimento Sustentável.

Trata-se de um conjunto de metas a serem adotadas por todos os países do mundo em áreas como energia limpa, segurança alimentar e preservação dos mares.

A ideia tem sido discutida desde o começo das negociações do texto da conferência, mas alguns países ainda não concordavam com ela.

"Eu não vi ninguém se opondo desta vez", disse à **Folha** Fernando Lyrio, assessor para a Rio+20 do Ministério do Meio Ambiente. Ele participou do encontro em Nova York, a primeira rodada de negociações em torno do chamado "Rascunho Zero" do texto da Rio+20.

Thinkstock/Getty Images

O debate agora é sobre a forma como a conferência abordará os objetivos. Não será possível definir todas as metas no Rio, mas o Brasil quer definir um roteiro com prazos para a sua adoção. Outros países querem que a Rio+20 "lance um processo", ou seja, abra discussões.

Os dissensos não param por aí: na reunião, vários países reclamaram de que "elementos-chave da sustentabilidade" não estão no texto em negociação, que cresceu de 20 páginas para 178 páginas.

Segundo Lyrio, ainda há um longo debate sobre a promoção do Pnuma (Programa das Nações Unidas para o Meio Ambiente) a uma agência, proposta pelos europeus.

E ninguém falou ainda sobre dinheiro, palavra maldita para os países desenvolvidos, em crise.

"Vai ser um processo árduo", disse o secretário-geral da Rio+20, Zukang Sha.

(*Folha de S. Paulo*, 29/3/2012. Ciência.)

1. O texto aborda a preparação da conferência Rio+20, promovida pela ONU e realizada em 2012, no Rio de Janeiro, e noticia o primeiro tema consensual a ser negociado pelas nações participantes. Qual é esse tema?

2. Apesar de os jornais se dizerem imparciais, isto é, isentos de opinião, é comum jornalistas e repórteres deixarem nos textos marcas de sua posição sobre o assunto tratado. Releia os trechos a seguir e os comentários feitos a respeito deles. Depois indique os itens em que os comentários são procedentes.

a) "Pelo menos um consenso já existe" / O jornalista faz uma crítica à dificuldade dos membros da cúpula da conferência para chegar a questões consensuais.

b) "A ideia tem sido discutida desde o começo das negociações do texto da conferência" / O jornalista persiste na crítica, mostrando quanto tempo é gasto inutilmente nessas discussões.

c) "Os dissensos não param por aí" / O jornalista sugere que o desentendimento entre os membros da cúpula é grande.

d) "Vários países reclamaram" / O jornalista critica a má vontade dos países para participar da conferência.

e) "E ninguém falou ainda sobre dinheiro, palavra maldita" / O jornalista qualifica dinheiro com um adjetivo incomum para demonstrar a resistência dos países europeus em discutir o apoio financeiro.

3. Em notícias e reportagens, é comum haver citação do discurso do outro. A escolha de um tipo de discurso ou de outro depende de vários fatores. Por exemplo, às vezes o jornalista alterna o emprego do discurso direto e do discurso indireto para o texto não ficar cansativo. Outras vezes faz isso para reforçar uma ideia defendida em parágrafos anteriores; ou para evidenciar contradições nos discursos dos outros; ou para atribuir responsabilidades, dar credibilidade à notícia, apresentar outros pontos de vista, etc. Leia o boxe "O discurso segundo", na página seguinte, e, depois, responda:

a) O 4º parágrafo inicia-se com discurso direto. Releia o 3º e o 4º parágrafos e explique qual é o papel do discurso direto no desenvolvimento desses dois parágrafos.

b) Observe agora o 7º parágrafo. De que forma foi introduzido o discurso citado?

c) Releia o 6º parágrafo e compare-o ao 7º parágrafo. Levante hipóteses: Por que o jornalista recorre ao discurso segundo no 7º parágrafo?

4. Observe o último parágrafo. Que recurso o jornalista utiliza para encerrar o texto? Qual é o sentido construído por esse recurso?

O discurso segundo

Para a linguista Jacqueline Authier-Revuz, além do discurso direto, do indireto e do indireto livre, existe também o **discurso segundo**, que é uma variação do discurso indireto e tem o papel de modalizar o conteúdo da linguagem. Veja em que um e outro consistem:

- **discurso indireto**: a citação do discurso do outro é marcada por uso de verbos *dicendi* + conjunção *que* (disse que, afirmou que, etc.);
- **discurso segundo**: a citação do discurso do outro é introduzida por palavras ou expressões como *Segundo fulano, De acordo com fulano*, etc.

Compare estes enunciados:

> O diplomata *afirmou* que os países europeus não têm dinheiro para investir em meio ambiente.
> *Segundo o diplomata*, os países europeus não têm dinheiro para investir em meio ambiente.

Como você pode notar, no segundo enunciado a afirmação do diplomata fica atenuada.

EXERCÍCIOS

Leia, a seguir, uma notícia relativa à Lei Seca.

29/03/2012

Governo trabalhará para mudar a Lei Seca, diz ministro da Justiça

FELIPE SELIGMAN
DE BRASÍLIA

O ministro José Eduardo Cardozo (Justiça) afirmou nesta quinta-feira que o governo deverá buscar "rapidamente" uma mudança da Lei Seca para que seja possível a punição de motoristas que bebem e dirigem, mesmo quando houver a recusa de fazer o teste de bafômetro.

[...]

"Precisamos dialogar com o Poder Legislativo para mudar a Lei Seca sem mudar o seu espírito. Nós já havíamos nos adiantado e já havíamos conversado com as principais lideranças partidárias. Existem projetos de lei que já estão em curso", afirmou Cardozo. O mais avançado deles, que prevê provas para a embriaguez como o depoimento de testemunhas, deve ser votado nos próximos dias pela Câmara dos Deputados.

Ontem (28), o STJ decidiu que somente o bafômetro e o exame de sangue podem atestar a embriaguez do motorista e excluiu provas testemunhais ou exame médico.

Com isso, a Lei Seca fica esvaziada, uma vez que o motorista não é obrigado a produzir provas contra si e pode recusar os exames aceitos pelo STJ, e a comprovação de embriaguez pode ficar inviabilizada.

[...]

LIMITES DO ÁLCOOL
A partir de 6 decigramas por litro de sangue CRIME DE TRÂNSITO E PENAS ADMINISTRATIVAS
De 2 até 5,99 decigramas por litro de sangue PENAS ADMINISTRATIVAS
Até 1,99 decigrama por litro de sangue NÃO HÁ PUNIÇÃO

LEI SECA

De acordo com o artigo 306 do Código de Trânsito Brasileiro, quem conduz veículo com concentração de álcool por litro de sangue igual ou superior ao permitido pode ter pena de seis meses a três anos, multa e suspensão da habilitação. Essa pena permanece para quem dirigir sob efeitos de álcool.

Pelo projeto em tramitação na Câmara, as penas são mais severas. Para quem dirigir alcoolizado e provocar morte, estará sujeito de 8 a 16 anos de prisão, além de multa e suspensão ou proibição de se obter a permissão ou a habilitação para dirigir.

Se dirigir bêbado e provocar lesão corporal de natureza grave, aplica-se a pena de reclusão, de 6 a 12, além de multa e suspensão da carteira de motorista. Há ainda pena de detenção, de 1 ano a 4 anos, para quem provocar lesão corporal.

(Disponível em: http://www1.folha.uol.com.br/cotidiano/1069025-governo-trabalhara-para-mudar-a-lei-seca-diz-ministro-da-justica.shtml. Acesso em: 31/3/2012.)

1. No texto foram empregados diferentes tipos de discurso citado. Identifique nele um trecho que apresenta:

a) discurso direto;

b) discurso indireto;

c) discurso segundo.

2. No 1º parágrafo, *Justiça* está entre parênteses e *rapidamente* entre aspas. Levante hipóteses: Por que o jornalista usou esses recursos?

3. Observe a fala do ministro no 2º parágrafo.

a) De que modo ela é apresentada? Que efeito resulta dele?

b) O ministro emprega em sua fala a 1ª pessoa do plural (nós). A quem ele se refere quando diz "Precisamos dialogar com o Poder Legislativo"?

c) E quando diz "Nós já havíamos nos adiantado e já havíamos conversado com as principais lideranças partidárias"?

4. Observe o título da notícia lida.

a) Que tipo de discurso foi empregado nele?

b) Que alteração de sentido haveria com a exclusão do trecho "diz ministro da Justiça"?

5. Conclua: Que vantagens a incorporação de diferentes tipos de discurso traz para um texto jornalístico?

Thinkstock/Getty Images

CAPÍTULO 22

A reportagem

TRABALHANDO O GÊNERO

Leia esta reportagem:

A GERAÇÃO COISA NENHUMA

A atual velocidade da tecnologia embaralha ainda mais as tentativas de classificar as pessoas de acordo com a data de nascimento, como se todos tivessem os mesmos interesses. É muito rótulo para pouco alfabeto.

GABRIELA CARELI

A qual geração você pertence? X, Y ou Z? Quem acha que os relacionamentos têm de ser monogâmicos, mas não descarta experiências esporádicas – a amizade colorida, lembra-se? – e nasceu entre 1961 e 1981 é da geração X, cravam os estudiosos do comportamento. O grupo é formado por pessoas competitivas, pouco afeitas a ideologias, focadas em ganhar dinheiro e subir na vida. Y é a turma vinda ao mundo entre 1982 e 2000. São homens e mulheres esperançosos, adolescentes e adultos, preocupados com a preservação ambiental, mas desorganizados, afeitos a saltar de um emprego a outro ("uns herdeiros folgados", blasfemam especialistas em recursos humanos). Para estar entre os Z basta ser pré-adolescente (nascido a partir de 2001) e ser multitarefa – estudar, ouvir músicas no iPod, conversar mais por meio de torpedos que pessoalmente e não saber o que é viver longe de uma tela touchscreen.

Bem, mas se nenhum dos escaninhos é conveniente, e também não se adapta às pessoas de seu círculo, procure um pouco mais. Há à disposição as gerações C, F, M, N, S e W – e até uma A, de Alfa, para enquadrar quem nasceu outro dia, em 2010. É um alfabeto completo na tentativa de dividir a sociedade em tribos. [...]

Tudo muito divertido, mas essas categorias e suas características típicas definem mesmo as gerações? Dificilmente. [...] Catalogar gente não é tão simples quanto rotular sabão – sabão pode ser em pó, em barra, líquido. "Carros" também são facilmente definidos: vans, esportivos, cupês. Pessoas, não. São seres complexos. Há quem seja conservador no que diz respeito à religião, mas revolucionário no campo político. Muitos são fanáticos por hip-hop, mas também podem ir às lágrimas com as sonatas de Bach. "Eu sou contraditório, sou imenso. Há multidões dentro de mim", escreveu Walt Whitman, o poeta americano que – olhem aí mais uma – a geração Beat adotou como ídolo por pregar "resista muito e obedeça pouco".

[...] O senso comum diz que geração é o que separa pais e filhos, adolescentes de cinquentões, pessoas de idades diferentes que pensam de formas diferentes. Do ponto de vista da sociologia, uma geração é a sincronia entre os eventos históricos e o curso de vida de pessoas que, afetadas pelos acontecimentos mais marcantes de seu tempo, passam a compartilhar os mesmos valores, sonhos e ideais.

Cada geração é separada da outra por duas décadas, no máximo três. Esse conceito de geração fez mais sentido quando o mundo girava em ritmo mais lento. [...] Hoje, com a revolução tecnológica acelerada, sucessos instantâneos como o Instagram surgem em questão de meses e influenciam multidões de pessoas de maneira distinta. Como colocar no mesmo nicho um garoto de 12 anos que acha natural jogar game on-line com um parceiro na Austrália e um adulto de 30? Tecnicamente os dois são da geração Y.

[...] Há duas outras fragilidades latentes na definição de uma geração. A primeira delas é tratar pessoas como se fossem alimentos que vêm com data certa para o consumo e o descarte.

[...] A segunda fraqueza na construção de uma pasta para cada geração é desconsiderar as transformações decorrentes do curso de uma vida. Pessoas aos 30 e 40 anos são mais leais e estáveis do que na juventude porque acumulam mais responsabilidades, têm filhos e outros compromissos, como a compra da casa própria. Isso independe da geração à qual pertencem.

[...] A necessidade de rotular e enquadrar as pessoas em um determinado nicho acompanha o homem desde tempos imemoriais. Os especialistas garantem que somos uma espécie que tem a necessidade de encontrar padrões, regras e organização mesmo nas coisas que não podem ser padronizadas e classificadas. Quantas espécies olham para o céu e veem apenas estrelas? Todas. Só a nossa enxerga constelações. De acordo com o biólogo americano Edward O. Wilson, da Universidade Harvard, todos os homens, sem exceção, precisam pertencer a um grupo, a uma tribo, estabelecer metodologias e conexões. Foi isso que garantiu nossa sobrevivência, ele argumenta. Na pré-história, foi essencial conhecer o padrão migratório de animais que serviam de alimento. De mesma e vital importância foi classificar as plantas entre venenosas e comestíveis e distinguir na tribo vizinha os sinais amistosos dos belicosos.

Ainda que contestável – e verificada sua inconsistência –, a mania de classificar as pessoas por geração tem méritos e propósitos, daí sua sobrevivência. Para a indústria, o estudo das gerações é fundamental, diz Rony Rodrigues, diretor da agência de tendências em consumo BOX1824: "Foi a partir de pesquisas com os jovens da chamada geração Y que ajudamos a Fiat a elaborar o Novo Uno. Descobrimos que as pessoas nessa faixa etária queriam carros que pudessem ser customizados". [...]

"Hoje, saltitam na internet letras vazias, sem significado, criadas por algum blogueiro e replicadas de forma viral, que não dizem nada sobre ninguém", diz o filósofo Luiz Felipe Pondé. "No fim, todo mundo quer é comer, reproduzir-se e entender o sentido da vida – não muito mais do que isso." É uma filosofia que cabe bem a todas as gerações. De A a Z.

COM REPORTAGEM DE NATHÁLIA BUTTI

O JEITO DE CADA GERAÇÃO (E POR QUE AS DEFINIÇÕES SÃO FRÁGEIS)

Os acontecimentos que moldaram o mundo e influenciaram os estudiosos de demografia na classificação de grupos de contemporâneos — em definições muitas vezes batizadas décadas depois

	ORIGEM DO TERMO	EVENTOS DEFINIDORES	CARACTERÍSTICAS	FILME
GERAÇÃO GREATEST Nascidos entre 1901 e 1924 Idade hoje: 88 anos ou mais	Título de um livro do jornalista americano Tom Brokaw, de 1998	**I Guerra Mundial**  Interim Archives/ Getty Images	Aversão a riscos. Disciplina	*Cidadão Kane*, de Orson Welles (1943)
GERAÇÃO SILENCIOSA Nascidos entre 1925 e 1942 Idade hoje: de 70 a 87 anos	Criado em 1951 pela revista *Time*  Hulton Archive/ Getty Images	Grande Depressão. **II Guerra Mundial**. Início da Guerra Fria	Seguidores de regras. Desinteressados dos grandes temas de seu tempo	*West Side Story*, de Robert Wise (1961)
BABY BOOMERS Nascidos entre 1943 e 1960 Idade hoje: de 52 a 69 anos	Usado pela primeira vez em 1980 no livro *Grandes Expectativas: A América e Geração Baby Boomers*, de Landon Jones  Nasa	Auge da Guerra Fria. **A conquista da Lua**	Contestadores. Liberais. Espiritualizados	*Blow up – Depois Daquele Beijo*, de Antonioni (1966)
GERAÇÃO X Nascidos entre 1961 e 1981 Idade hoje: de 31 a 51 anos	Cunhado pelo fotógrafo húngaro Robert Capa, em 1953, foi criado quarenta anos depois pelo escritor Douglas Coupland	A queda do Muro de Berlim. A propagação da aids	Pouco idealistas. Competitivos. Individualistas	*Curtindo a Vida Adoidado*, de John Hughes (1986)
GERAÇÃO Y Nascidos entre 1982 e 2000 Idade hoje: de 12 a 30 anos	Criado pela revista de publicidade *Advertising Age*, em 1993	**Atentados terroristas de 11 de setembro** e a Primavera Árabe  Henry Ray Abrams/ AFP/Getty Images	Esperançosos. Engajados. Indecisos	***Matrix***, dos irmãos Wachowski (1999)  *Matrix*. Direção: Andy Wachowski
GERAÇÃO Z Nascidos a partir de 2001 Idade hoje: 11 anos ou menos	A autoria é desconhecida. Surgiu para dar sequência às letras que nomeiam as duas gerações anteriores	Crise econômica mundial depois da explosão da bolha imobiliária nos Estados Unidos	Ansiosos. Ágeis. Multitarefas  *Toy Story*. Direção: John Lasse	Animações da Pixar como ***Toy Story*** e ***Carros***  *Carros*. Direção: John Lasseter

TRILHA SONORA	DIVERSÃO	CRENÇA	A FRAGILIDADE DA DEFINIÇÃO
Glenn Miller	**Rádio**  Thinkstock/Getty Images	Deus	Os chamados anos loucos da Paris da década de 20, com suas noitadas de jazz, surrealismo e moda de vanguarda, contrapunham-se ao moralismo da época. O rosto dessa turma do contra foi a intelectual **Gertrude Stein**, que nunca escondeu seu homossexualismo  Alvin Langdon Coburn/George Eastman House/Getty Images
Elvis Presley  GAB Archive/Redferns/Getty Images	**Televisão**  Harold M. Lambert/Getty Images	Deus	A filosofia existencialista e a literatura beatnik levaram parte da juventude da época a questionar os rígidos valores morais sob os quais foi criada
Bob Dylan e Beatles	**Festivais de música**  Bettmann/Corbis/Corbis (DC)/Latinstock	Timothy Leary, o guru do LSD	Se tudo fosse realmente tão contestador, não teria nascido naquele tempo uma seita como a Meninos de Deus, em 1968, na Califórnia, para espalhar a mensagem do Evangelho pelo mundo. Em apenas cinco anos, ela já estava presente em 130 comunidades em quinze países
Michael Jackson  Phil Dent/Redferns/Getty Images	**Atari**  SSPL/Getty Images	**Dinheiro**  Thinkstock/Getty Images	Jovens engajados propunham a anarquia por meio do movimento punk enquanto expoentes do conservadorismo, como a primeira-ministra britânica **Margaret Thatcher** e o presidente americano Ronald Reagan, ditaram as regras da política. Quem, enfim, deteria aquele período?  Keystone/Getty Images
Lady Gaga	**Internet**  Jin Lee/Bloomberg/Getty Images	Facebook e Twitter	No avesso da mania por tecnologia, de leitura breve, a febre da série de livros **Harry Potter** atingiu sua temperatura máxima no período — foram vendidos 325 milhões de exemplares em mais de 200 países  Harry Potter e a Câmara Secreta
Justin Bieber	**Games**  David Paul Morris Bloomberg/Getty Images	Facebook, Twitter, Instagram (até a próxima invenção)	Ainda é cedo para conhecer as contradições e os desejos de jovens mal entrados na adolescência

(*Veja*, 2/5/2012.)

A origem da expressão

O uso da expressão "geração" para definir um grupo de contemporâneos de idade semelhante e comunhão de ideias nasceu com a Revolução Francesa. Quem primeiro usou a acepção foi Thomas Jefferson (1743-1826). Na Paris que punha abaixo a Bastilha, o futuro presidente americano servia como representante diplomático na capital francesa. Filósofo admirável, Jefferson percebeu a grandiosidade do momento em que Danton, Marat e Robespierre criaram o conceito de povo, alçando à condição de protagonista da história gente que antes era só a escumalha, a ralé, a choldra... Se aqueles revolucionários não formavam uma geração, quem formaria? [...]

1. Como a notícia, a reportagem também é um gênero jornalístico. Em que suportes você observa a ocorrência de reportagens?

2. Nos itens que seguem estão relacionados alguns dos objetivos que as reportagens costumam ter em vista. Identifique na reportagem lida trechos e situações correspondentes a cada um.

a) Tratar de um fato com maior profundidade, ampliando, por meio de dados estatísticos, mapas gráficos, fotografias, etc., o enfoque dado a ele.

b) Dar a conhecer o ponto de vista que os autores da reportagem têm sobre o fato.

c) Apresentar a voz ou o ponto de vista de autoridades a respeito do assunto.

3. Como vimos anteriormente, entre os gêneros jornalísticos há aqueles que priorizam a informação e os que priorizam o comentário. Quanto à reportagem, ela é considerada um gênero que se ocupa tanto da informação quanto do comentário. Localize na reportagem lida trechos representativos desses dois aspectos.

4. A reportagem lida divulga informações sobre o comportamento de diferentes gerações.

a) Segundo a reportagem, quais seriam as características que definem as gerações X, Y e Z, de acordo com os especialistas?

b) Quais são as outras gerações citadas na reportagem?

c) Por que, para os autores da reportagem, as categorias mencionadas "dificilmente" correspondem ao que são, de fato, as gerações?

5. A reportagem lida apresenta diferentes conceituações do termo geração. Quais são elas?

Notícia ou reportagem?

No texto a seguir, o estudioso Juarez Bahia comenta as diferenças entre notícia e reportagem. Veja quais são elas.

Enquanto a notícia nos diz no mesmo dia ou no seguinte se o acontecimento entrou para a história, a reportagem nos mostra como é que isso se deu. Tomada como método de registro, a notícia se esgota no anúncio; a reportagem, porém, só se esgota no desdobramento, na pormenorização, no amplo relato dos fatos.

O salto da notícia para a reportagem se dá no momento em que é preciso ir além da notificação — em que a notícia deixa de ser sinônimo de nota — e se situa no detalhamento, no questionamento de causa e efeito, na interpretação e no impacto, adquirindo uma nova dimensão narrativa e ética.

Porque com essa ampliação de âmbito a reportagem atribui à notícia um conteúdo que privilegia a versão. Se a nota é geralmente a história de uma só versão [...], a reportagem é por dever e método a soma das diferentes versões de um mesmo acontecimento.

[...] É fundamental ouvir todas as versões de um fato para que a verdade apurada não seja apenas a verdade que se pensa que é e sim a verdade que se demonstra e tanto que possível se comprova.

(*Jornal, história e técnica – As técnicas do jornalismo*. 4. ed. São Paulo: Ática, 1990. v. 2. p. 49-50.)

6. É comum os jornais e revistas utilizarem uma linguagem impessoal, buscando aparentar uma suposta neutralidade. Apesar disso, há situações em que os jornalistas explicitam suas opiniões sobre o assunto de que tratam, como no caso da reportagem lida.

Thinkstock/Getty Images

a) Para sustentar seu ponto de vista, a jornalista aponta três fragilidades na definição de uma geração. Quais são elas?

b) Apesar de criticar os estudos que rotulam e enquadram as pessoas em nichos, a jornalista reproduz a voz de especialistas que justificam tais categorizações. Identifique na reportagem duas dessas vozes.

7. A reportagem termina com esta frase: "De A a Z".

a) A expressão que constitui a frase tem usualmente qual significado?

b) Com quais elementos e trechos do texto a frase dialoga?

c) Por que o emprego dessa frase, nessa situação, confere unidade ao texto?

8. Uma reportagem é composta de vários textos. Na reportagem em estudo, que funções têm a tabela "O jeito de cada geração" e o boxe "A origem da expressão"?

9. Na tabela "O jeito de cada geração", há uma combinação entre texto verbal e imagens dispostas em meio às divisões da tabela.

a) Qual é o recurso usado pela revista para dar ao leitor a referência das imagens?

b) A última coluna tem maior destaque, é mais larga que as outras, tem um título colorido e contém textos mais desenvolvidos e mais explicativos. Que característica especial os textos dessa coluna apresentam?

c) Qual é o efeito de sentido pretendido pela revista com essa coluna?

10. Observe a linguagem empregada na reportagem em estudo.

a) Que características ela apresenta?

- clara, objetiva, direta, impessoal e visando à neutralidade jornalística
- pessoal e extremamente coloquial, com uso de gírias e expressões típicas de um determinado grupo social
- clara, objetiva, direta, pessoal, com abertura para a presença de diferentes vozes e acessível à maioria dos leitores
- poética, com uso de alegorias e emprego de palavras pouco usuais na língua

b) Que variedade linguística ela adota?

c) Nas formas verbais, que tempo predomina? Em que pessoa?

d) Levante hipóteses: Por que, diferentemente da notícia, esse tempo verbal predomina na reportagem?

11. Reúna-se com seus colegas de grupo e, juntos, concluam: Quais são as principais características da reportagem? Respondam, levando em conta os seguintes critérios: finalidade do gênero, perfil dos interlocutores, suporte ou veículo, tema, estrutura, linguagem.

PRODUZINDO A REPORTAGEM

Escolha, junto com seus colegas de grupo, um dos seguintes assuntos, ou outro, para produzirem uma reportagem.

- Um grande evento nacional ou internacional, como eleições, Copa do Mundo, Olimpíadas, etc.
- As bandas musicais e os estilos de música apreciados pela população jovem
- As formas de lazer dos jovens da sua cidade

- O primeiro emprego
- As profissões do momento
- O vestibular na vida dos alunos do ensino médio
- Violência urbana

A reportagem do grupo fará parte do jornal mural que a classe montará no capítulo **Projeto** desta unidade.

Carlos R. Alvarez/WireImage/Getty Images

Coldplay, banda britânica.

Planejamento do texto

- Façam uma reunião para decidir a divisão de tarefas entre os integrantes do grupo. Essas tarefas consistirão em: entrevistar pessoas que possam falar ou opinar a respeito do assunto; procurar e reunir informações, textos, curiosidades, dados estatísticos, fotos, etc.
- Organizem o material obtido e selecionem o que avaliarem como mais importante.
- Considerando o espaço que o jornal deverá ocupar, façam um esboço da reportagem, decidindo se haverá subtítulos ou divisões, boxes, tabelas, gráficos, etc.
- Decidam se o texto será mais objetivo ou se vocês querem expressar pontos de vista do grupo, mas lembrem-se de apresentar o assunto sob diferentes perspectivas.
- Ao escrever, procurem empregar uma linguagem adequada ao gênero, ao suporte, ao perfil dos interlocutores e à situação. Como um jornal mural exige uma leitura mais rápida, é importante que o texto seja organizado em partes curtas, com subtítulos. A linguagem não deve ser extremamente formal ou técnica, a fim de que a leitura ocorra com facilidade e o texto possa ser compreendido nessa situação.

Revisão e reescrita

Antes de finalizar a reportagem e passá-la para o suporte final, revejam o material que o grupo produziu e reuniu, observando:

Thinkstock/Getty Images

- se o texto está redigido e estruturado de acordo com a situação de comunicação;
- se a linguagem está adequada ao perfil dos leitores e ao gênero;
- se o texto apresenta diferentes pontos de vista sobre o assunto;
- se a escolha quanto a maior ou menor objetividade na linguagem foi mantida ao longo do texto;
- se as imagens estão identificadas e acompanhadas por legendas;
- se as imagens, gráficos, tabelas e boxes contribuem para enriquecer o conteúdo da reportagem, complementando as ideias nela apresentadas, e trazem informações corretas, de acordo com as que são apresentadas no texto.

Refaçam o que for necessário e organizem o material, deixando-o pronto para ser disposto no jornal mural.

PROJETO

EM TEMPO

Richard H. Fox/Getty Images

Nesta unidade você produziu textos jornalísticos: notícia, entrevista e reportagem. Há, a seguir, outras sugestões de trabalhos para serem feitos em grupo. No dia combinado com o professor, todos devem trazer o material produzido e, junto com os outros grupos, montar um **jornal mural**, cujo título pode ser o sugerido a seguir ou outro que a classe escolher.

Organizando as matérias jornalísticas

Reúnam as notícias, as reportagens e as entrevistas produzidas nesta unidade. De acordo com as orientações do professor, cada grupo escolhe as produções que deverão compor o jornal mural. Se quiserem, deem a elas outra apresentação, isto é, um novo aspecto visual.

Recheando o jornal mural

Além de textos informativos, um jornal mural pode apresentar também matérias com vistas a divertir o público leitor. Para isso, de acordo com o interesse do grupo, escolham uma das propostas de criação de textos a seguir. Ao terminarem o trabalho de redação, peçam a um colega de outro grupo que leia os textos e avalie se a linguagem e o conteúdo deles estão adequados à sua finalidade e ao público a que se destinam. Se acharem procedentes as sugestões do colega, façam modificações nos textos. Depois, passem-nos a limpo, ilustrem-nos e afixem-nos no mural, abaixo de um título como *Pílulas jornalísticas*, ou outro que prefiram.

1. Baladas

Procurem informações sobre eventos relacionados a dança, teatro ou música programados para acontecer em sua cidade nas próximas semanas e transformem-nas em breves notícias. Indiquem o nome do evento, o local, a hora, em que consiste, etc.

2. Novidades em *games* e CD-ROMs

Entre os últimos lançamentos em *games* e CD-ROMs, escolham aqueles de que mais gostaram e escrevam sobre eles. Inicie o texto com alguns dados sobre o *game* ou CD-ROM: título; distribuidor; assunto; alguma dica para jogar, se houver, etc. Depois opinem, explicando o que há de bom ou de original no *game* ou CD-ROM, se é desafiante, divertido, etc. Não deem todas as dicas!

3. Nós recomendamos

Façam uma lista com o nome de três livros, CDs ou vídeos de que gostaram muito e escrevam sobre eles. Iniciem o texto sobre cada obra com alguns dados: título, autor (ou compositor ou diretor), assunto, etc. Depois opinem, explicando por que o recomendam.

4. Em *zoom*

Se o grupo ou a classe fez recentemente um passeio cultural ou esportivo e tirou fotografias, exponham-nas. Façam para cada uma delas um texto-legenda, comentando o passeio: o que viram, o que aprenderam, o que aconteceu de engraçado, etc.

5. Classificados

Vejam quem quer vender ou trocar um objeto: livro, revista, gibi, *game*, DVD, *skate*, computador, etc. Depois produzam anúncios classificados, descrevendo em linhas gerais o objeto a ser vendido ou trocado. Coloquem o nome da pessoa com quem se deve falar e como encontrá-la (ano, telefone, endereço).

Montando o jornal mural

De acordo com as orientações do professor, escolham um mural ou uma parede da escola para montar o jornal mural da classe.

Reúnam todas as matérias jornalísticas produzidas, agrupem-nas por tipos (notícias, entrevistas, assuntos diversos, etc.) e distribuam-nas de forma a possibilitar uma leitura prazerosa. Para isso, deve haver uma certa distância entre umas e outras, as ilustrações devem ser acompanhadas de legendas e as matérias, encabeçadas por títulos interessantes. Deem ao jornal mural um título também interessante.

Convidem colegas de outras classes, professores, funcionários, amigos e familiares para conhecer e ler o jornal.

Natália Forcat

Reuters/LatinStock

UNIDADE 9

O COTIDIANO JORNALÍSTICO VIRA LITERATURA

Crônica

Ah, essas pequenas coisas, tão quotidianas, tão prosaicas às vezes, de que se compõe meticulosamente a tessitura de um poema... talvez a poesia não passe de um gênero de crônica, apenas: uma espécie de crônica da eternidade.

(Mário Quintana. *Poesia completa*. Rio de Janeiro: Nova Aguilar, 2005. p. 336.)

Fique ligado! Pesquise!

Assista

- ***O homem nu***, de Hugo Carvana; ***Traição***, de Arthur Fontes, Claudio Torres e José Henrique Fonseca.

Leia

- ***Comédias para se ler na escola*** e ***As mentiras que os homens contam***, de Luis Fernando Verissimo (Objetiva); ***200 crônicas escolhidas***, de Rubem Braga (Record); ***As cem melhores crônicas brasileiras***, de Joaquim Ferreira dos Santos (Objetiva); ***De notícia e não notícias faz-se a crônica***, de Carlos Drummond de Andrade (José Olympio); ***O melhor da crônica brasileira***, v. 1 e 2, de vários autores (José Olympio); ***Elenco de cronistas modernos***, de vários autores (Sabiá); coleção ***Para gostar de ler***, de vários autores (Ática); ***Histórias da vida privada***, v. 1 e 2, de Luis Fernando Verissimo (Companhia das Letras); ***Antologia escolar de crônicas***, organização de Herberto Sales (Ediouro).

iStockphoto/Getty Images

PROJETO

Brasil em ondas curtas e longas
Produção e montagem de um programa de rádio sobre acontecimentos políticos, econômicos e sociais e valores e comportamentos da juventude atual.

Pesquise

- Amplie seus conhecimentos sobre a crônica e seus principais autores, pesquisando nos livros ***A crônica***, de Jorge de Sá (Ática); ***Crônica – História, teoria e prática***, de Flora Bender e Ilka Laurito (Scipione), e lendo o artigo "A vida ao rés do chão", de Antonio Candido, em ***Para gostar de ler – Crônicas***, v. 5 (Ática).

Moacyr Lopes Junior/Folhapress

CAPÍTULO 23

A crônica

TRABALHANDO O GÊNERO

Leia esta crônica, de Lourenço Diaféria:

Recado pro bolsinho da camisa

Não sei como você se chama, garoto, mas te vi um dia atravessando o viaduto de concreto.

Caía chuvisco.

Teus cabelos estavam ensopados e a camisa de brim grudada no teu corpo magro e ágil como flecha disparada pelo arco do trabalho.

Você corria saltando no reflexo do asfalto molhado, como bolinha de gude rolada na infância.

Não deu tempo para perguntar teu nome. Tuas pernas finas tinham pressa. Você carregava a maleta de mão com fecho cromado, e dentro dela havia o peso da responsabilidade de papéis sérios e urgentes, que deviam chegar a um ponto qualquer da Cidade, antes que se fechassem os guichês e portarias.

Outra vez te vi, garoto.

Fazia então um sol redondo e cheio pendurado no travessão do espaço.

Outra vez, teus cabelos úmidos de suor, a camisa de brim manchada, as calças rústicas mostrando a marca da barra que tua mãe soltou de noite, fio por fio, com um sorriso e um orgulho: — O moleque está crescendo!

Não sei como você se chama, garoto.

Te conheço de vista escalando os edifícios, alpinista de elevadores, abridor de picadas na multidão, ponta de lança rompedor nesta briga de foice que são as ruas da Cidade.

Garoto que cresce sob sol e chuva carregando na maleta cheques, duplicatas, títulos, recibos, cartas, telegramas, tutu, bufunfa, grana e um retrato de menina que te espera na lanchonete.

Teu nome é: — gente.

Inventaram outro nome enrolado para dizer que você é garoto do batente.

Office-boy.

Guri que finta banco, escritório, repartição, fila, balcão, pedido de certidão, imposto a pagar, taxa de conservação, título no protesto, e que mata no peito e baixa no terreno quando encontra os olhos da garota da caixa, que pergunta de modo muito legal:

— Tem dois cruzeiros trocados?

Moacyr Lopes Junior/Folhapress

Moleque valente que acorda cedo, engole café com pão, fala tchau mesmo, vai pro ponto do ônibus ou estação, se pendura na condução, se vira mais que pião, tem sua turma, conta vantagem, lê jornal na banca, esquenta a marmita, discute a seleção, e depois do almoço bebe um refrigerante gelado e pede uma esfirra com limão.

E depois toca de novo a zunir pela Cidade, conhecido em tudo quanto é esquina, oi daqui, oi dali, até que a tarde chega e o garoto sai correndo de volta pra casa, vestir o guarda-pó, apanhar a esferográfica, enfiar os cadernos na sacola e enfrentar a escola, o sono, a voz do professor, o quadro-negro, a equação de duas incógnitas, depois de ter passado o dia inteiro gastando sola.

Guri, teu nome é: — gente.

Menino de escritório, menino do batente, que agarra o trabalho com unhas e dentes, sem você a Cidade amanheceria paralisada como bicho enorme ao qual houvessem cortado as pernas.

Pois bem: este recado não é para ser entregue a ninguém, a não ser a você mesmo.

Se quiser, guarde-o no bolsinho da camisa.

Um dia, quando você estiver completamente crescido, quando tiver bigodes, telefones, papéis importantes para preencher, alguns cabelos brancos; e sua mãe não precisar (ou não puder mais) desmanchar a barra de suas calças que ficaram curtas; quando você tiver de dar ordens de serviço a outros garotos da Cidade, saberá que, para chegar a qualquer lugar, o segredo é não desistir no meio do caminho.

Mas não se esqueça nunca de que as oportunidades não apenas se recebem ou se conquistam.

As oportunidades também devem ser oferecidas para que as pessoas pequenas saibam que seu nome é: — gente.

No futebol da vida, garoto, a parada é dura e a bola, dividida. Jogue o jogo mais limpo que você tiver. Jogue sério.

Não afrouxe se o passe recebido parecer longo demais.

Os mais bonitos gols da vida são marcados pelos que acreditam na força de seu pique.

Ponha esse recado no bolsinho da camisa, guri.

Um dia você descobrirá que a vida nem sempre é a conquista da taça.
A vida é participar do campeonato.
Vai nela, garotão!

(*Antologia da crônica brasileira - de Machado de Assis a Lourenço Diaféria.* São Paulo: Moderna, 2005. p. 196-9.)

1. A crônica é um gênero textual que oscila entre literatura e jornalismo e, antes de ser publicada em livro, costuma ser veiculada em jornal ou revista. Na crônica lida, o cronista dirige-se diretamente à personagem que é tema do seu texto.

a) A personagem é uma celebridade ou uma pessoa comum, encontrada no cotidiano da cidade grande?

b) O assunto é originário de situações circunstanciais comuns, ou de uma situação especial?

A crônica: gênero jornalístico ou literário?

Gênero híbrido que oscila entre a literatura e o jornalismo, a crônica é o resultado da visão pessoal, subjetiva, do cronista diante de um fato qualquer, colhido no noticiário do jornal ou no cotidiano. Quase sempre explora o humor; às vezes, diz as coisas mais sérias por meio de uma aparente conversa fiada; outras vezes, despretensiosamente, faz poesia da coisa mais banal e insignificante.

Registrando o circunstancial do nosso cotidiano mais simples, acrescentando, aqui e ali, fortes doses de humor, sensibilidade, ironia, crítica e poesia, o cronista, com graça e leveza, proporciona ao leitor uma visão mais abrangente, que vai além do fato; mostra-lhe, de outros ângulos, os sinais de vida que diariamente deixamos escapar da nossa observação.

2. A crônica é quase sempre um texto curto, com poucas personagens, e que chama a atenção para acontecimentos ou seres aparentemente inexpressivos do cotidiano. Na crônica lida, o cronista focaliza uma personagem comum na vida urbana.

a) O que chama a atenção do cronista nessa personagem?

b) O cronista diz que inventaram para essa personagem um "nome enrolado": *office-boy*. Essa personagem é focalizada pelo cronista como um ser individual ou como um ser coletivo?

c) Em que lugares e em que períodos de tempo o cronista situa sua personagem?

3. Em uma crônica, o narrador pode ser observador ou personagem. Qual é o tipo de narrador na crônica em estudo? Justifique sua resposta.

4. O cronista costuma ter sua atenção voltada para fatos do dia a dia ou veiculados em notícias de jornal e os registra com humor, sensibilidade, crítica e poesia. Ao proceder assim, quais dos seguintes objetivos o cronista espera atingir com seu texto?

a) Informar os leitores sobre um assunto.

b) Entreter os leitores e, ao mesmo tempo, levá-los a refletir criticamente sobre a vida e os comportamentos humanos.

c) Dar instruções aos leitores.

d) Tratar de um assunto cientificamente.

e) Argumentar, defender um ponto de vista e convencer o leitor.

f) Despertar no leitor solidariedade por um tipo humano.

5. Observe a linguagem empregada na crônica em estudo.

a) Como é retratada a vida da personagem: de forma impessoal e objetiva, isto é, em linguagem jornalística, ou de forma pessoal e subjetiva, ou seja, em linguagem literária?

b) A crônica, quanto à linguagem, está mais próxima do noticiário de jornais ou revistas ou mais próxima de textos literários?

c) No diálogo imaginário que o cronista tem com sua personagem, há, no emprego das pessoas gramaticais, um desvio em relação à norma-padrão formal. Veja:

> "Não sei como *você* se chama, garoto, mas *te* vi um dia atravessando o viaduto de concreto."

Como esse desvio pode ser explicado?

d) O cronista emprega vários substantivos, sinônimos, para se referir à sua personagem. Quais são eles? E qual é, para ele, o substantivo que, de fato, corresponde ao nome do jovem?

6. Ao retratar as andanças da personagem pela cidade, o cronista emprega um vocabulário relacionado ao campo semântico de um esporte.

a) Qual é esse esporte? Justifique.

b) Com que finalidade o cronista tem esse procedimento?

7. Como a maioria dos gêneros ficcionais, a crônica pode ser narrada no presente ou no pretérito.

a) Que tempo verbal predomina na crônica em estudo?

b) Que efeito de sentido a escolha desse tempo verbal confere ao texto?

8. Reúna-se com seus colegas de grupo e, juntos, concluam: Quais são as principais características da crônica? Respondam, levando em conta os seguintes critérios: finalidade do gênero, perfil dos interlocutores, suporte ou veículo, tema, estrutura, linguagem.

A primeira crônica brasileira

Acervo Iconographia. Museu Paulista, USP, São Paulo, SP

Nau capitânea de Cabral (c. 1900), de Pereira da Silva.

[...] por mais que ele [Caminha] tenha afirmado [...] que "para o bem contar e falar, o saiba pior que todos fazer", percebemos que tem consciência da possibilidade de "aformosear" ou "afear" uma narrativa, sem esquecer que a experiência vivida é que a torna mais intensa. Daí o cuidado em reafirmar que ele escreve após ter ido à terra "para andar lá com eles e saber de seu viver e maneiras": a observação direta é o ponto de partida para que o narrador possa registrar os fatos de tal maneira que mesmo os mais efêmeros ganhem uma certa concretude. Essa concretude lhes assegura a permanência, impedindo que caiam no esquecimento, e lembra aos leitores que a realidade – conforme a conhecemos, ou como é recriada pela arte – é feita de pequenos lances. Estabelecendo essa estratégia, Caminha estabeleceu também o princípio básico da *crônica*: registrar o essencial.

A história de nossa literatura se inicia, pois, com a circunstância de um descobrimento: oficialmente, a Literatura Brasileira nasceu da crônica.

(Jorge de Sá. *A crônica*. 5. ed. São Paulo: Ática, 1997. p. 507.)

A crônica: fazendo história

A crônica é um dos mais antigos gêneros jornalísticos. No Brasil, surgiu há uns 150 anos, com o Romantismo e o desenvolvimento da imprensa.

A princípio, com o nome de folhetim, designava um artigo de rodapé escrito a propósito de assuntos do dia – políticos, sociais, artísticos, literários. Aos poucos, foi se tornando um texto mais curto e se afastando da finalidade de informar e comentar, substituída pela intenção de apresentar os fatos do cotidiano de forma artística e pessoal. Sua linguagem tornou-se mais poética, ao mesmo tempo que ganhou certa gratuidade, em razão da ausência de vínculos com interesses práticos e com as informações veiculadas nas demais partes de um jornal.

De seu surgimento aos dias atuais, a crônica ganhou prestígio entre nós e pode-se até dizer que constitui um gênero brasileiro, tal a naturalidade e originalidade com que aqui se desenvolveu. Entre os muitos escritores que se destacam como autores de crônica estão Machado de Assis, Manuel Bandeira, Carlos Drummond de Andrade, Cecília Meireles, Rubem Braga, Fernando Sabino, Paulo Mendes Campos, Rachel de Queiroz, Lourenço Diaféria, Luis Fernando Verissimo, Marcos Rey, Mário Prata.

Loucos por crônicas

Para aqueles que são aficionados de crônicas, sugerimos a leitura de *Boa companhia – Crônicas* (Companhia das Letras); *Amor é prosa, sexo é poesia* e *Pornopolítica*, de Arnaldo Jabor (Objetiva); *Comédias da vida privada*, de Luis Fernando Verissimo (L&PM); *As cem melhores crônicas brasileiras*, selecionadas por Joaquim Ferreira dos Santos (Objetiva); *Cem melhores crônicas*, de Mário Prata (Planeta do Brasil); *Merreca Christmas*, de vários autores (Matrix); *O harém das bananeiras*, de Carlos Heitor Cony (Objetiva); coleção *Para Gostar de Ler* (Ática); *A crônica*, de Jorge de Sá (Ática); *A crônica – História, teoria e prática*, de Flora Bender e Ilka Laurito (Scipione).

PRODUZINDO A CRÔNICA

Leia esta crônica, de Fernando Sabino:

Notícia de jornal

Leio no jornal a notícia de que um homem morreu de fome. Um homem de cor branca, 30 anos presumíveis, pobremente vestido, morreu de fome, sem socorros, em pleno centro da cidade, permanecendo deitado na calçada durante 72 horas, para finalmente morrer de fome.

Morreu de fome. Depois de insistentes pedidos e comentários, uma ambulância do Pronto Socorro e uma radiopatrulha foram ao local, mas regressaram sem prestar auxílio ao homem, que acabou morrendo de fome.

Um homem que morreu de fome. O comissário de plantão (um homem) afirmou que o caso (morrer de fome) era da alçada da Delegacia de Mendicância, especialista em homens que morrem de fome. E o homem morreu de fome.

O corpo do homem que morreu de fome foi recolhido ao Instituto Anatômico sem ser identificado. Nada se sabe dele, senão que morreu de fome.

Um homem morre de fome em plena rua, entre centenas de passantes. Um homem caído na rua. Um bêbado. Um vagabundo. Um mendigo, um anormal, um tarado, um pária, um marginal, um proscrito, um bicho, uma coisa — não é um homem. E os outros homens cumprem seu destino de passantes, que é o de passar. Durante setenta e duas horas todos passam, ao lado do homem que morre de fome, com um olhar de nojo, desdém, inquietação e até mesmo piedade, ou sem olhar nenhum. Passam, e o homem continua morrendo de fome, sozinho, isolado, perdido entre os homens, sem socorro e sem perdão.

Não é da alçada do comissário, nem do hospital, nem da radiopatrulha, por que haveria de ser da minha alçada? Que é que eu tenho com isso? Deixa o homem morrer de fome.

Roberto Weigand

E o homem morre de fome. De 30 anos presumíveis. Pobremente vestido. Morreu de fome, diz o jornal. Louve-se a insistência dos comerciantes, que jamais morrerão de fome, pedindo providências às autoridades. As autoridades nada mais puderam fazer senão remover o corpo do homem. Deviam deixar que apodrecesse, para escarmento dos outros homens. Nada mais puderam fazer senão esperar que morresse de fome.

E ontem, depois de setenta e duas horas de inanição, tombado em plena rua, no centro mais movimentado da cidade do Rio de Janeiro, Estado da Guanabara, um homem morreu de fome.

Morreu de fome.

(*As melhores crônicas de Fernando Sabino*. 2. ed. Rio de Janeiro: Best Bolso, 2008. p. 46-7.)

Leia um jornal do dia e, a partir de uma notícia sobre o cotidiano da sua cidade, escreva, a exemplo de Fernando Sabino, uma crônica que procure despertar a atenção das pessoas para uma situação normalmente vista como banal. Dê ao texto um tom irônico, ou crítico, ou poético.

Planejamento do texto

- Antes de escrever sua crônica, discuta e decida com a classe e o professor a melhor forma de circulação e divulgação dos trabalhos. Sugerimos que reúnam as crônicas deste e do próximo capítulo em uma revista literária digital da classe, a ser montada pela classe e lida no programa de rádio desenvolvido no capítulo **Projeto** desta unidade.

- Quem vai ler sua crônica? Pense no perfil dos leitores. Dependendo do suporte escolhido, os leitores poderão ser jovens como você, adultos, familiares e amigos.

- O que você pretende com sua crônica? Ao escrever, considere se você quer entreter, ou seja, divertir o leitor, ou quer sensibilizá-lo e fazer com que ele reflita.

- Planeje o modo de construir a narrativa de sua crônica. Você pode escrever uma história que revele sua visão pessoal do acontecimento ou uma história que mostre o ponto de vista de uma das pessoas envolvidas no episódio: um garoto, os pais dele, um(a) amigo(a) do garoto, um professor de matemática, o repórter, um astrônomo, um músico, uma garota nutricionista, uma pessoa comum, etc.

- Aborde o fato ou a situação escolhida procurando ir além do que aconteceu, narrando com sensibilidade ou, se quiser, com humor. Como sua crônica deverá ser narrativa, lembre-se de mencionar o lugar onde aconteceu o fato e o tempo (se era de noite, de manhã, etc.). Faça a apresentação das personagens e, se quiser dar mais dinamismo à narrativa, utilize o discurso direto. Procure contar o fato de uma forma que envolva o leitor, despertando nele o interesse pela narração e a vontade de ler o texto até o final. Se possível, reserve uma surpresa para o fim, de modo a fazer o leitor refletir, emocionar-se ou achar graça.

A crônica no cinema

Sugerimos que você assista aos seguintes filmes, baseados em crônicas de autores brasileiros: *O homem nu*, de Hugo Carvana; *Traição*, de Arthur Fontes, Claudio Torres e José Henrique Fonseca.

Direção de Arthur Fontes, José Henrique Fonseca e Cláudio Torres/Ag. O Globo

Cena do filme *Traição*, de 1998.

- Empregue a norma-padrão da língua ou escolha uma variedade linguística que esteja de acordo com o perfil do narrador e/ou das personagens.

Revisão e reescrita

Antes de passar sua crônica para o suporte final, releia-a, observando:

- se o fato do cotidiano no qual ela se baseia é abordado por meio de uma visão pessoal (poética, irônica, crítica, etc.) que procura despertar nos leitores uma percepção diferente da realidade;
- se ela apresenta os elementos narrativos básicos;
- se ela apresenta tempo e espaço limitados;
- se a narrativa é curta e leve;
- se o texto diverte e/ou promove uma reflexão sobre o assunto;
- se a linguagem está adequada ao perfil do narrador e/ou das personagens.

Faça as alterações necessárias, deixando o texto pronto para ser publicado.

Jordi Elias/Illustration Works/Corbis/Latinstock

CAPÍTULO 24

A crônica argumentativa

TRABALHANDO O GÊNERO

Leia esta crônica, de Fabrício Corsaletti:

Pesadelo paulistano

É triste, irritante e assustador constatar que, de uns tempos pra cá, na maioria dos bares e restaurantes de São Paulo há uma ou mais TVs ligadas.

Provavelmente não é um problema só de São Paulo, e o resto do Brasil e do mundo também mantenha esses estridentes retângulos luminosos focados nos olhos e nos ouvidos dos seus bêbados e glutões. Mas vamos nos concentrar na nossa aldeia, seguindo o conselho atribuído ao russo Anton Tchékhov (1860-1904), que, se viveu numa era pré-penicilina, pelo menos teve a sorte de frequentar tavernas ainda não dominadas pelo rosto e pela voz do Faustão.

Não sei explicar o porquê dessa moda. Imagino que as TVs de plasma se tornaram símbolo de status — o dono de bar/restaurante que não tem a sua está excluído do mercado. Ele precisa fornecer esse serviço ao consumidor. Ou então elas são uma reação publicitária à cidade limpa do prefeito Kassab: se não se podem usar outdoors, enfiam-se as propagandas porta adentro. Mas como não entendo nada de negócios & coisas afins paro minha "análise" aí. O que não me impede de protestar.

O fato é que a TV foi inventada cinquenta anos antes das TVs de plasma e nem por isso o pessoal do ramo da comida e da bebida era obrigado a colocá-la nos seus estabelecimentos. Agora elas estão por toda parte.

Pessoalmente, não me incomodo de assistir, uma vez ou outra, a alguma partida de futebol, embora não torça pra time nenhum. Durante o jogo, se o público faz questão, tudo bem: TV ligada. A tela verde por duas horas, às vezes um lance que vale a pena ser visto... e fim. Quem quiser ouvir os comentaristas do "Cartão Verde", que vá pra casa. [...]

Eu também acho a vida um tédio.

Vicente Mendonça

Mas nem sempre. Não quando estou com pessoas de que gosto, comendo bolinho de abóbora e tomando cerveja. Nesses momentos, que direito tem o Datena de me contar que um caminhão atropelou uma garota de cinco anos na Raposo Tavares e, além disso, repetir a cena sessenta e quatro vezes? "É a realidade brasileira, mano", me disse um garçom a quem perguntei se ele não se cansava daquele programa sensacionalista. E ele tem razão.

Por isso, resolvi criar uma campanha. O leitor interessado recorta o haicai abaixo (cedido por um amigo que prefere não se identificar) e guarda-o na carteira. Aí, quando tiver a infelicidade de beber e comer no mesmo ambiente em que o Nicolas Cage está decepando a cabeça de monges medievais possuídos pelo demônio, é só pedir a conta e, junto com o dinheiro, deixar na pastinha o poema — o espaço sublinhado preenchido com o nome da bodega. Quem sabe a gente não muda um pouco a realidade paulistana.

QUE CILADA
ATÉ NO ______________
TEM TV LIGADA

(*Folha de S. Paulo*, 15/1/2012.)

Anton Tchékhov: escritor russo que viveu entre 1860 e 1904 e se destacou na literatura com contos e peças de teatro.

Kassab: Gilberto Kassab, prefeito de São Paulo na ocasião da publicação da crônica.

1. Conforme vimos, a crônica é um texto geralmente curto que apresenta a visão pessoal do cronista sobre um fato colhido do noticiário de jornais ou revistas ou no cotidiano. A crônica lida revela a visão do cronista sobre um fato veiculado em jornais ou sobre um fato do cotidiano?

2. Diferentemente das crônicas narrativas ficcionais, a crônica "Pesadelo paulistano" não se limita a narrar um fato de forma particular. Ela vai além, pois o cronista expõe seu ponto de vista sobre o assunto. Releia o texto e responda:

a) Já no título há uma referência à tese defendida no texto: Qual é o "pesadelo paulistano" a que o cronista se refere?

b) Qual é o ponto de vista do cronista sobre esse fato?

c) Identifique, entre os trechos da crônica reproduzidos abaixo, aqueles em que o autor explicita seu ponto de vista.

- "É triste, irritante e assustador constatar que, de uns tempos pra cá, na maioria dos bares e restaurantes de São Paulo há uma ou mais TVs ligadas."
- "vamos nos concentrar na nossa aldeia, seguindo o conselho atribuído ao russo Anton Tchékhov (1860-1904)"
- "O fato é que a TV foi inventada cinquenta anos antes das TVs de plasma"
- "Quem quiser ouvir os comentaristas do 'Cartão Verde', que vá pra casa."
- "Eu também acho a vida um tédio. Mas nem sempre. Não quando estou com pessoas de que gosto"
- "'É a realidade brasileira, mano', me disse um garçom"

3. O cronista faz ressalvas ao ponto de vista que defende e traz vozes de outras pessoas e, com isso, leva o leitor a pensar que sua opinião não é radical nem sem fundamentação. Identifique no texto trechos em que, ao fazer essas ressalvas, o cronista mostra que:

a) leva em consideração possíveis motivos para a ocorrência do fato criticado;

b) aceita conviver com a situação;

c) considera e respeita a opinião de outras pessoas.

4. Releia o seguinte trecho do texto e compare-o com duas versões dele.

Thinkstock/Getty Images

"Provavelmente não é um problema só de São Paulo, e o resto do Brasil e do mundo também mantenha esses estridentes retângulos luminosos focados nos olhos e nos ouvidos dos seus bêbados e glutões."

I. Provavelmente não é uma situação que acontece só em São Paulo, e o resto do Brasil e do mundo também mantenha as TVs de plasma focadas nos olhos e nos ouvidos de seus clientes.

II. Provavelmente não é um privilégio só de São Paulo, e o resto do Brasil e do mundo também mantenha esses modernos aparelhos do século XXI focados nos olhos e nos ouvidos de sua fiel freguesia.

a) Que expressões do texto original foram substituídas nas duas versões? Por quais?

b) Essas substituições provocam diferenças de sentido, evidenciando diferentes apreciações de valor. Que ponto de vista sobre o fato comentado é expresso em cada um dos três trechos?

5. Essa crônica apresenta ideia principal, desenvolvimento e conclusão. Releia o último parágrafo do texto.

a) Como último argumento, que exemplo o autor cita a fim de comprovar sua tese e persuadir o leitor?

b) Na conclusão, o cronista apresenta uma proposta para tentar resolver o problema apontado. Qual é essa proposta? Ela diz respeito a uma postura ativa ou passiva dos clientes?

c) Na sua cidade, o fato comentado pelo cronista acontece também?

d) Você concorda com o ponto de vista do cronista sobre o fato comentado? Justifique sua resposta.

6. O cronista inicia a crônica com um enunciado cujo verbo principal é *haver*, que é impessoal. No segundo parágrafo ele utiliza a 1ª pessoa do plural (nós) e só no terceiro parágrafo adota a 1ª pessoa do singular (eu).

a) Que efeito de sentido cada uma dessas escolhas confere ao texto?

b) Apesar do uso do verbo impessoal *haver* no primeiro parágrafo e da 1ª pessoa do plural no segundo parágrafo, já fica claro nesse início do texto o ponto de vista do autor. A quais termos, empregados nesses parágrafos, deve-se esse efeito de sentido?

7. Observe a linguagem empregada na crônica em estudo.

a) Que tipo de variedade linguística foi adotada?

b) O registro em que essa variedade foi empregada é menos ou mais formal? Justifique sua resposta com trechos do texto.

8. Reúna-se com seus colegas de grupo e, juntos, concluam: Quais são as principais características da crônica argumentativa? Respondam, levando em conta os seguintes critérios: finalidade do gênero, perfil dos interlocutores, suporte ou veículo, tema, estrutura, linguagem.

PRODUZINDO A CRÔNICA ARGUMENTATIVA

Uma crônica argumentativa pode ter por base uma notícia veiculada em um meio de comunicação ou uma situação do cotidiano vivida ou presenciada pelo cronista. O importante é que o fato mobilize em quem escreve a vontade de manifestar seu ponto de vista a respeito de um tema mais abrangente.

Há, a seguir, três propostas de produção de crônica argumentativa. Se possível, desenvolva duas delas.

1. Leia esta crônica, de Thalita Rebouças:

Quero fazer plástica

Do alto dos meus 32 anos, eu passava mais uma tarde numa livraria, abordando as pessoas para tentar vender meus livros, quando uma menina de 14 anos (de salto altíssimo, várias camadas de rímel e minissaia jeans) se aproximou:

— Você tem tantos livros e é tão novinha... Desculpa perguntar, mas quantos anos você tem?

— Trinta e dois — respondi, desconfiada. Isso lá é pergunta que se faça?

— Trinta e dois!? Sério? Caraca! — assustou-se sinceramente. Chegando mais perto, sussurrou ao meu ouvido: — Sem plástica ou com plástica?

A pergunta me chocou. Primeiro, porque me senti uma anciã. Segundo, por uma menina de 14 anos (14 anos!!!) achar que uma aparência jovem só pode ser obtida com plástica, mesmo que a dona dessa aparência tenha apenas 32 anos.

Images.com/Corbis (DC)/Latinstock

Tentei esconder o espanto e fazer uma cara normal.

— Sem plástica! Por quê? Você acha que eu estou precisando?

— Não! De jeito nenhum! É que é impressionante você ser desse jeito sem plástica. Não rolou nem um botox? Mesmo?

— Não, claro que não!

— Tô chokitaaaa! — exclamou, boca aberta, mãos no rosto. — Já falei pra minha mãe que eu quero fazer plástica. Quando eu fizer 18 vou melhorar o nariz e botar peito. O meu é muito pequeno, os garotos não gostam.

— Arrã… — reagi, sem conseguir dizer mais nada.

— Também penso em fazer uma lipinha. Minha mãe já fez e ficou ótima.

Lipinha. A menina de 14 anos (14 anos!!!) chamava lipoaspiração, aquela cirurgia invasiva que tira gordura do corpo com uma cânula, de LIPINHA!!! Uma coisa quase fofinha!

Meu Deus!, berrei em pensamento.

Apesar da vaidade exacerbada e da confiança cega nos benefícios da plástica e do botox, ela era apenas uma menina. Menina que não via a hora de ser mulher. Confesso, fiquei incomodada.

Naquela época já diziam que a infância estava encurtada. Mas o encurtamento continua, inclemente. Já com 36 anos, meses atrás, presenciei por acaso uma festa de aniversário num salão de beleza. Sim, pirralhas hoje comemoram idade nova no salão. Mas a pirralha em questão tinha apenas oito anos!

Uma das convidadas reclamou com o maquiador: “Não dá pra passar corretivo? Odeio olheira!”.

Bateu uma tristeza, uma melancolia dolorida. Esse mundo louco e apressadinho em que vivemos não dá chance para que essas meninas entendam: ser criança é que é tudo de bom.

(Disponível em: http://vejario.abril.com.br/blog/thalita-reboucas/page/8. Acesso em: 19/6/2012.)

Partindo das situações narradas na crônica lida, escreva uma crônica argumentativa em que você coloque em discussão o comportamento dos adolescentes de hoje.

2. Tente se lembrar de uma situação que foi vivida ou presenciada por você e possa ser o ponto de partida para uma crônica argumentativa.

3. Escreva uma crônica argumentativa a partir do fato comentado em um dos seguintes trechos de notícias de jornal. Escolha o trecho em que o fato comentado mais chame sua atenção e motive você a posicionar-se sobre o assunto.

Jovens se afastam dos partidos e fazem política por conta própria

Mesmo “apartidários”, eles tomam as ruas e puxam para si a responsabilidade social

Uma pesquisa divulgada na última semana revelou que 59% dos jovens (com idades entre 18 e 24 anos) não têm preferência por um partido político, mas, por outro lado, 92% consideram que pequenas ações podem mudar a sociedade. A partir daí, a tendência é que, cada vez mais, aumente o número de brasileiros puxando para si a responsabilidade de fazer algo por conta própria e tomar as ruas — ou a internet — por uma causa na qual acredita, seja ela qual for.

(Disponível em: http://noticias.r7.com/brasil/noticias/jovens-se-afastam-dos-partidos-e-fazem-politica-por-conta-propria-20110719.html. Acesso em: 19/6/2012.)

Mulher de 93 anos mostra que nunca é tarde para praticar Yoga

Tao Porchon-Lunch, de 93 anos, dá exemplo de vitalidade ao mostrar que a idade não influencia quando existe vontade de sentir-se vivo.

Uma verdadeira sensação por onde passa, Porchon-Lunch mostra ao mundo que é possível estar em uma idade avançada e possuir saúde e disposição. Praticante de Yoga há mais de 70 anos, ela viaja o mundo ensinando [illegible] da Índia, França e Estados Unidos as técnicas milenares. Praticante assídua, ela também é adepta de dança de salão.

(Disponível em: http://jornalciencia.com/inusitadas/inacreditavel/1271-mulher-de-93-anos-mostra-que-nunca-e-tarde-para-praticar-yoga. Acesso em: 21/6/2012.)

NY estuda proibir refrigerante 'big'

Veto atingiria lanchonetes, cinemas e estádios

A prefeitura de Nova York pretende proibir a venda de refrigerantes e outras bebidas açucaradas em restaurantes, cinemas e carrinhos de rua, no mais ambicioso esforço da administração Bloomberg no combate à obesidade.

A proibição proposta afetaria virtualmente todo o cardápio de bebidas açucaradas populares encontrado em delicatessen, lojas de fast-food e até em estádios esportivos, dos energéticos aos chás gelados pré-adoçados. A venda de todo copo ou garrafa de bebida açucarada maior do que meio litro seria proibida pelo plano original no país.

(Disponível em: www.estadao.com.br/noticias/impresso,ny-estuda-proibir-refrigerante-big,880734,0.htm. Acesso em: 21/6/2012.)

Planejamento do texto

- Tenha em mente o fato que será explorado em sua crônica e o seu ponto de vista sobre ele.
- Liste argumentos que possibilitem desenvolver seu ponto de vista e, para enriquecê-los, exemplifique, cite outros fatos e opiniões de autoridades e especialistas no assunto.
- Procure introduzir vozes que representem ressalvas ao seu ponto de vista e ofereça contra-argumentos para fortalecer sua argumentação.
- Pense no seu leitor: sua crônica deverá ser publicada na revista literária digital que será montada no capítulo **Projeto**, no final da unidade; portanto, será lida por colegas e professores da escola e talvez pelo público internauta em geral.
- Tenha em mente seu objetivo: você quer entreter seus leitores, sensibilizá-los em favor de uma causa ou fazer com que reflitam sobre o assunto discutido?
- Se quiser, inicie sua crônica pela ideia a ser defendida. Em seguida, acrescente os argumentos e, por fim, a conclusão. Procure dar à crônica um final surpreendente ou que seja uma síntese de sua opinião sobre o tema abordado.

Revisão e reescrita

Antes de passar sua crônica argumentativa para o suporte final, releia-a, observando:

- se a maneira como você redigiu e estruturou o texto está de acordo com a situação de comunicação;
- se a linguagem empregada está adequada aos leitores;
- se o texto apresenta uma visão pessoal sobre o assunto abordado;
- se há vozes de autoridades e especialistas e diferentes pontos de vista sobre o assunto, com ressalvas e contra-argumentação;
- se o texto ficou leve e atraente para leitura;
- se o texto sensibiliza o leitor e/ou promove uma reflexão crítica sobre o assunto.

Faça as alterações necessárias, deixando o texto pronto para ser publicado.

TEXTUALIDADE E ESTILO

A IMPESSOALIZAÇÃO DA LINGUAGEM

Leia os textos a seguir e responda às questões propostas.

TEXTO I

Acesso à informação é motivo para ir à escola?

Hoje em dia não mais. A informação está na mão. Nas pontas dos dedos para ser mais preciso. [...]

Passei esta semana viajando pela América do Sul [...]. Segunda-feira, em Santa Cruz de la Sierra, dei duas conferências interativas similares, baseadas em minha atividade acadêmica. Os públicos eram bem distintos: alunos de uma escola secundária privada de alto nível (na faixa dos 17 anos) e adultos procurando cursos de pós-graduação no exterior (na faixa dos 30 anos).

Para minha surpresa, mesmo sem ter nenhuma experiência profissional no assunto, os alunos do colégio estavam mais bem informados sobre os assuntos discutidos do que os adultos, em geral profissionais destacados em suas profissões.

Images.com/Corbis/Latinstock

(Newton Campos. Disponível em: http://blogs.estadao.com.br/a-educacao-no-seculo-21/. Acesso em: 21/6/2012.)

TEXTO II

A hora da geração digital

[...] O poder da internet para descentralizar o conhecimento acarretou um profundo deslocamento de poder dos produtores para os consumidores. Os jovens da Geração Internet têm mais acesso a informações sobre produtos e serviços e podem discernir o valor real com mais facilidade do que as gerações anteriores. [...] A influência também está sendo descentralizada à medida que a Geração Internet se manifesta a partir das trincheiras modernas, também conhecidas como blogs. Blogs e outras mídias geradas por consumidores estão alterando as fontes de poder e de autoridade em nossa sociedade. Algumas dessas fontes têm uma capacidade surpreendente de influência, afastando a balança de poder de fontes mais tradicionais e reconhecidas. [...]

(Don Tapscott. Trecho do livro *A hora da geração digital*. Disponível em: http://catracalivre.folha.uol.com.br /2010/06/%e2%80%9ca-hora-da-geracao-digital%e2%80%9d-don-tapscott/. Acesso em: 22/6/2012.)

1. Quem escreve um texto pode adotar pelo menos dois pontos de vista diferentes diante do assunto que aborda: impessoal e pessoal. No primeiro, trata o assunto de forma aparentemente impessoal, distanciada e objetiva (nesse caso, os verbos e pronomes ficam em 3ª pessoa), e, no segundo, de forma pessoal, explicitando quem fala e o seu ponto de vista, deixando, assim, transparecer boa dose de subjetividade (nesse caso, são empregados verbos e pronomes em 1ª pessoa). Em relação aos textos lidos, identifique aquele em que o autor tem, diante do assunto abordado:

a) um ponto de vista que transparece impessoalidade e objetividade.

b) um ponto de vista declaradamente pessoal e subjetivo.

2. Ambos os textos têm por tema a presença da tecnologia na vida dos jovens e as mudanças que isso acarreta. Um deles, entretanto, faz afirmações mais genéricas, utilizando os verbos no presente, como se eles se referissem a verdades indiscutíveis. Qual dos textos parece tratar o tema de forma mais esclarecedora e científica?

3. Observe, depois dos textos, a indicação que informa de onde cada um deles foi retirado.

Images.com/Corbis/Latinstock

a) Que relação há entre a situação de comunicação em que circula cada um dos textos e a construção do ponto de vista pessoal ou impessoal neles expresso?

b) No texto mais subjetivo e pessoal, que elementos são responsáveis por essa abordagem?

c) E no texto mais impessoal e objetivo?

Como você observou, o autor de um texto pode adotar, em relação ao assunto do qual trata, uma postura impessoal ou pessoal.

As duas formas de tratamento são válidas e podem alcançar plenamente o objetivo que o autor tem em vista. Porém, nos textos em que há necessidade de maior precisão e objetividade, como os de caráter científico e os argumentativos em geral – a crítica, o editorial e o texto dissertativo-argumentativo exigido na maioria dos vestibulares –, a impessoalidade tende a conferir maior credibilidade aos argumentos. Assim, o texto pode dar a impressão de expressar uma verdade indiscutível.

Já o texto com marcas explícitas de pessoalidade leva a crer que as ideias defendidas pelo autor constituem opiniões particulares, e não verdades. Por isso, sempre que desejamos expor um assunto de forma objetiva e persuadir nossos interlocutores, convém lançar mão da impessoalidade.

É possível, entretanto, mesmo em textos com marcas de pessoalidade, apresentar argumentos convincentes. Dependendo de quem é o autor de um texto (uma autoridade ou um especialista em uma área, por exemplo), as marcas de pessoalidade podem, em vez de atrapalhar, contribuir para a sua credibilidade. Portanto, antes de adotar um ponto de vista, convém sempre analisar os objetivos do texto e a situação de comunicação, a fim de avaliar qual deles pode ser mais eficiente.

Vale lembrar que expressões como *Eu acho, Na minha opinião, No meu modo de ver, Do meu ponto de vista*, etc. costumam ser associadas, equivocadamente, a opiniões particulares e sem fundamentação. Por isso, mesmo quando há opção pelo ponto de vista pessoal, convém evitá-las, substituindo-as por outras como *Convém observar, É bom lembrar, É preciso considerar, É importante levar em conta*, etc.

Estratégias de impessoalização da linguagem

Existem várias formas de impessoalizar a linguagem. Partindo de frases dos textos lidos, observe, a seguir, alguns procedimentos que podem ser adotados para esse fim.

Indeterminação do sujeito

Para isso, existem duas possibilidades:

- suprime-se o sujeito e coloca-se o verbo na 3ª pessoa do plural;
- emprega-se verbo intransitivo ou transitivo indireto ou de ligação + pronome *se*.

Veja os exemplos:

"Dei duas conferências interativas similares."

Deram duas conferências interativas similares. (3ª pessoa do plural)

Assistiu se a duas conferências interativas similares. (VTI + *se*)

"Os alunos do colégio estavam mais bem informados sobre os assuntos discutidos do que os adultos."

No colégio *se estava* mais bem-informado sobre o assunto do que no meio profissional. (VL + *se*)

Emprego da voz passiva e supressão do agente da passiva

Há duas maneiras de passar orações na voz ativa para a voz passiva:

- emprega-se verbo transitivo direto na forma analítica, acompanhado do auxiliar *ser* ou *estar*;
- emprega-se verbo transitivo direto na forma sintética, acompanhado da partícula apassivadora *se*.

Veja os exemplos:

"Blogs e outras mídias estão alterando as fontes de poder e de autoridade em nossa sociedade."

As fontes de poder e de autoridade em nossa sociedade *estão sendo alteradas*. (voz passiva analítica)

Estão-se alterando as fontes de poder e de autoridade em nossa sociedade. (voz passiva sintética)

Emprego de verbos como *haver*, *fazer*, *existir* e de expressões como *É preciso*, *Convém observar*, *É importante*, *É bom lembrar*, etc.

Veja os exemplos:

"Os jovens da Geração Internet têm mais acesso a informações sobre produtos e serviços do que as gerações anteriores."

Há atualmente mais acesso a informações sobre produtos e serviços do que na época das gerações anteriores.

"Para minha surpresa, os alunos do colégio estavam mais bem-informados."

Convém observar que os alunos do colégio estavam mais bem-informados.

EXERCÍCIOS

1. Identifique a(s) estratégia(s) de impessoalização utilizada(s) em cada um dos textos a seguir. Depois discuta com os colegas e levantem hipóteses sobre os motivos da(s) escolha(s).

a) PMs são baleados em confronto na zona oeste do Rio

(Manchete de jornal. Disponível em: http://www1.folha.uol.com.br/cotidiano/1099776-pms-sao-baleados-em-confronto-na-zona-oeste-do-rio.shtml. Acesso em: 22/6/2012.)

b) Diziam-me nos primórdios: "Assim você não vai longe; internautas não têm tempo e paciência para esse estilo".

(Trecho de *post* do *blog* de Reinaldo Azevedo. Disponível em: http://veja.abril.com.br/blog/reinaldo/geral/aos-meus-leitores-que-me-ensinaram-a-ser-uma-pessoa-melhor/. Acesso em: 22/6/2012.)

c) Antes que alguém proponha a pena de morte para grevistas, convém lembrar que o direito de cruzar os braços é uma garantia constitucional.

(Coluna de Hélio Schwartsman. Disponível em: http://www1.folha.uol.com.br/colunas/helioschwartsman/1096012-greves-e-direitos.shtml. Acesso em: 22/6/2012.)

d) Onde se vive mais depois dos 65?

(Manchete de jornal. Disponível em: http://opiniaoenoticia.com.br/vida/saude/onde-se-vive-mais-depois-dos-65/. Acesso em: 22/6/2012.)

2. Os textos apresentados na questão anterior foram reescritos, tomando a forma em que aparecem nos itens a seguir. Identifique os procedimentos adotados na reescrita e possíveis alterações de sentido decorrentes da nova redação dos textos.

Thinkstock

a) Traficantes baleiam PMs em confronto na zona oeste do Rio.

b) Houve quem me dissesse nos primórdios: "Assim você não vai longe; internautas não têm tempo e paciência para esse estilo".

c) Antes que alguém proponha a pena de morte para grevistas, lembro que o direito de cruzar os braços é uma garantia constitucional.

d) Onde vivem mais depois dos 65?

3. Modifique a estratégia de impessoalização utilizada nas frases abaixo e depois explique em que consiste a alteração de sentido decorrente da nova estratégia.

a) Acusaram de fraude o presidente do partido.

b) Espera-se uma atitude mais enérgica por parte dos responsáveis.

c) As cartas foram enviadas ontem no período da tarde.

d) É importante que todos cumpram com o combinado.

Ikon Images/Getty Images

CAPÍTULO 25

A crônica: do jornal para a literatura

TRABALHANDO O GÊNERO

Leia o texto a seguir.

Cueca-cofre

Réu do mensalão é preso com 361 mil euros em Guarulhos. A Polícia Federal e a Receita flagaram o empresário Enivaldo Quadrado, 43, tentando entrar no Brasil pelo aeroporto de Cumbica, com mais de 361 mil euros não declarados na madrugada de sábado. Quadrado é um dos 40 réus do mensalão. Os policiais descobriram que ele tinha maços de dinheiro dentro da cueca. (Folha de S. Paulo, 9/12/2008.)

Polícia Rodoviária Federal prende suspeitos de furto com dinheiro na cueca. (Folha de S. Paulo, 24/01/2007.)

Bary Sarkis

[...]

Durante muito tempo Severino alimentou o sonho de tornar-se um rico empresário — fabricando cuecas. Mas, tinha de reconhecer, dificilmente faria sucesso. Para começar seu estabelecimento era pequeno: ele próprio e mais três costureiras. Além disso, as cuecas de Severino nada tinham de excepcional, não tinham a fama de uma Zorba, embora ele se orgulhasse muito do modelo chamado "Poético", que tinha estampados versinhos eróticos, escritos pelo próprio Severino. "Você é fraco como fabricante e muito fraco como poeta", disse-lhe, com a maior sinceridade, um amigo. E acrescentou: "Mude de ramo, meu caro. As cuecas não querem nada com você."

E Severino estava mesmo pensando em mudar de ramo quando — obra do destino — o empresário Quadrado foi preso em Guarulhos com euros na cueca. Aquilo foi uma revelação. De repente ele se dava conta de que cuecas podiam ter outro uso além de divulgar a poesia (má poesia). Cuecas podiam servir como depósito de dinheiro. Não da maneira como vinha sendo feito; simplesmente esconder cédulas ali era uma tolice. Não, Severino pensava numa coisa mais sofisticada e segura: a cueca-cofre. Confeccionada com uma dupla camada de tecido metálico (flexível; diferente, portanto, dos rígidos cintos de castidade da Idade Média), a cueca conteria um espaço virtual suficiente para abrigar uma pequena fortuna em euros, dólares ou mesmo em reais. As duas camadas se fechariam mediante uma espécie de fecho ecler, que — detalhe importante — funcionaria com um segredo só conhecido do dono.

Mas dinheiro na cueca, ou em cofre na cueca, como dinheiro sob o colchão, pode estar até relativamente seguro, mas tem um incoveniente: não rende, é má aplicação. Severino está pensando, portanto, em associar-se a algum banco, mesmo pequeno, que esteja disposto a considerar a cueca uma espécie de agência móvel, apta a receber depósitos e aplicá-los a juros de mercado. Obviamente isto terá de ser feito discretamente, sem propaganda na mídia, mas, como se sabe, muitas vezes o segredo é alma do negócio.

Entusiasmado, Severino sente-se muito grato a todos aqueles que, em caráter pioneiro, usaram cuecas para ocultar grana. Mas, em primeiro lugar, agradece ao Adão da Bíblia. Ao cobrir as vergonhas com folhas, o primeiro homem estava criando a cueca. E fornecendo a mentes poéticas e inspiradas a ideia da cueca-cofre.

Biry Sarkis

(Moacyr Scliar. *Histórias que os jornais não contam*. Rio de Janeiro: Agir, 2009. p. 75-7.)

Deu branco

"De notícia e não notícias faz-se a crônica", afirmava o poeta e cronista Carlos Drummond de Andrade. E quando nenhum assunto acorre à mente do cronista? O jeito é transformar em assunto a falta de assunto...

Muitos cronistas já se queixaram em suas crônicas da falta de assunto, do famoso "branco" que os acomete, certamente consequência do fato de a maioria das crônicas ser uma obrigação semanal que seus autores devem cumprir e, portanto, não podem deixar para escrever em momento de inspiração. A arte do cronista, então, passa a consistir em fazer do seu problema uma solução: dando "branco", escreve-se sobre o "branco".

1. A crônica que você leu é precedida por dois textos jornalísticos. Nesse texto está citada a fonte de onde o cronista recolheu material para escrever. Conclua: Além dos fatos circunstanciais de seu cotidiano, onde o cronista pode também procurar assunto para escrever?

2. O cronista aproveitou o fato relatado na notícia jornalística para escrever sua crônica, narrando uma história vivida por Severino.
   a) Essa história é real ou ficcional? Justifique sua resposta.
   b) O assunto abordado na crônica reproduz o fato relatado na notícia? Justifique sua resposta.
   c) Que outros fatos o cronista inventa e introduz na história que cria?

3. Observe a linguagem empregada nos textos.
   a) Qual deles narra os fatos de forma impessoal, objetiva, numa linguagem jornalística?
   b) Como são narrados os fatos na crônica?
   c) Em relação à linguagem, a crônica está mais próxima do noticiário geral de um jornal ou revista ou de textos literários?
   d) Que tipo de variedade linguística foi empregada na crônica?

4. Indique qual é a intenção do cronista nessa crônica:
   a) Informar os leitores sobre determinado assunto.
   b) Defender um ponto de vista sobre um assunto polêmico.
   c) Narrar como se deu o sucesso profissional de um bom empresário e mau poeta.
   d) Ironizar a postura de pessoas envolvidas com negócios ilícitos, criando, a partir disso, um texto ficcional.

No suporte, o transitório e o eterno

No momento em que a crônica passa do jornal para o livro, temos a sensação de que ela superou a transitoriedade e se tornou eterna. Entretanto todos os escritores demonstram sua perplexidade diante da inevitável passagem do tempo, corroendo os seres e as coisas. Acreditar que o cronista ganha a eternidade numa simples mudança de suporte não seria simplório demais? Esta ideia de perenidade não estaria ferindo a própria leveza da crônica, eliminando seu ar de prosa fiada?

[...] a mudança de suporte provoca um novo direcionamento: o público do jornal é mais apressado e mais envolvido com as várias matérias focalizadas pelo periódico; o público do livro é mais seletivo, mais reflexivo até pela possibilidade de escolher um momento mais solitário para ler o autor de sua preferência. Em muitos casos, o público chega a ser basicamente igual, uma vez que o mesmo leitor que frui a vida através das reportagens também fruirá através das páginas literárias: *a atitude diante do texto é que muda*.

Nessa mudança de suporte, que implica a mudança de atitude do consumidor, a crônica sai lucrando. As possibilidades de leitura crítica se tornam mais amplas, a riqueza do texto, agora liberto de certas referencialidades, atua com maior liberdade sobre o leitor — que passa a ver novas possibilidades interpretativas a partir de cada releitura.

Assim, quando a crônica passa do jornal para o livro, amplia-se a magicidade do texto, permitindo ao leitor dialogar com o cronista de forma mais intensa, ambos agora mais cúmplices no solitário ato de reinventar o mundo pelas vias da literatura.

(Jorge de Sá. *A crônica*. 5. ed. São Paulo: Ática, 1997. p. 85-6.)

PRODUZINDO A CRÔNICA

Leia as notícias a seguir. Em seguida, tomando por base uma delas, no todo ou em parte, elabore uma crônica que conte uma história. Ao escrever, siga as mesmas orientações dadas nos capítulos anteriores.

Obesos no rehab

Grupo paulistano baseia tratamento da obesidade no controle da compulsão, partindo do princípio que a causa do problema é o vício em comida

Comer pode ser "viciante", dar "barato" e ainda dificultar a interação em situações cotidianas. É levando esse aspecto em conta e tratando obesos como dependentes em álcool ou outras drogas que uma iniciativa está conseguindo bons resultados em São Paulo. Em cerca de quatro meses, boa parte dos pacientes obesos atendidos pelo grupo conseguiu perder até 5% da massa corporal uma mudança que representa melhor qualidade de vida, facilitando a agilidade, o deslocamento e a respiração.

No Gesto (Grupo de Estudo e Tratamento do Obeso), é feita uma espécie de "reabilitação" dos atendidos, envolvendo tanto a parte física quanto a psicológica.

O trabalho — não por acaso localizado no Centro de Referência de Álcool, Tabaco e Outras Drogas da Secretaria de Estado da Saúde de São Paulo — é conduzido por uma equipe multidisciplinar de profissionais.

Além da orientação nutricional e de atividades físicas, os pacientes necessariamente passam por sessões de terapia. Esse, que é um dos principais pilares do método, conscientiza o obeso de sua relação de dependência com a comida e daquilo que o leva à compulsão.

Alamy/Glow Images

"A obesidade é uma doença e, como tal, exige dedicação para o tratamento. Muita gente acha que é bobagem, que é só seguir uma dieta. O obeso tem um vício em comida e ele precisa ter consciência disso", afirma a médica Maria Flora Almeida, coordenadora do Gesto.

CIRCUITO

Pesquisas já demonstraram que obesos podem apresentar alterações na química cerebral, a exemplo do que ocorre com dependentes químicos. Essas mudanças afetam o chamado circuito de recompensa do cérebro.

"É uma compulsão danada. Às vezes, a gente está mastigando e nem sabe o que está comendo", conta a auxiliar de escritório Regina Célia Neves, 50, em tratamento no grupo há um ano.

Segundo ela, o tratamento, que ocupa dois dias em período quase integral, já está dando resultados. Além de ter perdido peso (ela não revela quanto), Regina diz estar mais consciente sobre sua compulsão.

"Aprendi a saber quando tenho fome", avalia ela.

(Giuliana Miranda. *Folha de S. Paulo*, 25/11/2012.)

O Enem pode virar piada

Redações com receita de Miojo, hino de clube e erros grosseiros de português foram bem avaliadas. É de doer!

Os avaliadores mais criteriosos levam cerca de três minutos para ler e atribuir uma nota à redação do Enem. A maioria, porém, dá cabo da tarefa na metade do tempo, uma proeza diante da magnitude das modalidades a examinar: domínio da norma culta da língua e de conceitos em diferentes áreas, capacidade de organizar ideias, construir argumentações sólidas e descortinar saídas para o tema em questão. Um único profissional costuma se debruçar sobre pilhas e pilhas de texto. Quanto mais corrige, mais recebe. O pagamento é por redação: 2,35 reais cada uma. São raros os que passam os olhos palavra a palavra. O mais comum é fazer leitura dinâmica, tentando rastrear indícios que possam subsidiar a nota. O batalhão de 5 596 profissionais que corrigiu os 4,2 milhões de redações do último Enem passou por treinamento de sessenta dias, via internet. "Extraoficialmente, recomenda-se que sejam flexíveis e tolerantes com erros. Com uma peneira muito severa, quase nenhum estudante sobreviveria", diz a VEJA um ex-integrante do comitê responsável pela correção das redações. Em outras palavras, o processo não só é altamente sujeito a leviandades e equívocos como, sim, nivela todo mundo por baixo.

Na semana passada, vieram à luz exemplos concretos dos absurdos que esse sistema produz. Até mesmo entre as 2080 redações que cravaram a nota máxima, vê-se um festival de erros de concordância e ortografia, como revelou uma reportagem do jornal *O Globo*. Cientes das imprecisões na correção das redações do Enem, sempre alvo de polêmica, dois estudantes com larga experiência no exame e já na universidade fizeram a prova só para testar sua convicção de que a coisa não é para valer. Aluno de medicina, Fernando Maioto Júnior, de São José do Rio Preto, soltou no meio do texto um trecho do hino de seu time do coração, o Palmeiras. O mineiro Carlos Guilherme Ferreira, que cursa engenharia civil, despejou no papel uma receita — isso mesmo, uma receita — de Miojo. O tema proposto? "O movimento imigratório para o Brasil no século XXI"'. Nenhum deles foi eliminado — e mais: os dois tiraram notas até razoáveis diante da média geral. "Fiquei chocado. Muitos amigos que fizeram a prova a sério se deram bem pior", diz Fernando.

Gustavo Moreno/CB/D.A Press

[...]

(*Veja*, 27/3/2013.)

TEXTUALIDADE E ESTILO

PARALELISMOS SINTÁTICOS E SEMÂNTICOS

Leia o texto:

Falta de educação e velocidade

Os anjos da morte estão cansados de nos recolher, a nós que nos matamos ou somos assassinados no tráfego das estradas, cidades, esquinas deste país. Os anjos da morte estão exaustos de pegar restos de vidas botadas fora. Os anjos da morte andam fartos de corpos mutilados e almas atônitas. Os anjos da morte suspiram por todo esse desperdício.

Não sei se as propagandas que tentam aos poucos aliviar essa tragédia ajudam tanto a preservar vidas quanto as intermináveis, ricas e coloridas propagandas de cerveja ajudam a beber mais e mais e mais, colaborando para uma parte dessa carnificina. Mas sei que estou no limite. Não apenas porque abro jornais, TV e computador e vejo a mortandade em andamento, mas porque tenho observado as coisas em questão. Recentemente, dirigindo numa autoestrada, percebi um motorista tentando empurrar para o canteiro central um carro que seguia à minha frente na faixa esquerda, na velocidade adequada

Eduardo Maia/D.A Press

ao trajeto. Chegava provocadoramente perto, pertinho, pertíssimo, quase batia no outro, que se desviava um pouco, lutando para manter-se firme no seu trajeto sem despencar.

[...]

Atenção: os jovens são — em geral, mas não sempre — mais arrojados, mais imprudentes, têm menos experiência na direção. Portanto, são mais inclinados a acidentes, bobos ou fatais, em que a gente mata ou morre. Mas há um número impressionante de adultos — mais homens do que mulheres, diga-se de passagem, porque talvez sejam biologicamente mais agressivos — cometendo loucuras ao dirigir, avançando o sinal, quase empurrando o veículo da frente com seu para-choque, não cedendo passagem, ultrapassando em locais absurdos sem a menor segurança, bebendo antes de dirigir, enfim, usando o carro como um punhal hostil ou um falo frustrado.

Cada um se porta como quer — ou como consegue. Isso vem do caráter inato, combinado com a educação recebida em casa. Quando esse comportamento ultrapassa o convívio cotidiano e pode mutilar pais de família, filhos e filhas amados, amigos preciosos, ou seja la quem for, então é preciso instaurar leis férreas e punições compatíveis. Que não permitam escapadelas nem facilitem cometer a infração com branda cobrança. Que não admitam desculpas e subterfúgios, não premiem o erro, não pequem por uma criminosa omissão.

Precisamos em quase tudo de autoridade e respeito, para que haja uma reforma generalizada, passando da desordem e do caos a algum tipo de segurança e bem-estar. Os motoristas americanos e europeus impressionam pela educação. Não por serem bonzinhos ou melhores do que nós, mas porque temem a lei, a punição, a cassação da carteira, a prisão, por coisas que aqui entre nós são consideradas apenas "normais", meros detalhes, "todo mundo faz assim".

Autoridade justa, mas muito rigorosa, é o que talvez nos deixe mais lúcidos e mais bem-educados: em casa, na escola, na rua, na estrada, no bar, no clube, dentro do nosso carro. E os fatigados anjos da morte poderão, se não entrar em férias, ao menos relaxar um pouco.

(Lya Luft. *Veja*, nº 2 048.)

1. O texto lido relaciona a violência no trânsito à educação dos motoristas. No 3º parágrafo, por exemplo, a autora enumera alguns comportamentos abusivos. Que ideia apresentada no 4º parágrafo estabelece relações com o 3º parágrafo, tornando o texto coeso e coerente?

2. Considerando o 1º parágrafo do texto, responda:

a) A quem se refere a expressão *a nós*?

b) Que efeito de sentido a repetição do sujeito *Os anjos da morte* cria nesse parágrafo?

3. Releia este trecho do texto:

> "Não sei se as propagandas que tentam aos poucos aliviar essa tragédia ajudam tanto a preservar vidas quanto as intermináveis, ricas e coloridas propagandas de cerveja ajudam a beber mais e mais e mais, colaborando para uma parte dessa carnificina."

Entre as palavras *tanto* e *quanto* há uma relação de dependência sintática e semântica. Releia o trecho duas vezes: na primeira vez, elimine a palavra *tanto*; na segunda, elimine a palavra *quanto*.

a) É possível a eliminação de uma delas? Por quê?

b) Que sentido a expressão *tanto... quanto* imprime ao texto?

4. Leia outro trecho do texto, observando as palavras destacadas:

> "*Não apenas* porque abro jornais, TV e computador e vejo a mortandade em andamento, *mas* porque tenho observado as coisas em questão."

Qual das expressões a seguir poderia substituir as palavras destacadas sem prejuízo de sentido?

a) seja... seja

b) não só... mas(como) também

c) tão/tanto... que

d) mais/menos... que

Ao responder às questões anteriores, você observou que certas palavras e expressões apresentam entre si relações de semelhança, que podem se dar *sintaticamente* (quando as construções das orações ou das frases são semelhantes) ou *semanticamente* (quando há correspondência de sentido). A essas relações de semelhanças chamamos **paralelismos**.

No texto que você leu, há os dois tipos de paralelismo. O **sintático** se dá, por exemplo, na repetição do sujeito *Os anjos da morte* e no emprego de *tanto... quanto, não apenas... mas*. O **semântico** se dá, por exemplo, na ampliação da expressão *a nós*, na exemplificação, na retomada e no desenvolvimento de uma ideia (comportamentos abusivos), ocorrida no 3º parágrafo.

O paralelismo é um recurso utilizado em diferentes gêneros textuais, como na notícia, na crônica, no poema, etc.

Veja o emprego de paralelismo neste poema do poeta francês Eugène Guillevic:

Tenho visto o marceneiro

Tenho visto o marceneiro
Da madeira aproveitar-se.

Tenho visto o marceneiro
Comparar diversas pranchas.

Tenho visto o marceneiro
A mais bela acarinhar.

Tenho visto o marceneiro
Avançar a sua plaina.

Tenho visto o marceneiro
A mais bela acarinhar.

Tenho visto o marceneiro
Avançar a sua plaina.

Tenho visto o marceneiro
Conseguir a forma justa.

Tu cantavas, marceneiro,
Os armários encaixando.

Eu guardo a tua imagem
O perfume da madeira.

Eu, que palavras combino,
Faço um pouco a mesma coisa.

(In: Cláudio Veiga, org. *Antologia da poesia francesa – Do século IX ao século XX*. 2. ed. Rio de Janeiro: Record, 1999. p. 407.)

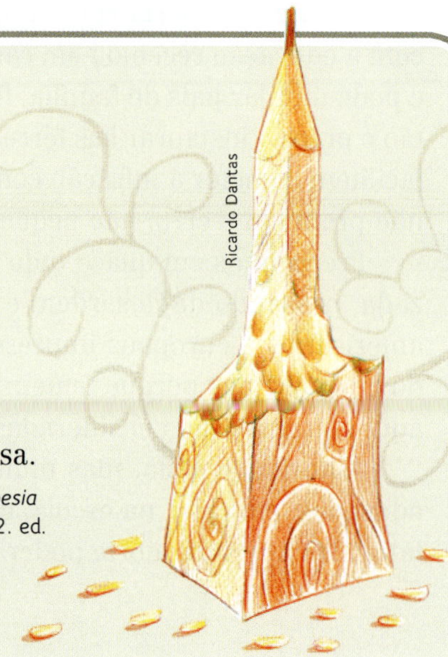
Ricardo Dantas

No poema, há paralelismo sintático na repetição integral do 1º verso da 1ª estrofe nas estrofes 2, 3, 4, 5, 6 e 7. O paralelismo semântico está na correspondência entre o ofício do marceneiro e o do poeta. Além desses paralelismos, é possível observar ainda outros, referentes ao ritmo, à métrica e ao número de versos de cada estrofe.

Paralelismos sintáticos mais comuns

Emprego de certas expressões

seja... seja

Seja jovem, *seja* adulto, o motorista brasileiro se porta como quer.

ou... ou

Você decide: *ou* eu entrego os livros na biblioteca *ou* vou ao banco pagar o IPTU.

tanto... quanto

Tanto os motoristas americanos *quanto* os motoristas europeus impressionam pela educação no trânsito.

não... e não/nem

Os motoristas de outros países *não* são bonzinhos *nem* melhores do que os do nosso país.

não só... mas/como também

Sementes de milho usadas para fazer pipoca foram encontradas *não só* no Peru, *como também* no atual Estado de Utah, nos Estados Unidos, o que sugere que ela fazia parte da alimentação de vários povos americanos.

(*Mundo Estranho*, nº 3.)

Emprego dos tempos verbais

A professora disse que *faria* parte da comissão de formatura se *recebesse* o apoio de todos os formandos.

A professora disse que *fará* parte da comissão de formatura se *receber* o apoio de todos os formandos.

Emprego de palavras e orações

Adjetivo e adjetivo

Esperava uma união *feliz* e *capaz* de trazer frutos.

Dois advérbios (ou locuções adverbiais)

A criança constrói *concreta* e *paulatinamente* o seu conhecimento.

Termos regidos pela mesma preposição

Toda criança necessita, em parte, *de alimento* e, em grande parte, *de carinho.*

Orações interligadas sem conectivos

"Mas há um número impressionante de adultos [...] *cometendo loucuras ao dirigir, avançando o sinal, quase empurrando o veículo da frente com seu para-choque, não cedendo passagem, ultrapassando em locais absurdos sem a menor segurança, bebendo antes de dirigir*"

Duas orações adjetivas

Esperava uma união *que fosse feliz* e *que fosse capaz de trazer frutos.*

Duas orações reduzidas

Saiu rápido *por já estar pronto* e *por ter pressa.*

Duas orações desenvolvidas

Saiu rápido *porque já estava pronto* e *porque tinha pressa.*

Duas orações subjetivas

É preciso *que fuja rápido* e *que leve seu irmão.*

Paralelismos semânticos mais comuns

Thinkstock/Getty Images

Enumeração

Tinha paixão por gastronomia: *conhecer novos pratos e novos temperos, provar novas combinações e novos sabores, degustar alimentos típicos de outros países.*

Comparação

"O político por vocação é um apaixonado pelo grande jardim para todos. Seu amor é tão grande que ele abre mão do pequeno jardim que ele poderia plantar para si mesmo. De que vale um pequeno jardim se a sua volta está o deserto? É preciso que o deserto inteiro se transforme em jardim."

(Rubem Alves)

Oposição

Um dos primeiros presentes que a menina ganha é uma boneca. O menino ganha uma bola ou um automóvel de brinquedo. É o primeiro condicionamento do universo feminino: a casa; do universo masculino: a rua.

Exemplificação

Tornaram-se signos, ou seja, funcionam como transmissores de ideologias: *a balança para a justiça; a maçã para o pecado; a pomba para a paz.*

Desenvolvimento

Muito se discute a influência da televisão sobre a criança. Comunicólogos, educadores e psicólogos, sem falar de pais responsáveis, se voltam para a questão e procuram por soluções. Muitas pesquisas comprovam o impacto da tevê sobre os pequenos telespectadores.

EXERCÍCIOS

1. Leia o texto:

Por que o mar Morto tem esse nome?

ANDRÉ LUIZ, POR E-MAIL, E RAPHAEL JOSÉ DIVINO ARAÚJO, ITURAMA, MG

Porque o excesso de sal nas suas águas torna a vida praticamente impossível por ali. Com exceção da bactéria **Haloarcula marismortui**, que consegue filtrar os sais e sobreviver nesse cemitério marítimo, todos os organismos que chegam ao mar Morto morrem rapidamente. Outra característica curiosa é que ninguém consegue afundar nas suas águas, graças novamente à alta concentração salina, que o torna muito mais denso do que o corpo humano. Os oceanos têm uma média de 35 gramas de sal por litro de água, enquanto o mar Morto tem quase 300 gramas. Isso se deve basicamente a sua localização — na divisa entre Israel e Jordânia. A região é quente e seca, o que acelera a evaporação e impede a reposição da água pela chuva — em um ano chove tanto quanto um dia chuvoso em São Paulo. Além disso, o mar Morto é o local mais baixo do planeta: alguns pontos ficam a mais de 400 metros abaixo do nível dos oceanos. Isso significa que grande parte das partículas que se soltam dos terrenos a sua volta escoa em sua direção. Para piorar, o rio Jordão, que ajuda a alimentá-lo, foi desviado em várias partes para irrigar plantações. Ou seja, com o perdão do trocadilho, o mar Morto está morrendo. O diretor do Instituto Geológico Israelense, Amos Bein, garante que ele não corre risco de secar completamente, mas, por via das dúvidas, já está em fase de planejamento o "Canal da Paz", um aqueduto de mais de 80 quilômetros que puxaria água do mar Vermelho para salvar esse "defunto".

ARTUR LOUBACK LOPES

(*Mundo Estranho*, nº 42.)

O texto apresenta paralelismo em dois trechos. No trecho "Os oceanos têm uma média de 35 gramas de sal por litro de água, *enquanto* o mar Morto tem quase 300 gramas", a expressão *enquanto* aproxima ideias opostas ou divergentes. No trecho "em um ano chove *tanto quanto* um dia chuvoso em São Paulo", a expressão *tanto quanto* dá ideia de comparação.

Reescreva as frases que seguem, criando paralelismos por meio do uso de expressões como *enquanto, ao passo que, por um lado... por outro, tanto... quanto, seja... seja, quer... quer, nem... nem, ou... ou*, ou outros.

a) Não sabe aonde vai no sábado: gosta muito de cinema e é apaixonado por teatro.

b) Eles nunca se entendem: ele é vegetariano e ela adora um bom churrasco.

c) A leitura é indispensável na formação da criança e no alargamento da visão de mundo do adulto.

d) Ele é um ótimo aluno: sabe falar e sabe escrever muito bem.

e) Não toma leite, não come pão ou massas, não come verduras, frutas e legumes.

f) Escolha: viajar de ônibus para Porto Alegre, viajar de avião para Curitiba.

g) Eu me contento com o que nascer: homem, mulher.

2. Em quais das frases a seguir o paralelismo entre as formas verbais está de acordo com a norma-padrão formal da língua?

a) Se você viajar hoje à noite, podia descansar mais amanhã.

b) Se você viajar hoje à noite, poderá descansar mais amanhã.

c) Se você viajasse hoje à noite, poderia descansar mais amanhã.

d) Caso você viaja hoje à noite, poderia descansar mais amanhã.

3. Leia o texto, observando a ocorrência de paralelismo:

Thinkstock/Getty Images

A miopia não depende apenas do formato da córnea, a parte geralmente retirada nas doações, mas principalmente do comprimento do olho.

(*Superinteressante*, nº 112.)

O paralelismo no texto foi construído a partir do uso da expressão *não apenas... mas principalmente*. Por que, na sua opinião, o autor preferiu empregar *principalmente*, em vez de *também*?

4. Em textos literários, a quebra de paralelismo semântico pode ser intencional. Explique a quebra de paralelismo nos seguintes trechos de *Memórias póstumas de Brás Cubas*, de Machado de Assis.

a) "Gastei trinta dias para ir do Rocio Grande ao coração de Marcela."

b) "Marcela amou-me durante quinze dias e onze contos de réis."

5. A fim de estabelecer paralelismos com base em palavras e orações, complete adequadamente as frases:

a) Sonhava com um ano *próspero* e ____.

b) Esperto, desejava um trabalho *que fosse fácil* e ____.

c) Não prestou atenção na pergunta *porque não se interessou* e ____.

d) Nosso futuro depende em parte *de nossa vontade* e, em parte, ____.

e) O pintor esboça o retrato da atriz *com segurança* e ____.

f) É certo *que ele virá* e ____.

g) Não prestou atenção na pergunta não só *por não se interessar*, mas também ____.

6. Identifique o tipo de paralelismo semântico predominante nos seguintes textos.

a)

O transatlântico europeu está sem comando e continua navegando. Sua tripulação, falando línguas diferentes, não sai do cassino e ganha fortunas em pouco tempo. Enquanto isso, os viajantes de segunda classe lutam para não cair no mar.

b)

"Se os olhos veem com amor, o corvo é branco; se com ódio, o cisne é negro; se com amor, o demônio é formoso; se com ódio, o anjo é feio; se com amor, o pigmeu é gigante."

(Pe. Antônio Vieira)

c)

Quatro funções básicas têm sido convencionalmente atribuídas aos meios de comunicação de massa: informar, divertir, persuadir e ensinar.

d)

Observando a população que caminha pelas grandes cidades, vemos a diversidade de povos: os descendentes de africanos, os filhos de orientais, os ameríndios, a minoria branca.

e)

O malefício da poluição ambiental para a saúde humana é diariamente denunciado pelos meios de comunicação. Ambientalistas e profissionais ligados à área da saúde apresentam-se em mesas-redondas via televisão, publicam depoimentos nos jornais, abrem discussões por meio da Internet, enfim, procuram prevenir as autoridades sobre o alto custo, em saúde, pago pela população por viver em meio à poluição.

PROJETO

BRASIL EM ONDAS CURTAS E LONGAS

iStockphoto/Getty Images

Há, a seguir, algumas sugestões de atividades para serem realizadas em grupo, de acordo com as orientações do professor. No dia combinado, cada grupo deve trazer seus textos e materiais e, junto com os demais grupos, montar um **programa de rádio**, cujo título pode ser o sugerido a seguir ou outro de preferência da classe.

Para realizar as atividades, pesquisem em livros, enciclopédias, jornais, revistas e filmes.

1. O cenário político nacional e internacional

Procurem informações sobre os acontecimentos políticos nacionais e internacionais mais marcantes da atualidade. Se quiserem, informem-se também sobre os acontecimentos políticos de sua cidade. Transformem as informações em breves notícias, se possível enriquecidas com pequenas entrevistas. Na apresentação do programa, um aluno-repórter deverá lê-las.

Jorge Araujo/Folhapress

2. Entre a falta de dinheiro e o consumo

Possuir uma casa, um carro mais possante, uma TV ou um computador de última geração, uma *bike* ou mesmo um *videogame* pode ser um sonho quase inatingível para muitas pessoas. Procure informações ou notícias sobre as dificuldades de grande parte da população em ter acesso a certos bens de consumo, por motivos como salário baixo, desemprego, juros altos, etc. Pesquise, nos meios de comunicação, anúncios publicitários que convidam ao consumo de produtos desse tipo. Entre o noticiário nacional e internacional e os outros programas, transmitam, em *flashes*, as reportagens sobre esses assuntos e os anúncios publicitários. Se quiserem, criem os anúncios publicitários.

Ikon Images/Getty Images

3. Ser jovem hoje

Reúnam informações sobre valores, comportamentos e opiniões da juventude atual e tracem um perfil do jovem de hoje. Para traçar esse perfil, procurem saber:

a) Os jovens atualmente são rebeldes, pacíficos ou meio-termo? Alienados ou politizados? Egocêntricos ou altruístas?

Escrevam num papel essas e outras questões que julgarem convenientes ou digitem-nas de forma que para cada questão haja apenas três possibilidades de resposta: sim, não, em termos. Apliquem o questionário a colegas, amigos, pessoas na rua, seus pais e professores, profissionais especializados no assunto (médicos, psicólogos) e assinalem as respostas de cada um. Depois de realizar esse levantamento estatístico de opinião, tabulem os dados com a ajuda do professor de Matemática.

b) O que os jovens pensam do governo? Da educação? Da saúde? O que esperam do futuro? Que dúvidas têm em relação à escolha profissional? Que oportunidades a sociedade atual dá ao jovem?

Apresentem essas questões, ou algumas delas, aos colegas, colhendo suas opiniões sobre esses temas. Reúnam as informações obtidas e transformem-nas em textos curtos para serem lidos no programa.

Getty Images

4. De notícias e não notícias faz-se a crônica

Reúnam as crônicas produzidas na unidade e montem uma revista digital, agrupando-as por tipos ou temas, como, por exemplo, crônicas reflexivas, argumentativas, de humor, etc. Depois, escolham duas ou três delas e leiam-nas no programa.

5. Jovens ritmos

Apesar da televisão, dos aparelhos de som, do computador, da Internet e do YouTube, ainda é pelas ondas do rádio que a maioria dos ritmos novos e lançamentos musicais chegam ao grande público. Assim, façam pesquisas sobre cantores, compositores e grupos e ouçam as músicas que a juventude ouve atualmente. Gravem uma fita com músicas que representem os diferentes gostos musicais do jovem atual e utilizem-na como trilha sonora na apresentação do programa. Se quiserem, gravem músicas de um cantor ou um grupo da atualidade, apresentando *flashes* sobre suas tendências, temas das canções, repercussão na mídia, etc., e apresentem-nas no programa. Se quiserem, escolham entre os integrantes do grupo um DJ que conduza a programação sonora.

Getty Images

RM/Diomedia

Montando o programa de rádio

Prontos os textos, façam um roteiro do programa, seguindo estas orientações:

- Agrupem os textos em blocos, reunindo-os por assunto.

iStockphoto/Getty Images

- Para cada bloco, façam as indicações da sequência de sons e de textos (notícias, reportagens, entrevistas, pesquisa de opinião, trechos de letras de música, crônicas, etc.), arranjando-os de forma criativa e interessante, capaz de prender a atenção do "ouvinte".

Alamy/Glow Images

- Para "amarrar" textos e sons em um programa de rádio, é necessário um "radialista" que conduza toda a programação. Para fazer esse papel, escolham um dos colegas.

Como o programa será ao vivo, a classe poderá montar um cenário, formado pelos livros de crônicas produzidos pela classe, capas de discos e objetos, e criar um painel sobre acontecimentos nacionais e internacionais, usando recortes de jornais e fotos da atualidade relativos a eles, além de anúncios de bens de consumo.

No dia combinado, cada grupo apresenta seu programa para a classe.

Getty Images

Algumas escolas dispõem de equipamento de som para transmissão de avisos, notícias e músicas durante os intervalos entre as aulas. Caso sua escola possua um aparelhamento desse tipo, criem um programa de rádio o mais próximo possível do real e apresentem-no para toda a escola.

Alamy/Glow Images

UNIDADE 10 NEM SÓ DE NOTÍCIAS VIVE O JORNAL

O jornal e suas metamorfoses

Um senhor pega um bonde após comprar o jornal e pô-lo debaixo do braço. Meia hora depois, desce com o mesmo jornal debaixo do mesmo braço.

Mas já não é o mesmo jornal, agora é um monte de folhas impressas que o senhor abandona no meio da praça.

Mal fica sozinho na praça, o monte de folhas impressas se transforma outra vez em jornal, até que um rapaz o descobre, o lê, e o deixa transformado num monte de folhas impressas.

Mal fica sozinho no banco, o monte de folhas impressas se transforma outra vez em jornal, até que uma velha o encontra, o lê e o deixa transformado num monte de folhas impressas. A seguir, leva-o para casa e no caminho aproveita-o para embrulhar um molho de acelga, que é para o que servem os jornais após essas excitantes metamorfoses.

(Júlio Cortázar. *Histórias de cronópios e de famas*. 7. ed. Rio de Janeiro: Civilização Brasileira, 2001. p. 56.)

Fique ligado! Pesquise!

Assista

- ***Quem somos nós?***, de William Arntz, Betsy Chasse e Mark Vicente; ***A marcha dos pinguins***, de Luc Jacquet; ***Uma verdade inconveniente***, de David Guggeinheim, ***Super size me***, de Morgan Spurlock; ***A última hora***, de Nadia Conners e Leila Conners Petersen; ***Crianças invisíveis***, de Mehdi Charef, Spike Lee, Ridley Scott, John Woo; ***Crazy people***, de Tony Bill; ***Rosalie vai às compras***, de Percy Adlon; ***A roda da fortuna***, de Joel Coen; ***Íntimo e pessoal***, de Jon Avnet; ***Paixão de ocasião***, de Glenn Gordon Caron.

Leia

- ***Comunicação e culturas do consumo***, de Maria Aparecida Baccega (Atlas); ***Consumidor versus propaganda***, de Gino Giacomini Filho (Summus); ***A linguagem da propaganda***, de Antonio José Sandmann (Contexto); ***Propaganda e marketing para vestibulandos***, de Anderson Rafael (Novas Ideias); ***Cultura pós-moderna – Introdução às teorias do contemporâneo***, de Steven Connor (Loyola); ***De reclame à comunicação – Pequena história da propaganda no Brasil***, de Ricardo Ramos (Atual); ***Publicidade – A linguagem da sedução***, de Nelly de Carvalho (Ática); ***Linguagem autoritária, televisão e persuasão***, de Maria Tereza Fraga Rocco (Brasiliense); ***Os mitos da publicidade***, de Gerard Lagneau e outros (Vozes); ***Propaganda***, de André Carvalho (Lê); ***Videologias***, de Eugênio Bucci e Maria Rita Kehl (Boitempo); ***Mundo pós-moderno***, de José Arbex e Cláudio Júlio Tognoli (Scipione); ***Manual de redação e estilo de O Estado de S. Paulo***, de Eduardo Martins (Moderna); ***Manual da falta de estilo***, de Josué Machado (Best Seller); ***Manual do telespectador insatisfeito***, de Wagner Bezerra (Summus).

Ouça

- Ouça as canções "Página de jornal", da banda Cidade Negra; "Jornal", de Gilberto Gil; "De frente pro crime", de João Bosco e Aldir Blanc, e "Jornal de serviço", de Adriana Calcanhotto.

Navegue

Pesquise sobre ética na imprensa e sobre direitos dos consumidores nos *sites*:

- www.igutenberg.org
- www.tj.rj.gov.br
- www.procon.df.gov.br/

Les belles relations (1967), René Magritte

PROJETO

Nosso tempo, nosso mundo
Produção e exposição, na escola, de um jornal escrito.

AFP/Farjana Khan Godhuly

CAPÍTULO 26

O anúncio publicitário

TRABALHANDO O GÊNERO

Leia o anúncio publicitário abaixo.

AlmapBBDO

(*35º Anuário da Criação Publicitária*, p. 158.)

1. O anúncio publicitário é um gênero textual que tem a finalidade de promover uma ideia, a marca de um produto ou uma empresa. Os anúncios mais conhecidos são os comerciais, que circulam na TV, no rádio, em jornais, revistas e em *sites* da Internet.

a) O anúncio lido promove uma ideia ou a marca de um produto? Qual?

b) Quem é o locutor?

2. O anúncio publicitário geralmente é constituído de linguagem verbal e de linguagem não verbal. Que relação há entre a imagem e o enunciado verbal do anúncio?

3. O anúncio publicitário é um texto que pertence ao grupo dos gêneros argumentativos, pois tem a finalidade de convencer o leitor a consumir determinado produto ou aderir a uma ideia.

a) Qual é o principal argumento utilizado para convencer o leitor?

b) Na sua opinião, esse argumento é suficientemente forte para persuadir o leitor?

4. O anúncio publicitário não tem uma estrutura rígida. Contudo, geralmente apresenta um **título**, às vezes seguido de um **subtítulo**, o **corpo** do texto, que amplia o argumento do título, e a **assinatura**, **logotipo** ou **marca** do anunciante.

a) O anúncio em estudo não apresenta alguns desses elementos. Quais?

b) No anúncio lido, o enunciado verbal disposto sobre a imagem constitui o corpo do texto. Qual é a função desse enunciado?

AlmapBBDO

5. O anúncio cita efeitos ambientais catastróficos e sugere a necessidade de medidas urgentes. Troque ideias com a classe:

a) Sua região já sofre esses efeitos?

b) A quem cabe tomar providências?

6. Leia o que o publicitário Jairo Lima, em entrevista, comenta sobre os recursos da linguagem publicitária:

> A campanha pode ser pensada em termos de hipérbole, pleonasmo, metonímia ou metáfora. Após a escolha, sigo o caminho traçado: o do exagero ou da repetição, ou da parte pelo todo, ou da simbologia. Quanto à escolha do vocabulário, a nível dos signos, deve ser simples, com os termos conhecidos e corriqueiros. O que vai valorizá-los e ampliá-los será as relações que se estabelecem: a polissemia, a oposição, o duplo sentido ou, às vezes, um novo sentido para um termo bastante conhecido.
>
> (In: Nelly de Carvalho. *Publicidade – A linguagem da sedução*. São Paulo: Ática, 1996. p. 29.)

a) A parte verbal do anúncio corresponde ao que o publicitário afirma quanto à escolha do vocabulário?

b) Na parte visual, qual recurso foi empregado no anúncio: o exagero, a parte pelo todo ou o contraste?

7. No anúncio publicitário, a linguagem geralmente se adapta ao perfil do público e frequentemente apresenta verbos no imperativo e no presente do indicativo.

a) No anúncio em estudo, que variedade linguística foi empregada?

b) O texto usa as formas verbais *estão avançando*, *forem* e *serão*. O que explica o emprego das formas do futuro, respectivamente do subjuntivo e do indicativo, *forem* e *serão*?

c) Como se explica a ausência de verbos no imperativo?

8. Reúna-se com seus colegas de grupo e, juntos, concluam: Quais são as principais características do anúncio publicitário? Respondam, considerando os seguintes critérios: finalidade do gênero, perfil dos interlocutores, suporte ou veículo, tema, estrutura, linguagem.

PRODUZINDO O ANÚNCIO PUBLICITÁRIO

Há, a seguir, duas propostas de produção de anúncio publicitário. Com a orientação do professor, desenvolva ao menos uma delas.

1. Reveja na página 94 os temas propostos para a produção de cartaz.

Em grupo, escolham um desses temas e produzam um anúncio publicitário para ser publicado no jornal a ser desenvolvido no capítulo **Projeto**, ao final da unidade.

Thinkstock/Getty Images

2. Reúna-se com seus colegas de grupo para, juntos, criarem um anúncio publicitário sobre um dos temas abaixo, ou outro que também se relacione com o mundo digital.

- O uso consciente da tecnologia
- O uso de celular nas aulas
- A valorização do convívio com o outro
- Estar ou não estar conectado todo o tempo? – eis a questão

Antes de escolher o tema, leiam os textos que seguem.

Homo connectus

Uma charge em recente número da revista *The New Yorker* mostrava uma animada mulher, ao telefone, convidando os amigos para uma festinha em sua casa. "Vai ser daquelas reuniões com todo mundo olhando para seu iPhone", ela diz. O leitor captou? A leitora achou graça? Cartunistas são mais rápidos do que antropólogos e mais diretos do que romancistas. Captam o fenômeno quase no momento mesmo em que vem à luz. O fenômeno em questão é o poder magnético dos iPhones, BlackBerries e similares. O ato de compra desses aparelhinhos é um contrato que vincula mais que casamento. As pessoas se obrigam a partilhar a vida com eles.

Na charge da *New Yorker*, a mulher estava convidando para uma festa em que, ela sabia — e até se entusiasmava com isso —, as pessoas ficariam olhando para seus iPhones ainda mais do que umas para as outras. É assim, desde a sensacional erupção dos tais aparelhinhos, e não só nas ocasiões sociais. O mesmo ocorre nas reuniões de trabalho. Chegam os participantes e cada um já vai depositando à mesa o respectivo smartphone (o nome do gênero a que pertencem as espécies). Dali para a frente, será um olho lá e outro cá, um na reunião e outro na telinha. Não dá para desgarrar dela. De repente pode chegar uma mensagem, aparecer uma notícia importante, surgir a necessidade de uma consulta no Google.

Thinkstock/Getty Images

[...] Qual o remédio, para a divisão da pessoa em duas, metade ela mesma, metade seu smartphone? Abrir mão do aparelhinho, depois de todas as facilidades que trouxe, está fora de questão. Se é para abrir mão de um dos dois lados, que seja o da pessoa. Por exemplo: inventando-se um smartphone capaz de sugá-la e reproduzi-la em seu bojo. As reuniões sociais, as de trabalho [...] seriam feitas só de smartphones, sem a intermediação humana. Delírio? O leitor esquece do que a Apple é capaz.

(Roberto Pompeu de Toledo. *Veja*, nº 2 255. p. 126.)

Desconectar para reconectar

MOVIMENTO DEFENDE QUE AS PESSOAS DESLIGUEM SEUS APARELHOS ELETRÔNICOS MESMO QUE SEJA POR ALGUMAS HORAS E, ASSIM, VOLTEM A SE RELACIONAR DE MANEIRA MAIS INTENSA COM O OUTRO

[...] Faça uma pausa. Desligue-se dos aparatos ao redor e reflita: será que o uso excessivo dessas tecnologias estaria dispersando nossa atenção e nos afastando de um convívio mais profundo com o outro, conosco e com o ambiente a nossa volta? Essa é pergunta bem em voga.

Nos Estados Unidos [...], essa reflexão já aponta uma tendência a desconexões voluntárias e temporárias. Agências de turismo, resorts e hotéis enxergaram a oportunidade e oferecem pacotes de "desintoxicação digital": ao fazer check-in, o hóspede desliga seus aparelhos eletrônicos (pode até deixá-los guardados na recepção para não cair em tentação) e se entrega a prazeres offline, como ler um livro, passear pelo campo com os filhos ou andar de caiaque.

[...]

(Katia Abreu. *Vida Simples*, nº 115. p. 44.)

Planejamento do texto

- Decidam previamente com os colegas e o professor o veículo em que os anúncios publicitários irão circular. Eles poderão ser utilizados na campanha **Solidariedade em cartaz** ou afixados em paredes de toda a escola ou em um mural situado em local estratégico. Outra possibilidade é serem divulgados no *blog* da classe.
- Pensem no perfil dos leitores, lembrando que podem ser jovens, como vocês, e adultos.
- Criem um título ou uma frase interessante e, a seguir, o corpo do anúncio. Explicitem o que está sendo promovido, com que finalidade, de que modo participar, etc. Informem um número de telefone ou um endereço para contato.
- Empreguem uma linguagem adequada ao tema e ao perfil do público. Recursos como ambiguidades, trocadilhos, sonoridades, metáforas, metonímias, oposições, etc., são bem-vindos nesse gênero textual. Avaliem a conveniência de empregar ou não verbos no imperativo, considerando o tema e o perfil dos leitores.
- Criem ou pesquisem uma imagem que possa dar sustentação ao texto verbal.
- Criem um logotipo (com ou sem palavras) que identifique o grupo responsável pelo anúncio.

Revisão e reescrita

Antes de concluir o anúncio, releiam o texto verbal e examinem a imagem, observando:

- se, no texto, fica claro quem é o locutor;
- se, no texto, há um título ou uma frase principal que atrai a atenção dos leitores;
- se, no texto, fica claro o objetivo do anúncio: o que ele promove, a quem se dirige, as informações complementares, etc.;
- se, no texto, a linguagem é adequada ao perfil do público e ao tema do anúncio;
- se a linguagem verbal e a linguagem não verbal se complementam.

Façam as alterações necessárias e montem o anúncio.

RECURSOS E ESTRATÉGIAS DE PERSUASÃO

Para ser bem-sucedido como meio de persuasão, todo texto argumentativo precisa estar em sintonia com o perfil do interlocutor (faixa etária, nível social e cultural, grupo profissional, etc.). Essa sintonia se traduz, por exemplo, na escolha dos argumentos e no tipo de linguagem empregada.

Além disso, no caso da linguagem publicitária, também é muito importante o suporte utilizado, isto é, se televisão, rádio, jornal, revista, *outdoor*, folheto, etc. Há suportes que possibilitam atingir diferentes tipos de público, o que, por consequência, implica diferentes estratégias de persuasão.

Leia o anúncio a seguir, publicado num jornal carioca em 1º de março, dia do aniversário da cidade do Rio de Janeiro.

Contemporânea

O que faz o charme de uma pessoa
ou de uma cidade é a sua capacidade de surpreender.
Veja o caso do Rio de Janeiro.
Chama-se Rio, mas não é rio, é mar.
E também se chama de Janeiro, mas
comemora sua fundação, com
toda a graça de Deus,
em março, mais precisamente
no dia 1º de março, que por sinal é hoje.

Homenagem do Shopping que mais entende de charme e sempre se orgulhou de ser uma dessas coisas que só tem no Rio e só o Rio tem.

Fashion Mall
Shopping e charme

(*O Globo*, 1º/3/2004.)

J. L. Bulcão/Pulsar Imagens

1. O anúncio é uma espécie de homenagem que um *shopping* carioca fazia à cidade do Rio de Janeiro por seu aniversário. Contudo, lembrando que a finalidade principal do gênero *anúncio publicitário* é promover determinado "produto", responda: Que outro objetivo, além de homenagear o Rio de Janeiro, o anúncio tem?

2. Abaixo do nome do *shopping* se lê: "*shopping* e charme". Associe essa expressão ao enunciado da parte inferior do texto. É possível afirmar que, do ponto de vista do anúncio, o próprio *shopping* é um presente dado ao Rio de Janeiro? Justifique sua resposta.

3. Considerando que o anúncio foi publicado num jornal lido por leitores que, em grande parte, pertencem à classe média, responda:
   a) Há adequação entre o perfil do anunciante e do público-alvo, entre o suporte (o jornal) e a finalidade do anúncio?
   b) Na sua opinião, a estratégia utilizada – relacionar o charme da cidade ao charme do *shopping* – é eficaz para o objetivo principal do anúncio? Justifique sua resposta.

4. Leia o boxe "Publicidade: uma praia brasileira". Para persuadir os consumidores, o anúncio em estudo faz uso de estratégias como as citadas no boxe? Se sim, indique quais são.

5. Crie você também um texto verbal no qual homenageie sua cidade no dia do aniversário dela. Você poderá, a exemplo do anúncio lido, brincar com o nome de sua cidade. Depois de terminar o texto, leia-o para a classe e ouça o de seus colegas.

Publicidade: uma praia brasileira

No meio publicitário, fala-se que quanto mais sofisticado é o público consumidor, menos ele aceita mensagens explícitas como *compre, leve, experimente*, etc.

Se isso é verdade, o público brasileiro – ou pelo menos a parte da população que pode consumir – é altamente sofisticado, porque a publicidade brasileira é reconhecida internacionalmente como uma das mais criativas do mundo.

Entre as várias estratégias utilizadas para conquistar o consumidor brasileiro, estão os jogos de linguagem (trocadilhos, ambiguidades, emprego de metáforas, antíteses, sonoridades), o humor e os apelos emocionais e ideológicos.

EXERCÍCIOS

Compare os anúncios que seguem, levando em conta três elementos: perfil do público, veículo e estratégia persuasiva. Depois, responda às questões de 1 a 3.

Deca/DPZ

(*Claudia*, ano 40, nº 2.)

Kalunga/Helios Carbex

(*Veja*, nº 1831.)

1. Considerando a estratégia persuasiva dos dois anúncios, responda:

a) Qual deles utiliza uma estratégia persuasiva mais direta e simples, deixando explícita para o consumidor a intenção de que ele *compre* o produto promovido?

b) Na parte verbal do anúncio apontado em sua resposta anterior, que modo predomina entre as formas verbais empregadas? Por que você acha que isso ocorre?

2. Observe o primeiro anúncio. Nele, há um texto em letra manuscrita que foge ao padrão do anúncio publicitário, pois relata uma situação vivida por duas amigas.

a) A que tipo de gênero textual esse texto se assemelha?

b) Que efeito o relato dessa situação pode ter sobre o público leitor?

c) Esse relato, juntamente com as imagens do anúncio, pode ser considerado uma estratégia de persuasão? Por quê?

3. O primeiro anúncio foi publicado em *Claudia*, uma revista voltada principalmente para o público feminino adulto de classe média ou alta. No relato que é feito nesse anúncio, a narradora revela seus sonhos de menina: casar, ter filhos, ter uma boa casa com louças e metais da marca anunciada. Troque ideias com os colegas:

a) Essa estratégia de persuasão é convincente, considerando-se o perfil social do público? Por quê?

b) A primeira frase do relato é "Desde pequena eu já sabia o que eu queria". Essa frase pode ser considerada um argumento para persuadir as leitoras da revista? Justifique sua resposta.

4. Entre os itens que seguem, indique aquele que *não* corresponde às estratégias de persuasão empregadas no primeiro anúncio.

a) Uso de estímulos afetivos que remetem o leitor ao mundo da infância e dos sonhos de criança.

b) Identificação, quanto a valores e ideologia, entre a personagem autora do relato e as leitoras da revista.

c) Uso de estímulos diretos por meio do emprego de verbos no imperativo.

d) Humor e descontração.

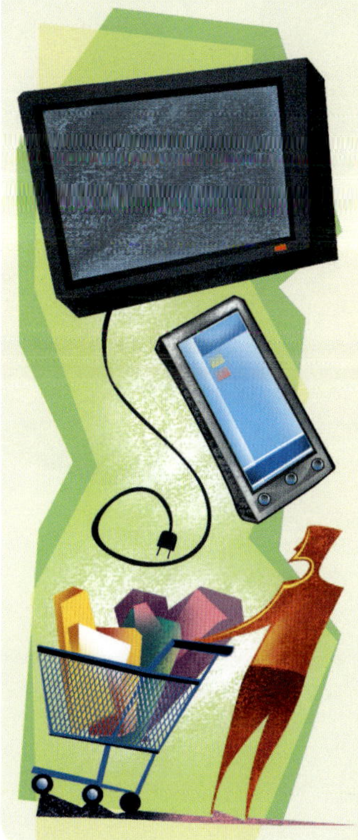

Sonhos de consumo e felicidade

De quantos produtos industrializados o ser humano necessita para ser feliz?

Antigamente não havia automóvel, TV, celular, DVD, pílulas para dormir, máquina de lavar roupa, computadores, etc., e nem por isso as pessoas eram menos ou mais felizes. No mundo da linguagem publicitária, entretanto, a compra de mercadorias sempre é associada à ideia de prazer, felicidade e realização pessoal. De acordo com alguns anúncios, se consumirmos produtos de determinadas marcas, seremos mais bonitos, mais jovens, mais magros, mais modernos, ousados e competentes e, consequentemente, mais felizes.

O que você acha: pode a felicidade humana estar resumida à satisfação momentânea que o consumo de certos produtos nos oferece? Troque ideias com os colegas.

Marcos Guilherme

ANALISANDO ANÚNCIOS

A fim de aprofundar seu senso crítico e seus conhecimentos sobre a linguagem publicitária, analise, em grupo, um anúncio publicitário. Vocês podem escolher para análise um anúncio de TV, de rádio, de revistas ou jornais, de *outdoors*, de cartazes afixados em estabelecimentos comerciais, etc.

Escolhido o anúncio, reproduzam-no para mostrar à classe. Dependendo do tipo de anúncio, gravem ou tirem cópia (de preferência em cor). Na análise, levem em conta os seguintes aspectos:

a) Que empresa ou entidade é responsável pelo anúncio?

b) Em que veículo é feita a divulgação do anúncio?

c) Qual é o público-alvo do anúncio? Que segmento da sociedade (faixa etária, sexo, nível sociocultural, etc.) ele prioritariamente pretende atingir?

d) Como se dá a relação entre a linguagem verbal e a não verbal?

e) Qual é a principal estratégia utilizada para persuadir o consumidor?

f) A junção dos vários componentes do anúncio observados – perfil do produto e do público, veículo e estratégia persuasiva – é eficaz para vender o produto? Por quê?

Apresentem à classe o anúncio e façam a análise dele. Depois, abram a discussão para que todos os colegas possam contribuir com outras observações.

Chip Simons/Taxi/Getty Images

CAPÍTULO 27

O editorial

TRABALHANDO O GÊNERO

Leia este editorial:

Publicidade polêmica

A propaganda de produtos infantis precisa respeitar certas regras, mas é melhor a autorregulamentação do que uma proibição absoluta

Tramita há mais de dez anos na Câmara dos Deputados o projeto de lei 5.921, que prevê veto à propaganda dirigida ao público infantil. Ao longo desse período, em que pesem as polêmicas, boa parte dos defensores e críticos concorda com alguns princípios básicos.

É um consenso que o público infantil é mais vulnerável às investidas publicitárias e deve ser poupado de apelos consumistas e de mensagens que depreciem valores sociais positivos, como a solidariedade e a vida em família.

A iniciativa parlamentar, de dezembro de 2001, serviu como sinal de alerta para a indústria e as agências de publicidade. Elas perceberam o recrudescimento de reações contrárias a abusos em anúncios e nos meios de comunicação.

É sintomático que, em 2006, o Conar (Conselho Nacional de Autorregulamentação Publicitária) tenha divulgado o documento "Novas

Normas Éticas", que trata da propaganda de produtos destinados a crianças e adolescentes.

Já em seu início, o texto reconhecia a "exigência flagrante da sociedade" de que a publicidade se engajasse "na formação de cidadãos responsáveis e consumidores conscientes".

Em 2010, a Associação Brasileira das Indústrias de Alimentação (Abia) e a Associação Brasileira de Anunciantes (ABA) assinaram compromisso público para impor limites à divulgação de produtos que contribuam para a obesidade e doenças a ela associadas.

Não obstante, permanecem vivas pressões para que a propaganda destinada a crianças seja banida. Há várias campanhas contra e a favor, como as intituladas "Somos Todos Responsáveis" e "Infância Livre de Consumismo".

É fato que em outros países há limitações legais. Nos EUA, por exemplo, a publicidade para crianças e adolescentes é limitada a 20% do total veiculado. Na Suécia, não pode ser exibida antes das 21h.

São possibilidades que merecem ser discutidas pelo Conar, dentro do princípio de que a melhor alternativa é a autorregulamentação. O conselho deveria tomar a iniciativa de apresentar uma proposta para debate público.

A proibição absoluta é uma saída drástica, com vezo autoritário. Fere o direito à informação e confere ao Estado a prerrogativa de substituir os pais na decisão do que pode ser visto por seus filhos.

Não há dúvida de que o Conar conquistou o respaldo da sociedade. Ele precisa, no entanto, apertar os seus controles.

Estudo da Unifesp (Universidade Federal de São Paulo) mostrou que propagandas de cerveja veiculadas na TV – exceção questionável à restrição de horário a publicidade de bebidas alcoólicas – não respeitam 12 das 16 determinações do código de autorregulamentação avaliadas na pesquisa.

Para consagrar-se, o salutar princípio da autorregulamentação precisa mostrar-se efetivo.

(*Folha de S. Paulo*, 10/4/2012.)

ZZVE Illustrations/Getty Images

1. Os editoriais geralmente abordam um tema do momento, que está em discussão na sociedade.

a) Qual é o tema abordado pelo editorial em estudo?

b) Por que esse tema estava sendo debatido no Brasil no momento da publicação do editorial?

2. Por meio dos editoriais, os jornais e revistas expressam seu ponto de vista sobre o tema abordado, seja para fazer uma crítica ou um elogio a algo ou a alguém, seja para fazer sugestões ou estimular a reflexão. No editorial lido, o jornal deixa clara a sua posição.

a) Esse posicionamento é contra ou a favor da proibição da propaganda dirigida ao público infantil?

b) Em que partes do texto esse posicionamento é apresentado de forma explícita?

c) Que argumentos são usados para esse posicionamento?

3. O texto cita pontos de consenso entre defensores e críticos. Quais são esses pontos?

4. Os editoriais têm uma estrutura relativamente simples: apresentam uma *ideia principal* (tese), que expressa o ponto de vista do jornal ou revista sobre o tema; um *desenvolvimento*, constituído por parágrafos que fundamentam a ideia principal; e uma *conclusão*, geralmente formulada no último parágrafo do texto.

A estrutura do editorial lido poderia ser esquematizada da forma mostrada a seguir. Complete o esquema em seu caderno, indicando um argumento e a conclusão.

Ideia principal

A questão da propaganda dirigida ao público infantil é polêmica, com defensores e críticos.

Desenvolvimento

1º argumento: Embora haja polêmica, há concordância em alguns princípios básicos quanto à propaganda para o público infantil.

2º argumento:

3º argumento: Há campanhas contra e a favor da propaganda destinada a crianças.

Conclusão

5. O editorial é um texto que pertence ao grupo dos gêneros argumentativos, ou seja, aqueles que têm a finalidade de persuadir o leitor e, portanto, precisam apresentar argumentos consistentes, como relações de causa e consequência, comparações, informações, depoimentos de autoridades, dados estatísticos de pesquisa, etc. Identifique no desenvolvimento do editorial lido:

a) relações de causa e consequência;

b) comparação com outros países;

c) estudos e dados estatísticos.

6. Nos editoriais, a conclusão geralmente ocorre no último parágrafo e costuma apresentar uma síntese das ideias expostas ou uma sugestão ou proposta para a solução do problema abordado. De que tipo é a conclusão do editorial lido?

Donna Day/Stone/Getty Images

7. Observe a linguagem empregada no texto, inclusive os verbos e pronomes. Como os editoriais expressam a opinião do jornal ou revista e não a de um jornalista em particular, é comum não haver neles a identificação de quem os escreveu. Além disso, esse gênero privilegia a impessoalidade, isto é, o autor fala do tema de modo distanciado, sem se colocar diretamente no texto. No editorial lido:

a) Que pessoa verbal predomina? O uso dessa pessoa contribui para impessoalizar o texto? Por quê?

b) Em que tempo estão as formas verbais, predominantemente?

8. Reúna-se com seus colegas de grupo e, juntos, concluam: Quais são as principais características do editorial? Respondam, considerando os seguintes critérios: finalidade do gênero, perfil dos interlocutores, suporte ou veículo, tema, estrutura, linguagem.

PRODUZINDO O EDITORIAL

A seguir você vai ler um texto sobre estudos recentes que, baseados em pesquisas, procuram conhecer as transformações cerebrais ocorridas na adolescência e explicar comportamentos típicos dessa faixa etária. Depois, a partir dessas informações, vai produzir um editorial em que deverá abordar questões relativas ao tema.

As revelações sobre o cérebro adolescente

MÔNICA TARANTINO, MONIQUE OLIVEIRA E LUCIANI GOMES

[...]

Na tentativa de elucidar por que os jovens atravessam o período de crescimento como se estivessem em uma montanha-russa, um dos aspectos mais estudados é a tendência de se expor a riscos. No começo da empreitada científica para decifrar os segredos do cérebro adolescente, acreditava-se que a falta de noção do perigo iminente estivesse associada à falta de amadurecimento do córtex pré-frontal, área ligada à avaliação dos riscos que só atinge o desenvolvimento pleno por volta dos 20 anos. O avanço das pesquisas, porém, está demonstrando que por volta dos 15 anos os jovens conseguem perceber o risco da mesma forma e com a mesma precisão que um adulto.

Se sabem o que está acontecendo, por que os jovens se colocam em situações ameaçadoras? Embora as habilidades básicas necessárias para perceber os riscos estejam ativas, a capacidade de regular o comportamento de forma consistente com essas percepções não está totalmente madura. "Na adolescência, os indivíduos dão mais atenção para as recompensas em potencial vindas de uma escolha arriscada, do que para os custos dessa decisão", disse à ISTOÉ Laurence Steinberg [...], um dos mais destacados estudiosos da adolescência na atualidade.

A afirmação do pesquisador está sustentada em exames de imagem que assinalam, no cérebro adolescente, uma intensa atividade em áreas ligadas à recompensa. Por recompensa, entenda-se a sensação prazerosa que invade o corpo e a mente após uma vitória, como ganhar no jogo ou ser reconhecido como o melhor pelo grupo. Esse processo coincide com alterações das quantidades de dopamina, um neurotransmissor (substância que faz a troca de mensagens entre os neurônios) muito importante na experiência do prazer ou recompensa. [...]

Ele também foi buscar na teoria da evolução a justificativa para o mecanismo cerebral que premia os jovens com sensações agradáveis por se arriscarem. "No passado, levavam vantagem sobre outros da espécie aqueles que se deslocavam e assumiam riscos em busca de um lugar com mais alimento", pontua. "A busca por novidade e fortes emoções representaria, à luz da teoria da evolução, um sinal da capacidade de adaptação dos seres humanos a novos ambientes." [...]

A busca de emoções e o desejo de ser aceito e admirado pelos outros — duas características do adolescente — podem se converter numa mistura explosiva. O psicólogo Steinberg demonstrou claramente esse mecanismo com o auxílio de um jogo de videogame cuja proposta era dirigir um carro pela cidade no menor tempo possível. No percurso, os sinais mudavam de verde para amarelo quando o carrinho se aproximava. Se o competidor cruzasse o sinal antes de ele ficar vermelho, ganhava pontos. Se ficasse no meio da pista ou na faixa, perdiam-se muitos pontos. Ao disputarem os jogos a sós em uma sala, os jovens assumiram riscos na mesma proporção que os adultos. Mas com a presença de um ou mais amigos no ambiente houve mudança nos resultados. "Nessa circunstância, os adolescentes correram o dobro dos riscos dos adultos", observou o pesquisador.

O papel do grupo na adolescência também está sendo examinado. "Por volta dos 15 anos, registra-se o pico de atividade dos neurônios-espelho, células ativadas pela observação do comportamento de outras pessoas e que levam à sua repetição", diz o neurologista Erasmo Barbante Casella, do Hospital Albert Einstein e do Instituto da Criança da Universidade de São Paulo. Esse é um dos motivos pelos quais os jovens adotam gestos e roupas similares. Além disso, há a grande necessidade de ser aceito pelos amigos e o peso terrível da rejeição [...] Estudos apontam que há também uma grande quantidade de oxitocina, hormônio relacionado às ligações sociais e formação de vínculos, circulando no organismo, o que favoreceria a tendência de andar em turma.

Thinkstock/Getty Images

Afora o prazer de correr perigo e dos altos e baixos humorais, a adolescência pode ser vista como uma fase de altíssima resiliência, que é a capacidade de se adaptar e sobreviver às dificuldades. Mas há desvantagens. O lado complicado é que o adolescente que passa por tantas transformações está mais vulnerável ao aparecimento de alterações como depressão, ansiedade e transtornos alimentares como a anorexia e a bulimia.

[...]

(*IstoÉ*, nº 2 189.)

Debate sobre o tema

Bjorn Andren/Photographer's Choi

A fim de se preparar para escrever o editorial, participe com os colegas da classe de um debate sobre "a montanha-russa do crescimento". Procure, com os colegas, aprofundar alguns aspectos apontados pelo texto ou abordar outros. Durante a realização do debate, anote as ideias e os argumentos que julgar mais interessantes.

Planejamento do texto

- Seu editorial será publicado em um jornal *on-line*, a ser hospedado em um *blog* da classe. Considerando esse suporte e o público para o qual vai escrever, escolha uma das seguintes questões para abordar no editorial (ou pense em outras):
  - O desejo de ser aceito é apenas dos adolescentes?
  - O comportamento apresentado em jogos pode ser transferido para a vida real?
  - O que é essencial na relação entre adulto e adolescente?
  - O prazer proporcionado pelo risco vale a pena?
  - Como ser adolescente sem correr riscos?
  - Como conviver com as transformações que ocorrem na adolescência?
- Pense na estruturação do texto: qual será a ideia principal, quais serão os argumentos e qual será a conclusão.
- Apresente a ideia principal do primeiro parágrafo, deixando claro seu ponto de vista.
- Desenvolva argumentos que ampliem a ideia principal. É aconselhável que o número de argumentos corresponda ao número de parágrafos do desenvolvimento. Por exemplo, se escolher três argumentos, desenvolva-os em três parágrafos.
- Reserve o último parágrafo para a conclusão. Defina de que tipo ela será: se do tipo resumo, que retoma as ideias apresentadas anteriormente, se do tipo proposta, que apresenta uma saída para a questão enfocada.

Revisão e reescrita

Antes de finalizar seu editorial e passá-lo para o suporte final, releia-o, observando:

- se ele expressa com clareza sua opinião a respeito da questão abordada;
- se ele é capaz de convencer o leitor por meio de bons argumentos;
- se ele apresenta uma ideia principal e fundamenta-a com argumentos consistentes;
- se ele apresenta uma conclusão coerente com a ideia principal e com o desenvolvimento;
- se os verbos estão predominantemente no presente do indicativo;
- se a linguagem segue a norma-padrão e está adequada ao suporte e ao perfil do público.

Faça as alterações necessárias e publique seu editorial no jornal *on-line* da classe.

Thinkstock

CAPÍTULO 28

A carta de leitor

TRABALHANDO O GÊNERO

Leia estas cartas de leitores:

Moradora orgulhosa

Fiquei muito feliz ao ler a reportagem sobre Paragominas, "Amazônia ontem e hoje: o bom exemplo de Paragominas", (HG 139). Eu sou moradora do município desde quando eu nasci, em 1984, e posso afirmar que somos, sim, uma cidade que luta para ser correta. É verdade que é "obrigação" de todos os municípios se preocuparem com o meio ambiente, mas, como não o fazem, Paragominas está na mídia porque decidiu fazer a diferença. Vamos continuar lutando para que possamos, a cada dia, construir um novo tempo. **K. G.**, via *blog*.

(*Horizonte Geográfico*, nº 140, p. 15.)

Delfim Martins/Pulsar Imagens

Capa

Todo brasileiro mesmo não sendo um "militante" das causas ambientalistas, tem de se manifestar e cobrar da presidenta Dilma Rousseff o veto ao projeto do Código Florestal aprovado recentemente na Câmara Federal. Não podemos facilitar o aumento do desmate. "Veta, Dilma!" (ISTOÉ, 2 216).

U. V. B. – Santos, SP

Parabéns à revista pela corajosa capa. Às vésperas da Rio+20, a Câmara dos Deputados demonstrou que seus faróis estão voltados para trás, perdendo oportunidade de ancorar o Brasil numa agenda do século XXI. Certamente, a presidenta Dilma Rousseff será sensível ao movimento "Veta, Dilma!", liderado pela sociedade civil, setor empresarial cosmopolita e líderes na mídia comprometidos com o nosso futuro, a exemplo de ISTOÉ.

F. F., consultor em sustentabilidade
(*IstoÉ*, 9/5/2012, p. 16.)

IstoÉ/Editora3

Abril Imagens/Conteúdo Expresso

As cachoeiras goianas da política suja têm baixado a autoestima do povo sério e trabalhador deste estado. Ver na capa de VEJA mulheres vitoriosas que, diferentemente de muitos políticos, superam desafios e mostram seu valor, foi uma boa notícia para este fim de semana prolongado. E ver em destaque uma goiana — Andrea Alvares, presidente da divisão de bebidas da PepsiCo Brasil — melhorou o meu humor. Que proliferem as Andreas neste país!

R. C. – Goiânia, GO
(*Veja*, 9/5/2012, p. 42.)

O poderio dos EUA

Em "O mundo seria pior sem o domínio dos EUA" (728/2012), o historiador Robert Kagan afirmou que o declínio da supremacia americana é um mito

É uma ilusão achar que os EUA serão uma potência mundial para sempre. Isso é impossível. A China está dando passos largos e não vai demorar nada para tomar o lugar dos EUA. Também não acredito que o mundo será um lugar pior quando isso acontecer.

C. E. G. – Nova Friburgo, RJ

Concordo quando Kagan diz que o mundo seria diferente e até pior com o domínio da China. A política e os valores culturais da China são realmente muito diferentes dos nossos. Agora, achar que o mundo seria pior sem o domínio dos EUA é dar importância demais ao próprio país.

J. S. – São Caetano, SP
(*Época*, 7/5/2012.)

Seja pedestre, ciclista, motociclista ou motorista, a verdade é que somos todos egoístas no trânsito. Somem-se a esse comportamento o excesso de veículos e a deficiência no transporte público e está formado o caos.

R. S.
(*Veja São Paulo*, 6/6/2012, p. 11.)

Medicina

H. Mark Weidman Photography/Alamy/Other Images

Sobre o editorial "Mais e melhores médicos" ("Opinião", 9/6), o que o governo federal faz, assim como o estadual, é ceder à pressão da iniciativa privada para a formação de novos cursos de medicina, assim como para a manutenção daqueles já existentes e que não têm a menor condição de formar médicos. Talvez por trás dessa política esteja a ideia de abarrotar o mercado de trabalho com médicos, para que mais e mais deles se submetam às péssimas condições de trabalho e salários oferecidas não só nos postos públicos, como também nos planos de saúde privados.

S. M. R., professor de medicina na Unesp – Botucatu, SP

Em relação ao editorial "Mais e melhores médicos", devemos lembrar que a saúde pública no Brasil está jogada às baratas. Não basta só criar novas vagas nas universidades, mas, principalmente, atrair os profissionais para a rede pública, com salários dignos e condições de trabalho adequadas. Se isso não acontecer, a concentração de profissionais nos grandes centros é inevitável. É necessário parar de fazer "política na saúde", e implementar "política de saúde".

H. A. C., médico – São Carlos, SP
(*Folha de S. Paulo*, 11/6/2012.)

1. A carta de leitor é um gênero textual que permite o diálogo dos leitores com o editor de jornais e revistas ou entre leitores. É geralmente publicada numa seção de cartas de jornais ou revistas, como, por exemplo, Painel do Leitor, Fórum dos Leitores, Cartas, etc.

a) Observando os assuntos a que se referem as cartas de leitores lidas, responda: Qual é a finalidade da carta de leitor?

b) Na sua opinião, a carta de leitor constitui uma forma de exercício da cidadania? Por quê?

2. Nas cartas de leitor em estudo:

a) Qual ou quais fazem elogio?

b) Qual ou quais comentam matérias publicadas pelo jornal ou revista?

c) Em qual ou quais o leitor argumenta, tendo como referência uma experiência pessoal?

E-mail de leitor

A popularização da Internet deu origem a um novo gênero do discurso, semelhante à carta de leitor – o *e-mail* de leitor, que apresenta praticamente as mesmas características da carta, mudando apenas o suporte ou veículo. Enquanto a carta é escrita em folhas de papel e enviada pelo correio, o *e-mail* utiliza um programa de computador, como, por exemplo, o Outlook, e é enviado eletronicamente.

3. Dois leitores se manifestaram a respeito do Código Florestal.

a) Eles se manifestaram contra ou favor do Código?

b) Quais foram os argumentos utilizados por eles para sustentar suas opiniões?

4. Das cartas em estudo:

a) Quais abordam problemas nacionais?

b) Quais abordam temas internacionais?

c) Qual ou quais foram encaminhadas à redação da revista ou do jornal explicitamente por Internet?

5. Observe a linguagem empregada pelos leitores nas cartas lidas.

a) Que variedade linguística predomina?

b) Considerando os veículos em que as cartas foram publicadas, levante hipóteses: Por que essa variedade foi empregada nas cartas?

6. A carta de leitor tem estrutura semelhante à da carta pessoal. Ela contém elementos como local e data, vocativo, assunto, expressão cordial de despedida e assinatura. Além disso, não apresenta título. As cartas lidas, porém, não se mostram de acordo com esse padrão.

a) Por que, na sua opinião, alguns desses elementos das cartas foram suprimidos?

b) Na sua opinião, a supressão de partes das cartas originais pode modificar o sentido, ou seja, a ideia do leitor a respeito do assunto que ele comenta?

c) As cartas normalmente não apresentam título. Levante hipóteses: Por que as cartas de leitor, publicadas em seções específicas para isso, costumam aparecer intituladas?

7. Reúna-se com seus colegas de grupo e, juntos, concluam: Quais são as características da carta de leitor? Respondam, levando em conta os critérios a seguir: finalidade do gênero, perfil dos interlocutores, suporte/veículo, tema, estrutura e linguagem.

PRODUZINDO A CARTA DE LEITOR

Há, a seguir, duas propostas de produção de carta de leitor. Se possível, desenvolva as duas.

1. O texto seguinte faz parte de uma reportagem, intitulada "A evolução acelerada", publicada por uma conhecida revista brasileira. Leia-o.

ALTURA

O ESTIRÃO QUE VALE PODER E DINHEIRO

O brasileiro cresceu 7 centímetros nos últimos trinta anos. Dados do Exército mostram que entre 1980 e 2010 a média de altura dos jovens que se alistaram saltou de 1,67 metro para 1,74 metro de altura. A altura é um indicador de saúde confiável capaz de traduzir as mudanças econômicas e sociais pelas quais o país passou ao longo das últimas décadas. O investimento na vacinação em massa, melhores condições sanitárias, o controle de doenças infecciosas, como a diarreia, e um cardápio mais completo desde a primeira infância são os principais fatores que resultaram em uma população com centímetros a mais. "O estímulo aos exames pré-natais, o incentivo ao aleitamento materno e uma alimentação rica produziram crianças mais bem nutridas", diz Daniel Magnoni, nutrólogo e cardiologista do Hospital do Coração, em São Paulo. "O brasileiro só era mais baixo porque se alimentava mal." De acordo com o Instituto Brasileiro de Geografia e Estatística, atualmente somente 7,2% das crianças entre 5 e 9 anos tem déficit de altura. Em 1974 (quando o primeiro indicador foi publicado), 29,3% das crianças apresentavam o problema.

Aos olhos da evolução, a altura pode traduzir o efeito de uma boa nutrição desde a infância. Além disso, os mais baixos e com índice de massa corporal (IMC) menor têm mais doenças.

Um trabalho realizado com 22 000 pessoas e publicado no periódico científico American Journal of Cardiology mostrou que homens mais altos tinham 24% menos risco de sofrer de insuficiência cardíaca. “A evolução nos moldes de Darwin e a migração dos povos provavelmente não tiveram muito a ver com o aumento da altura da população nos últimos dois séculos”, afirma o economista americano John Strauss, professor da Universidade do Sul da Califórnia. “Já a melhora na nutrição e as revoluções agrícolas aperfeiçoaram as condições de saúde pública e os conhecimentos médicos.” A altura está associada também à produtividade, ao poder e ao sucesso. Pessoas mais altas são consideradas mais inteligentes e conseguem aumento de salário com mais facilidade do que as mais baixas. Medir 5 centímetros a mais do que os colegas de trabalho garante um salário 1,5% maior ou 950 dólares suplementares no fim do ano (veja o quadro abaixo). A altura é um quesito crucial até para a liderança. Entre 1789 e 2008, 58% dos candidatos mais altos à Presidência dos Estados Unidos ganharam as eleições. Barack Obama tem 1,85 metro. O republicano Mitt Romney, 1,88 metro.

Radius Images/Latinstock

POR QUE ALGUNS CENTÍMETROS A MAIS FAZEM A DIFERENÇA

Como a estatura influencia no sucesso da vida pessoal e profissional

Os adolescentes mais baixos participam menos de atividades sociais e têm pouca autoestima, o que impacta o futuro profissional	Cinco centímetros a mais na altura equivalem a um salário 1,5% maior, ou a 950 dólares a mais no fim do ano	Entre 25 e 34 anos, 10 centímetros de diferença de altura entre uma pessoa e outra podem ser traduzidos em 1,5 ano a mais de escolaridade	Pessoas mais altas são consideradas mais inteligentes e ganham aumento de salário com mais facilidade	Quanto maior a altura de um homem, mais feliz ele é

Fontes: *National Bureau of Economic Research*: Health, Nutrition and Development (*John Strauss, Duncan Thomas*); Does Size Matter in Australia? (The Economic Record): The Effect of Adolescent Experience on Labor Market Outcomes: The Case of Height.

(*Veja*, nº 2 266.)

Leia, agora, algumas das cartas que, a propósito da reportagem, a revista recebeu de seus leitores:

Se os avantajados na estatura são mais inteligentes, bonitos e poderosos, o que dizer então de figuras como Napoleão Bonaparte, Dustin Hoffman, Tom Cruise, Al Pacino e Jô Soares? Davi venceu Golias usando a inteligência.

J. C. A. das N. – Curitiba, PR

O senso comum revela que as pessoas bem nutridas crescem mais e são mais vigorosas. Contudo, insinuar que só esses fatores produzem pessoas mais bem-sucedidas é renegar o que nos diferencia de outros seres: a inteligência. Para mim, tamanho não quer dizer nada.

E. S. de B. S. – Curitiba, PR

Não vejo nada de científico nas considerações da reportagem, apenas a confirmação do preconceito contra gordos, baixinhos ou feios.

F. C. O. F. – Natal, RN

Participo de um processo de seleção para o cargo de chefia de uma renomada empresa brasileira. Comparando com os concorrentes, sou considerada uma pessoa de estatura baixa (1,55 metro e peso 50 quilos). Onde estão os exemplos de pessoas que são realmente mais bem-sucedidas por ser mais altas? Senti-me constrangida e prejudicada pela reportagem.

M. M. B. – Marília, SP

Fiquei indignada com a reportagem de capa da edição 2 266 de VEJA. Meu filho tem 14 anos e já demonstrou incômodo pelo fato de não ser tão alto quanto alguns de seus amigos. Ele é leitor da revista, mas essa edição, se depender de mim, não chegará às suas mãos. Não posso permitir que meu filho, um garoto lindo, inteligente e saudável, que tira ótimas notas no colégio, pense que será um incompetente e derrotado simplesmente porque não tem a estatura dada como padrão de felicidade, saúde e poder.

E.S. – Salvador, BA

Tenho 1,95 metro e minha alta estatura atrapalha em muitos casos, como vestuário, espaço em automóveis, metrôs e ônibus. Conheço pessoas de baixa estatura com inteligência incrível.

F. I. A. – São Paulo, SP
(*Veja*, edição 2 267.)

Imagine que você tenha lido essa reportagem na revista e queira se manifestar em relação a ela ou a alguma informação que lhe tenha chamado a atenção. Como fizeram os leitores que tiveram seus comentários publicados, escreva uma carta para o diretor de Redação da revista, expondo seu ponto de vista.
Você pode se inspirar em alguma das cartas publicadas e deve desenvolver o seu ponto de vista de modo que ele fique claro e bem-fundamentado.

2. Reúna-se com seus colegas de grupo e, juntos, escolham um jornal ou uma revista para leitura. Pode ser um jornal do bairro, da escola, da cidade, do Estado ou uma revista que trate de música, esportes, cinema, etc., e ambos podem ser impressos ou digitais. Selecionem na publicação escolhida uma matéria ou reportagem que seja interessante e que, do ponto de vista de vocês, mereça comentários, quer positivos, quer negativos, ou ainda dos dois tipos. Escrevam então uma carta ao jornal ou à revista, comentando a matéria ou reportagem. Na assinatura da carta, pode constar o nome dos integrantes do grupo e a identificação da turma e da escola.

Thinkstock

Planejamento do texto

- Leiam mais de uma vez a matéria ou reportagem a que a carta irá se referir e certifiquem-se da procedência das críticas que pretendem fazer, observando se estão diretamente relacionadas ao teor do texto.
- Deixem claro, desde o início, a data e a edição em que a matéria ou reportagem foi publicada. Identifiquem a matéria ou reportagem pelo título e/ou pelo nome do jornalista que a assinou.
- Desenvolvam seus argumentos e, para enriquecê-los, exemplifiquem, citem fatos, notícias, autoridades e especialistas no assunto.
- Se optaram por fazer comentários negativos, procurem considerar também pontos positivos da matéria ou reportagem, a fim de não passar a ideia de que estão sendo motivados pela intenção de "falar mal".
- Se optaram por fazer comentários positivos, procurem considerar também pontos fracos da matéria ou reportagem e relativizá-los, a fim de não passar a ideia de que estão sendo motivados pela intenção de "bajular".
- Tentem introduzir opiniões contrárias ao ponto de vista de vocês, fazendo ressalvas a ele e já mobilizando contra-argumentos para fortalecer a argumentação.
- Pensem no leitor da sua carta. Ela será lida por um editor ou diretor de redação, isto é, um profissional responsável pela área de jornalismo do jornal ou revista selecionada, e, se publicada, também pelos leitores da publicação.

Revisão e reescrita

Antes de finalizar a carta de leitor e passá-la para o suporte final, releiam-na, observando:

- se ela está redigida e estruturada de acordo com a situação de comunicação;
- se a linguagem empregada está adequada aos leitores;
- se ela apresenta local e data, vocativo, assunto, expressão cordial de despedida e assinatura;
- se o ponto de vista do grupo sobre o assunto abordado na matéria ou reportagem está claro e bem-fundamentado;
- se elogios e críticas estão bem dosados no texto, com menção não apenas a pontos positivos ou a pontos negativos, e se são feitas ressalvas e ponderações.

Modifiquem o que for necessário e leiam a carta para os outros grupos. Ouçam opiniões dos colegas e, se as considerarem procedentes, façam novas modificações no texto.

Passem a carta a limpo em papel de carta e enviem-na para a redação do jornal ou revista, tomando o cuidado de preencher corretamente o envelope. Se preferirem, enviem a carta pela Internet, para o endereço de *e-mail* do jornal ou da revista. Depois, acompanhem os números subsequentes da publicação, a fim de observar se ela foi publicada.

CAPÍTULO 29

O2 Filmes

Os atores João Miguel e Felipe Camargo com índios do Xingu, nas filmagens de *Xingu*, de Cao Hamburger.

A crítica

TRABALHANDO O GÊNERO

Filme propõe um olhar amoroso mas não idealizado

LUIZ ZANIM ORICCHIO

Cao Hamburger pensou a saga da criação do Parque Nacional do Xingu da maneira como foi – resultado de idealismo e do sentimento de aventura. Qualidades, aliás, que se foram erodindo com o tempo até caírem de moda, pelo menos no plano prático. Nos discursos vazios, continuam sendo palavras nobres.

Os irmãos eram de fato aventureiros, mas nada preocupados em amealhar riquezas. Era o aspecto humano que os tentava. No caso, a sobrevivência dos índios no interior de um país que já começava a fechar-lhes o cerco. Sua missão era basicamente humanística, no que essa qualidade tem de mais nobre: respeitar e preservar culturas alheias. Mesmo que seja à força: numa das cenas, uma família é arrancada da sua terra, sob ameaça de arma, e embarcada rumo ao Xingu. Se permanecesse onde queria, seria dizimada.

O2 Filmes

: Cena de *Xingu*.

alijado: excluído, posto fora.
amealhar: acumular, juntar.
dizimada: diminuída, desfalcada, reduzida.
erodir: desgastar, corroer, produzir erosão.
piegas: sentimentalista.
saga: narrativa de aventura, epopeia

É bom também que os Villas-Boas não sejam apresentados como seres perfeitos. Cada um deles é visto em suas contradições. Leonardo (Caio Blat) com sua fraqueza e o envolvimento com uma índia; Cláudio (João Miguel) com suas incertezas, o que faz dele o personagem mais complexo, muito por mérito do ator; Orlando (Felipe Camargo), com seu senso prático obstinado. Há conflitos entre os irmãos. Leonardo é alijado do grupo. Cláudio acusa Orlando de excessiva flexibilidade política; este lhe responde que, sem negociar, nada conseguiriam. É verdade. Tanto assim que obtém a assinatura do decreto que cria o Parque Nacional do Xingu do mais improvável dos personagens, Jânio Quadros, em sua breve e desastrada presidência.

E há os índios, seu meio ambiente, seu modo de ser, que se tornam, de fato, os personagens maiores deste filme amoroso, mas nada piegas e nem cultor do mito do bom selvagem. A natureza é tanto sedutora quanto hostil. As relações humanas, tão fraternas quanto ásperas em algumas passagens. E, do todo, fica a sensação desolada de que, no encontro entre duas culturas, sendo uma muito mais predatória que a outra, uma delas tende a sucumbir. *Xingu* descreve esse ato heroico de preservação sempre precário, sempre provisório, felizmente contra a lógica do mais forte. Essa disposição de lutar contra as evidências é o grande legado dos Villas-Boas.

(*O Estado de S. Paulo*, 5/4/2012.)

1. A crítica é um gênero textual que tem por finalidade orientar o leitor de um jornal ou revista, estimulando-o ou desestimulando-o a consumir um objeto cultural, isto é, um livro, um filme, uma peça de teatro, um concerto de música clássica, um *show* de música popular, uma exposição de artes plásticas, etc. Qual é o objeto cultural em exame na crítica lida?

2. A crítica tem uma estrutura relativamente livre, que varia muito, dependendo do autor, do público e do veículo em que é publicada. Apesar disso, apresenta alguns elementos essenciais, como a descrição da obra em exame, sua situação no conjunto das obras do autor, diretor ou músico, uma opinião sobre a qualidade da obra, etc. Em relação à crítica lida, responda:

a) Em que parágrafo o crítico explicita o tema do filme?

b) O crítico avalia como amorosa, mas não idealizada, a visão do diretor em relação ao tema. Cite duas passagens em que o crítico se refere a essa visão não idealizada das personagens.

3. Uma crítica costuma contextualizar o objeto cultural em avaliação, situando-o no conjunto das obras do autor ou em relação a outro objeto cultural do mesmo gênero ou com o mesmo tema. Leia o seguinte trecho de outra crítica sobre o filme *Xingu*, publicada na mesma página que a crítica lida.

Seu pai foi um imigrante judeu alemão que queria muito ser brasileiro. Ele pedia ao filho — o futuro cineasta Cao Hamburger — que pusesse nomes de índios em seus netos. Cao não realizou esse desejo do pai, mas hoje ele admite que, consciente ou inconscientemente, esteja levando adiante sua busca, ou desejo, de brasilidade. Em sua produção audiovisual, ele já falou de duas grandes paixões do povo brasileiro — futebol (*O Ano em Que Meus Pais Saíram de Férias*) e carnaval (a minissérie *Os Filhos do Carnaval,* na HBO).

Carlos Cecconello/Folhapress

Cao Hamburger.

Cao não deu aos filhos os nomes de índios que seu pai pedia, mas ele vem agora com *Xingu*, que estreia amanhã. O filme conta uma epopeia brasileira, a luta dos irmãos Villas-Boas para criar o Parque Nacional do Xingu, uma vasta área de reserva das culturas da Amazônia, em que os últimos remanescentes das tribos selvagens podem viver com liberdade, em meio a espécimes animais e vegetais. Foi uma longa luta, documentada num livro que está saindo simultaneamente com o filme — *A Marcha para o Oeste*, de Orlando e Cláudio Villas-Boas, de 1994 e agora editado pela Companhia das Letras. O livro é o diário dos irmãos durante a expedição Roncador/Xingu, quando eles ainda investigavam o território inóspito e contactavam os índios. [...]

(Luiz Carlos Merten. *O Estado de S. Paulo*, 5/4/2012.)

a) O que o autor dessa crítica aponta como um ponto de identidade entre o filme *Xingu* e outros filmes do diretor?

b) Que objeto cultural citado pelo crítico trata do mesmo tema?

4. Observe a linguagem utilizada na crítica em estudo.

a) Que variedade linguística foi empregada?

b) Em que tempo estão as formas verbais, predominantemente?

c) O texto de uma crítica expressa a opinião do crítico que avalia um objeto cultural e pode estar em uma linguagem mais pessoal – o que ocorre quando o autor se coloca no texto de forma explícita, empregando expressões como: *Na minha opinião, Eu acho que, Eu penso que*, etc. – ou em uma linguagem objetiva e direta, tendendo à impessoalidade. A linguagem da crítica em estudo é pessoal ou tende à impessoalidade?

5. A finalidade de uma crítica é avaliar um objeto cultural e orientar a escolha do leitor, estimulando-o a consumir ou não esse objeto.

a) Na sua opinião, o jornalista se posiciona de modo favorável ou desfavorável ao filme? Justifique sua resposta.

b) Pelos argumentos apresentados no título do texto, "Filme propõe um olhar amoroso mas não idealizado", você assistiria ao filme criticado? Por quê?

6. Troque ideias com os colegas e, juntos, concluam: Quais são as características da crítica? Respondam, considerando os seguintes critérios: finalidade do gênero, perfil dos interlocutores, suporte ou veículo, tema, estrutura, linguagem.

PRODUZINDO A CRÍTICA

Faça a crítica de um objeto cultural: um livro, um CD, um *show* musical, uma peça de teatro em cartaz na sua cidade, uma novela de TV, um programa humorístico ou de variedades da TV, um jogo em CD-ROM, uma exposição de arte, um restaurante diferente do convencional.

Planejamento do texto

- Sua crítica será publicada em um jornal *on-line*, a ser hospedado em um *blog* da classe. Considerando esse suporte, pense no público para o qual vai escrever.
- Antes de produzir seu texto, procure conhecer bem o objeto cultural que será alvo de sua crítica: assista à peça, ao filme, ao *show*, ao programa ou à novela de TV, leia o livro, ouça o CD, jogue o jogo no computador, visite a exposição, vá ao restaurante, etc.
- Anote os dados técnicos do objeto cultural: título, autor(es), diretor(es), atores e outros dados que julgar importantes.
- Faça também outras anotações que possam ajudar na descrição do objeto cultural. Por exemplo, caso se trate de livro, anote trechos interessantes, pensando na possibilidade de citá-los na crítica. Caso seja um filme, observe a atuação de um ou outro ator e estenda sua crítica a esse aspecto. Às vezes, um filme medíocre é salvo por uma atuação excepcional de determinado ator.

Selton Mello 2 1/Imagem Filmes

Oloko Records

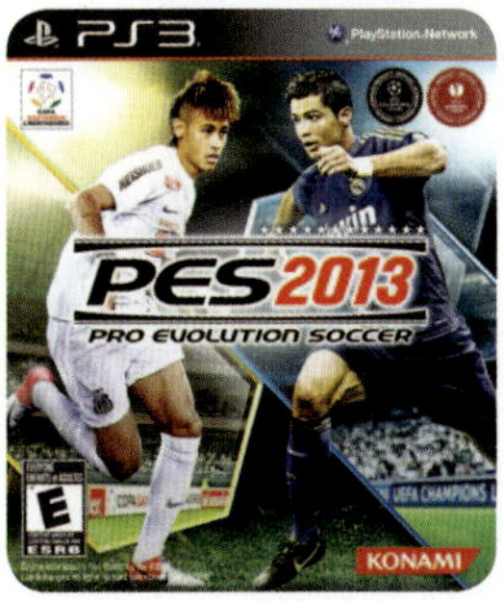

Konami

Ediouro

- Com base nos dados coletados e sem perder de vista o público-alvo, escreva uma crítica que estimule seu leitor a conhecer ou consumir o objeto analisado.
- Procure ajustar a linguagem do seu texto ao suporte, ao perfil dos interlocutores e à situação.
- Agregue ao texto imagens (fotografias, ilustrações, reproduções) que o enriqueçam e identifique-as com legendas e com referências relativas a autoria e/ou fonte (de onde foram extraídas).

Revisão e reescrita

Antes de finalizar sua crítica e passá-la para o suporte final, releia-a, observando:

- se o texto apresenta uma descrição do objeto cultural analisado;
- se destaca os pontos positivos e negativos do objeto cultural analisado;
- se estimula o leitor a conhecer ou consumir o objeto analisado;
- se os verbos estão predominantemente no presente do indicativo;
- se a linguagem empregada está adequada ao gênero, ao veículo e ao público em vista;
- se as imagens estão identificadas e acompanhadas por legendas;
- se as imagens contribuem para enriquecer o conteúdo da crítica.

Faça as alterações necessárias e publique sua crítica no jornal *on-line* da classe.

PROJETO

NOSSO TEMPO, NOSSO MUNDO

Les belles relations (1967), René Magritte

Como encerramento desta unidade, participe com seus colegas de grupo da produção de um **jornal escrito** sobre o mundo em que vivemos.

Para compor o jornal, vocês poderão usar os anúncios publicitários produzidos nesta unidade, as crônicas escritas na unidade anterior e ainda textos novos, de gêneros jornalísticos estudados em outras unidades.

1. Planejando o jornal

Examinem o material que os integrantes do grupo já produziram e que está disponível para ser aproveitado: editoriais, cartas de leitor, críticas, anúncios publicitários e crônicas. Definam critérios de seleção e selecionem os textos que farão parte do jornal.

Em seguida, tendo em vista o tema do projeto, **Nosso tempo, nosso mundo**, discutam

© Jacob Maentz/Corbis

Favela perto de Manila, Filipinas, onde centenas de famílias ganham a vida fazendo carvão.

se o jornal vai ou não ser organizado em seções, como, por exemplo, editorial, cidade, política, economia, cartas de leitor, cultura ou artes, humor, etc. Posteriormente, discutam que outros textos poderiam ser produzidos, sobre quais temas, em que número e de que gênero. Eis algumas sugestões de tema: desequilíbrios no meio ambiente, as guerras e os interesses econômicos, o desemprego, o trabalho infantil, o crescimento urbano, a reforma agrária, os direitos do cidadão, os direitos da criança, os direitos do consumidor. Vocês poderão desenvolvê-los tanto nos gêneros vistos nesta unidade quanto nos gêneros jornalísticos vistos em unidades anteriores, como a notícia, a reportagem e a entrevista.

Discutam também a forma do jornal: se será em papel sulfite ou em outro tipo de papel; se terá formato convencional ou um formato diferente ou criativo: na forma de papiro, dobrável, etc. E, ainda, se os textos serão digitados ou se serão manuscritos ou mistos; se o jornal vai ter fotos, ilustrações, charges, etc.

Trabalho infantil em Dacca, Bangladesh.

Ursos vítimas do aquecimento global.

2. Montando o jornal

No dia combinado, os grupos devem trazer todo o material que será utilizado: papéis, textos já na forma definitiva (digitados ou manuscritos, em colunas ou não, etc.), imagens, tesoura, cola.

Cada grupo deve montar o jornal buscando tornar sua leitura prazerosa. Para isso, deixem certo espaço entre um artigo e outro, coloquem legendas nas ilustrações ou fotos, deem títulos interessantes às matérias.

Exponham os jornais na escola, em painéis ou em mesas de maneira que possam ser manuseados e, naturalmente, lidos. Assim estará se realizando uma das etapas essenciais do projeto: a chegada do jornal ao leitor.

Collier Campbell Lifeworks/Corbis/Latinstock

UNIDADE 11 QUEM CONTA UM CONTO AUMENTA UM PONTO

Infância

A Abgar Renault

Meu pai montava a cavalo, ia para o campo.
Minha mãe ficava sentada cosendo.
Meu irmão pequeno dormia.
Eu sozinho menino entre mangueiras
lia a história de Robinson Crusoé,
comprida história que não acaba mais.

No meio-dia branco de luz uma voz que
[aprendeu
a ninar nos longes da senzala —
[e nunca se esqueceu
chamava para o café.
Café preto que nem a preta velha
café gostoso
café bom.

Minha mãe ficava sentada cosendo
olhando para mim:
— Psiu... Não acorde o menino.
Para o berço onde pousou um mosquito.
E dava um suspiro... que fundo!

Lá longe meu pai campeava
no mato sem fim da fazenda.

E eu não sabia que minha história
era mais bonita que a de Robinson Crusoé.

(Carlos Drummond de Andrade. In: *Alguma poesia*. Rio de Janeiro: Record. © Graña Drummond. www.carlosdrummond.com.br)

Fique ligado! Pesquise!

Assista

- ***A cartomante***, de Wagner de Assis e Pablo Uranga; ***O aprendiz***, de Bryan Singer; ***Louca obsessão*** e ***Conta comigo***, de Rob Reiner; ***A lenda do cavaleiro sem cabeça***, de Tim Burton; ***Sagarana – O duelo***, de Paulo Thiago; ***Um sonho de liberdade***, de Frank Darabont; ***A terceira margem do rio***, de Nelson Pereira dos Santos; ***A causa secreta***, de Sérgio Bianchi; ***O mistério da ilha***, de John Sayles; ***O contador de histórias***, de Robert Zemecks.

Caricatura de Machado de Assis, Clarice Lispector e Monteiro Lobato.

Carvall

Leia

- ***Melhores contos brasileiros de ficção científica***, de Roberto de Sousa Causo (Devir); ***Os melhores contos da América Latina***, organização de Flávio Moreira da Costa (Agir); ***Contos de amor do século XIX*** e ***Contos de horror do século XIX***, organização de Alberto Manguel (Companhia das Letras); ***Os melhores contos fantásticos*** e ***Os grandes contos populares do mundo***, organização de Flávio Moreira da Costa (Nova Fronteira); ***Contos jovens***, organização de Marisa Lajolo e Gilberto Mansur (Brasiliense); ***Contos***, de Machado de Assis (Companhia das Letras); ***Antologia escolar de contos brasileiros***, organização de Herberto Salles (Ouro); ***Contos brasileiros contemporâneos***, organização de Julieta de Godoy Ladeira; ***O conto brasileiro contemporâneo***, organização de Alfredo Bosi (Cultrix); ***Laços de família***, de Clarice Lispector (Francisco Alves); ***Antes do baile verde***, de Lygia Fagundes Telles (Nova Fronteira); ***Sagarana***, de João Guimarães Rosa (José Olympio); coleção ***Para gostar de ler*** (Ática); coleção ***Vínculos*** (Atual); coleção ***A palavra é...*** (Scipione).

PROJETO

Quem conta um conto aumenta um ponto

Realização de uma oficina de textos com vistas à produção de contos de todos os tipos e montagem de livros de fábulas e contos.

Pesquise

- Amplie seus conhecimentos sobre o conto e seus principais autores, pesquisando nos livros ***O que é conto***, de Luzia de Maria (Brasiliense); ***Teoria do conto***, de Nádia Batella Gotlib (Ática); ***Contos brasileiros***, de Benjamin Abdala Junior; ***Contos brasileiros (II)***, de Alaíde Gimenez (Scipione).

Navegue

- www.bestiario.com.br

CAPÍTULO 30

Thinkstock/Getty Images

A alegoria da pintura (1666), de Johannes Vermeer.

A fábula contemporânea e o apólogo

A FÁBULA CONTEMPORÂNEA

TRABALHANDO O GÊNERO

Certamente você conhece algumas narrativas curtas cujas personagens são animais e que terminam sempre com uma moral. Esse é o caso de histórias como *A raposa e as uvas, O leão e o rato, A cigarra e a formiga* e *O lobo e o cordeiro*, entre outras. Todas elas são **fábulas**, um gênero narrativo que teve origem na tradição oral e existe há mais ou menos 2800 anos. Esopo, que viveu na Grécia antiga, foi um dos primeiros cultivadores do gênero e o primeiro a registrar por escrito essas histórias.

Embora muito antigas, as histórias que compõem as fábulas continuam a ser contadas e lidas ainda hoje, porque ensinam, alertam sobre algo que pode acontecer na vida real, criticam comportamentos, ironizam o ser humano.

Modernamente, a fábula tem servido como fonte de inspiração ou de recriação a muitos escritores contemporâneos, o que comprova sua atualidade.

Leia, a seguir, uma fábula contemporânea, de autoria de Rubem Alves:

O sonho dos ratos

Era uma vez um bando de ratos que vivia no buraco do assoalho de uma casa velha.

Havia ratos de todos os tipos: grandes e pequenos, pretos e brancos, velhos e jovens, fortes e fracos, da roça e da cidade.

Mas ninguém ligava para as diferenças, porque todos estavam irmanados em torno de um sonho comum: um queijo enorme, amarelo, cheiroso, bem pertinho dos seus narizes. Comer o queijo seria a suprema felicidade...

Cássio Lima

Bem pertinho é modo de dizer. Na verdade, o queijo estava imensamente longe, porque entre ele e os ratos estava um gato... O gato era malvado, tinha dentes afiados e não dormia nunca. Por vezes fingia dormir. Mas bastava que um ratinho mais corajoso se aventurasse para fora do buraco para que o gato desse um pulo e, era uma vez um ratinho...

Os ratos odiavam o gato.

Quanto mais o odiavam mais irmãos se sentiam.

O ódio a um inimigo comum os tornava cúmplices de um mesmo desejo: queriam que o gato morresse ou sonhavam com um cachorro...

Como nada pudessem fazer, reuniam-se para conversar. Faziam discursos, denunciavam o comportamento do gato (não se sabe bem para quem), e chegaram mesmo a escrever livros com a crítica filosófica dos gatos. Diziam que um dia chegaria em que os gatos seriam abolidos e todos seriam iguais. "Quando se estabelecer a ditadura dos ratos", diziam os camundongos, "então todos serão felizes..."

— O queijo é grande o bastante para todos, dizia um.

— Socializaremos o queijo, dizia outro.

Todos batiam palmas e cantavam as mesmas canções.

Era comovente ver tanta fraternidade.

Como seria bonito quando o gato morresse!

Sonhavam.

Nos seus sonhos comiam o queijo.

E quanto mais o comiam, mais ele crescia.

Porque esta é uma das propriedades dos queijos sonhados: não diminuem; crescem sempre.

E marchavam juntos, rabos entrelaçados, gritando "o queijo já"...

Os grandes fabulistas

A fábula nasceu no Oriente e foi reinventada no Ocidente pelo escravo grego Esopo, que criava histórias baseadas em animais para mostrar como agir com sabedoria. Suas fábulas, mais tarde, foram reescritas em versos, com um acentuado tom satírico, pelo escravo romano Fedro. Contudo, o grande responsável pela divulgação e reconhecimento da fábula no Ocidente moderno foi o francês Jean de la Fontaine, um poeta que conhecia muito bem a arte e as manifestações da cultura popular.

Motivado pela natureza simbólica das fábulas, La Fontaine criava suas histórias com um único objetivo: tornar os animais o principal agente da educação dos homens. Para isso, os animais são colocados numa situação humana exemplar, tornando-se uma espécie de símbolo. Por exemplo: a formiga representa o trabalho; o leão simboliza a força; a raposa, a astúcia; o lobo, o poder despótico; e assim por diante. [...]

(Irene A. Machado. *Literatura e redação – Os gêneros literários e a tradição oral.* São Paulo: Scipione, 1994. p. 57.)

Sem que ninguém pudesse explicar como, o fato é que, ao acordarem numa bela manhã, o gato tinha sumido.

O queijo continuava lá, mais belo do que nunca. Bastaria dar uns poucos passos para fora do buraco.

Olharam cuidadosamente ao redor. Aquilo poderia ser um truque do gato. Mas não era. O gato havia desaparecido *mesmo*. Chegara o dia glorioso, e dos ratos surgiu um brado retumbante de alegria. Todos se lançaram ao queijo, irmanados numa fome comum.

E foi então que a transformação aconteceu. Bastou a primeira mordida. Compreenderam, repentinamente, que os queijos de verdade são diferentes dos queijos sonhados. Quando comidos, em vez de crescer, diminuem. Assim, quanto maior o número dos ratos a comer o queijo, menor o naco para cada um. Os ratos começaram a olhar uns para os outros como se fossem inimigos.

Olharam, cada um para a boca dos outros, para ver quanto do queijo haviam comido. E os olhares se enfureceram. Arreganharam os dentes. Esqueceram-se do gato. Eram seus próprios inimigos.

Cássio Lima

A briga começou.

Os mais fortes expulsaram os mais fracos a dentadas.

E, ato contínuo, começaram a brigar entre si.

Alguns ameaçaram chamar o gato, alegando que só assim se restabeleceria a ordem. O projeto de socialização do queijo foi aprovado nos seguintes termos:

"Qualquer pedaço do queijo poderá ser tomado dos seus proprietários para ser dado aos ratos magros, desde que este pedaço tenha sido abandonado pelo dono".

Mas como rato algum jamais abandonou um queijo, os ratos magros foram condenados a ficar esperando...

Os ratinhos magros, de dentro do buraco escuro, não podiam compreender o que havia acontecido. O mais inexplicável era a transformação que se operara no focinho dos ratos fortes, agora donos do queijo. Tinham todo o jeito do gato, o olhar malvado, os dentes à mostra.

Os ratos magros nem mais conseguiam perceber a diferença entre o gato de antes e os ratos de agora. E compreenderam, então, que não havia diferença alguma. *Pois todo rato que fica dono do queijo vira gato.* Não é por acidente que os nomes são tão parecidos.

RATO + QUEIJO = GATO

(*Estórias de bichos*. São Paulo: Loyola, 2006. p. 15-9.)

1. Na maioria das vezes, o fabulista usa animais como personagens de suas histórias e coloca-os em circunstâncias que lembram situações da vida humana, tornando-os uma espécie de símbolo. Por exemplo, a formiga representando o trabalho; o cordeiro, a inocência; o burro, a estupidez ou a paciência; o cachorro, a lealdade. Troque ideias com os colegas e responda:

a) Normalmente, que qualidades ou defeitos humanos o rato representa?

b) A atitude dos ratos, na fábula, revela esses atributos?

2. Os ratos, na história lida, encontram um obstáculo para atingir certo objetivo.

a) Qual era o objetivo dos ratos? Qual era o obstáculo?

b) A partir de certo momento, o obstáculo inicial deixa de existir. Que novo obstáculo surge?

3. As fábulas geralmente terminam com uma moral, isto é, uma frase que sintetiza as ideias principais do texto e transmite um ensinamento.

Cássio Lima

a) Que frase do texto desempenha esse papel? Interprete-a.

b) Como essa moral pode ser aplicada à sociedade humana moderna e, mais especificamente, ao âmbito da política?

c) Dê sua opinião: Você concorda com o ponto de vista do narrador expresso na moral? Por quê?

4. As fábulas costumam apresentar tempo e lugar imprecisos. Há indicação de tempo e lugar em "O sonho dos ratos"?

5. Observe as formas verbais empregadas no texto.

a) O narrador é personagem ou é observador?

b) Que tempo verbal é predominante?

6. Que tipo de linguagem foi empregado na fábula lida: uma variedade de acordo ou em desacordo com a norma-padrão?

7. A que tipo de público a fábula lida se destina?

8. No passado, as fábulas eram transmitidas oralmente. Depois, começaram a ser publicadas em livros. Na atualidade, em que suportes e veículos elas podem ser divulgadas?

A versão original de Esopo

Gustave Doré

A reunião geral dos ratos

Uma vez os ratos, que viviam com medo de um gato, resolveram fazer uma reunião para encontrar um jeito de acabar com aquele eterno transtorno. Muitos planos foram discutidos e abandonados. No fim um rato jovem levantou-se e deu a ideia de pendurar uma sineta no pescoço do gato; assim, sempre que o gato chegasse perto eles ouviriam a sineta e poderiam fugir correndo. Todo mundo bateu palmas: o problema estava resolvido. Vendo aquilo, um rato velho que tinha ficado o tempo todo calado levantou-se de seu canto. O rato falou que o plano era muito inteligente, que com toda a certeza as preocupações deles tinham chegado ao fim. Só faltava uma coisa: quem ia pendurar a sineta no pescoço do gato?

Moral: Inventar é uma coisa, fazer é outra.

(*Fábulas de Esopo*. São Paulo: Companhia das Letrinhas, 2001. p. 18.)

9. Leia, acima, a fábula de Esopo que inspirou a fábula lida e compare as duas versões. Depois responda às questões a seguir.

a) O autor de "O sonho dos ratos" manteve as características principais da fábula?

b) Que aspectos de "O sonho dos ratos" constituem uma renovação relativamente à fábula de Esopo?

10. Reúna-se com seus colegas de grupo e concluam: Quais são as características da fábula? Respondam, considerando os seguintes critérios: finalidade do gênero, perfil dos interlocutores, suporte ou veículo, tema, estrutura, linguagem.

PRODUZINDO A FÁBULA CONTEMPORÂNEA

Desenvolva as atividades de produção de texto propostas a seguir.

1. Leia esta fábula, de Millôr Fernandes:

A raposa e as uvas

De repente a raposa, esfomeada e gulosa, fome de quatro dias e gula de todos os tempos, saiu do areal do deserto e caiu na sombra deliciosa do parreiral que descia por um precipício a perder de vista. Olhou e viu, além de tudo, à altura de um salto, cachos de uva maravilhosos, uvas grandes, tentadoras. Armou o salto, retesou o corpo, saltou, o focinho passou a um palmo das uvas. Caiu, tentou de novo, não conseguiu. Descansou, encolheu mais o corpo, deu tudo o que tinha, não conseguiu nem roçar as uvas gordas e redondas. Desistiu, dizendo entre dentes com raiva: "Ah, também não tem importância. Estão muito verdes". E foi descendo, com cuidado, quando viu à sua frente uma pedra enorme. Com esforço empurrou a pedra até o local em que estavam os cachos de uva, trepou na pedra, perigosamente, pois o terreno era irregular, e havia o risco de despencar, esticou a pata e... conseguiu! Com avidez, colocou na boca quase o cacho inteiro. E cuspiu. Realmente as uvas estavam muito verdes!

Moral: A frustração é uma forma de julgamento como qualquer outra.

(*Fábulas fabulosas.* Rio de Janeiro: Nórdica, 1991. p. 118.)

A exemplo de Millôr Fernandes, escolha uma fábula tradicional – *A cigarra e a formiga, A tartaruga e a lebre, O lobo e o cordeiro, A rã e o boi* ou outra – e recrie-a, adaptando-a ao mundo contemporâneo.

2. Leia esta fábula, de Sérgio Capparelli:

O cachorro que deixou de ser bobo

As filmagens que estavam sendo realizadas sobre uma ponte tinham sido interrompidas porque, num acesso de vaidade, o artista principal trancara-se no camarim. Nesse momento passava por ali um cachorro magro.

Você quer trabalhar no nosso filme? — perguntou o diretor.

O cachorro magro olhou para a ponte, para o rio, para as câmeras e para o grande número de animais que lá se encontrava. Entre eles havia a rã e o boi, uma raposa comendo um cacho de uvas verdes e até mesmo uma cegonha com um prato de sopa.

O cachorro magro respondeu com outra pergunta:

— Por acaso estão filmando as *Fábulas* de Esopo?

O diretor ficou espantado:

— Como você descobriu?

Gustave Doré

— Digamos que tenho um pouco de experiência.

— Sim, as *Fábulas* de Esopo. Aceita trabalhar numa delas?

— Muito obrigado! Cachorro em fábula só faz papel de bobo.

— Que é isso, cachorro! Fábulas são fábulas. E veja bem: você está magro. Duvido que tenha comido bem nesses últimos tempos. Se participar, ganha um bom dinheiro.

— E o que tenho de fazer? — perguntou o cachorro, de estômago vazio.

— Quase nada. Você vem pela ponte com um osso. Olha seu vulto refletido nas águas do rio. Enxerga lá embaixo a imagem de um osso muito maior, larga o que vem trazendo e mergulha no rio.

— Você quer dizer que eu fico sem osso algum?

— Isso mesmo. Seguimos rigorosamente o roteiro.

— Certo! Se é isso, tudo bem.

Antes de começar, o próprio cachorro magro foi ao açougue e comprou dois ossos de boa qualidade, um para ser perdido durante a cena do afogamento, conforme o roteiro, e outro para comer depois. E impôs uma condição.

— Vamos filmar numa parte do rio bem rasa, porque não sei nadar.

As filmagens começaram e, no fim, o diretor não continha seu entusiasmo. O cachorro magro tinha atuado de forma magnífica. Jogara-se da ponte e, depois de improvisar uma cena dramática de afogamento, tinha reaparecido na margem do rio são e salvo. Recebeu o dinheiro a que tinha direito e foi comer seu osso debaixo de um pé de jacarandá.

Tem cachorro que se faz de bobo para passar bem.

(*30 fábulas contemporâneas para crianças.* Porto Alegre, RS: L&PM, 2008. p. 14-5.)

A exemplo de Sérgio Capparelli, misture personagens de diferentes fábulas, a fim de criar uma fábula contemporânea.

Planejamento do texto

Ao redigir suas fábulas, leve em conta as orientações a seguir.

- Perfil do leitor – Seus textos poderão ser expostos no projeto **Quem conta um conto aumenta um ponto**, que a classe desenvolverá no final desta unidade. Assim, seus leitores serão colegas de sua e de outras classes, professores, funcionários da escola e outros convidados para o evento.
- Veículo e suporte em que será veiculado – Procure empregar uma linguagem adequada ao perfil dos interlocutores e à situação.
- Características do gênero a serem observadas – A fábula é uma narrativa curta que transmite um ensinamento, expresso de forma resumida pela moral; o tempo e o espaço são imprecisos; as personagens geralmente são animais.
- Título – Dê um título a suas fábulas.

Gustave Doré

Revisão e reescrita

Faça primeiramente um rascunho do seu texto. Depois releia-o, observando se ele leva em conta as características do gênero, o perfil dos leitores, a correção e adequação da linguagem, o suporte e o veículo.

Faça as alterações necessárias e passe o texto a limpo.

O APÓLOGO

TRABALHANDO O GÊNERO

O apólogo é uma narrativa breve que se assemelha à fábula, porém, nele, as personagens principais são seres inanimados, que ilustram, por meio de suas ações, lições de sabedoria ou ética.

Esopo, o conhecido fabulista grego, também escreveu apólogos. Os escritores espanhóis Quevedo e Cervantes, no século XVII, escreveram os famosos apólogos "Dos Sonhos" e "Colóquio dos cachorros", respectivamente.

Leia, a seguir, um apólogo de autoria de Machado de Assis, escritor brasileiro do século XIX.

Um apólogo

Era uma vez uma agulha, que disse a um novelo de linha:

— Por que está você com esse ar, toda cheia de si, toda enrolada, para fingir que vale alguma coisa neste mundo?

— Deixe-me, senhora.

— Que a deixe? Que a deixe, por quê? Porque lhe digo que está com um ar insuportável? Repito que sim, e falarei sempre que me der na cabeça.

— Que cabeça, senhora? A senhora não é alfinete, é agulha. Agulha não tem cabeça. Que lhe importa o meu ar? Cada qual tem o ar que Deus lhe deu. Importe-se com a sua vida e deixe a dos outros.

— Mas você é orgulhosa.

— Decerto que sou.

— Mas por quê?

— É boa! Porque coso. Então os vestidos e enfeites de nossa ama, quem é que os cose, senão eu?

Toninho Gonçalves

— Você? Esta agora é melhor. Você é que os cose? Você ignora que quem os cose sou eu, e muito eu?

— Você fura o pano, nada mais; eu é que coso, prendo um pedaço ao outro, dou feição aos babados...

— Sim, mas que vale isso? Eu é que furo o pano, vou adiante, puxando por você, que vem atrás, obedecendo ao que eu faço e mando...

— Também os batedores vão adiante do imperador.

— Você é imperador?

— Não digo isso. Mas a verdade é que você faz um papel subalterno, indo adiante; vai só mostrando o caminho, vai fazendo o trabalho obscuro e ínfimo. Eu é que prendo, ligo, ajunto...

Estavam nisto, quando a costureira chegou à casa da baronesa. Não sei se disse que isto se passava em casa de uma baronesa, que tinha a modista ao pé de si, para não andar atrás dela. Chegou a costureira, pegou do pano, pegou da agulha, pegou da linha, enfiou a linha na agulha, e entrou a coser. Uma e outra iam andando orgulhosas, pelo pano adiante, que era a melhor das sedas, entre os dedos da costureira, ágeis como os galgos de Diana — para dar a isto uma cor poética. E dizia a agulha:

— Então, senhora linha, ainda teima no que dizia há pouco? Não repara que esta distinta costureira só se importa comigo; eu é que vou aqui entre os dedos dela, unidinha a eles, furando abaixo e acima...

A linha não respondia nada; ia andando. Buraco aberto pela agulha era logo enchido por ela, silenciosa e ativa, como quem sabe o que faz, e não está para ouvir palavras loucas. A agulha, vendo que ela não lhe dava resposta, calou-se também, e foi andando. E era tudo silêncio na saleta de costura; não se ouvia mais que o *plic-plic plic-plic* da agulha no pano. Caindo o sol, a costureira dobrou a costura, para o dia seguinte; continuou ainda nesse e no outro, até que no quarto acabou a obra, e ficou esperando o baile.

Veio a noite do baile, e a baronesa vestiu-se. A costureira, que a ajudou a vestir-se, levava a agulha espetada no corpinho, para dar algum ponto necessário. E quando compunha o vestido da bela dama, e puxava a um lado ou outro, arregaçava daqui ou dali, alisando, abotoando, acolchetando, a linha, para mofar da agulha, perguntou-lhe:

— Ora, agora, diga-me, quem é que vai ao baile, no corpo da baronesa, fazendo parte do vestido e da elegância? Quem é que vai dançar com ministros e diplomatas, enquanto você volta para a caixinha da costureira, antes de ir para o balaio das mucamas? Vamos, diga lá.

Parece que a agulha não disse nada; mas um alfinete, de cabeça grande e não menor experiência, murmurou à pobre agulha:

— Anda, aprende, tola. Cansas-te em abrir caminho para ela e ela é que vai gozar da vida, enquanto aí ficas na caixinha de costura. Faze como eu, que não abro caminho para ninguém. Onde me espetam, fico.

Contei esta história a um professor de melancolia, que me disse, abanando a cabeça:

— Também eu tenho servido de agulha a muita linha ordinária!

(*Várias histórias*. São Paulo: Ática, 1997. p. 106-7.)

balaio: cesto grande feito de palha, taquara, cipó, etc.

coser: unir com pontos de agulha, costurar.

Diana: deusa da caça entre os romanos.

galgo: cão de pernas compridas, muito ágil e veloz.

mofar: zombar, troçar, escarnecer.

mucama: escrava negra, geralmente jovem, que auxiliava nos serviços caseiros e acompanhava sua senhora em passeios; por vezes, era a ama de leite da família.

Gêneros narrativos relacionados com a fábula

A parábola e a alegoria são, como o apólogo, gêneros textuais narrativos que têm certa semelhança com a fábula. Isso porque também apresentam uma história curta e exemplar que, simbolicamente, encerra um ensinamento.

A **parábola** é a ilustração de uma ideia por meio de uma situação. Geralmente apresenta uma linguagem elaborada e exige que o leitor associe a situação à ideia que se quer transmitir. É uma das formas mais eficientes para transmitir uma doutrina religiosa, fim a que se destinam, por exemplo, as parábolas bíblicas.

A **alegoria** é a representação de ideias ou conceitos abstratos por meio de situações ou imagens concretas. As alegorias carnavalescas, presentes em fantasias ou em carros alegóricos, por exemplo, representam a ideia ou o tema de que tratam as escolas de samba. Na literatura, a alegoria consiste em uma frase ou em um texto em que há um sentido literal e outro figurado. Como o primeiro sentido tende a desaparecer, é comum afirmar que a alegoria diz uma coisa e significa outra. Os provérbios são exemplos de alegorias.

PRODUZINDO O APÓLOGO

Escolha dois seres inanimados, como, por exemplo, um lápis e um caderno, um giz e um apagador, um chinelo velho e um sapato novo, uma carta e um *e-mail*, ou outros que quiser, e escreva um apólogo do qual eles sejam os protagonistas.

Planejamento do texto

- Crie um diálogo entre as personagens e mostre ações delas que, no final, ilustrem uma lição de sabedoria ou ética.
- A linguagem empregada deve estar de acordo com a norma-padrão da língua.
- Leve em conta o perfil de seus leitores ou ouvintes, que poderão ser os convidados para participar do projeto **Quem conta um conto aumenta um ponto**, que a classe desenvolverá no final desta unidade.

Revisão e reescrita

Faça primeiramente um rascunho do seu texto. Depois releia-o, observando se ele está de acordo com as principais características do gênero, ou seja, se conta uma história curta que transmite uma lição de sabedoria ou de ética; se a linguagem está de acordo com a norma-padrão e com o perfil do público.

Faça as alterações necessárias e passe o texto a limpo.

TEXTUALIDADE E ESTILO

O DISCURSO CITADO EM TEXTOS NARRATIVOS FICCIONAIS

Você já aprendeu que, nos gêneros narrativos ficcionais, há três modos básicos de inserir o discurso das personagens no discurso do narrador: os discursos *direto*, *indireto* e *indireto livre*. O uso desses tipos de discurso em textos narrativos tem relação com um conjunto de fatores que convém conhecer.

O emprego do discurso direto

Leia esta crônica, de Luís Martins:

A consulta

— Sua aparência é saudável, mas as aparências às vezes enganam. Vamos lá ver: que é que o senhor sente?

— O que eu sinto, doutor? Não sei dizer direito. É uma espécie de opressão, de angústia, de ansiedade...

— E o senhor pensa que eu também não sinto? Isto é normal. Normalíssimo. Que mais?

— Bem, doutor. Eu tenho insônias.

— E eu não tenho, por acaso? Pergunte ao seu vizinho se não tem também.

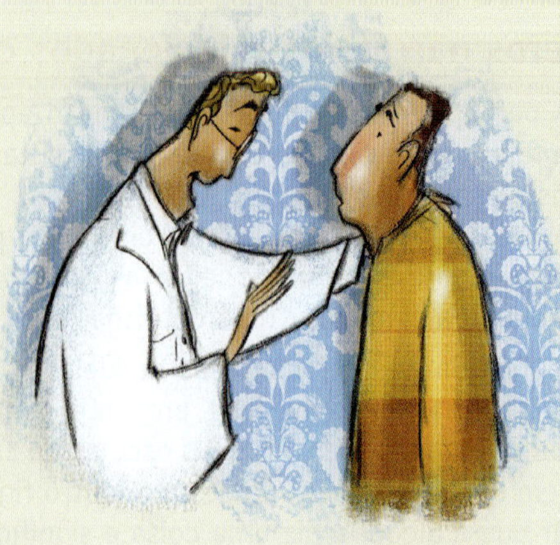

Vicente Mendonça

— Eu não me dou com o meu vizinho.

— É isto: não se dá com o vizinho. Eu também não me dou com o meu. Ninguém se dá com ninguém. Mas não precisa perguntar: eu sei. Seu vizinho não consegue dormir. Ninguém consegue. Isto é normal.

— Mas, doutor...

— Eu sei: o senhor anda nervoso, excitado, angustiado... Diga-me: não sente medo? Um medo sem causa, sem nenhum motivo aparente, medo de qualquer coisa que o senhor não sabe o que é?

— Realmente... Eu estava com vergonha de dizer, mas, desde que o senhor falou, é verdade: sinto, sim.

— Ótimo! O senhor sente medo. Eu também sinto. Ótimo, torno a dizer. O senhor não tem nada, meu amigo. Está inteiramente são, uma vez que sente medo. Se não sentisse, aí sim, precisaríamos procurar as causas dessa anomalia. Talvez fosse grave.

Sabe, doutor? Às vezes tenho a impressão de que estou [illegible]

— Claro que está! E eu não estou? E o seu vizinho não está? E todo o mundo não está? E o senhor pensa que vai ficar de fora? Por quê? Mas reflita um pouco, meu caro. O senhor vive, eu vivo, toda a gente vive num mundo anormal, sádico, doente, sanguinário, onde a regra é a falta de regras, um mundo hediondo e tenebroso, onde o homem é cada vez mais — e como nunca foi — o lobo do próprio homem. Um mundo de guerra, de massacres, de hecatombes, alicerçado no ódio, na iniquidade e na violência. Acrescente a tudo isso a poluição atmosférica, a poluição sonora, a poluição moral, a degradação dos costumes, a falência dos serviços públicos, o colapso do trânsito, a morte da urbanidade, da cordialidade, da solidariedade humanas. O senhor sente angústia. É natural. O senhor tem medo. É normalíssimo. O senhor tem insônias. Como não tê-las? Meu caro cliente, vá tranquilo: o senhor não tem absolutamente nada. Passe bem. O próximo, por favor?

(*Antologia da crônica brasileira – De Machado de Assis a Lourenço Diaféria*. São Paulo: Moderna, 2005. p. 103-4.)

1. A crônica retrata uma cena que se passa em um consultório médico.

a) Qual é a especialidade do médico? Justifique sua resposta.

b) O humor da crônica está relacionado com o comportamento do médico. Explique por quê.

2. Observe, na crônica, que o diálogo entre as personagens está em primeiro plano e não há discurso do narrador.

Vicente Mendonça

a) A fala das personagens está em discurso direto ou em discurso indireto?

b) Esse procedimento de construção do texto dá às personagens maior ou menor espaço na narrativa?

3. O discurso do narrador foi suprimido na crônica lida. Coloque-se no lugar do narrador e escreva um pequeno parágrafo para finalizar a narrativa.

4. A escolha do tipo de discurso depende de vários fatores, como o gênero, o destaque que se pretende dar às personagens e principalmente os efeitos de sentido que o escritor tem em vista.

a) Imagine como seria esse diálogo se o narrador nos contasse o que as personagens conversaram. O texto teria a mesma expressividade?

b) Troque ideias com os colegas e conclua: Quais são as vantagens ou os benefícios do emprego do discurso direto para a narrativa?

O emprego do discurso direto e do discurso indireto

Você vai ler agora uma crônica de Rubem Braga, um dos melhores cronistas brasileiros, e vai poder observar os efeitos de sentido que o escritor extrai da utilização dos dois tipos de discurso.

Noite de chuva

Foi na última chuvarada do ano, e a noite era preta. O homem estava em casa; chegara tarde, exausto e molhado, depois de uma viagem de ônibus mortificante, e comera, sem prazer, uma comida fria. Vestiu o pijama e ligou o rádio, mas o rádio estava ruim, roncando e estalando. "Há dois meses estou querendo mandar consertar este rádio", pensou com tédio. E pensou ainda que há muitos meses, há muitos anos, estava com muita coisa para consertar, desde os dentes até a torneira da cozinha, desde seu horário no serviço até aquele caso sentimental em Botafogo. E quando começou a dormir e ouviu que batiam na porta, acordou assustado achando que era o dentista, o homem do rádio, o caixa da firma, o irmão de Honorina ou um vago fiscal geral dos problemas da vida que lhe vinha pedir contas.

A princípio não reconheceu a negra velha Joaquina Maria, miúda, molhada, os braços magros luzindo, a cara aflita. Ela dizia coisas que ele não entendia; mandou que entrasse. Há alguns meses a velha lavava-lhe a roupa, e tudo o que sabia a seu respeito é que morava em um barraco, num morro perto da Lagoa, e era doente. Sua história foi saindo aos poucos. O temporal derrubara o barraco, e o netinho, de oito anos, estava sob os escombros. Precisava de ajuda imediata, se lembrara dele.

— O menino está... morto?

Filipe Rocha

Ouviu a resposta afirmativa com um suspiro de alívio. O que ela queria é que ele telefonasse para a polícia, chamasse ambulância ou rabecão, desse um jeito para o menino não passar a noite entre os escombros, na enxurrada; ou arranjasse um automóvel e alguém para ir retirar o corpinho. Quis telefonar, mas o telefone não dava sinal; enguiçara. E quando meteu uma capa de gabardina e um chapéu e desceu a escada, viu que tudo enguiçara, os bondes, os ônibus, a cidade, todo esse conjunto de ferro, asfalto, fios e pedras que faz uma cidade, tudo estava paralisado, como um grande monstro débil.

— E os pais dele?

A velha disse que a mãe estava trabalhando em Niterói.

— E o pai?

Na mesma hora sentiu que fizera uma pergunta ociosa; deve ser um personagem vago e impreciso, negro e perdido na noite e no tempo, o pai daquele pretinho morto. Ia atravessando a rua com a velha; subitamente, como a chuva estivesse forte, e ela tossisse, mandou que voltasse e esperasse na entrada da casa. Tentou fazer parar quatro ou cinco automóveis; apenas conseguiu receber na perna jatos de lama. Entrou, curvando-se, em um botequim sórdido que era o único lugar aberto em toda a rua, mas já estava com a porta de ferro a meia altura. Não tinha telefone. Contou a história ao português do balcão, deu explicações ao garçom e a um freguês mulato que queria saber qual era o nome do morro — e sentiu que estava fazendo uma coisa inútil e ridícula, contar aquela história sem nenhum objetivo. Bebeu uma bagaceira, saiu para a rua, sob a chuva intensa, andou até a segunda esquina, atravessou a avenida, voltou, olhando vagamente dois bondes paralisados, um ônibus quebrado, os raros carros que passavam, luzidios na noite negra.

Sentiu uma alegria vingativa pensando que mais adiante, como certamente já acontecera antes, eles ficariam paralisados, no engarrafamento enervante do trânsito. Uma ruazinha que descia à esquerda era uma torrente de água enlameada. Mesmo que encontrasse algum telefone funcionando, sabia que não conseguiria àquela hora qualquer ajuda da polícia, nem da assistência, nem dos bombeiros; havia desgraças em toda a cidade, bairros inteiros sem comunicação, perdidos debaixo da chuva. Meteu os pés até os tornozelos numa poça d'água. Encontrou a velha chorando baixinho.

— Dona...

Ela ergueu os olhos para ele, fixou-o numa pergunta aflitiva, como se fosse ele o responsável pela cidade, pelo mundo, pela organização inteira do mundo dos brancos. Disse à velha, secamente, que tinha arrumado tudo para "amanhã de manhã". Ela ainda o olhou com um ar desamparado — mas logo partiu na noite escura, sob a chuva.

(*Rubem Braga – Os melhores contos*. 3. ed. São Paulo: Global, 1985. p. 85-7.)

1. O 1º parágrafo da crônica apresenta a situação inicial, aquela a partir da qual ocorrem os fatos. Nesse parágrafo, uma das personagens da história é caracterizada. Como é essa personagem? Como ela se porta em relação às coisas que a cercam e às decisões que deve tomar sobre sua própria vida?

2. Ao atender à porta, inicialmente o homem não reconhece a lavadeira. Depois de ouvir o pedido dela, ele lhe pergunta se o menino estava morto. O narrador afirma: "Ouviu a resposta afirmativa com um suspiro de alívio".

a) Considerando as características pessoais desse homem e a reação dele em relação à lavadeira, responda: Como é o relacionamento dessa personagem com as pessoas? Por quê?

b) Levante hipóteses: Por que o homem se sentiu aliviado ao saber que a criança estava morta?

3. O homem tenta ajudar a negra velha: sai de casa, procura um telefone, tenta parar um carro, mas nada consegue.

a) Que sentimentos ele vivencia nessa experiência?

b) A resposta dada "secamente" à velha, "amanhã de manhã", é coerente com as características pessoais desse homem?

4. Observe as palavras destacadas nestes trechos do texto:

> "a noite era *preta*"
> "não reconheceu a *negra* velha"
> "deve ser um personagem vago e impreciso, *negro* e perdido [...] o pai daquele *pretinho*"
> "pela organização inteira do mundo dos *brancos*"

a) Com base nas palavras destacadas, responda: Que tipo de oposição o texto estabelece entre as personagens?

b) Que outro tipo de oposição se pode depreender do relacionamento deles, levando-se em conta que ele é patrão e ela, empregada?

c) Apesar das diferenças existentes entre as duas personagens, o caos provocado pela tempestade as aproxima e iguala, mesmo que provisoriamente. Em que aspecto elas se igualam?

d) Essa experiência torna o homem mais humano, decidido e comunicativo?

5. O discurso direto é empregado apenas quatro vezes no texto e, em todas essas situações, para representar a voz de apenas uma das personagens.

a) Qual é essa personagem? Suas falas são longas ou breves?

b) Interprete: Que relação existe entre a extensão das frases da personagem e as características dela?

c) A voz da outra personagem só aparece na forma de discurso indireto. Esse dado confere maior ou menor destaque à personagem na narrativa?

d) Interprete: Que relação existe entre a representação da voz da personagem, feita apenas em discurso indireto, e suas características étnicas, sociais e econômicas?

6. Com base na leitura das crônicas de Luís Martins e de Rubem Braga, troque ideias com os colegas e conclua: Os tipos de discurso, quando empregados de modo criterioso, podem contribuir para a construção de sentidos no texto? Por quê?

Natureza-morta, de Georg Flegel.

CAPÍTULO 31

O conto (I)

TRABALHANDO O GÊNERO

Leia este conto, de Lygia Fagundes Telles:

As cerejas

Aquela gente teria mesmo existido? Madrinha tecendo a cortina de filé com um anjinho a esvoaçar por entre rosas, a pobre Madrinha sempre afobada, piscando os olhinhos estrábicos, "vocês não viram onde deixei meus óculos?". A preta Dionísia a bater as claras de ovos em ponto de neve, a voz ácida "esta receita é nova...". Tia Olívia enfastiada e lânguida, abanando-se com uma ventarola chinesa, a voz pesada indo e vindo ao embalo da rede, "fico exausta no calor...". Marcelo muito louro — Por que não me lembro da voz dele? — agarrado à crina do cavalo, agarrado à cabeleira de tia Olívia, os dois tombando lividamente azuis sobre o divã. "Você levou as velas à tia Olívia?", perguntou Madrinha lá debaixo. O relâmpago apagou-se. E no escuro que se fez, veio como resposta o ruído das cerejas se despencando no chão.

A casa em meio do arvoredo, o rio, as tardes como que suspensas na poeira do ar — desapareceu tudo sem deixar vestígios. Ficaram as cerejas, só elas resistiram com sua vermelhidão de loucura. Basta abrir a gaveta: algumas foram roídas por alguma barata e nessas o algodão estoura, empelotado, não, tia Olívia, não eram de cera, eram de algodão suas cerejas vermelhas.

Thinkstock/Getty Images

Ela chegou inesperadamente. Um cavaleiro trouxe o recado do chefe da estação pedindo a charrete para a visita que acabara de desembarcar.

— É Olívia! — exclamou Madrinha. É a prima! Alberto escreveu dizendo que ela viria, mas não disse quando, ficou de avisar. Eu ia mudar as cortinas, bordar umas fronhas e agora!... Justo Olívia. Vocês não podem fazer ideia, ela é de tanto luxo e a casa aqui é tão simples, não estou preparada, meus céus! O que é que eu faço, Dionísia, me diga agora o que é que eu faço!

Dionísia folheava tranquilamente um livro de receitas. Tirou um lápis da carapinha tosada e marcou a página com uma cruz.

— Como se já não bastasse esse menino, que também chegou sem aviso...

O menino era Marcelo. Tinha apenas dois anos mais do que eu mas era tão alto e parecia tão adulto com suas belas roupas de montaria, que tive vontade de entrar debaixo do armário quando o vi pela primeira vez.

— Um calor na viagem! — gemeu tia Olívia em meio de uma onda de perfumes e malas. — E quem é este rapazinho?

— Pois este é o Marcelo, filho do Romeu — disse Madrinha. — Você não se lembra do Romeu? Primo-irmão do Alberto...

Tia Olívia desprendeu do chapeuzinho preto dois grandes alfinetes de pérola em formato de pera. O galho de cerejas estremeceu no vértice do decote da blusa transparente. Desabotoou o casaco.

— Ah, minha querida, Alberto tem tantos parentes, uma família enorme! Imagine se vou me lembrar de todos com esta minha memória. Ele veio passar as férias aqui?

Por um breve instante Marcelo deteve em tia Olívia o olhar frio. Chegou a esboçar um sorriso, aquele mesmo sorriso que tivera quando Madrinha, na sua ingênua excitação, nos apresentou a ambos, "pronto, Marcelo, aí está sua priminha, agora vocês poderão brincar juntos". Ele então apertou um pouco os olhos. E sorriu.

— Não estranhe, Olívia, que ele é por demais arisco — segredou Madrinha ao ver que Marcelo saía abruptamente da sala. — Se trocou comigo meia dúzia de palavras, foi muito. Aliás, toda a gente de Romeu é assim mesmo, são todos muito esquisitos. Esquisitíssimos!

Tia Olívia ajeitou com as mãos em concha o farto coque preso na nuca. Umedeceu os lábios com a ponta da língua.

— Tem *charme*...

Aproximei-me fascinada. Nunca tinha visto ninguém como tia Olívia, ninguém com aqueles olhos pintados de verde e com aquele decote assim fundo.

— É de cera? — perguntei tocando-lhe uma das cerejas.

Ela acariciou-me a cabeça com um gesto distraído. Senti bem de perto seu perfume.

— Acho que sim, querida. Por quê? Você nunca viu cerejas?

— Só na folhinha.

Ela teve um risinho cascateante. No rosto muito branco a boca parecia um largo talho aberto, com o mesmo brilho das cerejas.

— Na Europa são tão carnudas, tão frescas.

Marcelo também tinha estado na Europa com o avô. Seria isso? Seria isso que os fazia infinitamente superiores a nós? Pareciam feitos de outra carne e pertencer a um outro mundo tão acima do nosso, ah! como éramos pobres e feios. Diante de Marcelo e tia Olívia, só diante dos dois é que eu pude avaliar como éramos pequenos: eu, de unhas roídas e vestidos feitos por Dionísia, vestidos que pareciam as camisolas das bonecas de jornal que Simão recortava com a tesoura do jardim. Madrinha, completamente estrábica e tonta em meio de suas rendas e filés. Dionísia, tão preta quanto enfatuada com as tais receitas secretas.

— Não quero é dar trabalho — murmurou tia Olívia dirigindo-se ao quarto. Falava devagar, andava devagar. Sua voz foi se afastando com a mansidão de um gato subindo a escada. — Cansei-me muito, querida. Preciso apenas de um pouco de sossego...

Agora só se ouvia a voz de Madrinha que tagarelava sem parar: a chácara era modesta, modestíssima, mas ela haveria de gostar, por que não? O clima era uma maravilha e o pomar nessa época do ano estava coalhado de mangas. Ela não gostava de mangas? Não?... Tinha também bons cavalos se quisesse montar, Marcelo poderia acompanhá-la, era um ótimo cavaleiro, vivia galopando dia e noite. Ah, o médico proibira? Bem, os passeios a pé também eram lindos, havia no fim do caminho dos bambus um lugar ideal para piqueniques, ela não achava graça num piquenique?

Fui para a varanda e fiquei vendo as estrelas por entre a folhagem da paineira. Tia Olívia devia estar sorrindo, a umedecer com a ponta da língua os lábios brilhantes. Na Europa eram tão carnudas... Na Europa.

Abri a caixa de sabonete escondida sob o tufo de samambaia. O escorpião foi saindo penosamente de dentro. Deixei-o caminhar um bom pedaço e só quando ele atingiu o centro da varanda é que me decidi a despejar a gasolina. As chamas azuis subiram num círculo fechado. O escorpião rodou sobre si mesmo, erguendo-se nas patas traseiras, procurando uma saída. A cauda contraiu-se desesperadamente. Encolheu-se. Investiu e recuou em meio das chamas que se apertavam mais.

Theodore Gericault. Le dressage' man training (breaking) a horse with docked tail/World History Archive/Getty Images

— Será que você não se envergonha de fazer uma maldade dessas?

Voltei-me. Marcelo cravou em mim o olhar feroz. Em seguida, avançando para o fogo, esmagou o escorpião no tacão da bota.

— Diz que ele se suicida, Marcelo...

— Era capaz mesmo quando descobrisse que o mundo está cheio de gente como você.

Tive vontade de atirar-lhe a gasolina na cara. Tapei o vidro.

— E não adianta ficar furiosa, vamos, olhe para mim. Sua boba. Pare de chorar e prometa que não vai mais judiar dos bichos.

Encarei-o. Através das lágrimas ele pareceu-me naquele instante tão belo quanto um deus, um deus de cabelos dourados e botas, todo banhado de luar. Fechei os olhos, já não me envergonhava das lágrimas, já não me envergonhava de mais nada. Um dia ele iria embora do mesmo modo imprevisto como chegara, um dia ele sairia sem se despedir e desapareceria para sempre. Mas isso também já não tinha importância. Marcelo, Marcelo!, chamei. E só meu coração ouviu.

Quando ele me tomou pelo braço e entrou comigo na sala, parecia completamente esquecido do escorpião e do meu pranto. Voltou-lhe o sorriso.

— Então é essa a famosa tia Olívia? Ah, ah, ah.

Enxuguei depressa os olhos na barra da saia.

— Ela é bonita, não?

Ele bocejou.

— Usa um perfume muito forte. E aquele galho de cerejas dependurado no peito. Tão vulgar.

— Vulgar?

Fiquei chocada. E contestei; mas, em meio da paixão com que o defendi, senti uma obscura alegria ao perceber que estava sendo derrotada.

— E, além do mais, não é meu tipo — concluiu ele voltando o olhar indiferente para o trabalho de filé que Madrinha deixara desdobrado na cadeira. Apontou para o anjinho esvoaçando entre grinaldas. — Um anjinho cego.

— Por que cego? — protestou Madrinha descendo a escada. Foi nessa noite que perdeu os óculos. — Cada ideia, Marcelo!

Ele debruçara-se na janela e parecia agora pensar em outra coisa.

— Tem dois buracos em lugar dos olhos.

— Mas filé é assim mesmo, menino! No lugar de cada olho deve ficar uma casa vazia — esclareceu ela sem muita convicção. Examinou o trabalho. E voltou-se nervosamente para mim: — Por que não vai buscar o dominó para jogarem uma partida? E vê se encontra meus óculos que deixei por aí.

Quando voltei com o dominó, Marcelo já não estava na sala. Fiz um castelo com as pedras. E soprei-o com força. Perdia-o sempre, sempre. Passava as manhãs galopando como louco. Almoçava rapidamente e mal terminava o almoço, fechava-se no quarto e só reaparecia no lanche, pronto para sair outra vez. Restava-me correr ao alpendre para vê-lo seguir em direção à estrada, cavalo e cavaleiro tão colados um ao outro que pareciam formar um corpo só.

ThinkStock/Getty Images

Como um corpo só os dois tombaram no divã, tão rápido o relâmpago e tão longa a imagem, ele tão grande, tão poderoso, com aquela mesma expressão com que galopava como que agarrado à crina do cavalo, arfando doloridamente na reta final.

Foram dias de calor atroz os que antecederam à tempestade. A ansiedade estava no ar. Dionísia ficou mais casmurra. Madrinha ficou mais falante, procurando disfarçadamente os óculos nas latas de biscoito ou nos potes de folhagens, esgotada a busca em gavetas e armários.

Marcelo pareceu-me mais esquivo, mais crispado. Só tia Olívia continuava igual, sonolenta e lânguida no seu negligê branco. Estendia-se na rede. Desatava a cabeleira. E, com um movimento brando, ia se abanando com a ventarola. Às vezes vinha com as cerejas que se esparramavam no colo polvilhado de talco. Uma ou outra cereja resvalava por entre o rego dos seios e era então engolida pelo decote.

— Sofro tanto com o calor...

Madrinha tentava animá-la:

— Chovendo, Olívia, chovendo você verá como vai refrescar.

Ela sorria umedecendo os lábios com a ponta da língua.

— Você acha que vai chover?

— Mas claro, as nuvens estão baixando, a chuva já está aí. E vai ser um temporal daqueles, só tenho medo é que apanhe esse menino lá fora. Você já viu menino mais esquisito, Olívia? Tão fechado, não? E sempre com aquele arzinho de desprezo.

Georg Flegel. Still life/The Bridgeman Art Library/Grupo Keystone/Johnny van Haeften Gallery, London, UK

— É da idade, querida. É da idade.

— Parecido com o pai. Romeu também tinha essa mesma mania com cavalo.

— Ele monta tão bem. Tão elegante.

Defendia-o sempre enquanto ele a atacava, mordaz, implacável: "É afetada, esnobe. E como representa, parece que está sempre no palco". Eu contestava, mas de tal forma que o incitava a prosseguir atacando.

Lembro-me de que as primeiras gotas de chuva caíram ao entardecer, mas a tempestade continuava ainda em suspenso, fazendo com que o jantar se desenrolasse numa atmosfera abafada. Densa. Pretextando dor de cabeça, tia Olívia recolheu-se mais cedo. Marcelo, silencioso como de costume, comeu de cabeça baixa. Duas vezes deixou cair o garfo.

— Vou ler um pouco — despediu-se assim que nos levantamos.

Fui com Madrinha para a saleta. Um raio estalou de repente: como se esperasse por esse sinal, a casa ficou completamente às escuras enquanto a tempestade desabava.

— Queimou o fusível! — gemeu Madrinha. — Vai, filha, vai depressa buscar o maço de velas, mas leva primeiro ao quarto de tia Olívia. E fósforos, não esqueça os fósforos!

Subi a escada. A escuridão era tão viscosa, que se eu estendesse a mão, poderia senti-la amoitada como um bicho por entre os degraus. Tentei acender a vela mas o vento me envolveu. Escancarou-se a porta do quarto. E em meio do relâmpago que rasgou a treva, vi os dois corpos completamente azuis, tombando enlaçados no divã.

Afastei-me cambaleando. Agora as cerejas se despencavam sonoras como enormes bagas de chuva caindo de uma goteira. Fechei os olhos. Mas a casa continuava a rodopiar desgrenhada e lívida com os dois corpos rolando na ventania.

— Levou as velas para tia Olívia? — perguntou Madrinha.

Desabei num canto, fugindo da luz do castiçal aceso em cima da mesa.

— Ninguém respondeu, ela deve estar dormindo.

— E Marcelo?

— Não sei, deve estar dormindo também.

Madrinha aproximou-se com o castiçal:

— Mas que é que você tem, menina? Está doente? Não está com febre? Hem?! Sua testa está queimando... Dionísia, traga uma aspirina, esta menina está com um febrão, olha aí!

Até hoje não sei quantos dias me debati esbraseada, a cara vermelha, os olhos vermelhos, escondendo-me debaixo das cobertas para não ver por entre clarões de fogo milhares de cerejas e escorpiões em brasa, estourando no chão.

— Foi um sarampo tão forte — disse Madrinha ao entrar certa manhã no quarto. — E como você chorava, dava pena ver como você chorava! Nunca vi um sarampo doer tanto assim.

Sentei-me na cama e fiquei olhando uma borboleta branca pousada no pote de avencas da janela. Voltei-me em seguida para o céu límpido. Havia um passarinho cantando na paineira. Madrinha então disse:

— Marcelo foi-se embora ontem à noite, quando vi, já estava de mala pronta, sabe como ele é. Veio até aqui se despedir, mas você estava dormindo tão profundamente.

Dois dias depois, tia Olívia partia também. Trazia o costume preto e o chapeuzinho com os alfinetes de pérola espetados na capa. Na blusa branca, bem no vértice do decote, o galho de cerejas.

Sentou-se na beirada da minha cama:

— Que susto você nos deu, querida — começou com sua voz pesada. — Pensei que fosse alguma doença grave. Agora está boazinha, não está?

Prendi a respiração para não sentir seu perfume.

— Estou.

— Ótimo! Não te beijo porque ainda não tive sarampo — disse ela calçando as luvas. Riu o risinho cascateante. — E tem graça eu pegar nesta altura doença de criança?

Cravei o olhar nas cerejas que se entrechocavam sonoras, rindo também entre os seios. Ela desprendeu-as rapidamente:

— Já vi que você gosta, pronto, uma lembrança minha.

— Mas ficam tão lindas aí — lamentou Madrinha. — Ela nem vai poder usar, bobagem, Olívia, leve suas cerejas!

— Comprarei outras.

Durante o dia seu perfume ainda pairou pelo quarto. Ao anoitecer, Dionísia abriu as janelas. E só ficou o perfume delicado da noite.

— Tão encantadora a Olívia — suspirou Madrinha sentando-se ao meu lado com sua cesta de costura. — Vou sentir falta dela, um encanto de criatura. O mesmo já não posso dizer daquele menino. Romeu também era assim mesmo, o filho saiu igual. E só às voltas com cavalos, montando em pelo, feito índio. Eu quase tinha um enfarte quando via ele galopar.

Exatamente um ano depois ela repetiria, num outro tom, esse mesmo comentário ao receber a carta onde Romeu comunicava que Marcelo tinha morrido de uma queda de cavalo.

Quem conta um conto

Um conto é uma narrativa curta. Não faz rodeios: vai direto ao assunto.

No conto tudo importa: cada palavra é uma pista. Em uma descrição, as informações são valiosas; cada adjetivo é insubstituível; cada vírgula, cada ponto, cada espaço – tudo está cheio de significado.

Já se disse que o conto está para o romance assim como a fotografia está para o cinema: tanto o contista quanto o fotógrafo devem selecionar uma situação e tentar extrair dela o máximo. Escritores, estudiosos e amantes da literatura em geral vêm há muito tempo tentando definir o que é, afinal, o conto – mas esse debate, pelo jeito, está longe de acabar...

Enquanto isso, os contos vão sendo escritos. O Brasil tem uma lista extensa de grandes contistas: Mário de Andrade, Murilo Rubião, Guimarães Rosa, Rubem Braga, Clarice Lispector, Rubem Fonseca, Dalton Trevisan, Otto Lara Resende e inúmeros outros [...].

(In: Antônio de Alcântara Machado et alii. *De conto em conto*. São Paulo: Ática, 2003. p. 103.)

Nana Moraes/Conteúdo Expresso

Otto Lara Resende.

— Anjinho cego, que ideia! — prosseguiu ela desdobrando o filé nos joelhos. — Já estou com saudades de Olívia, mas dele?

Sorriu alisando o filé com as pontas dos dedos. Tinha encontrado os óculos.

(*As cerejas*. São Paulo: Atual, 1992. p. 4-15.)

carapinha: cabelo crespo, pixaim.
cascateante: com som de cascata.
casmurro: teimoso, implicante.
crispado: contraído.
desgrenhado: despenteado.
enfastiado: entediado, enfadado.
enfatuado: presumido, vaidoso.
filé: uma espécie de renda feita artesanalmente.
lânguido: langoroso, fraco, abatido.
mordaz: satírico, crítico.
negligê: roupão fino.
tacão: salto.
tosado: tosquiado, aparado.

O conto: maturidade no século XIX

Segundo o escritor Moacyr Scliar, é no século 19 "que o gênero conto atinge o que poderíamos chamar de sua maturidade, a forma que hoje tem. Isto se deve a muitos fatores, um deles prosaico: o desenvolvimento do jornal e da revista permitiu o acesso de um amplo público ao conto. O que influenciou até o romance: as obras de Dickens, por exemplo, eram publicadas em fascículos, narrativas mais ou menos curtas que terminavam com um suspense à la Sherazade. Consequência disto é que quando o navio chegava da Inglaterra trazendo o último fascículo multidões corriam ao porto de Nova York para saber o que tinha ocorrido com a pequena Nell ou com Oliver Twist".

É também no século 19 que surge o primeiro grande teórico do conto, Edgar Allan Poe [...]. Poe conceitua o conto como uma peça ficcional curta (tempo de leitura: 30 a 120 minutos), coesa, tendo como tema um único incidente: "Tendo concebido, com deliberado cuidado, um efeito único e original, invente o incidente que conduza ao efeito. Toda palavra da narrativa deve servir a este desígnio".

O fecho é essencial. Para o crítico Irving Howe, o conto tem de ser ferozmente condensado, como o poema, e deve explodir numa revelação (o que os outros chamam epifania).

(*Folha de S. Paulo*, 27/12/1992.)

1. Como a fábula, o conto é um texto que pertence ao grupo dos gêneros narrativos ficcionais. Caracteriza-se por ser condensado, isto é, apresentar poucas personagens, poucas ações e tempo e espaço reduzidos. No conto "As cerejas", a ação das personagens desenrola-se em uma chácara.

a) Quais personagens viviam na chácara?
b) Quais estavam ali a passeio?
c) Como você imagina a narradora do conto?
d) Que parentesco havia entre a narradora e Marcelo? E entre ela e Olívia?

2. Em relação ao espaço do conto, responda:

a) Em que lugar da chácara ocorrem os fatos?
b) O tempo é indicado de forma precisa? Quanto tempo você supõe que transcorreu desde a chegada até a partida de Olívia?
c) A narração se dá muito tempo depois da ocorrência dos fatos. Que fala da narradora deixa isso explícito?
d) Que elemento material restou da experiência narrada?

3. A frase "Aquela gente teria mesmo existido?" dá início à apresentação do conto, na qual são evocadas imagens situadas na memória da narradora. A partir de que parágrafo se inicia propriamente a narração dos fatos?

4. Nos gêneros narrativos, a sequência de fatos que mantêm entre si uma relação de causa e efeito constitui o **enredo**. Um dos elementos mais importantes do enredo é o **conflito**, geralmente apresentado no seu desenvolvimento, ou **complicação**. O conflito consiste em uma oposição de interesses que cria uma tensão em torno da qual se organizam os fatos narrados. É ele que faz a história caminhar e prende a atenção do leitor ou ouvinte. No conto em estudo, que fato novo dá início a uma complicação e introduz o conflito?

O conto: da oratura à literatura

O conto tem origens antigas. Liga-se ao desejo de contar e ouvir histórias inerente à natureza humana e manifesta-se precocemente na História. Vem das narrativas orais dos antigos povos nas noites de luar, passa pelas narrativas dos bardos gregos e romanos, pelas lendas orientais, pelas parábolas bíblicas, pelas novelas medievais italianas, pelas fábulas francesas e chega até nós, em livros, como hoje o conhecemos.

Em sua trajetória, o conto vestiu-se de inúmeras roupagens, resultando numa riqueza de tipos de difícil classificação. É comum encontrarmos antologias que reúnem contos por nacionalidade: o conto brasileiro, o conto russo, o conto francês, etc.; ou antologias que os reúnem por regiões: o conto brasileiro do Norte, do Sul, etc.; ou por subgêneros: contos maravilhosos, fantásticos, de terror, de mistério, policiais, de amor, de ficção científica; ou por outras classificações: o conto tradicional, o conto moderno, o conto contemporâneo, etc.

5. Observe estes trechos do texto:

- "Fiquei chocada. E contestei; mas, em meio da paixão com que a defendi, senti uma obscura alegria ao perceber que estava sendo derrotada."
- "Eu contestava, mas de tal forma que o incitava a prosseguir atacando."

O que explica os sentimentos contraditórios da narradora em relação a Olívia? Justifique sua resposta com elementos do texto.

6. Nos contos, o **clímax** constitui a parte de maior tensão da narrativa. Em que momento se dá o clímax no conto lido?

7. Após o clímax, momento no qual o conflito é superado, o enredo caminha para o **desfecho**. Normalmente, no desfecho as ações retornam à situação de equilíbrio inicial. No conto lido, após o clímax, a narradora fica doente. Quando desperta, percebe ao seu redor elementos naturais anunciadores de paz. Quais são esses elementos?

8. O adoecimento da personagem, no conto lido, pode ser visto como um rito de passagem, isto é, um momento de transformação, no qual a narradora deixa para trás sua condição de menina e se torna mulher. Explique a relação entre o sofrimento físico e emocional da personagem e o seu renascimento.

9. Nos contos, a narração pode ser feita em 1ª ou em 3ª pessoa. No primeiro caso, o narrador participa da história, e, no segundo caso, ele observa e narra os fatos, sem participar deles. Observe estes trechos do conto lido:

- "O relâmpago apagou-se. E no escuro que se fez, veio como resposta o ruído das cerejas se despencando no chão."
- "Aproximei-me fascinada. Nunca tinha visto ninguém como tia Olívia, ninguém com aqueles olhos pintados de verde e com aquele decote assim fundo."

Em que pessoa é feita a narração?

10. No enredo dos contos, ocorrem fatos aparentemente sem importância, mas que podem contribuir para a construção do sentido geral do texto. Indique possíveis interpretações para os seguintes aspectos ou passagens do conto lido:

- A palavra *cerejas* dá título ao conto e aparece em vários momentos da narrativa.
- A menina tenta matar o escorpião com fogo logo após a chegada de tia Olívia.
- A menina faz um castelo com as peças do dominó e sopra-o com força.
- Há menção a anjinho cego, figura que se via na renda feita por Madrinha.
- Madrinha perde os óculos e só aparece usando-os de novo no final.

11. Observe a linguagem do conto lido.

a) Que variedade linguística foi empregada?

b) Que tempo verbal predomina?

12. Reúna-se com seus colegas de grupo e, juntos, concluam: Quais são as características do conto? Respondam, considerando os seguintes critérios: finalidade do gênero, perfil dos interlocutores, suporte ou veículo, tema, estrutura, linguagem.

O conto por contistas

[...] Muitos escritores que dedicaram parte de sua obra ao gênero chegaram a conceber conceitos próprios sobre o "conto". Cortázar ressaltava haver nas narrativas breves um poder latente entre "fugacidade" e "permanência", capaz de criar uma tensão que venceria o leitor "por nocaute", e não "por pontos" (como ocorre nos romances). Machado de Assis, talvez o maior entre os nossos, alertava para a imensa complexidade que se esconde sob a tarefa aparentemente simples de elaborar em poucas páginas uma trama envolvente. Carnavalizando o debate, Mário de Andrade vaticinou: cabe ao próprio autor definir se o texto que criou deve ser considerado um conto ou não. Uma das mais precisas definições, contudo, veio do argentino Ricardo Piglia. Em suas "Teses sobre o conto", ele enfatiza que a principal característica do gênero é narrar, paralelamente, duas histórias – uma aparente e a outra secreta. Este fio que se desenrola quase que silenciosamente em algum momento se revelaria, despertando "verdades secretas" que jazem sob a "capa" do texto propriamente dito.

(Marcelo Moutinho. Disponível em: http://www.paralelos.org/out03/000256.html. Acesso em: 12/6/2012.)

Milton Michida/AE

Ricardo Piglia.

Loucos por contos

Para aqueles que são aficionados de contos, sugerimos a leitura de: *Geração 90 - Os transgressores*, organização de Nelson de Oliveira (Boitempo); *Os melhores contos de loucura*, organização de Flávio Moreira da Costa (Ediouro); *Boa companhia - contos*, de vários autores (Companhia das Letras); *Os cem menores contos brasileiros do século*, organização de Marcelino de Freitas (Ateliê Editorial); *Meus contos preferidos*, de Lygia Fagundes Telles (Rocco); *A selva do amor – Contos clássicos da guerra dos sexos*, seleção de Roberto Maggiati (Record); *Os cem melhores contos brasileiros do século*, seleção de Italo Moriconi (Objetiva); *Os 100 melhores contos de humor da literatura universal*, organização de Flávio Moreira da Costa (Ediouro); *Ficção - Histórias para o prazer da leitura*, organização de Miguel Sanches Neto (Leitura); *Os 100 melhores contos de crime e mistério*, organização de Flávio Moreira da Costa (Ediouro); *Contos fantásticos do século XIX*, escolhidos por Italo Calvino (Companhia das Letras).

PRODUZINDO O CONTO

Escolha uma das seguintes propostas de produção de texto.

1. A seguir são reproduzidos trechos de três contos de escritores brasileiros. Leia-os e escolha um deles para fazer parte de uma narrativa. Você pode usar o trecho escolhido como introdução, clímax ou desfecho de um conto.

··PROJETO··

Contos jovens

Reúna seus contos aos dos colegas e montem um livro ou um *blog* de contos da classe.

O livro poderá ser exposto na biblioteca e lido por colegas de sua classe e de outras, por professores e funcionários da escola, por familiares e amigos.

Se optarem por um *blog*, divulguem amplamente o endereço eletrônico a fim de que o maior número possível de leitores tenha acesso ao trabalho.

a)

Uma noite, voltando de metrô para casa, como fazia cinco vezes por semana, onze meses por ano, ele ouviu uma voz. Estava exausto, com o nó da gravata frouxo no pescoço, o colarinho desabotoado, a cabeça jogada para trás, o walkman a todo o volume e os fones enterrados nos ouvidos. De repente, antes mesmo de poder perceber a interrupção, a música que vinha ouvindo cessou sem explicações e, ao cabo de um breve silêncio, no lugar dela surgiu uma voz que ele não sabia nem como, nem de quem, nem de onde. Ergueu a cabeça. Olhou para os lados, para os outros passageiros. Mas era só ele que a ouvia.

(Bernardo Carvalho. "A vida de um homem normal". In: Moacyr Scliar et alii. *Boa companhia - contos*. São Paulo: Companhia da Letras, 2003. p. 11.)

b)

Entraram no quarto: coisa pequena, abafada, o armário embutido tomando uma das paredes, a pequena mesa, uma cadeira, a cama desfeita, como se alguém houvesse acabado de levantar-se, um pé da sandália verde, o tapete. Seria e era um quarto normal se não houvesse pelas paredes, pelas portas do armário, pela mesa, até mesmo pelo chão, uma porção de fotos de bicicletas. Coloridas, pequenas, grandes, recortadas de revistas e de catálogos de fábrica, de vários tamanhos e feitios e cores e usos, cintilantes, opacas, cromadas, multicores, embandeiradas, desmontadas, lívidas, gritantes, estáticas, abandonadas, puras, destacadas — entidades à parte de um universo niquelado e frágil.

(Carlos Heitor Cony. "O para-lama". In: Carlos Heitor Cony et alii. *Ficções urbanas*. São Paulo: Sesc/Lazuli, 2003. p. 13.)

c)

Zero Manivela deu meia-volta e embarafustou ladeira abaixo. Ezequiel não queria correr atrás dele, mas quando percebeu já estava correndo. Passaram por duas ruas, chegaram perto da avenida e nem perceberam. Alguém deu um berro, mas eles não ouviram, estavam surdos de raiva.

Laerte Silvino

(Pedro Cavalcanti. "Olho por olho". In: Moacyr Scliar et alii. *Boa companhia - contos*, cit., p. 88.)

2. Escolha um assunto e desenvolva-o em um conto com um desses títulos:

- A guitarra mágica
- A rosa traída
- Morangos mofados
- Escorpião em círculo de fogo
- O binóculo desfocado

Planejamento do texto

Thinkstock/Getty Images

- Decida com os colegas e o professor em que suporte e veículo os contos irão circular: se em um livro ou em um *blog* de contos.
- Decidido o suporte, pense no perfil do leitor: você vai escrever para jovens como você e para adultos. A linguagem deve estar, portanto, adequada ao gênero e ao perfil do público leitor.
- Imagine o conflito, ou seja, a situação problemática que as personagens viverão, e como ocorrerá sua superação. Depois planeje a organização dos fatos, isto é, a estruturação do enredo em introdução, complicação, clímax e desfecho, ou uma maneira interessante de subverter essa estrutura.
- A linguagem deve seguir a norma-padrão, mas, dependendo do perfil do narrador e das personagens, pode haver variações de registro e até o uso de uma variedade linguística em desacordo com a norma-padrão.

Revisão e reescrita

Antes de fazer a versão final do seu conto, reveja-o, observando:

- se o texto consiste em uma narrativa ficcional curta;
- se apresenta poucas personagens, poucas ações e tempo e espaço reduzidos;
- se o enredo está estruturado em introdução, complicação, clímax e desfecho ou se essa estrutura é subvertida intencionalmente;
- se a linguagem está de acordo com a norma-padrão ou com o perfil do narrador e das personagens.

Faça as alterações necessárias e passe seu conto para o suporte em que ele irá circular.

Textualidade e estilo

Os elementos da narrativa: o enredo, o tempo e o espaço

Leia este conto, de José Faria Nunes:

O carneirinho do presépio

O menino observa as pessoas que saem e volta-se para o presépio. Examina-o com interesse. Na missa, ouviu que o reino dos céus é das crianças.

Tempestade mental. Se é das crianças o céu e viver no céu é ser feliz, então a felicidade é das crianças.

Olha o presépio. O boi. O carneirinho. Os astrônomos que foram chamados reis — os reis magos. A estrela. Tudo bonito. Tudo. Enamora-se. Bem que queria um desses. O carneirinho. Só o carneirinho. O Menino Jesus, esse não. Tem de ficar no presépio. Presépio sem Menino Jesus não é presépio. O carneirinho, esse sim. Há outros no presépio.

Não tivera Natal em casa. Nunca. Não conhece Papai Noel. “Será que Papai Noel me conhece? Sabe da minha existência?”

Na sua frente, o carneirinho cresce, apequena, atrai. Por que o padre falou que o céu é das crianças?

Não ganhou brinquedo e quer o carneirinho. Será pecado? O que é pecado? Para que pecado? Se é verdade que Deus ama a gente, por que ele deixou a cobra dar a maçã para Eva e Eva para Adão para depois todo mundo ter pecado?

Ele quer o carneirinho. Todos já se foram. Ninguém vê. O Cristo, crucificado, parece dormir de cansaço e de dor na cruz, na parede, lá atrás do altar. Parece não se importar com nada ali na igreja. Coitadinho de Cristo. Sofreu muito. Mas por que, se ele é Deus? Ou ele é apenas o Filho de Deus? Se é filho não é pai e se Deus é pai não é filho?!

Bartolome Esteban Murillo. *The Adoration of the Shepherds*, c.1650/The Bridgeman Art Library/Grupo Keystone/Museu do Prado, Madri

A adoração dos pastores (1650), de Bartolome Esteban Murillo.

Coitadinho de Cristo! O padre falou que Cristo sofreu para o perdão dos pecados. Não sei não. Acho que Cristo não sofreu por mim não. Papai Noel não me conhece. Será que Cristo me conhece?

Esfrega as mãos, nervoso. A decisão. Ergue o braço, mas o gesto fica suspenso no ar com a chegada do vigário que vem fechar a igreja. Para disfarçar a intenção, limpa com o dedinho o espelho que forma o lago nas proximidades da gruta de Belém. Por que presépio em forma de gruta? Cristo nasceu não foi num ranchinho, na estrebaria, casa de animais?

— O Sinhore vai fechá a igreja? — pergunta ao padre que fecha a primeira porta.

— Estou fechando — responde o padre, em seu sotaque de estrangeiro, não com aquele carinho com que falou na missa da meia-noite.

— O presepe tá bunito, né? — insiste o menino, tentando coragem para pedir o carneirinho.

— Você acha? — o padre fala indiferente e o menino entende que o vigário não está interessado naquele diálogo, quase monólogo.

— Acho — termina o menino, desconcertado, infeliz. Percebe que de nada adiantará insistir. Não vai ganhar o presente.

Absorto nos sonhos, fica a olhar o presépio sem nada ver.

"Como eu queria um carneirinho desse!"

E o vigário o acorda para a realidade:

— Vamos embora, dormir?

— Vamo.

Volta-se e ainda dirige um último olhar para o carneirinho do presépio, um ente querido que talvez jamais voltará a ver. O padre fecha a última porta e se vai.

O menino, agora com medo, corre debaixo da madrugada em direção ao aconchego que o espera debaixo da ponte, onde se juntará aos pais e aos cinco irmãos menores. Dormem. Não veem a fome, não sentem nenhum desejo. Enquanto dormem, os sentidos nada reclamam. Ele sonha com o presente de Natal que não ganhou: o carneirinho do presépio.

(José Faria Nunes. "O carneirinho do presépio". In: Adolfo Mariano da Costa et alii. *O conto brasileiro hoje*. São Paulo: RG Editores, 2005. p. 67-8.)

1. O conto pertence ao grupo dos gêneros narrativos ficcionais, que apresentam alguns elementos em comum, como fatos, personagens, tempo, espaço e narrador. No conto "O carneirinho do presépio":
   a) Quais são as personagens envolvidas nessa história?
   b) Onde acontecem os fatos narrados?
   c) No conto, os fatos são narrados em sequência temporal e mantêm entre si uma relação de causa e efeito. No conto lido, o menino decide pegar o carneirinho do presépio, mas, quando ergue o braço para pegá-lo, o padre entra. O menino, então, disfarça, limpando com o dedo o espelho que forma o lago no presépio. Cite outros fatos da narrativa dispostos em sequência temporal e ligados por uma relação de causa e efeito.
   d) Em que época acontecem os fatos narrados? Em que lugar?
2. No conto em estudo, os fatos narrados são vividos pelo menino e pelo padre.
   a) Levante hipóteses: Por que essas personagens não têm nome?
   b) As personagens podem ser caracterizadas física e psicologicamente. Como é o menino? E o padre?
3. Releia os três primeiros parágrafos do texto e responda: Em que trecho a narrativa começa a criar expectativa no leitor?
4. O menino quer o carneirinho do presépio e pensa sobre o que ouviu na missa.
   a) Por que ele não quer o Menino Jesus?
   b) Que tipo de discurso o narrador emprega para apresentar o pensamento do menino?
   c) Qual é o momento de maior tensão no texto?
5. O conto em estudo narra uma história que pode ser real e vivida por muitas crianças que desejam algo, mas não podem ter. Na sua opinião, o menino do conto teria cometido um crime se furtasse o carneirinho do presépio? Justifique sua resposta.

Uma fábula, um conto, um romance, uma anedota, uma lenda são tipos de texto que pertencem ao gênero narrativo. Em linhas gerais, um texto narrativo se estrutura em torno de alguns elementos básicos: fatos, personagens, tempo, espaço e narrador.

A seguir, trataremos de enredo, tempo e espaço.

Enredo

O estudioso e escritor Edward Morgan Forster distingue, no texto narrativo, *história* e *enredo*. Leia este texto:

> O rei morreu. A rainha foi viver sozinha numa velha cabana na floresta.

Observe que esse texto, embora curto, é uma narrativa de acontecimentos dispostos numa sequência de tempo. Cada fato narrado apela para a curiosidade do leitor ou do ouvinte e satisfaz a pergunta "e depois?". Temos, nesse caso, a *história*.

Compare o texto anterior a este:

> O rei morreu, e a rainha, de tristeza, foi viver sozinha numa velha cabana na floresta.

Enredo e narrativa

O enredo pode se desenvolver num romance, num conto, numa novela, isto é, numa obra em prosa; pode também ser encontrado num poema, numa peça de teatro, num filme, numa novela de televisão, numa fotonovela, numa história em quadrinhos; pode aparecer também na música, como espinha dorsal de um desfile de escola de samba: samba-enredo.

É indissolúvel a relação enredo/narrativa. Porém você não falará no enredo de um poema lírico, um poema que seja pura expressão de estados de alma de uma subjetividade.

O enredo é uma categoria do gênero épico, isto é, narrativo; supõe um distanciamento entre o sujeito que narra e o mundo.

(Samira Nahid de Mesquita. *O enredo*. 3. ed. São Paulo: Ática, 1994. p. 11-2.)

Note que, embora a sequência temporal se mantenha, a narrativa agora dá ênfase à causalidade. Dessa forma, a narrativa aguça a inteligência do leitor, cria nele uma expectativa. A narrativa de acontecimentos cuja ênfase recai sobre a causalidade constitui o *enredo*.

Segundo Forster, diante da *história*, nós, leitores/ouvintes, perguntamos "e depois?", enquanto, diante do enredo, perguntamos "por quê?".

Assim, o narrador, ao criar o enredo de sua narrativa, tem a intenção de deixar que o leitor imagine, acrescente, construa novos sentidos.

O texto "O carneirinho do presépio", além de apresentar os fatos em uma sequência de tempo, enfatiza a causalidade e exige a inteligência e a memória do leitor. Apresenta, pois, enredo.

A verossimilhança

Você verificou que os fatos do enredo de "O carneirinho do presépio" estão organizados em sequência de tempo e que nessa organização há uma lógica, ou seja, um fato desencadeia outro, numa relação de causa e efeito. Por exemplo: O menino observa as pessoas que saem da igreja e volta para examinar o presépio. Pensa no que o vigário disse. Olha o boi, depois o carneirinho, os reis magos, a estrela, acha tudo bonito, deseja ficar com um deles e se decide pelo carneirinho. Assim, o enredo dessa narrativa apresenta verossimilhança.

A **verossimilhança** é a organização lógica dos fatos no enredo. Cada fato é motivo (causa) para o desencadeamento de outros fatos (efeito).

Os fatos relatados numa narrativa não precisam ser verdadeiros, isto é, não há a exigência de que correspondam à realidade; mas eles devem ser verossímeis, ou seja, mesmo que inventados, devem ter coerência e dar ao leitor a impressão de que podem acontecer.

O conflito e as partes do enredo

Você observou que o texto lido constitui uma história completa, isto é, tem os elementos fundamentais de uma narrativa (fatos, personagens, lugar, tempo), e que os fatos estão organizados de tal forma que apresentam começo, meio e fim. Para a estruturação desses elementos, entretanto, há necessidade de um conflito. Suponha, por exemplo, que o texto "O carneirinho do presépio" se limitasse a narrar apenas a vontade do menino de possuir o carneirinho e não usasse como ingredientes o fato de ele nunca ter tido Natal em casa nem ter ganhado um presente, seu questionamento sobre sua condição social e sobre o fato de Deus e o Papai Noel saberem ou não de sua existência. Teríamos então um texto sem graça, banal, que não provocaria o leitor/ouvinte, porque faltaria ao enredo algo que o estruturasse, ou seja, o conflito.

O **conflito** é, portanto, uma oposição entre elementos da história - fatos, personagens, ambiente, ideias, desejos, opiniões - da qual resulta uma tensão que organiza os fatos. O conflito cria no leitor ou no ouvinte expectativa em relação aos fatos da história, e a ele se deve a estruturação do enredo em partes: introdução (ou apresentação), complicação (ou desenvolvimento), clímax e desfecho.

A **introdução** (ou apresentação) geralmente coincide com o começo da história. Nela o narrador costuma apresentar os fatos iniciais, as personagens e, eventualmente, o tempo ou o espaço. No conto "O carneirinho do presépio", a personagem principal (o menino) é mencionada no 1º parágrafo, mas é só ao longo da narrativa que ficamos sabendo mais sobre ele. No 1º parágrafo também temos informação sobre o local, uma igreja, pois há referência ao presépio.

A introdução de um texto narrativo é muito importante, porque deve despertar a atenção do leitor e situá-lo na história que vai ler. É comum optarmos ou não pela leitura de um livro depois de lermos seu início.

A **complicação** (ou desenvolvimento) é a parte do enredo em que é desenvolvido o conflito. Em "O carneirinho do presépio" é o fato de o menino querer para si um carneirinho do presépio da igreja.

Uma narrativa pode ter mais de um conflito: em um romance ou novela de TV, por exemplo, muitos conflitos são desenvolvidos ao longo da história.

O **clímax** é o momento culminante da história, o momento de maior tensão, aquele em que o conflito atinge o seu ponto máximo. No texto lido, corresponde ao momento em que o menino decide se apossar do carneirinho e ergue o braço para pegá-lo.

Numa história, o clímax pode ser o ponto de referência para as outras partes do enredo. Os romances, principalmente os do século XIX, e as novelas de TV têm no clímax um dos elementos que os sustentam. Os capítulos são interrompidos quando um dos conflitos da história atinge seu clímax, o que é uma técnica empregada para despertar a curiosidade do leitor ou do telespectador.

O **desfecho** (desenlace ou conclusão) é a solução do conflito, a parte final: boa, má, surpreendente, trágica, cômica, feliz, etc. No conto lido, o desfecho consiste no retorno do garoto para junto de sua família sem o carneirinho de presépio tão desejado.

EXERCÍCIOS

1. Os itens a seguir apresentam elementos com os quais é possível desenvolver uma narrativa. Escolha dois deles e relacione os elementos a partir de um conflito. Veja o exemplo:

a cerimônia de um casamento – um bêbado no último banco

A cerimônia do casamento segue seu curso, depois de longos preparativos e expectativas. Os noivos estão felizes. Os pais da noiva e do noivo, emocionados, deixam cair algumas lágrimas vez ou outra. A igreja está cheia; os convidados, muito elegantes, acompanham as palavras do padre atentamente. Chega o momento em que o padre diz a célebre frase "Se há alguém que saiba de algo que impeça este matrimônio, diga-o agora ou cale-se para sempre", e aguarda alguns segundos. No momento em que abre a boca para dar continuidade à cerimônia, o bêbado, lá no fundo da igreja, fala alto com voz pastosa: "Eu, seu vigário, eu vou falar".

Rico

a) uma casa abandonada – três adolescentes – um gato preto

b) um museu famoso com quadros valiosos – um bando de ladrões – um vigia maluco

c) um jardineiro – um quintal – um caixão

d) uma casa antiga – dois irmãos sozinhos – um barulho no porão

2. Crie um desfecho para este poema narrativo:

A expedição

Um homem com uma lata
Entra no museu do Louvre
E senta num banco
Examinando a lata
Com muita atenção
Depois abre a lata
Com um abridor de latas
E põe cuidadosamente
Muito seguro de si
[...]

(Jacques Prévert. *Poemas*. Rio de Janeiro: Nova Fronteira, s.d. p. 45.)

3. As tiras das histórias em quadrinhos caracterizam-se por apresentar um enredo rápido, desenvolvido em três ou quatro quadrinhos, com palavras e imagens e, às vezes, apenas imagens. Abaixo você vê o primeiro de três quadrinhos de uma tira do cartunista Fernando Gonsales. Observe-o com atenção e crie em linguagem verbal uma complicação e um desfecho para a situação apresentada.

Fernando Gonsales

(*Níquel Náusea – Nem tudo que balança cai!*. São Paulo: Devir, 2003. p. 12.)

Tempo

O tempo está relacionado com a época em que se passa a história. Ele pode ser indicado por marcadores temporais, como, por exemplo, *há muitos anos*, *naquele dia*, *ontem*, *mais tarde*, *três horas depois*, por formas verbais no passado ou ser estabelecido pela própria sequência de eventos da narrativa, com alusões ao tempo (Natal, presépio), como ocorre em "O carneirinho do presépio".

Os fatos de uma narração apresentam relações com o tempo em diferentes níveis:

Tempo cronológico

É o tempo que transcorre na ordem natural dos fatos no enredo, do começo para o final. Está ligado ao enredo linear, ou seja, à ordem em que os fatos ocorrem. Chama-se *tempo cronológico* porque pode ser medido em horas, meses, anos, séculos. No conto "O carneirinho do presépio", os fatos acontecem em alguns minutos, entre a saída da missa e a partida do menino para sua casa.

Tempo psicológico

É o tempo que transcorre numa ordem determinada pela vontade, pela memória ou pela imaginação do narrador ou personagem. É característico de enredo não linear, ou seja, do enredo em que os acontecimentos estão fora da ordem natural.

A técnica do *flashback*

O *flashback* é um recurso narrativo que consiste em voltar no tempo. Ocorre, por exemplo, quando uma personagem lembra um fato ou conta a outras personagens fatos que acrescentam informações ou esclarecem uma situação, um enigma, etc. Em nossa literatura, o romance *Memórias póstumas de Brás Cubas*, de Machado de Assis, apresenta essa técnica: o tempo para o narrador-personagem Brás Cubas tem como referência a sua condição de morto, o que lhe permite voltar tanto ao passado recente, contando como morreu, por exemplo, como ao passado mais distante, contando fatos de sua infância e juventude.

O *flashback* na literatura, no cinema e na TV

Na literatura, nos filmes, na televisão e em outras mídias, o *flashback* ocorre quando uma ou mais cenas interpostas levam a narrativa de volta a um tempo anterior ao apresentado na história.

Geralmente, os *flashbacks* são usados para recontar fatos ou completar uma sequência de fatos, para criar um suspense na história ou para desenvolver um personagem. Na literatura, o *flashback* interno remete a um evento anterior ao fato que está sendo narrado; o *flashback* externo remete a um tempo anterior ao início da narrativa.

Na série *Lost*, por exemplo, o *flashback* é usado para mostrar o "lado feio" das personagens, isto é, o que fizeram de errado no passado.

ABC/Album/Latinstock

Álbum de *Lost* (2004).

Espaço

Na narrativa, o espaço é o lugar onde se passa a ação. Articula-se com as personagens, podendo influenciar suas atitudes ou sofrer transformações provocadas por elas.

Os fatos de uma narrativa mantêm relações com o espaço em dois níveis: físico (ou geográfico) e social.

O espaço físico (ou geográfico)

É o lugar onde acontecem os fatos que envolvem as personagens: uma máquina do tempo, uma casa, uma praça, Londres. O espaço pode ser descrito detalhadamente ou suas características podem aparecer diluídas na narração. Quase sempre é possível identificá-lo como espaço aberto ou fechado, urbano ou rural, etc. No conto "O carneirinho do presépio", o espaço se limita à igreja.

O espaço social (ambiente)

É o espaço relativo às condições socioeconômicas, morais e psicológicas que dizem respeito às personagens. Alguns estudiosos preferem chamar esse tipo de espaço de *ambiente*, termo que, segundo eles, engloba dois referenciais: o tempo e o espaço. Assim, o ambiente possibilita, entre outras coisas, situar as personagens na época, no grupo social e nas condições em que se passa a história, projetar os conflitos vividos por elas, fornecer pistas para certo tipo de desfecho.

Tanto o espaço físico quanto o social podem determinar a vida da personagem ou apenas servir de cenário para os acontecimentos narrados. Assim, por exemplo, um ambiente macabro pode refletir a morbidez de uma personagem; uma história de amor pode pedir um cenário romântico; um romance policial pode combinar com becos e ruas escuras de uma grande cidade.

No conto "O carneirinho do presépio", o ambiente contribui para que o leitor fique comovido: é Natal, há uma igreja vazia e uma criança pobre que deseja uma peça do presépio.

EXERCÍCIO

Suponha que, remexendo suas gavetas à procura de um documento, você encontre coisas das quais você nem se lembrava mais, como um brinquedo da época em que era criança, uma foto de família ou de você com amigos na escola, um bilhetinho de amor ou de um(a) colega de classe, ou um cartão de um familiar querido que já morreu.

Utilizando a técnica do *flashback*, desenvolva uma narrativa de tal modo que um desses objetos lhe permita voltar a esse tempo e contar algo que lhe tenha ocorrido àquela época e que de alguma forma se relacione com o momento presente. Retorne ao presente e dê um desfecho para seu texto.

Getty Images/SuperStock RM

Alethea, por John White Alexander.

CAPÍTULO 32

O conto (II)

O escritor Umberto Eco, em *Pós-escrito a O nome da rosa*, afirma que "O homem é um animal fabulador por natureza". Essa afirmação, sem dúvida, tem por base nosso gosto de ouvir/ler/contar histórias, sejamos nós crianças, jovens ou adultos. As histórias de que gostamos vão de contos de fadas, fábulas, romances, lendas, mitos, contos de mistério e de terror ou fantásticos a anedotas, "causos" populares, novelas de cavalaria, histórias em quadrinhos e tantas outras, reais ou fictícias.

Há, a seguir, quatro contos para você ler por prazer. E também para servirem de inspiração à produção de texto que você deverá realizar a seguir.

O abutre

Era um abutre que me dava grandes bicadas nos pés. Já havia dilacerado sapatos e meias, e as bicadas iam penetrando na minha carne. De vez em quando, agitado, o abutre esvoaçava em volta de mim e logo retomava sua faina.

Um homem passava pelo local e ficou observando a cena por alguns momentos; em seguida me perguntou como podia eu suportar aquele abutre.

— Acontece que estou sem defesa — respondi. — Ele apareceu e me atacou. Claro que tentei lutar, tentei mesmo estrangulá-lo, mas o bicho é muito forte, um bicho desse quilate! Ele ia até mesmo me atacando o rosto, por isso achei melhor sacrificar meus pés. Como pode ver, meus pés estão quase em frangalhos.

— Mas como pôde se deixar torturar dessa maneira! — disse o homem. — Bastaria um tiro e pronto!

— Acha mesmo? — disse eu. — O senhor gostaria de disparar um tiro?

— Claro — disse o homem. — É só ir até a minha casa e apanhar a espingarda. Consegue aguentar aí mais meia hora?

— Não sei lhe responder — falei.

Mas ao sentir uma dor lancinante, acrescentei:

— De qualquer maneira, vá logo, estou lhe pedindo.

— Bem — disse o homem. — Vou o mais rápido possível.

O abutre escutara a conversa tranquilamente, olhando ora para mim ora para o homem. Vi que entendera tudo. Ele ergueu-se com um bater de asas e em seguida, empinando-se para ganhar equilíbrio, como um lançador de dardos, enfiou-me o bico boca adentro até o mais profundo do meu ser. Ao cair, com que alívio senti que o abutre se engolfava impiedosamente nos abismos infinitos do meu sangue.

(Franz Kafka. In: Flávio Moreira da Costa, org. *Os melhores contos de medo, horror e morte.* Rio de Janeiro: Nova Fronteira, 2005. p. 121-2.)

A pílula

Leio nos jornais que o professor Plumb, da Universidade de Chicago, inventou recentemente um novo tipo de alimento, de altíssima concentração orgânica. Todos os elementos essenciais para a nutrição estão nele contidos e condensados sob a forma de tabletes deglutíveis que contêm de duas a trezentas vezes a substância normal de uma onça de qualquer espécie de alimento. Esses tabletes, quando dissolvidos em água, de preferência água aquecida, proporcionam tudo quanto é necessário para se viver. Quanto ao professor Plumb, ele confia estar bem próximo de operar uma verdadeira revolução no atual sistema alimentar do mundo todo.

Ora, as coisas deste gênero andarão sem dúvida muitíssimo bem, mas não sem alguns inevitáveis enganos, pelo menos no princípio. E mesmo no esplendoroso futuro previsto pelo professor Plumb não seria difícil imaginar fatos como o que passo aqui a narrar.

Nossa pequena família estava alegremente sentada na sala de jantar. Sobre a mesa, preparada de uma maneira sofisticada, havia apenas uma grande panela de água quente, e cada um de nós, as crianças também, tinha diante de si uma tigela. Minha mãe, alegríssima, sorria para todos nós naquela oportunidade solene de ceia de Natal, contida ela inteira dentro de um dedal que repousava em cima de uma ficha de jogo de cartas. Estávamos todos em silêncio quando meu pai, levantando-se da cadeira na cabeceira de mesa, virou o dedal de cabeça pra baixo e mostrou finalmente uma pequena pílula em cima da ficha de plástico que era usada como bandeja. Continha a pílula ao mesmo tempo o peru, o molho, a farofa de castanhas, a torta e o pudim. Tudo estava ali, naquela pílula mínima, que não esperava outra coisa senão ser dissolvida em água quente. Foi então que meu pai, com um ar contrito e olhos devotos, mirando ora a pílula ora o céu, começou a habitual oração abençoando o alimento.

Um grito de horror seguiu-se a estas palavras da minha mãe:

— Ah, Harry, depressa, depressa! O pequeno Peter engoliu a pílula!

Era verdade, o anjinho de cabelos dourados chamado Peter, no meio-tempo da oração, agarrara toda a ceia de Natal e a havia colocado na boca, sorrindo, muito satisfeito com sua alegre gaiatice. E eis que 175 quilos de alimentos desciam pelo esôfago do inocente abaixo.

— Que alguém bata nas costas dele! — gritou mamãe, torcendo as mãos, acometida de um enlouquecido desespero. — Dá-lhe um pouco d'água!

Pois esta ideia foi fatal para o pequeno Peter. A água, ao se encontrar com a pílula, subitamente fez com que ela se expandisse. Ouviu-se um triste e profundo ruído e, logo depois, um tremendo estrondo. Peter acabara de explodir por sobre a mesa do nosso primeiro Natal em pílulas.

Quando juntaram as migalhas do corpinho do meu irmão, seus lábios ainda arvoravam um sorriso: o sorriso de uma criança que havia comido treze ceias de Natal de uma só vez.

(**Stephen Leacock**. In: Flávio Moreira da Costa, org. *Os 100 melhores contos de humor da literatura universal*. Rio de Janeiro: Nova Fronteira, 2001. p. 338-9.)

A cidade dos cinco ciprestes

Ricardo Dantas

Não era um homem rico. Nem era um homem pobre. Era um homem, apenas. E esse homem teve um sonho.

Sonhou que um pássaro pousava em sua janela e lhe dizia: "Há um tesouro esperando por você na cidade dos cinco ciprestes". Mas quando o homem quis abrir a boca para perguntar onde ficava a cidade, abriram-se os seus olhos, e o pássaro levantou voo levando o sonho no bico.

O homem perguntou aos vizinhos, aos conhecidos, se sabiam de tal cidade. Ninguém sabia. Perguntou aos desconhecidos, aos viajantes que chegavam. Ninguém a havia visto ou ouvido falar dela. Por fim, perguntou ao seu coração, e seu coração lhe respondeu que, quando se quer o que ninguém conhece, melhor é ir procurar pessoalmente.

Vendeu sua casa e com o dinheiro comprou um cavalo, vendeu sua horta e com o dinheiro comprou os arreios, vendeu seus poucos bens e colocou as moedas numa sacola de couro que pendurou no pescoço.

Já podia partir.

Iria para o Sul, decidiu esporeando o cavalo. As terras do sol são mais propícias aos ciprestes, pensou ainda afastando do pescoço a pelerine.

Galopou, galopou, galopou. Bebeu água de regatos, bebeu água de rios, debruçou-se sobre um lago para beber e viu seu rosto esgotado. Mas cada vez tornou a montar, porque um tesouro esperava por ele.

Pareciam cinco torres riscadas a carvão no céu azul, quando afinal os viu ao longe coroando o topo de uma colina. Meus ciprestes! cantou altíssimo seu coração. E embora tão cansado o cavalo, pediu-lhe um último esforço. Ainda hoje te darei cocheira e palha fresca na minha cidade, prometeu sem ousar cravar-lhe as esporas.

Foram a passo. Porém, desbastando a distância, percebeu o homem que não poderia cumprir a promessa. Nenhum perfil de telhado, nenhuma quina de casa, nenhum muro denteava o alto da colina. Galgaram lentamente a encosta sem caminhos. No topo, cinco ciprestes reinavam altaneiros e sós. Não havia cidade alguma.

A noite já se enovelava no vale. Melhor dormir, pensou o homem, amanhã verei o que fazer. Soltou o cavalo, que pastasse. Cobriu-se com a pelerine, fez do seu desapontamento travesseiro, e adormeceu.

Acordou com a conversa dos ciprestes na brisa. O ar fresco da noite ainda lhe coroava a testa, mas já uma enxurrada de ouro em pó transbordava do horizonte alagando o vale, e os insetos estremeciam asas prontos a lançar-se ao sol, que logo assumiria o comando do dia.

O homem levantou-se. Estava no delicado topo do mundo. Os sons lhe chegavam de longe, suaves como se trazidos nas mãos em concha. Ao alto, cinco pontas verdes ondejavam desenhando o vento.

Eis que encontrei meu tesouro, pensou o homem tomado de paz. E soube que ali construiria sua nova casa.

Uma casa pequena com um bom avarandado, a princípio. Depois, com o passar dos anos, outras casas, dele que havia fundado família, e de outras famílias e gentes atraídas pela sedução daquele lugar. Um povoado inicialmente, transformado em aldeia que desce pela encosta como baba de caracol e que um dia será cidade.

A quem no vale pergunta, já respondem, é a cidade dos cinco ciprestes.

No alto, esquecido, um baú cheio de moedas de ouro dorme no escuro coração da terra, entrelaçado com cinco fundas raízes.

Ricardo Dantas

(Marina Colasanti. *Histórias de um viajante*. São Paulo: Global, 2005. p. 85-7. © by Marina Colasanti.)

Corrente

Após meses de sofrimento e solidão chega o correio:
esta corrente veio da Venezuela escrita por Salomão Fuais
para correr mundo
faça vinte e quatro cópias e mande a amigos em lugares distantes:
antes de nove dias terá surpresa, graças a santo Antônio.
Tem vinte e quatro cópias, mas não tem amigos distantes,
José Edouard, Exército venezuelano, esqueceu de distribuir cópias,
perdeu o emprego.
Lupin Gobery incendiou cópia, casa pegou fogo,
metade da família morreu.

Mandar então a amigos em lugares próximos.
Também não tem amigos em lugares próximos.

Fecha a casa.
Deitado na cama, espera surpresa.

(Rubem Fonseca. *Contos reunidos*. São Paulo: Companhia das Letras, 2004. p. 324.)

PRODUZINDO O CONTO

Apresentamos a seguir trechos de alguns contos de escritores brasileiros. Escolha um deles e dê continuidade à história, considerando as características desse gênero textual, ou escreva um conto com um assunto de sua preferência.

a) Subi no avião com indiferença, e como o dia não estava bonito, lancei apenas um olhar distraído a essa cidade do Rio de Janeiro e mergulhei na leitura de um jornal. Depois fiquei a olhar pela janela e não via mais que nuvens, e feias. Na verdade não estava no céu; pensava certas coisas. Uma aborrecida sonolência foi me dominando, até que uma senhora nervosa ao meu lado disse que "nós não podemos descer!". O avião já havia chegado a São Paulo, mas estava fazendo a sua ronda dentro de um nevoeiro fechado, à espera de ordem para pousar. Procurei acalmar a senhora.

Ivan Coutinho

Ela estava tão aflita que embora fizesse frio se abanava com uma revista. Tentei convencê-la [...]

(Rubem Braga. "Um braço de mulher". In: Italo Moriconi, org. *Os cem melhores contos brasileiros do século*. Rio de Janeiro: Objetiva, 2000. p. 169.)

b) Quando Otávio me bateu à porta, às dez horas da noite, eu tinha um livro aberto diante de mim. Não lia. À cólera, que me agitara durante toda a tarde, sucedera uma grande prostração. Parecia-me sem remédio a minha desgraça, depois daquela certeza, daquela terrível certeza [...]

(Olavo Bilac. "O crime". In: Ivan Marques, org. *Histórias do Realismo*. São Paulo: Scipione, 2006. p. 21.)

c) O nevoeiro, não muito espesso, mas excessivamente viscoso, que envolvia Restington e dava um aspecto sobrenatural às árvores outonais, estendendo uma espécie de teia de aranha sobre as tamargueiras, obrigou Henry Ivor a fechar a janela para expelir o vento sibilante e o ruído que vinha da praia. Raramente escrevia após o chá sem a companhia do ar fresco, e ia deixar a pena quando o mordomo entrou.

— Senhor, um casal o procura. É o mesmo que esteve antes aqui, quando o senhor se achava ausente.

(John Galsworthy. "Filantropia". In: Rubem Braga, org. *Contos ingleses*. Rio de Janeiro: Ediouro, 2004. p. 251.)

Ao escrever seu conto, siga as orientações que se encontram no capítulo 31, na página 318.

O NARRADOR

Leia estes dois contos:

E a brisa sopra

Ao amanhecer, quando vindo do mar começava a soprar leve vento, subia o rapaz no alto daquele prédio, e empinava a pipa amarela. Batendo tênue corpo de papel contra as varetas, serpenteando a cauda, lá ficava ela no azul até que o final da tarde engolia a brisa, halitando então a terra sobre o mar, e descendo o rapaz para a noite.

Assim, repetia-se o fato todos os dias. Menos naquele em que, por doença ou sono, o rapaz não apareceu no alto do terraço. E a brisa da manhã começou a soprar. Mas não estando a âncora amarela presa ao céu, o edifício lentamente estremeceu, ondulou, aos poucos abandonando seus alicerces para deixar-se levar pelo vento.

(Marina Colasanti. *Contos de amor rasgados*. Rio de Janeiro: Rocco, 1986. p. 27.)

David Samuel Robbins/Photographer's Choice/Getty Images

Despedida

Meu pai leva-me à porta do famoso noturno para a cidade grande:

— Cuide-se, meu filho. É um mundo selvagem.

Esse verbo clamante no teu ouvido. Por delicadeza, perdi minha voz. Ó profetas ó sermões!

— Longe da família, será você contra todos.

Homem não se beija nem abraça, nos apertamos duramente as mãos. Me instalo a uma das janelas, com a vidraça descida. Mais que me esforce, impossível erguê-la. Já não podemos falar. Esse pai dos pais ali na plataforma, mudo e solene. O trem não parte. Fumaça da estação? De repente ei-lo de olhos marejados.

E, sem querer, também eu comovido. Diante de mim o feroz tirano da família? Ditador da verdade, dono da palavra final? Primeira vez, em tantos anos, vejo um senhor muito antigo. Pobre velhinho solitário. Merda, o trem não parte. Meu pai saca o relógio do colete, dois giros na corda. Pressuroso, digo que se vá. Doente, não apanhe friagem. E ele sem escutar.

Olha de novo o relógio. Aceno que pode ir, não espere a partida. Quero ver a hora? Exibe o patacão na ponta da corrente dourada. Nosso último encontro, sei lá. E, ainda, na despedida, o eterno equívoco entre nós. Maldita vidraça de silêncio a nos separar. Desta vez para sempre.

noturno: trem que viaja à noite.

(Dalton Trevisan. *Quem tem medo de vampiro?*. São Paulo: Ática, 1998. p. 75-6.)

1. Nos dois contos, há um narrador, isto é, alguém que conta a história.

a) Em qual dos contos o narrador é observador, isto é, conta os fatos sem participar deles como personagem?

b) Em que pessoa estão empregados os verbos e os pronomes nesse conto? Exemplifique.

c) Em qual deles o narrador participa como personagem dos fatos narrados?

d) Em que pessoa estão empregados os verbos e os pronomes nesse conto? Exemplifique.

2. O emprego de um tipo de narrador ou ponto de vista narrativo produz nos textos diferentes efeitos de sentido. Compare os dois textos.

a) Qual deles possibilita ao leitor envolver-se mais com a narrativa? Na sua opinião, por que isso acontece?

b) Qual deles leva o leitor a ter maior distanciamento em relação aos fatos narrados? Por quê?

3. O conto "E a brisa sopra" pertence ao livro *Contos de amor rasgados*. Na sua opinião, essa é uma história de amor? Por quê?

4. No conto "Despedida", o relacionamento entre pai e filho é retratado pela ótica do filho, o narrador. Como é esse relacionamento?

Como você pode observar, nos textos pertencentes ao gênero narrativo – romances, contos, crônicas, novelas, etc. – o elemento que estrutura a história é o **narrador**. Ele assume diante dos fatos narrados certa posição, chamada **foco narrativo**. Há, basicamente, dois focos narrativos: em 1ª pessoa e em 3ª pessoa.

No conto "Despedida", o narrador participa dos fatos e é também uma das personagens; ele se situa nos acontecimentos, fala de si mesmo, empregando verbos e pronomes na 1ª pessoa: "[...] nos apertamos duramente as mãos", "Me instalo a uma das janelas", etc. Nesse caso o foco narrativo está em 1ª pessoa e o narrador é chamado de *narrador-personagem*.

No conto "E a brisa sopra", ao contrário, o narrador não participa da história; ele é um mero observador, isto é, está fora dos acontecimentos narrados e conta-os sem fazer nenhuma referência a si mesmo, empregando verbos e pronomes na 3ª pessoa: "Ao amanhecer, quando vindo do mar começava a soprar leve vento, subia o rapaz no alto daquele prédio, e empinava a pipa amarela", "[...] o rapaz não apareceu no alto do terraço", etc. Nesse caso, o foco narrativo está em 3ª pessoa e o narrador é chamado de *narrador-observador*.

Variantes do narrador em 3ª pessoa

O tipo mais comum de narrador em 3ª pessoa é o **narrador onisciente**, que sabe tudo sobre a história, conhece todos os fatos, podendo inclusive, por exemplo, antecipar para o leitor algum fato ou revelar os pensamentos mais íntimos de uma personagem. No conto "E a brisa sopra", o narrador é desse tipo.

Um dos tipos de narrador em 3ª pessoa é o **narrador intruso**, aquele que fala com o leitor ou que julga o comportamento das personagens. Exemplo desse tipo de narrador é o do conto "Odisseia de uma vaca", de Arkadi Averchenko, autor russo, considerado o rei do humor de seu país. Veja, no trecho a seguir, o comentário do narrador que se dirige ao leitor:

> O que mais me revolta é pensar que algum leitor mal-humorado, depois de ler o que aqui conto, possa fazer uma careta e dizer, em tom que não admite réplica:
>
> — Na vida real, tudo isso é impossível.
>
> Ora, pois afirmo que é possível sim.
>
> O leitor lógico poderá replicar:
>
> — Poderia apresentar-me alguma prova?
>
> Prova? Como provar uma coisa destas? Meu Deus, é muito simples: o fato é possível porque aconteceu.
>
> Espero que não me exijam outras provas.
>
> (In: Flávio Moreira da Costa, org. *Os 100 melhores contos de humor da literatura universal*. Rio de Janeiro: Ediouro, 2001. p. 371.)

Ediouro

Variantes do narrador em 1ª pessoa

O narrador-personagem também apresenta variantes, como, por exemplo, o narrador-testemunha e o narrador-protagonista.

O **narrador-testemunha** vive os fatos narrados como personagem secundária, condição em que pode observar os acontecimentos e dar testemunho deles ao leitor, de modo mais direto e verossímil. Seu ângulo de visão, entretanto, é limitado; não conseguindo saber o que se passa no pensamento das demais personagens, apenas pode lançar hipóteses sobre o que viu ou ouviu. Esse tipo de narrador encontra-se, por exemplo, em *O nome da rosa*, de Umberto Eco. No romance, num monastério da Itália medieval, em 1327, sete monges são misteriosamente assassinados. Quem narra a história é Adso de Melk, um monge que, na época em que ocorreram os episódios, era um jovem noviço, acompanhante de Guilherme, o encarregado da investigação.

Autor e narrador

Na análise de uma narrativa, o **autor** é o sujeito que a escreve, o escritor que recebe da realidade em que vive os estímulos que o levam a produzir o texto. Tais correspondências entre o autor e seu ambiente cultural são elementos auxiliares da análise literária: permitem-nos entender como certos fatores externos ao texto acabam por ser interiorizados, como aponta Antonio Candido [crítico literário], contribuindo assim para o entendimento do processo de construção da narrativa.

Entretanto, na análise do texto é fundamental a utilização de um outro conceito – o de **narrador**. **Entidade fictícia**, como as personagens e a história contada, o narrador acaba por constituir uma verdadeira **persona** (máscara, personagem), que narra os acontecimentos. O narrador não pode ser confundido com o autor, mesmo quando a narrativa é contada em terceira pessoa.

(Benjamin Abdala Junior. *Introdução à análise da narrativa*. São Paulo: Scipione, 1995. p. 20.)

Observe a presença de um narrador-testemunha num trecho de *O nome da rosa*:

Chegando ao fim desta minha vida de pecador, enquanto, encanecido, envelheço como o mundo, à espera de perder-me no abismo sem fundo da divindade silenciosa e deserta, participando da luz inconversível das inteligências angélicas, já entrevado com meu corpo pesado e doente nesta cela do caro mosteiro de Melk, apresto-me a deixar sobre este pergaminho o testemunho dos eventos miríficos e formidáveis que na juventude me foi dado assistir, repetindo verbatim quanto vi e ouvi, sem me aventurar a tirar disso um desenho, como a deixar aos que virão (se o Anticristo não os preceder) signos de signos, para que sobre eles se exercite a prece da decifração.

O nome da rosa, 1986. Direção: Jean-Jacques Annaud/Mary Evans/Ronald Grant/Diomedia

Cena do filme *O nome da rosa*.

Conceda-me o Senhor a graça de ser testemunha transparente dos acontecimentos que tiveram lugar na abadia da qual é bem e piedoso se cale também afinal o nome, ao fundar o ano do Senhor de 1327 [...].

(Rio de Janeiro: *O Globo*; São Paulo: *Folha de S. Paulo*, 2003. p. 19.)

O **narrador-protagonista** vive os fatos como personagem principal. Apesar disso, também não tem acesso aos pensamentos das demais personagens e narra os acontecimentos limitando-se às suas percepções, pensamentos e sentimentos. Exemplifica-o o narrador do conto "O poço e o pêndulo", de Edgar Allan Poe.

Leia a seguir um trecho do conto e observe nele a presença do narrador-protagonista:

> Eu estava exausto, mortalmente exausto naquela longa agonia; e, quando enfim me desamarraram e me deram permissão para sentar-me — vi que perdia os sentidos. A sentença — a terrível sentença de morte — foi, distintamente acentuada, a última frase que me chegou aos ouvidos. Depois as vozes dos inquisidores pareceram sumir-se num sussurro indeterminado de sonho. Minha alma foi assaltada pela ideia de rotação — talvez porque a minha imaginação a associava com o barulho de uma roda de moinho. Isso somente por um breve período; pois, de repente, não ouvi mais nada.
>
> (In: Vinícius de Morais, org. *Contos norte-americanos*. Rio de Janeiro: Ediouro, 2004. p. 69.)

Além desses pontos de vista e suas variantes, há uma forma de narrar em que a figura do narrador quase desaparece. Essa forma de narrar é chamada de **modo dramático**. Nesse caso, a narrativa se estrutura por meio dos diálogos das personagens e de marcadores que situam as personagens no espaço. Para nós, leitores, é como se estivéssemos assistindo a uma peça de teatro. O conto "Atitude suspeita", de Luis Fernando Veríssimo, é um exemplo do emprego do modo dramático. Nele, o narrador só aparece no primeiro parágrafo; daí em diante, o conto se constrói com o diálogo das personagens.

> Sempre me intriga a notícia de que alguém foi preso "em atitude suspeita". É uma frase cheia de significados. Existiriam atitudes inocentes e atitudes duvidosas diante da vida e das coisas e qualquer um de nós estaria sujeito a, distraidamente, assumir uma atitude que dá cadeia!
>
> — Delegado, prendemos este cidadão em atitude suspeita.
>
> — Ah, um daqueles, é? Como era a sua atitude?
>
> — Suspeita.
>
> — Compreendo. Bom trabalho, rapazes. E o que é que se alega?
>
> — Diz que não estava fazendo nada e protestou contra a prisão.
>
> — Hmm. Suspeitíssimo. Se fosse inocente não teria medo de vir dar explicações.
>
> — Mas eu não tenho o que explicar! Sou inocente!
>
> — É o que todos dizem, meu caro. A situação é preta. Temos ordem de limpar a cidade de pessoas em atitudes suspeitas.
>
> — Mas eu só estava esperando o ônibus.
>
> (In: *Histórias divertidas*. São Paulo: Ática, 2003. p. 85.)

EXERCÍCIOS

1. Há, a seguir, algumas sugestões de início de parágrafos. Escolha uma delas e escreva um pequeno texto narrando os fatos de acordo com o foco indicado entre parênteses.

a) – Ah! Se não fosse tão complicado... (narrador-protagonista)

b) – Pela vidraça do apartamento... (narrador-observador, do tipo onisciente)

c) – É você?

– ... (modo dramático)

2. Leia este texto:

Versões

Debi Treloar/Photonica/Getty Images

A *versão da mulher*: "Eu estava no apartamento, nuinha, uma graça, pensando com meu umbigo — porque botão não tinha, né? — que o velho de binóculo no apartamento da frente já estava passando dos limites e que se ele não parasse com aquilo eu era capaz até de fechar a janela, onde se viu, quando bateram na porta e era esse cara com uma arma deste tamanho perguntando: 'Onde é que ela está? Onde é que ela está?'. Aí eu disse: 'Eu, hein?', mas ele nem quis ouvir, foi me empurrando e entrou no apartamento, entrou no quarto e acordou o Samuca, coitado, que ele não dormia há dois dias, diz ele que trabalhando na campanha do Miro, mas eu acho que é outra coisa, tinha marca de dentes no pescoço, eu aguento? O Samuca nem sabia o que estava acontecendo, só fazia 'Ahn? Ahn?' e o cara gritando 'Onde é que ela está?'. Olha, eu sou muito calma, eu sou uma pessoa equilibradíssima, pra me tirar do sério tem que desabar o mundo mas eu não aguentei e gritei: 'Qualé? Invadindo meu domicílio, qualé?'. E pulei nas costas dele. Ele caiu por cima do Samuca. A cama desabou. A arma disparou. E acertou o Samuca, coitado".

A *versão do criminoso*: "Não estou satisfeito com o que aconteceu. Me excedi, reconheço. Foi um erro, pronto. Bati na porta e a moça atendeu. Perguntei se a Dalva estava. Ela disse que ali não tinha Dalva nenhuma. Pedi, educadamente, para entrar e ver se tinha ou não tinha. Ela disse que não podia abrir a porta porque estava nua. Eu duvidei e ela abriu a porta para mostrar que era verdade. Nuinha. Eu entrei. A porta do quarto estava fechada. Eu fui na direção da porta e ela avisou 'Não entra aí!'. Eu entrei, pensando encontrar a Dalva, e dei com um homem armado. Brigamos, e a moça pulou nas minhas costas, nós caímos sobre a cama, a cama desabou, a arma disparou por acidente e ele morreu, pronto. Não pensem que eu estou orgulhoso do que fiz, mas qualquer um se engana. Olha, tenho nível. Sou formado. Foi um erro". [...]

(Luis Fernando Verissimo. *Outras do analista de Bagé*. 29. ed. Porto Alegre: L&PM, 1982. p. 45-7.)

Dê continuidade à narrativa, incluindo outras versões sobre os fatos, apresentadas do ponto de vista de dois ou mais dos narradores sugeridos a seguir.

- O velho de binóculo
- Dalva
- Samuca
- A arma
- O gato
- O telefone

Lembre-se de que a versão de cada narrador deve levar em conta os fatos mencionados pelos narradores do texto original. Se quiser, faça versões bem humoradas e inclua outras personagens. Ao produzir seu texto, siga as orientações que se encontram no capítulo 31, na página 318.

St. Petersburg, FL, Salvador Dalí Museum

Criança geopolítica assistindo ao nascimento do novo homem (1943), de Salvador Dalí.

CAPÍTULO 33

O conto fantástico

TRABALHANDO O GÊNERO

Nas últimas décadas do século XX, o gênero conto ganhou novo impulso com a retomada do fantástico na ficção. Em toda a América Latina, despontaram grandes contistas fantásticos, destacando-se os argentinos Júlio Cortázar e Jorge Luís Borges e, no Brasil, Murilo Rubião e José J. Veiga, entre outros.

Leia este conto de Júlio Cortázar:

Continuidade dos parques

Começara a ler o romance dias antes. Abandonou-o por negócios urgentes, voltou à leitura quando regressava de trem à fazenda; deixava-se interessar lentamente pela trama, pelo desenho dos personagens. Nessa tarde, depois de escrever uma carta a seu procurador e discutir com o capataz uma questão de parceria, voltou ao livro na tranquilidade do escritório que dava para o parque de carvalhos. Recostado em sua poltrona favorita, de costas para a porta que o teria incomodado como uma irritante possibilidade de intromissões, deixou que sua mão esquerda acariciasse, de quando em quando, o veludo verde e se pôs a ler os últimos capítulos. Sua memória retinha sem esforço os nomes e as imagens dos protagonistas; a fantasia novelesca absorveu-o quase em seguida. Gozava do prazer meio perverso de se afastar, linha a linha, daquilo que o rodeava, a sentir ao mesmo tempo que sua cabeça descansava comodamente no veludo do alto respaldo, que os cigarros continuavam ao alcance da mão, que além dos janelões dançava o ar do entardecer sob os carvalhos. Palavra por palavra, absorvido pela trágica desunião dos heróis, deixando-se levar pelas imagens que se formavam e adquiriam cor e movimento, foi testemunha do último encontro na cabana do mato. Primeiro entrava a mulher, receosa; agora chegava o amante, a cara ferida pelo chicotaço de um galho. Ela estancava admiravelmente o sangue com seus beijos, mas ele recusava as carícias, não viera para repetir as cerimônias de uma paixão secreta, protegida por um mundo de folhas secas e caminhos furtivos, o punhal ficava morno junto a seu peito, e debaixo batia a liberdade escondida. Um diálogo envolvente corria pelas páginas como um riacho de serpentes, e sentia-se que tudo estava decidido desde o começo. Mesmo essas carícias que envolviam o corpo do amante, como que desejando retê-lo e dissuadi-lo, desenhavam desagradavelmente a figura de outro corpo que era necessário destruir. Nada fora esquecido: impedimentos, azares, possíveis erros. A partir dessa hora, cada instante tinha seu emprego minuciosamente atribuído. O reexame cruel mal se interrompia para que a mão de um acariciasse a face do outro. Começava a anoitecer.

Já sem olhar, ligados firmemente à tarefa que os aguardava, separaram-se na porta da cabana. Ela devia continuar pelo caminho que ia ao Norte. Do caminho oposto, ele se voltou um instante para vê-la correr com o cabelo solto. Correu por sua vez, esquivando-se de árvores e cercas, até distinguir na rósea bruma do crepúsculo a alameda que o levaria à casa. Os cachorros não deviam latir, e não latiram. O capataz não estaria àquela hora, e não estava. Subiu os três degraus do pórtico e entrou. Pelo sangue galopando em seus ouvidos chegavam-lhe as palavras da mulher: primeiro uma sala azul, depois uma varanda, uma escadaria atapetada. No alto, duas portas. Ninguém no primeiro quarto, ninguém no segundo. A porta do salão, e então o punhal na mão, a luz dos janelões, o alto respaldo de uma poltrona de veludo verde, a cabeça do homem na poltrona lendo um romance.

(In: *Final do jogo*. Tradução de Remy Gorga Filho. Rio de Janeiro: Expressão e Cultura, 1971. p. 121.)

crepúsculo: período de transição entre o dia e a noite.
dissuadir: convencer alguém.
furtivo: às escondidas, clandestino.
respaldo: encosto de cadeira.

1. Na cena inicial do conto, a personagem se prepara para retomar uma leitura iniciada dias antes. Assim, tem início a oposição entre o mundo real da personagem do conto e o mundo ficcional do romance lido por ela.
   a) Identifique na parte inicial do conto quatro elementos que pertençam ao mundo real da personagem do conto; em seguida, quatro elementos que pertençam ao mundo ficcional do romance lido.
   b) Na parte inicial do conto, essa oposição entre mundo real e mundo ficcional mostra-se clara ou sutil?

2. Para a personagem do conto, a leitura não é um ato qualquer. Por isso, ela se prepara, criando as condições ideais para ler.
   a) Como é o lugar e o ambiente da leitura?
   b) Com base no fragmento "Gozava do prazer meio perverso de se afastar, linha a linha, daquilo que o rodeava", responda: O que a leitura representa para essa personagem?

O fantástico na ficção

O conto fantástico tem suas origens no romance gótico do século XVIII. Aos poucos, foi abandonando os ambientes macabros daquela ficção, passou a se ocupar de novos temas, como os simbólicos, psicológicos e artísticos, e diminuiu em tamanho, tornando-se mais condensado.

Ligados a essa tradição estão textos clássicos do século XIX, como *O homem de areia*, de E. T. A. Hoffmann, *Frankenstein*, de Mary Shelley, *Retrato oval*, de Edgar A. Poe, *O fantasma de Canterville*, de Oscar Wilde, além de *A metamorfose*, de Frans Kafka, no início do século XX.

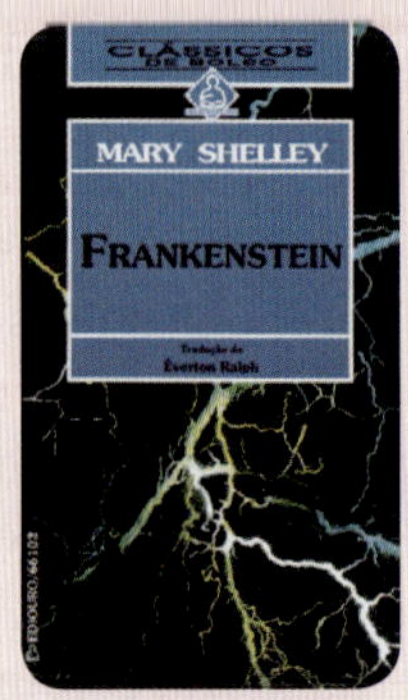

Ediouro

3. A personagem do conto lê um romance. Aos poucos, o universo ficcional do romance absorve o leitor-personagem e ganha o primeiro plano do próprio conto que estamos lendo.

a) Levante hipóteses: Que tipo de romance o leitor-personagem está lendo? Justifique sua resposta.

b) No romance, percebe-se uma tensão entre as personagens. Que tipo de relacionamento existe entre elas?

c) Levante hipóteses: A quem se refere o trecho "desenhavam desagradavelmente a figura de outro corpo que era necessário destruir"?

4. Há, na narrativa, várias pistas textuais que prenunciam um final trágico. Identifique algumas dessas pistas.

5. Em "Continuidade dos parques", há três níveis de realidade em jogo: a realidade ficcional das personagens do romance, a realidade ficcional da personagem do conto e a nossa realidade concreta, como leitores do conto. Leia o boxe "O sal da literatura fantástica" e responda:

a) O leitor-personagem, em algum momento de sua história, distancia-se de sua realidade concreta?

b) E nós, como leitores do conto, perdemos a noção desses planos da realidade?

c) Há, nesse conto, um fato surpreendente ou sobrenatural que misture esses planos ou que ponha em xeque os limites entre ficção e realidade, dando origem ao fantástico? Se sim, identifique-o.

6. Que interpretação você daria ao final do conto? Troque ideias com seus colegas.

7. Segundo o crítico Davi Arrigucci Jr., "o conto 'Continuidade dos parques' oferece um exemplo notável de como a quebra irônica das molduras da ficção acaba por envolver diretamente o espaço do leitor, desequilibrando-o da sua cômoda posição de contemplador passivo". (*O escorpião encalacrado*. São Paulo: Perspectiva, 1973. p. 191.)

a) O que seria um "leitor passivo", de acordo com o crítico?

b) O personagem-leitor do romance pode ser considerado um "leitor passivo"?

c) E nós, quando lemos o conto de Cortázar, ficamos numa atitude passiva?

8. O conto termina quase que com a mesma cena inicial – um homem sentado lendo um romance –, completando, assim, um momento circular. Com base nesse dado, troque ideias com os colegas e dê uma interpretação coerente ao título do conto.

9. Observe a linguagem do conto:

a) Que tipo de variedade linguística predomina?

b) Em que tempo estão os verbos, predominantemente?

10. O conto fantástico apresenta as características básicas do conto. Que outros traços, entretanto, caracterizam especificamente o conto fantástico?

O sal da literatura fantástica

Não é fácil definir o que seja o fantástico na literatura. O escritor José Paulo Paes explica da seguinte forma esse tipo de ficção:

> Num conto fantástico, em nenhum momento o leitor perde a noção da realidade. Por não perdê-la é que lhe causa surpresa o acontecimento ou acontecimentos estranhos, fora do comum ou aparentemente sobrenaturais que de repente parecem desmentir a solidez do mundo real até então descrito no conto. Nesse momento de surpresa e de perplexidade, está o próprio sal da literatura fantástica. Daí um de seus estudiosos, Tzvetan Todorov, a ter definido como aquela que provoca, no espírito do leitor, uma dúvida insolúvel entre uma explicação natural e uma explicação sobrenatural para os estranhos fatos que ela narra.

(In: *Histórias fantásticas*. São Paulo: Ática, 1996. p. 3.)

Fantástico: o tempo de uma hesitação

O fantástico [...] dura apenas o tempo de uma hesitação: hesitação comum ao leitor e à personagem, que devem decidir se o que percebem depende ou não da "realidade", tal qual existe na opinião comum. No fim da história, o leitor, quando não a personagem, toma contudo uma decisão, opta por uma ou outra solução, saindo desse modo do fantástico.

(Tzvetan Todorov. *Introdução à literatura fantástica*. 2. ed. São Paulo: Perspectiva, 2003. p. 47-8.)

PRODUZINDO O CONTO FANTÁSTICO

Escolha uma das seguintes propostas de produção de texto.

1. Nos dois textos que seguem, estranhos fatos ocorrem no mundo ficcional, criando uma atmosfera fantástica e opressiva. O primeiro texto, de José J. Veiga, faz parte da obra *Sombras de reis barbudos*, escrita na década de 1970, durante o regime militar no Brasil. O segundo, de Júlio Cortázar, é um trecho de "Casa tomada", um dos mais importantes contos fantásticos do autor. Leia-os e dê continuidade a um deles ou use-o como referência para criar um conto fantástico. Se quiser, acrescente novos elementos aos existentes.

Loucos por contos fantásticos

Para aqueles que são aficionados de contos fantásticos, sugerimos a leitura de: *Histórias fantásticas*, de Edgar Allan Poe e outros (Ática); *Contos fantásticos do século XIX*, de Italo Calvino; *O pirotécnico Zacarias* e *Contos reunidos*, de Murilo Rubião; *Os cavalinhos de Platiplanto*, de José J. Veiga; *O fantástico*, de Selma Calasans Rodrigues (Ática).

Capa de Jeff Fisher/Cia. das Letras

Muros Muros Muros

Sem tio Baltazar a Companhia deixou de existir para nós. Meu pai continuava trabalhando lá, mas nem eu nem mamãe esperávamos que fosse por muito tempo. Logo nos primeiros dias do golpe muita gente ligada a tio Baltazar foi demitida em duas ou três penadas, e não havia motivo para meu pai ser poupado. Com certeza a demora era porque os novos chefes estavam futucando lá a ficha dele para ver se rendia algum outro castigo a mais, demissão só podia ser pouco para o cunhado do chefe antigo. Os dias de meu pai estavam contados, só ele não via.

[...]

De repente os muros, esses muros. Da noite para o dia eles brotaram assim retos, curvos, quebrados, descendo, subindo, dividindo as ruas ao meio conforme o traçado, separando amigos, tapando vistas, escurecendo, abafando. Até hoje não sabemos se eles foram construídos aí mesmo nos lugares ou trazidos de longe já prontos e fincados aí. No princípio quebrávamos a cabeça para achar o caminho de uma rua à rua seguinte, e pensávamos que não íamos nos acostumar; hoje podemos transitar por toda parte até de olhos fechados, como se os muros não existissem.

Com tanto muro para encarar quando estávamos parados e rodear quanto tínhamos de andar, a vida estava ficando cada dia mais difícil para todos, mas aqui em casa até que ainda não podíamos nos queixar. Além de não ser dispensado, meu pai ainda foi promovido a fiscal não sei de que, e parecia tão feliz como nos primeiros tempos da Companhia.

(José J. Veiga. *Sombras de reis barbudos*. 17. ed. Rio de Janeiro: Bertrand Brasil, 1989. p. 25 e 27.)

Casa tomada

Gostávamos da casa porque, além de espaçosa e antiga (hoje que as casas antigas sucumbem à mais vantajosa liquidação de seus materiais), guardava as recordações de nossos bisavós, o avô paterno, nossos pais e toda a infância.

Habituamo-nos, Irene e eu, a permanecer nela sozinhos, o que era uma loucura, pois nessa casa podiam viver oito pessoas sem se estorvar. Fazíamos a limpeza pela manhã, levantando-nos às sete, e pelas onze eu deixava para Irene as últimas peças por repassar e ia à cozinha. Almoçávamos ao meio-dia, sempre pontuais; então não ficava nada por fazer além de uns poucos pratos sujos.

[...]

Recordarei sempre com nitidez, porque foi simples e sem circunstâncias inúteis. Irene estava tricotando em seu quarto, eram oito da noite e, de repente, lembrei-me de pôr ao fogo a chaleirinha do mate. Fui pelo corredor até chegar à porta entreaberta de carvalho, e dava volta ao cotovelo que levava à cozinha quando escutei algo na sala de jantar ou na biblioteca. O som vinha impreciso e surdo, como um tombar de cadeira sobre o tapete ou um abafado murmúrio de conversação. Também o ouvi, ao mesmo tempo ou um segundo depois, no fundo do corredor que vinha daquelas peças até a porta. Atirei-me contra a porta antes que fosse demasiado tarde, fechei-a violentamente apoiando o corpo; felizmente a chave estava do nosso lado e além disso puxei o grande ferrolho para maior segurança.

Fui à cozinha, aqueci a chaleirinha e quando voltei com a bandeja do mate disse à Irene:

— Tive que fechar a porta do corredor. Tomaram a parte dos fundos.

(Júlio Cortázar. *Bestiário*. São Paulo: Círculo do Livro, s.d. p. 12-13.)

2. Crie livremente um conto fantástico a partir das características do gênero, estudadas neste capítulo.

Ao produzir seu texto, siga estas instruções:

a) Pense no leitor que vai ler seu conto: colegas da escola, professores, funcionários, amigos e familiares, pois ele será publicado no livro de contos que você e seus colegas deverão montar no projeto **Quem conta um conto aumenta um ponto**, no final desta unidade.

b) Antes de redigir, imagine a história que vai contar: o ambiente, as personagens, o conflito, o acontecimento inusitado que vai provocar um estranhamento na narrativa, as relações entre o real e o ficcional ou entre o lógico e o absurdo, o desfecho.

c) Planeje a organização dos fatos, estruturando o enredo em partes (introdução, complicação, clímax e desfecho) ou encontrando uma maneira de subverter e inovar essa estrutura. Se optar pela proposta 1, os fragmentos reproduzidos poderão, se quiser, ser a própria introdução de seu conto.

d) Empregue a norma-padrão da língua, a não ser que haja um motivo de força maior para não fazê-lo.

e) Faça um rascunho e, antes de passar seu texto a limpo, revise-o cuidadosamente, seguindo as orientações do boxe **Avalie seu conto fantástico**. Ao concluí-lo, troque-o com um colega, de modo que um leia e avalie o texto do outro, fazendo sugestões.

Avalie seu conto fantástico

Verifique se seu conto apresenta as características essenciais dos contos em geral: se é uma narrativa ficcional curta; se apresenta poucas personagens, poucas ações e tempo e espaço reduzidos; se o enredo está estruturado em introdução, complicação e desfecho (ou subverte intencionalmente essa estrutura). Além disso, verifique se ele introduz acontecimentos estranhos ou sobrenaturais, que põem em xeque a divisão entre o lógico e o absurdo ou entre o real e o ficcional, e se a linguagem está de acordo com o perfil do narrador e das personagens.

TEXTUALIDADE E ESTILO

O ESTILO TELEGRÁFICO NOS GÊNEROS NARRATIVOS

Os textos que seguem fazem descrição de personagem. Leia-os.

TEXTO I

Desde as quatro horas da tarde, no calor e silêncio do domingo de junho, o Fidalgo da Torre, em chinelos, com uma quinzena de linho envergada sobre a camisa de chita cor-de-rosa, trabalhava. Gonçalo Mendes Ramires (que naquela sua velha aldeia de Santa Ireneia, e na vila vizinha, a asseada e vistosa Vila Clara, e mesmo na cidade, em Oliveira, todos conheciam pelo "Fidalgo da Torre") trabalhava numa Novela Histórica, *A Torre de D. Ramires*, destinada ao primeiro número dos *Anais de Literatura e de História*, revista nova, fundada por José Lúcio Castanheiro, seu antigo camarada de Coimbra, nos tempos do Cenáculo Patriótico, em casa das Severinas.

(Eça de Queiroz. *A ilustre casa de Ramires*. 3. ed. Biblioteca Ulisseia de Autores Portugueses. p. 31.)

TEXTO II

Filipe Rocha

Curvado no guidão, lá vai ele numa chispa. Na esquina dá com o sinal vermelho e não se perturba — levanta voo bem na cara do guarda crucificado. No labirinto urbano persegue a morte com o trim-trim da campainha: entrega sem derreter sorvete a domicílio.

(Dalton Trevisan. "O ciclista". In: Alfredo Bosi, org. *O conto brasileiro contemporâneo*. São Paulo: Cultrix, 1997. p. 189.)

1. O primeiro texto é de um escritor português que fez parte do Realismo, corrente literária da segunda metade do século XIX; o segundo é de um escritor da atualidade. Compare os textos quanto ao estilo e responda:

a) Quantas frases compõem o texto 1? E o texto 2?

b) Em qual dos textos são empregadas várias vírgulas? Que sinal de pontuação predomina no outro texto?

2. É frequente nos textos descritivos o emprego de adjetivos ou locuções adjetivas, além de advérbios ou locuções adverbiais. Observe a presença de palavras dessas classes gramaticais nos textos.

a) Em qual deles há maior emprego de adjetivo ou locução adjetiva?

b) Em qual deles há maior emprego de advérbio ou locução adverbial?

c) Levante hipóteses: Que finalidade um autor tem em vista ao empregar com frequência essas classes gramaticais?

3. O emprego de períodos longos, com muita adjetivação, resulta em efeitos estilísticos diferentes dos obtidos quando se busca um estilo mais enxuto. Na sua opinião:

a) Qual dos dois textos apresenta uma narrativa mais ágil e dinâmica?

b) Como você caracterizaria a narração feita no outro texto?

Você leu textos de estilos literários diferentes. Cada um deles atende às necessidades de expressão do escritor e de sua época. O estilo de Eça de Queiroz é considerado clássico, isto é, marcado pelo refinamento vocabular, pela recriação detalhada e realista dos objetos, pela complexidade sintática dos períodos e das orações. Já o estilo de Dalton Trevisan é considerado moderno ou contemporâneo, dinâmico, quase telegráfico, e bastante seletivo, uma vez que o autor escolhe apenas alguns aspectos para retratar. Está mais interessado nos efeitos estéticos e psicológicos criados pelo texto do que no retrato fiel da realidade.

Ambos os modos de narrar são válidos e têm valor estilístico e literário. Convém, contudo, que exercitemos os dois estilos, a fim de enriquecer nossas possibilidades de expressão em gêneros narrativos ficcionais.

EXERCÍCIOS

1. Leia esta parte do conto "Circuito fechado", de Ricardo Ramos, observando seu estilo telegráfico:

Rogério Soud

Chinelos, vaso, descarga. Pia, sabonete. Água. Escova, creme dental, água, espuma, creme de barbear, pincel, espuma, gilete, água, cortina, sabonete, água fria, água quente, toalha. Creme para cabelo, pente. Cueca, camisa, abotoaduras, calça, meias, sapatos, gravata, paletó. Carteira, níqueis, documentos, caneta, chaves, lenço, relógio, maço de cigarros, caixa de fósforo. Jornal. Mesa, cadeiras, xícara e pires, prato, bule, talheres, guardanapo. Quadros. Pasta, carro. Cigarro, fósforo. Mesa e poltrona, cadeira, cinzeiro, papéis, telefone, agenda, copo com lápis, canetas, bloco de notas, espátula, pastas, caixas de entrada, de saída, vaso com plantas, quadros, papéis, cigarro, fósforo. Bandeja, xícara pequena. Cigarro e fósforo. Papéis, telefone, relatórios, cartas, notas, vales, cheques.

(In: Julieta de Godoy Ladeira, org. *Contos brasileiros contemporâneos*. São Paulo: Moderna, 1991. p. 89.)

Esse texto é construído por meio da enumeração de substantivos que se relacionam com a sequência das ações de uma pessoa no decorrer de um dia. Dê continuidade à história, fazendo uso do mesmo procedimento de construção empregado pelo autor.

2. Leia o seguinte fragmento do romance romântico *Senhora*, de José de Alencar, publicado em 1875.

Ela caminhou para as janelas, e com petulância nervosa suspendeu impetuosamente as duas venezianas, que pareciam um peso excessivo para sua mão fina e mimosa.

A torrente da luz, precipitando-se pela abertura das janelas, encheu o aposento; e a moça adiantou-se até a sacada, para banhar-se nessas cascatas de sol, que lhe borbotavam sobre a régia fronte coroada do diadema de cabelos castanhos, e desdobravam-se pelas formosas espáduas como uma túnica de ouro.

Embebia-se de luz. Quem a visse nesse momento assim resplandecente, poderia acreditar que sob as pregas do roupão de cambraia estava a ondular voluptuosamente a ninfa das chamas, a lasciva salamandra, em que se transformara de chofre a fada encantada.

(7. ed. São Paulo: Ática, 1977.)

Rogério Soud

cambraia: tecido de linho ou de algodão muito fino.
de chofre: subitamente, de repente.
diadema: ornato circular com que as senhoras enfeitam a cabeça ou o penteado.
espáduas: ombros.
impetuosamente: de forma impetuosa, arrebatada, veemente.
petulância: ousadia, atrevimento.
régio: relativo a rei ou rainha.
resplandecente: brilhante, esplendoroso.
salamandra: designação dos anfíbios que se parecem com lagartos.
voluptuosamente: de modo sensual.

Reescreva esse fragmento, adaptando-o para o estilo moderno e telegráfico. Para isso, suprima, quando possível, adjetivos e advérbios. Deixe os verbos subentendidos, marcando sua supressão com vírgulas. Se quiser, substitua vocábulos por outros, atuais.

PROJETO

QUEM CONTA UM CONTO AUMENTA UM PONTO

Para finalizar as atividades propostas nesta unidade, participe de uma oficina de produção de textos. Você deverá escrever um ou mais contos e depois reuni-lo(s) às fábulas, apólogos e contos produzidos anteriormente, a fim de, junto com os colegas, montar antologias diversas.

Alamy/Glow Images

Contar histórias

Para "esquentar" a vontade de escrever, leia o texto a seguir.

Das noites de Sherazade à fuga de Florença, o "contar" como resistência à morte

Sob a magia do "contar", desfiando a imaginação ao sabor das aventuras, a vida sai vencedora em seu duelo com a morte. Sherazade, a das *Mil e uma noites*, conquista o coração do rei valendo-se da arte de contar estórias. Voltemos no tempo. O rei Shariar, desiludido com a traição de sua esposa, resolve, dali por diante, não dar a nenhuma mulher a possibilidade de traí-lo. Desposa a cada noite uma virgem que, na manhã seguinte, é morta.

Mas, ao ser escolhida Sherazade, esta decide não se render sem lutar pela vida. E a forma de luta escolhida é fascinar o rei com narrativas que desembocam umas nas outras, tal como cascas de cebola, sobrepostas, de modo que o rei, desejoso de ouvir a continuação da estória na noite seguinte, adia a execução da esposa. A estratégia se repete por mil e uma noites até que o rei descobre-se apaixonado por Sherazade e abandona para sempre o infausto propósito.

Filipe Rocha

Assim estruturada, chega até nós uma coletânea de contos folclóricos do Antigo Oriente que data, provavelmente, de primórdios do século X.

O conto foi, em sua primitiva forma, uma narrativa oral, frequentando as noites de lua em que antigos povos se reuniam e, para matar o tempo, narravam ingênuas estórias de bichos, lendas populares ou mitos arcaicos. Reminiscências deste tempo são as figuras, ainda próximas de nós, de Tio Remus, recriada em filme por Walt Disney, Pai João, dos serões coloniais, ou Dona Benta, registrada por Monteiro Lobato.

Caracterizando os três personagens, um elemento comum: o contar. Numa tentativa de verossimilhança, de fidelidade a um aspecto real, naturalmente os primeiros registros em língua escrita dos contos populares apresentam semelhante estrutura. Seja um rei como ouvinte, seja um grupo de pessoas, há, quase sempre, a presença de espectadores e daquele que conta a estória. Assim ocorre também na obra *Decameron*, do escritor italiano Giovanni Boccaccio, publicada em 1353.

Negras nuvens sufocavam a beleza de Florença, assolada pela peste de 1348 — este o ambiente em que se desenrola a narrativa boccacciana. O cortejo fúnebre é o acontecimento social mais frequente, tornado tão comum a ponto de vulgarizar-se e, àqueles a quem não abandonou um último anseio de vida, só resta mesmo a fuga. Abandonar Florença e buscar refúgio em outras paragens parece ser, segundo o relato do Boccaccio, o modo único de abraçar-se a um teimoso aceno da existência — direito, afinal, legitimamente humano.

Convencido disso, um grupo formado de sete jovens mulheres e três homens igualmente jovens, acompanhados de respectivos criados, deixa a cidade e se refugia numa belíssima propriedade não muito distante.

Buscando vida e, como vida, distração, jeito e ginga de quem quer levar o tempo “numa boa”, os dez personagens do *Decameron* resolvem passar as tardes, confortavelmente reunidos no verde prado, tecendo narrativas oralmente. Assim, dez personagens ao longo de dez dias, cada um assumindo um relato, compõem as cem narrativas do *Decameron*, às quais não faltam o lado popular dos antigos contos folclóricos e o tempero constituído pela maliciosa ironia do estilo boccacciano.

E, aqui, um dado que merece registro: lado a lado, as duas faces do conto, tal como podemos vê-lo hoje. O conto como forma simples, expressão do maravilhoso, linguagem que fala de prodígios fantásticos, oralmente transmitido de gerações a gerações, e o conto adquirindo uma formulação artística, literária, escorregando do domínio coletivo da linguagem para o universo do estilo individual de um certo escritor.

(Luzia de Maria. *O que é conto*. São Paulo: Brasiliense, 1984. p. 7-10.)

Que conto contar?

Antes de começar a escrever, escolha o tipo de conto que quer "contar". Você pode se inspirar nos tipos de conto que vimos nesta unidade e seguir as orientações dadas em relação a eles ou escrever um conto de fadas ou de terror, considerando as características que lhes são próprias, descritas a seguir. O assunto fica por conta de sua imaginação.

Conto de fadas

Caracteriza-se por iniciar-se pela expressão *Era uma vez...* e por apresentar inicialmente uma falta ou algum malfeito praticado por alguém; quase sempre termina bem; pode ou não ter interferência de seres encantados (fadas, bruxas, duendes); apresenta quase sempre algumas situações típicas, como o herói ou a heroína distanciar-se do lar, adentrar uma floresta ou bosque, cair numa armadilha, lutar contra um vilão, vencê-lo, etc. Você pode optar por um conto de fadas moderno, que acontece numa cidade grande, substituindo príncipes e princesas por adolescentes de grupos urbanos: roqueiros, *punks*, *rappers*, etc.

Lebrecht Authors/Lebrecht Music & Arts/Corbis/Latinstock

Para saber mais: Leia alguns contos de Marina Colasanti, nos livros *Uma ideia toda azul* e *Doze reis e a moça do labirinto de vento*, e o livro *Chapeuzinho amarelo*, de Chico Buarque de Holanda; e assista aos filmes *O jardim secreto*, de Agnieszka Holland, e *Wilow*, de Ron Howard.

Conto de terror

Caracteriza-se por apresentar uma ação que se desenvolve em lugares distantes, o que confere à narrativa um "tom estrangeiro"; os ambientes retratados são sombrios, noturnos, macabros, mórbidos, povoados por indivíduos melancólicos, pessimistas, sem perspectivas, decadentes; as personagens entregam-se a todo tipo de vícios; apresenta, geralmente, narrador-protagonista; a narrativa se estrutura de forma a criar expectativa e suspense; os temas abordados são fantásticos, privilegiando os satânicos: violência, assassinatos, incestos, vinganças, doenças, necrofilia.

O chamado, 2002. Direção: Gore Verbinski/Universal Pictures (115 min)

Para saber mais: Leia os contos *Histórias extraordinárias*, de Edgar Allan Poe (Círculo do Livro); *O fantasma de Canterville*, de Oscar Wilde (Scipione); *Noite na taverna*, de Álvares de Azevedo (Moderna); e assista aos filmes *O bebê de Rosemary*, de Roman Polanski; *O exorcista*, de William Friedkin; *Nosferatu*, de F. W. Murnau; *O que terá acontecido a Baby Jane?*, de Robert Aldrich; *O iluminado*, de Stanley Kubrick; *Psicose*, de Alfred Hitchcock; *Frankenstein de Mary Shelley*, de Kenneth Branagh; *O chamado*, de Gore Verbinski; *A bruxa de Blair*, de Daniel Myrick e Eduardo Sanchez.

Oficina de textos

No dia combinado com o professor, troque ideias e informações com os colegas que pretendem produzir o mesmo tipo de conto que você. Em seguida, concentre-se para escrever seu conto. Ao terminar, dê a ele um título interessante e avalie-o, seguindo as orientações para avaliação dadas nos capítulos anteriores. Se quiser, peça a um colega que o leia e faça sugestões. Passe o conto a limpo, incorporando as sugestões que julgar convenientes.

MONTANDO ANTOLOGIAS DE FÁBULAS, APÓLOGOS E CONTOS

Em combinação com os colegas, reúnam as fábulas, os apólogos e os contos produzidos no decorrer da unidade e na oficina de textos, já passados a limpo, ilustrados e devidamente identificados. Agrupem-nos por tipos, como, por exemplo, fábulas e apólogos, contos tradicionais, modernos, fantásticos, de humor, microcontos, etc. Montem um livro para cada um dos tipos ou conforme outra distribuição que quiserem. Criem as capas e deem a cada livro um título, como, por exemplo, *Antologia de fábulas e apólogos*, *Antologia de contos fantásticos*, *Antologia de microcontos*, etc. Escrevam um texto introdutório, comentando o processo de produção e apresentando cada uma das antologias. Tirem cópias dos livros e façam-nas circular entre colegas de outras classes, professores, amigos e familiares, a fim de que sua produção cumpra seu principal objetivo, que é ser lida.

Thinkstock/Getty Images

UNIDADE 12 CIDADANIA EM CENA

No caminho com Maiakovski

Na primeira noite eles se aproximam
e roubam uma flor
do nosso jardim
e não dizem nada.
Na segunda noite, já não se
escondem:
pisam as flores,
matam nosso cão
e não dizem nada.
Até que um dia o mais frágil deles
entra sozinho em nossa casa,
rouba-nos a luz e,
conhecendo o nosso medo,
arranca-nos a voz da garganta.
E já não podemos dizer nada.

(Eduardo Alves da Costa. In: *No caminho com Maiakovski*. São Paulo: Geração Editorial, 2003.)

Fique ligado! Pesquise!

Assista

- *Mandela, a luta pela liberdade*, de Bille August; *Ônibus 174*, de José Padilha; *Zuzu Angel*, de Sergio Rezende; *Um dia sem mexicanos*, de Sergio Arau; *Hotel Ruanda*, de Terry George; *O jardineiro fiel*, de Fernando Meirelles; *Babel*, de Alejandro González Iñárritu; *Crash – No limite*, de Paul Haggis; *Diamante de sangue*, de Edward Zwick; *A lista de Schindler*, de Steven Spielberg; *Z*, de Costa Gavras; *A casa dos espíritos*, de Bille August; *Gran Torino*, de Clint Eastwood.

Alamy/Glow Images

Leia

- *Terra sonâmbula*, de Mia Couto (Companhia das Letras); *Muito longe de casa – Memórias de um menino soldado*, de Ismael Beah (Ediouro); *Contando histórias*, de Nadime Gordimer (Companhia das Letras); *Ética*, de vários autores (Companhia das Letras); *No país dos homens*, de Hisham Matar (Companhia das Letras); *A revolução dos bichos*, de George Orwell (Companhia das Letras); *História da cidadania*, de Jaime Pinsky e Carla Bassanezi Pinsky (Contexto); *Estação Carandiru*, de Drauzio Varella (Companhia das Letras); *O adolescente por ele mesmo*, de Tânia Zaguri (Record); *O cidadão de papel*, *Meninas da noite*, *Aprendiz do futuro – Cidadania hoje e amanhã* e *A guerra dos meninos – Assassinatos de menores no Brasil*, de Gilberto Dimenstein (Brasiliense); *Ética e cidadania*, de Herbert de Souza e Carla Rodrigues (Moderna); *Clima e meio ambiente*, de José Bueno Conti (Atual); *Florestas – Desmatamento e destruição*, de Maria Elisa Marcondes Helene (Scipione); *Meninão do caixote*, de João Antônio (Atual).

PROJETO

Feira de cidadania

Discussão em torno do trabalho voluntário e divulgação da produção realizada na unidade (manifestos, cartas abertas, abaixo-assinados e cartas argumentativas de reclamação e de solicitação).

Navegue

- www.ecidadania.org.br
- http://atletaspelacidadania.terra.com.br/index.php
- www.cidadania.org.br
- www.consulado.org.br
- www.procidadania.org.br

CAPÍTULO 34

Antonio Cunha/Esp. CB/D.A Press

O manifesto e o abaixo-assinado

O MANIFESTO

TRABALHANDO O GÊNERO

Leia o texto abaixo, da revista *Tpm – Trip para mulheres*.

ManifestoTpm

VOCÊ É LIVRE?
MESMO?

Jamie Grill/Tetra Images/Corbis/Latinstock

Thinkstock/Getty Images

Se alguém acredita que vai encontrar numa revista, qualquer revista, a fórmula para:

1) ficar jovem para sempre,
2) botar silicone sem risco,
3) barriga zerada com aula de 8 minutos,
4) ser linda, poderosa e feliz, aos 20, 30 e 40 anos,
5) looks certeiros para ter sucesso no trabalho,
6) pílulas que vão deixar cabelo, pele e corpo perfeitos,
7) feitiço do tempo: tudo para adiar (e muito) sua plástica
8) ler nas cartas como despertar sua força interior,
9) ter qualquer homem, um superemprego, todo o tempo do mundo,
10) alcançar sucesso, dinheiro, glamour... e todos os homens a seus pés,
11) fazer qualquer homem se comprometer,
12) a plástica light,
13) desvendar 100 dilemas amorosos,
14) superar a ex dele na cama,
15) etc. etc. etc.

Enfim, se alguém acredita mesmo que isso tudo seja possível ou ao menos razoável, não precisa de uma revista. Precisa de ajuda profissional. Urgente. Então por que, com uma ou outra exceção, se insiste nessa cantilena? Pois é, todos os desatinos ao lado, absolutamente todos, estamparam capas recentes de publicações femininas. Inclusive a "plástica light" — que certamente engorda menos que a "plástica regular" e talvez mais que a "plástica zero".

Olhando por outro ângulo: se uma empresa decidisse usar uma dessas frases para vender seu produto, o Procon entraria em ação. Propaganda enganosa. Essas promessas funcionam como uma versão cor-de-rosa daqueles anúncios antigos, em que médicos defendiam os benefícios do cigarro à saúde do fumante.

Se você está aqui (ótimo, teria sido estranho falar sozinho até agora), é porque quer ficar longe dessa conversa de comadres. Prefere ser tratada como mulher, não como mulherzinha. E você não está sozinha. Só de Tpm são 49 mil exemplares impressos, mais 40 mil seguidores no Twitter, 18 mil no Facebook e 230 mil visitantes no site.

Uma turma que se espanta quando lê "operação biquíni" na caixa de cereais (você só queria tomar seu café da manhã sossegada). Que quer autonomia para decidir o que fazer com o próprio corpo. Não se conforma em ganhar menos que o cara na mesma função.

E ainda estranha tanta mulher meio pelada fazendo o papel de cenário em programas de TV. Daí o Manifesto Tpm, escrito a muitas mãos aqui na redação dirigida pela Carol Sganzerla, com participação especial de Paulo Lima, Cica Pinheiro, Nina Lemos, Rafaela Ranzani, Ana Paula Wheba e Denise Gallo.

Contra os novos clichês femininos e os velhos estereótipos, que cismam em se reinventar desde o tempo de nossas avós (aliás, devidamente homenageadas nas fotos do manifesto). Contra qualquer tentativa de enquadrar a mulher em um padrão, cercar seu desejo e diminuir suas possibilidades. Essas ideias dão o tom a uma série de eventos, ações e reportagens pelas próximas edições.

Se liberdade é ser a mulher que você quer ser, diz aí: você é livre?

Fernando Luna, diretor editorial

REPORTAGENS

Conheça a casa Tpm *Um evento para quebrar aqueles estereótipos femininos que estão por aí desde o tempo da sua avó*

(Disponível em: http://revistatpm.uol.com.br/manifesto/index.php. Acesso em: 27/2/2013.)

1. Como o nome sugere, o *manifesto* é um gênero textual no qual o(s) autor(es) manifesta(m) seu(s) ponto(s) de vista a respeito de um assunto de qualquer natureza: social, cultural, política, religiosa, etc. Qualquer que seja o tema, o manifesto é utilizado quando uma pessoa ou um grupo de pessoas deseja explicitar e defender sua opinião, buscando com o texto mobilizar a sociedade, ou uma parcela específica da sociedade, e persuadi-la a aderir à ideia divulgada. No caso do texto lido:

a) Ele foi escrito por uma única pessoa ou por mais de uma pessoa? Justifique sua resposta com trechos do texto.

b) Ele se dirige a qual parcela da sociedade, especificamente? Justifique sua resposta com trechos do texto.

c) Qual é a natureza do assunto tratado e qual(is) o(s) objetivo(s) do documento?

2. Observe os seguintes termos, extraídos do manifesto em estudo: *cantilena*; *desatinos*; *conversa de comadres*; *clichês* e *cismam*.

a) Essas palavras e expressões trazem consigo uma carga de sentido, isto é, são utilizadas geralmente em determinadas situações. Qual é esse sentido e quais são essas situações?

b) O uso dos termos mencionados no item *a* confere ao texto um tom particular. Como se pode caracterizar esse tom?

c) Discuta com seu professor e com seus colegas: Em todo manifesto é obrigatório o uso de expressões similares a essas? Por quê?

3. Observe estes trechos:

"Enfim, se alguém acredita mesmo que isso tudo seja possível, ou ao menos razoável [...]"

"Então por que [...] se insiste nessa cantilena?"

"Pois é, todos os desatinos ao lado [...]"

"Se você está aqui [...] é porque quer ficar longe dessa conversa de comadres."

"E você não está sozinha."

"Contra os novos clichês femininos e velhos estereótipos [...]"

"Contra qualquer tentativa de enquadrar a mulher em um padrão [...]"

"[...] diz aí você é livre?"

Associated Press/AE

Esses trechos são pontos do manifesto que contribuem para a organização de sua estrutura. Identifique em quais desses trechos o texto em estudo:

- defende seu ponto de vista e/ou critica um comportamento com o qual não concorda.
- tenta persuadir seus leitores.
- convida seus leitores a compartilhar sua ideia, traz provocações a fim de convocá-los.

4. O manifesto é um texto essencialmente argumentativo, isto é, tem em vista persuadir o interlocutor. Para tanto, precisa fazer uso de argumentos consistentes. Cite alguns argumentos utilizados no texto para convencer o interlocutor.

5. No começo do manifesto em estudo constam alguns itens numerados. Sobre eles, são feitas as afirmações abaixo. Assinale aquelas que fazem uma análise correta do uso do recurso da enumeração.

a) Trata-se da estrutura fixa de qualquer manifesto, visto que é preciso, antes de começar o texto, enumerar os objetivos do seu produtor.

b) Nem todos os manifestos apresentam essa estrutura.

c) Como são feitas afirmações inverídicas, confere fragilidade ao texto, pois ele se constrói com base em argumentos falaciosos.

d) As afirmações inverídicas contribuem para a construção da argumentação, pois o autor do texto contesta todas elas.

e) Ao utilizar a expressão *etc. etc. etc.* o autor deixa o texto impreciso e isso pode ser problemático para sua argumentação.

f) Ao utilizar a expressão *etc. etc. etc.* o autor sugere que há ainda muitas outras falácias que são repetidas por diversas outras revistas.

g) A expressão *etc. etc. etc.* é importante na argumentação do autor, pois desvaloriza ainda mais os dizeres das outras revistas, como se não valesse a pena reproduzir ainda mais afirmações problemáticas.

6. Esse manifesto circula em uma página eletrônica pela Internet. Contudo, esse não é o único meio ou suporte de divulgação de um manifesto. Levante hipóteses: De que outra forma um manifesto pode ser divulgado?

7. Reúna-se com seus colegas de grupo e, juntos, concluam: Quais são as principais características do manifesto? Respondam, levando em conta os critérios a seguir: finalidade do gênero, perfil dos interlocutores, suporte ou veículo, tema, estrutura, linguagem.

O ABAIXO-ASSINADO

TRABALHANDO O GÊNERO

Leia o abaixo-assinado a seguir, extraído de uma página eletrônica da Internet.

Curtir 1.276 pessoas curtiram isso.

Repercussão na imprensa: DIÁRIO DE SANTA MARIA A RAZÃO PORTAL UFSM

Abaixo-assinado

Climatização dos refeitórios do Restaurante Universitário da Universidade Federal de Santa Maria

Ao magnânimo reitor da Universidade Federal de Santa Maria, senhor F. M. M., e ao senhor O. R. D., diretor do Restaurante Universitário da UFSM.

Os cidadãos brasileiros abaixo-assinados, estudantes, ex-estudantes, funcionários ou simpatizantes da Universidade Federal de Santa Maria, solicitam a climatização do Restaurante Universitário, em vista do calor intenso que faz em época de temperaturas elevadas. Esta petição abrange todos os refeitórios e em especial o refeitório II do campus da UFSM, onde existem apenas três ventiladores que ficam na entrada e na saída do refeitório, local de trabalho de alguns funcionários do RU.

A falta de ventilação no refeitório II, somada com temperaturas elevadas, sol forte no telhado de metal sem tratamento e sem forro, resulta em vários alunos/funcionários da UFSM com sensação de mal-estar durante a refeição, sendo que vários já chegaram ao ponto de sair do refeitório sem terminar a refeição ou mesmo a desmaiar, por conta do forte calor. Situação semelhante acontece no refeitório principal, onde mesmo os ventiladores existentes não conseguem espantar o calor intenso.

No início do ano de 2012, já se reclamava do calor e da falta de ventilação do RU. O jornal "Diário de Santa Maria" relatou o tema e divulgou a informação sobre uma possível climatização para o ano de 2013.

Pedimos encarecidamente uma atitude da Universidade Federal de Santa Maria quanto à climatização imediata dos refeitórios do Restaurante Universitário, no intuito de diminuir o mal-estar e não prejudicar a saúde dos alunos e funcionários dessa universidade tão respeitada.

assinaturas

3550 Assinaturas

(Disponível em: http://www-usr.inf.ufsm.br/~gmonte/climatizacaoRU/index.php. Acesso em: 12/2/2013.)

1. Um abaixo-assinado geralmente apresenta as seguintes partes: vocativo (a(s) pessoa(s) a quem se dirige a solicitação feita no documento), acompanhado de pronomes de tratamento; corpo do texto, em que é apresentado o problema e a reivindicação; local e data e assinaturas.

No caso do abaixo-assinado lido:

a) A quem é destinado o documento?

b) Ele foi escrito e pode ser assinado por qualquer pessoa ou seus signatários pertencem a algum grupo específico? Justifique sua resposta com base no texto.

O emprego dos pronomes de tratamento nos abaixo-assinados

A produção de um abaixo-assinado requer que se dê especial atenção aos pronomes de tratamento. A seguir apresentamos alguns dos mais utilizados nesse tipo de documento.

PRONOMES DE TRATAMENTO		
Autoridades de Estado: civis	Vossa Excelência (V. Exª)	Presidente da República, Senadores da República, Ministros de Estado, Governadores, Deputados Federais e Estaduais, Prefeitos, Embaixadores, Vereadores, Cônsules, Chefes das Casas Civis e Casas Militares
	Vossa Magnificência (V. M.)	Reitores de Universidade
	Vossa Senhoria (V. Sª)	Diretores de Autarquias Federais, Estaduais e Municipais
Autoridades de Estado: judiciárias	Vossa Excelência (V. Exª)	Desembargador da Justiça, curador, promotor
	Meritíssimo Juiz (M. Juiz)	Juízes de Direito
Autoridades de Estado: militares	Vossa Excelência (V. Exª)	Oficiais generais (até coronéis)
	Vossa Senhoria (V. Sª)	Outras patentes militares
Autoridades eclesiásticas	Vossa Santidade (V. S.)	Papa
	Vossa Eminência Reverendíssima (V. Emª Rev.ᵐª)	Cardeais, arcebispos e bispos
	Vossa Reverendíssima (V. Rev.ᵐª)	Abades, superiores de conventos, outras autoridades eclesiásticas e sacerdotes em geral
Autoridades monárquicas	Vossa Majestade (V. M.) Vossas Majestades (VV. MM.)	Reis e Imperadores
	Vossa Alteza (V. A.) Vossas Altezas (V.V. AA.)	Príncipes
Outros	você (v.)	tratamento familiar (vossa mercê / vosmecê)
	o senhor (Sr.) a senhora (Srª)	tratamento de respeito
	a senhorita (Srtª)	moças solteiras
	Vossa Senhoria (V. Sª)	pessoas de cerimônia / trato comercial
	Professor (Prof.) Doutor (Dr.)	títulos acadêmicos

(Disponível em: http://www.resumosjuridicos.com/2012/01/gramatica-pronomes-parte-1.html. Acesso em: 20/3/2013.)

2. O corpo do abaixo-assinado, isto é, a parte central do texto, tem uma estrutura geralmente estável: a apresentação do problema, o pedido de solução, ou seja, a reivindicação, e a justificativa.

a) Identifique no texto lido os trechos em que se fala:

- do problema apontado;
- do pedido de solução;
- da justificativa.

b) No abaixo-assinado lido, os três elementos apontados no item *a* (apresentação do problema, pedido de solução e justificativa) não aparecem nessa ordem. Explicite qual é a mudança na ordem e levante hipóteses: Por que ela acontece?

3. O abaixo-assinado é um texto essencialmente argumentativo, uma vez que seu objetivo é instituir uma mudança na sociedade (em alguma lei, em espaços públicos, em ações de empresas ou de governantes, etc.) e, para tanto, precisa persuadir seu interlocutor quanto à pertinência da reivindicação feita. Por isso, são normalmente apresentados argumentos que justificam o pedido, apontados no item *a* da questão anterior.

Alamy/Glow Images

a) De que âmbito são esses argumentos: ambiental, trabalhista, de saúde, econômico, político, social ou cultural?

b) Tendo em vista a construção dos argumentos para persuadir o interlocutor, indique quais estratégias são utilizadas pelo autor do texto no seguinte trecho:

> "no intuito de diminuir o mal-estar e não prejudicar a saúde dos alunos e funcionários dessa universidade tão respeitada"

A estrutura do abaixo-assinado

O texto do abaixo-assinado tem características peculiares, mas sua estrutura pode se apresentar de forma bastante variada. Especialmente hoje em dia, em que a Internet abre espaço para a (re)invenção de diversos textos, o abaixo-assinado tem assumido formatos ainda mais diferentes. Veja alguns exemplos, digitais e impressos:

Corpo constituído de um texto organizado por itens.

Eder Pessoa

ABAIXO-ASSINADO PELO PARQUE DA PONTE

Os frequentadores habituais do Parque da Ponte, os cidadãos da freguesia de São José de São Lázaro, e os moradores do largo de São João da Ponte, rua da Devesa, largo da Devesa, travessa do Bonfim e rua de Santo Adrião, abaixo-assinados, vêm por este meio solicitar à Câmara Municipal de Braga cinco propostas/ correcções urgentes relativas às recentes intervenções no parque de São João da Ponte:

- Colocação de bancos com encosto em diversos lugares do parque, para que as pessoas possam efetivamente usufruir do espaço. Para que serve um parque "bonito", se não há espaços para as pessoas estarem?
- Recolocação de espaços de estacionamento para veículos ligeiros e pesados no lado sul do parque. Devido a terem retirado estes lugares, a rua e largo da Devesa e a rua de Santo Adrião encontram-se actualmente deficitárias de estacionamento para moradores e o mesmo se efectua de forma muito desordenada, com prejuízos para os estabelecimentos comerciais aqui sediados.
- Recuperação integral da Fonte de D. Frei Agostinho de Jesus, que data do século XVI, e foi inexplicavelmente mutilada durante as obras de renovação levadas a cabo em 2009.
- Restituição das pedras pertencentes a monumentos demolidos de Braga e sua colocação num dos recantos do parque com a devida interpretação histórica, enriquecendo o parque do ponde de vista visual cultural e patrimonial.
- Mais policiamento no parque, para que as pessoas se sintam seguras a frequentar o seu espaço.

N.º	Nome	B.I./C.C.	Assinatura conforme o B.I./C.C.

(Disponível em: http://profederpessoa.blogspot.com.br/2011/08/blog-post.html. Acesso em: 28/3/2013.)

Corpo constituído de um texto corrido.

ABAIXO-ASSINADO

EXCELENTÍSSIMO SENHOR SECRETÁRIO DA JUSTIÇA E CIDADANIA DO ESTADO DO CEARÁ:

Os cidadãos abaixo-assinados, residentes e domiciliados no Município de Ipaporanga, Estado do Ceará, solicitam de Vossa Excelência destinação de membros da polícia científica, inclusive perito(s)/legista(s) especializado(s) para apuração da morte de XXXXXXXXXXXXXXXX, brutalmente assassinada na madrugada do dia 11 de junho de 2011, no Centro deste Município.

Observa-se que em referido município há um panorama de medo e silêncio, afetando a vida coletiva dos moradores, que se sentem ameaçados diante da falta de respostas para elucidação do delito, que choca pelo grau de crueldade empregado.

Tendo em vista que é a Secretaria Estadual de Justiça e Cidadania o órgão competente para promover o pleno exercício da cidadania e defesa dos direitos humanos intrínsecos a própria condição humana, mister se faz que o Estado apure e penitencie o(s) possível(is) culpado(s).

De maneira que tal luta aqui empreendida constitui batalha firme de todos que compõem a sociedade civil organizada e classe política do Município de Ipaporanga/CE.

Na certeza de termos nossa demanda acolhida, conduzimos o presente documento assinado por todos os cidadãos, em duas vias a serem protocoladas em seu Gabinete.

Ipaporanga/CE, 31 de agosto de 2011.

NOME	RG	ASSINATURA

ASPA (Associação para a Defesa, Estudo e Divulgação do Património Cultural e Natural)

(Disponível em: http://aspa35anos.blogspot.com.br/2012/07/parqueda-ponte-e-convento-dos-remedios.html. Acesso em: 28/3/2013.)

http://novacaraterceiraidade.com.br/

Digital, com circulação em redes sociais e com as ideias expostas nos diversos espaços disponibilizados pela rede, sem um único texto específico.

(Disponível em: https://www.facebook.com/Nova3idade?group_id=0. Acesso em: 28/3/2013.)

Digital, disponibilizado em *sites* específicos de abaixo-assinados, com o corpo constituído de um texto corrido ou organizado por itens.

http://www.peticaopublica.com.br

Petição Pública

Início | Criar Abaixo-assinado | Recomendar a Amigo | Abaixo-assinados Atuais |

Pesquisar

Um dos mais antigos métodos de democracia. www.peticaopublica.com.br

Ver atuais Assinaturas | ASSINAR este abaixo-assinado

Abaixo-assinado DEFENDA HIGIENÓPOLIS

Para:Companhia do Metropolitano de São Paulo

PORQUE NÃO QUEREMOS A ESTAÇÃO ANGÉLICA:

1 – Temos 4 estações no raio de 600 m.: Marechal Deodoro, Santa Cecília, Higienópolis (Mackenzie) e Paulista.

2 – A localização sugerida pelo Metrô envolve um alto custo de desapropriação. O custo desta estação será muito maior do que se ela fosse construída em uma área pública, como a Praça Charles Miller, Pacaembu.

3 – A linha Angélica (Linha Laranja) deveria atender a 3 universidades (PUC, FAAP e Mackenzie), porém a estação que deveria estar no Pacaembu para atender a FAAP, jogos de futebol, shows, eventos religiosos, museus e teatro não será construída, mesmo que o entorno do estádio seja claramente a distância ideal entre as estações PUC e Mackenzie.

4 – Uma estação na avenida Angélica, entre a Avenida Higienópolis e a rua Pará, aumentará o fluxo de pessoas em circulação na região, especialmente em dias de jogos e shows.

5 - O aumento deste fluxo de pessoas no bairro deve gerar um aumento de ocorrências indesejáveis, afetando a qualidade de vida dos moradores que estão acostumados a andar a pé.

6 – As obras do METRÔ causam impacto profundo nos prédios e ruas vizinhas em um raio próximo. Acidentes como o que aconteceu na construção da estação Pinheiros são imprevisíveis. Higienópolis é um bairro verticalizado com construções antigas e prédios muito próximos um do outro.

7 -Estações de METRÔ geram um aumento natural do comércio ambulante. Pelo tamanho previsto da Estação Angélica, pode virar um camelódromo e degradar o entorno.

Os signatários

Assinar o abaixo-assinado DEFENDA HIGIENÓPOLIS

(Disponível em: http://www.peticaopublica.com.br/PeticaoVer.aspx?pi=ADH2010. Acesso em: 28/3/2013.)

4. Releia estes três trechos do abaixo-assinado em estudo:

> "Os cidadãos brasileiros abaixo assinados [...] solicitam a climatização do Restaurante Universitário"
>
> "No início do ano de 2012 já se reclamava do calor e da falta de ventilação do RU."
>
> "Pedimos encarecidamente uma atitude da Universidade Federal de Santa Maria"

a) Identifique e classifique sintaticamente os sujeitos de cada uma dessas orações.

b) O texto utiliza a 3ª pessoa do plural, a 3ª pessoa do singular e a 1ª pessoa do plural. Pense sobre o contexto em que cada uma dessas ocorrências aparece e levante hipóteses: Por que há esses diferentes usos?

c) Discuta com seu professor e seus colegas: A mudança de pessoa verbal é um problema de construção do texto lido? Ela pode ser vista como uma oscilação problemática?

5. Leia o texto abaixo, publicado posteriormente no mesmo *site*.

Curtir 1.276 pessoas curtiram isso.

Repercussão na imprensa: DIÁRIO DE SANTA MARIA A RAZÃO PORTAL UFSM

CLIMATIZADO!

É com enorme satisfação que comunico que o nosso pleito foi ouvido! Os Restaurantes Universitários da UFSM passaram por obras durante o recesso entre o natal e o ano-novo e agora estão CLIMATIZADOS!!!

Essa é uma vitória de cada um que assinou este abaixo-assinado, que compartilhou e que lutou por melhores condições no nosso RU.

Obrigado a todos!

(Disponível em: http://www-usr.inf.ufsm.br/~gmonte/climatizacaoRU/index.php. Acesso em: 12/2/2013.)

a) Quem é a pessoa que comunica o resultado e agradece a todos que assinaram?

b) Na parte superior vê-se que 1 276 pessoas "curtiram" o abaixo-assinado no Facebook e pelo menos três veículos de comunicação comentaram a existência do documento. Discuta com seu professor e seus colegas e levantem hipóteses: De que maneira essa repercussão pode contribuir para que um abaixo-assinado atinja seu objetivo?

6. Compare o abaixo-assinado e o manifesto que você estudou anteriormente.

a) Aponte ao menos uma semelhança e uma diferença quanto à forma e ao conteúdo entre os dois gêneros.

b) Conclua: Diante da necessidade de se manifestar, que critérios um grupo pode levar em conta antes de optar por um manifesto ou um abaixo-assinado?

7. Reúna-se em grupo com seus colegas e, juntos, concluam: Quais são as principais características do abaixo-assinado? Respondam levando em conta os seguintes critérios: finalidade, perfil dos interlocutores, suporte ou veículo, tema, estrutura, linguagem.

PRODUZINDO O MANIFESTO E O ABAIXO-ASSINADO

1. Qualquer pessoa algum dia já ficou indignada com determinado problema pelo qual passou ou que presenciou e que reflete um descaso de uma parcela da população em relação a outra. Diante desse sentimento, podemos assumir duas posições: ou nos calamos ou nos posicionamos diante do problema enfrentado. No caso de decidirmos nos posicionar, podemos manifestar nosso descontentamento e vontade de mudança, denunciando o problema, ou podemos ir além, exigindo soluções das autoridades competentes.

A seguir, selecionamos alguns temas gerais que podem ajudá-lo a delimitar um problema. Escolha algum deles ou pense em outro, reúna-se com mais dois ou três colegas e identifiquem um problema que vem afligindo vocês, estudantes, ou a comunidade escolar, ou a comunidade onde vocês moram, ou a sociedade em geral.

- Violência e falta de segurança
- Transporte público
- Áreas verdes e/ou espaços públicos de lazer
- Centros esportivos
- Bibliotecas públicas
- Eventos culturais
- Trânsito

Monique Renne/CB/D.A Press

Definido o problema, discuta-o com seu grupo e levantem hipóteses sobre as causas e sobre eventuais formas de solucioná-lo. Em seguida, decidam o tipo de intervenção que desejam fazer: se pretendem denunciar, alertar e despertar em seus leitores uma mobilização favorável ao ponto de vista ou à reivindicação do grupo – ações condizentes com o manifesto – ou se pretendem solicitar e reivindicar uma solução específica, contando para isso com a ajuda de seus leitores por meio de assinaturas – mais condizente com o abaixo-assinado.

2. É possível criar abaixo-assinados e manifestos qualquer que seja a motivação e, desde que se encontrem pessoas que se mobilizem pelo mesmo tema, o texto pode ser bem-sucedido, ainda que defenda uma causa absurda ou tenha pretensões duvidosas.

Você quer se divertir um pouco? Então, com o seu grupo, escolha uma das ideias abaixo ou outra semelhante que inventem e, utilizando as estruturas do manifesto ou do abaixo-assinado, procurem escrever textos o mais convincentes e sérios possível.

- Abaixo-assinado dirigido ao presidente pedindo que todas as escolas do país revoguem para sempre a primeira aula da segunda-feira.
- Abaixo-assinado dirigido ao reitor de uma universidade pedindo que você e todos os seus amigos do ensino médio sejam aprovados no vestibular e possam continuar estudando juntos, mesmo em cursos diferentes.
- Manifesto contra os pais que vão buscar os filhos nas baladas com a roupa por cima do pijama.
- Manifesto convocando sua banda favorita para tocar de graça na festa do seu próximo aniversário.

Depois de passarem os textos a limpo, discutam com o professor e os colegas como fazer a divulgação.

Planejamento do texto

Ao escreverem seu abaixo-assinado ou manifesto, sigam estas orientações:

- Deem um título a seu abaixo-assinado ou manifesto.
- Identifiquem qual será o problema focalizado e o pedido feito, no caso do abaixo-assinado; a denúncia e/ou a convocação, no caso do manifesto.
- Tentem considerar os interesses de seu interlocutor na construção de sua argumentação, mostrando que ele pode ter benefícios aliando-se a vocês.
- Tratem a questão preferencialmente como coletiva, e não como se dissesse respeito exclusivamente aos seus interesses.
- Se possível, citem leis ou princípios teóricos que fundamentem seu ponto de vista e o tornem digno de mais credibilidade.
- Observem as formas de tratamento adequadas ao(s) interlocutor(es).
- Pensem no leitor: o abaixo-assinado ou o manifesto precisam conquistar primeiramente os leitores, para aderirem à ideia do grupo. No caso do abaixo-assinado, este será posteriormente enviado à pessoa ou entidade que pode ser responsável por resolver o problema ou atender à solicitação.
- Avaliem o abaixo-assinado ou o manifesto de acordo com as orientações da seção **Revisão e reescrita**.
- Passem o abaixo-assinado ou o manifesto a limpo e discutam com o professor e os colegas a melhor forma de divulgá-lo e, no caso do abaixo-assinado da proposta 1, encaminhá-lo ao destinatário.

Revisão e reescrita

Antes de finalizar o manifesto ou o abaixo-assinado e passá-lo ao suporte final, leia-o e observe se:

- o texto deixa claro o motivo da denúncia, do alerta, ou da reivindicação;
- ele apresenta argumentos claros e consistentes, que fundamentem o ponto de vista dos autores;
- você considera os interesses de seu(s) interlocutor(es);
- a linguagem está de acordo com a norma-padrão;
- apresentam título, local, data, assinaturas;
- especialmente no caso do abaixo-assinado, se apresenta o vocativo e o pronome de tratamento adequado.

CAPÍTULO 35

A carta aberta

TRABALHANDO O GÊNERO

Leia esta carta:

Carta aberta de jornalistas sobre abusos de programas policialescos na Bahia

"O demo a viver se exponha,
Por mais que a fama a exalta,
Numa cidade onde falta
Verdade, honra, vergonha."
(Gregório de Mattos e Guerra)

Ao governador do Estado da Bahia, Jaques Wagner.
À Secretaria da Segurança Pública do Estado da Bahia.
Ao Ministério Público do Estado da Bahia.
À Defensoria Pública do Estado da Bahia.
À Sociedade Baiana.

Ikon Images/Latinstock

A reportagem "Chororô na delegacia: acusado de estupro alega inocência" [...] provoca a indignação dos jornalistas abaixo assinados e motiva questionamentos sobre a conivência do Estado com repórteres antiéticos, que têm livre acesso a delegacias para violentar os direitos individuais dos presos, quando não transmitem (com truculência e sensacionalismo) as ações policiais em bairros populares da região metropolitana de Salvador.

A reportagem [...] e os comentários do apresentador [...] afrontam o artigo 5º da Constituição Federal: "É assegurado aos presos o respeito à integridade física e moral". E não faz mal reafirmar que a República Federativa do Brasil tem entre seus fundamentos "a dignidade da pessoa humana". Apesar do clima de barbárie num conjunto apodrecido de programas policialescos, na Bahia e no Brasil, os direitos constitucionais são aplicáveis, inclusive aos suspeitos de crimes tipificados pelo Código Penal.

Sob a custódia do Estado, acusados de crimes são jogados à sanha de jornalistas ou pseudojornalistas de microfone à mão, em escandalosa parceria com agentes policiais, que permitem interrogatórios ilegais e autoritários, como o de que foi vítima o acusado de estupro [...], escarnecido por não saber o que é um exame de próstata, o que deveria envergonhar mais profundamente o Estado e a própria mídia, as peças essenciais para a educação do povo brasileiro.

Deve-se lembrar também que, pelo artigo 6º do Código de Ética dos Jornalistas Brasileiros, "é dever do jornalista: opor-se ao arbítrio, ao autoritarismo e à opressão, bem como defender os princípios expressos na Declaração Universal dos Direitos Humanos". O direito à liberdade de expressão não se sobrepõe ao direito que qualquer cidadão tem de não ser execrado na TV, ainda que seja suspeito de ter cometido um crime.

O jornalista não pode submeter o entrevistado à humilhação pública, sob a justificativa de que o público aprecia esse tipo de espetáculo ou de que o crime supostamente cometido pelo preso o faça merecedor de enxovalhos. O preso tem direito também de querer falar com jornalistas, se esta for sua vontade. Cabe apenas ao jornalista inquirir. Não cabem pré-julgamentos, chacotas e ostentação lamentável de um suposto saber superior, nem acusações feitas aos gritos.

É importante ressaltar que a responsabilidade dos abusos não é apenas dos repórteres, mas também dos produtores do programa, da direção da emissora e de seus anunciantes – e nesta última categoria se encontra o governo do Estado, que, desta maneira, se torna patrocinador das arbitrariedades praticadas nestes programas. O governo do Estado precisa se manifestar para pôr fim às arbitrariedades; e punir seus agentes que não respeitam a integridade dos presos.

Pedimos ainda uma ação do Ministério Público da Bahia, que fez diversos Termos de Ajustamento de Conduta para diminuir as arbitrariedades dos programas popularescos, mas, hoje, silencia sobre os constantes abusos cometidos contra presos e moradores das periferias da capital baiana.

Há uma evidente vinculação entre esses programas e o campo político, com muitos dos apresentadores buscando, posteriormente, uma carreira pública, sendo portanto uma ferramenta de exploração popular com claros fins político-eleitorais.

Cabe, por fim, à Defensoria Pública, acompanhar de perto o caso de P. S., previamente julgado por parcela da mídia como "estuprador", e certificar-se da sua integridade física. A integridade moral já está arranhada.

[Em ordem alfabética, é apresentada a lista dos signatários do documento.]

Salvador, 22 de maio de 2012.

(Disponível em: http://peticaopublica.com.br/?pi=P2012N24982. Acesso em: 9/7/2012.)

1. A carta aberta apresenta algumas características próprias do gênero carta.
   a) Quem é o remetente da carta lida?
   b) Quem são os destinatários?

2. Diferentemente da carta pessoal, que trata de assuntos particulares, a carta aberta é um gênero que aborda um problema geral. Ela pode ser utilizada como forma de protesto, como alerta ou, ainda, como meio de conscientização da população ou de alguém (um representante de uma entidade ou do governo, por exemplo) a respeito de um problema.
   a) Quais são os objetivos da carta lida: informar, alertar, persuadir, relatar fatos ou protestar?
   b) O que levou os autores a escrever essa carta?

3. A carta aberta lida foi publicada em uma nota emitida por jornalistas baianos e divulgada no *site* Petição Pública, uma página voltada à publicação de abaixo-assinados dos quais qualquer internauta pode se tornar signatário.
   Levante hipóteses:
   a) Em quais meios uma carta aberta pode ser divulgada?
   b) Que mudanças essa carta aberta também sofreu, como gênero, ao ser veiculada na Internet?

4. A carta aberta é um gênero que tem uma estrutura relativamente livre. Geralmente ela se inicia por uma *introdução*, que situa um problema; em seguida, há o *desenvolvimento*, isto é, a análise do problema e a apresentação dos argumentos que fundamentam o ponto de vista dos autores; e, por último, uma *conclusão*, em que geralmente se solicita uma mudança ou uma resolução do problema. Que trechos da carta correspondem a essas três partes?

5. Há, na carta lida, como epígrafe, alguns versos do poeta Gregório de Matos. Releia-os e responda: Qual é a relação entre os versos e o conteúdo da carta?

6. A carta aberta é um texto argumentativo, uma vez que procura persuadir os interlocutores quanto ao ponto de vista dos autores a respeito de um problema. Identifique dois argumentos apresentados na carta em estudo.

7. O último parágrafo constitui a conclusão do texto. Em textos argumentativos, a conclusão pode ser:
   - do tipo *síntese*, em que são retomadas as ideias essenciais do texto;
   - do tipo *sugestão*, em que são feitas propostas para a resolução do problema apresentado;
   - do tipo *solicitação*, em que é feito um pedido ao destinatário.

   Na carta lida, de que tipo é a conclusão?

8. Observe a linguagem empregada na carta em estudo.
   a) Em que pessoa os assinantes se colocam no texto: na 1ª ou 3ª pessoa? Justifique sua resposta com elementos do texto.
   b) Qual é o efeito, para o sentido da carta, do emprego dessa pessoa verbal?
   c) Em que tempo estão, predominantemente, as formas verbais?
   d) Qual é a variedade linguística empregada?

9. Reúna-se com seus colegas de grupo e, juntos, concluam: Quais são as principais características da carta aberta?

PRODUZINDO A CARTA ABERTA

Há, a seguir, duas propostas para a produção de cartas abertas. Com a orientação do professor, desenvolva as duas, se possível.

1. Leia os textos:

Sacolas plásticas voltam a supermercados em 48 horas

Por Elton Bezerra

A Justiça de São Paulo determinou a volta das sacolas plásticas aos supermercados do estado. [...]

A decisão atende pedido ajuizado em Ação Civil Pública pela Associação SOS Consumidor Consciente contra a Associação Paulista de Supermercados (APAS).

[...]

Na decisão, a juíza criticou o fato de os supermercados não terem diminuído o preço dos produtos, mesmo sem a obrigação de fornecer as sacolinhas. "E pior, sem que tratassem os supermercados de recompor, retirando dela o custo do fornecimento de sacolas, a equação determinante dos preços ao consumidor."

Além disso, também pôs em dúvida o compromisso ambiental alegado pelas empresas, uma vez que elas continuam a utilizar embalagens de plástico no interior dos estabelecimentos, como na separação de frutas.

[...]

(Disponível em: www.conjur.com.br/2012-jun-25/justica-sp-determina-volta-sacolas-plasticas-aos-supermercados. Acesso em: 10/7/2012.)

Governo Federal/WWF-Brasil

Os dois textos apresentam pontos de vista diferentes sobre a mesma questão. Em grupo, discuta o tema com seus colegas. Depois, com base na discussão, escrevam uma carta aberta que aborde a questão e defenda o ponto de vista do grupo. Se possível, pesquisem o assunto em outras fontes a fim de obterem mais dados para fundamentar a argumentação.

2. Discuta com o professor e com os colegas para, juntos, identificarem um problema que vem afligindo a escola, a comunidade, a cidade, o Estado ou todo o país e em relação ao qual poderiam ser tomadas medidas com vistas à sua solução ou a que ele seja amenizado.
Escolhido o tema, escrevam coletivamente uma carta aberta a ser divulgada para a comunidade escolar ou para a população.

Planejamento do texto

- Identifiquem claramente o problema a ser focalizado.
- Decidam em nome de quem a carta aberta será escrita, onde e como ela vai ser divulgada e quem serão os interlocutores.
- Desenvolvam argumentos e, para enriquecê-los, apresentem exemplos que os fundamentem.
- Decidam de que tipo será a conclusão e se serão feitas propostas ou pedidos aos destinatários.
- Ao redigir, observem a estrutura conveniente ao gênero, empreguem formas de tratamento adequadas e apresentem com clareza o problema.
- Pensem no leitor, lembrando que a carta será divulgada em local público e lida por pessoas que podem ou não solidarizar-se com o ponto de vista expresso nela.
- Pensem na finalidade da carta. Ela terá como objetivo informar, alertar, persuadir, protestar ou relatar fatos?

Revisão e reescrita

Antes de finalizar a carta aberta, releiam-na, observando:

- se ela apresenta local e data, opcionalmente, e vocativo, corpo do texto, despedida e assinatura;
- se o texto está redigido e estruturado de acordo com o gênero e a situação de comunicação;
- se a linguagem empregada está adequada aos leitores;
- se ela explica em que consiste o problema;
- se ela apresenta argumentos que justificam o ponto de vista a respeito do problema apresentado.

Façam as alterações necessárias e, conforme combinação com o professor e a classe, passem a carta para o suporte final e divulguem-na.

TEXTUALIDADE E ESTILO

CONTINUIDADE E PROGRESSÃO

A leitura de qualquer texto sempre envolve um movimento de retomada do que foi exposto e de avanço na busca de novas informações.

Leia o texto a seguir, observando sua sequenciação, isto é, o emprego de expressões que retomam palavras e ideias e de expressões que introduzem novas informações.

Posologia e contraindicações: vide bula

O riso, antes restrito a piadas, comédias e conversas informais, tornou-se "assunto sério", material de pesquisa. E, depois de muitos estudos acerca desse tema, comprovou-se a estreita ligação entre o senso de humor e a vida harmônica da sociedade: aquele que mantém o sorriso no rosto está mais apto a lidar com seus próprios problemas e a se relacionar com os outros.

Hill Creek Pictures/UpperCut Images/Other Images

Primeiramente, o bom humor afasta o desespero trazido pelos obstáculos cotidianos que a vida impõe. Frente a situações difíceis e penosas, é comum que as pessoas tenham reações incoerentes e descontroladas, como considerar tudo incontornável. Nesses casos, o riso funciona como uma luz que clareia a questão e aponta bons caminhos. Enfim, os dotados de senso de humor se mostram menos rígidos e mais proativos na resolução dos problemas do dia a dia.

A segunda capacidade importante desse estado de espírito é plenamente notada nas relações interpessoais. O riso, por constituir uma linguagem universal, já representa um forte fator de aproximação, enquanto o bom humor tem papel essencial na manutenção de qualquer amizade ou "coleguismo". Devido ao poder de flexibilidade que essa característica concede, aqueles que a possuem também costumam tolerar mais as diferenças e lidar melhor com as pessoas.

Há, contudo, limites para o humor; não se deve confundir risos descontraídos com gargalhadas maníacas e constantes. Muitas pessoas veem a vida como uma piada eterna, na tentativa de escapar dos obstáculos encontrados, e têm dificuldades para distinguir os momentos em que é preciso manter uma postura séria e lutar pelo que se deseja.

Tanto nas questões individuais quanto nas interpessoais, o bom humor tornou-se pré-requisito, pois traz consigo uma gama enorme de qualidades indispensáveis para a vida em sociedade. Deve-se apenas atentar ao "vício do riso" para não o transformar em obsessão. Em todos os outros casos, rir é mesmo o melhor remédio e não tem contraindicações.

(*Guia do Estudante – Redação vestibular 2008*. São Paulo: Abril, 2008. p. 44.)

1. O texto inicia-se com uma afirmação.

a) Que nova ideia é introduzida depois a respeito dessa afirmação?

b) Que palavra retoma a palavra *riso* no 1º parágrafo?

2. O 2º parágrafo do texto inicia-se com a expressão *Primeiramente*. Qual é o papel dessa expressão nesse parágrafo? Indique a resposta correta.

a) Dar continuidade ao texto, retomando a ideia apresentada no 1º parágrafo.

b) Introduzir um exemplo, dando progressão ao texto.

c) Mudar de assunto, introduzindo um exemplo.

3. No 3º parágrafo do texto:

a) Que expressão retoma a ideia apresentada no 2º parágrafo, mostrando, através da enumeração, que haverá uma continuidade do que foi dito nele?

b) Considerando-se os parágrafos anteriores, há informações novas nesse parágrafo? Justifique.

4. A sequência de um texto se constrói com um duplo movimento: um de retomada (continuidade) e outro de acréscimo de novas informações (progressão). Releia o 4º parágrafo.

a) Que palavra faz uma ressalva ao que foi discutido nos parágrafos anteriores?

b) Que informação nova é acrescentada ao texto, garantindo sua progressão?

c) Levante hipóteses: Por que o autor, tendo defendido o riso nos parágrafos anteriores, resolve fazer uma ressalva em relação a ele?

5. Observe o parágrafo final. Qual é o papel dele no texto?

EXERCÍCIOS

O texto que segue apresenta, entre outros problemas, o da coesão textual, particularmente quanto aos aspectos continuidade e progressão. Leia-o e responda às questões propostas.

desuza.communications/Vetta/Getty Images

A violência no Brasil acontece pela diferença econômica e social que existe nas sociedades nacionais.

O Brasil está mudando, crescendo e progredindo, só que ainda existe a má distribuição de renda para as populações. Assim o "cidadão" privilegiado vivendo na pobreza, na miséria fica revoltado e tem como solução de vida violentar os outros para sobreviver.

Para outros a sobrevivência formada na miséria é se adaptar as drogas para fugir da realidade e não saber o que se faz.

Dentro dessas desigualdades encontra-se o comércio clandestino de armas que se transforma em um ato comum do dia a dia do cidadão. A arma é usada como um utensílio "doméstico".

Entretanto o Estado deve dar prioridades a classe baixa, investindo em educação, moradia, saúde, uma distribuição de renda bem feita, para chegarem numa condição de vida melhor e para que esta parte social não tenha necessidades de procurarem e violentarem outras pessoas para terem uma vida decente.

(Aluno do 3º ano do ensino médio.)

1. O 1º parágrafo do texto contém apenas uma ideia-núcleo, que não foi desenvolvida. Além disso, a expressão "nas sociedades nacionais" não foi bem empregada.

a) Que termo substituiria adequadamente a expressão mencionada?

b) Que ideias secundárias poderiam garantir, nesse parágrafo, o desenvolvimento da ideia-núcleo e a progressão textual?

2. Na passagem do 1º para o 2º parágrafo, não há nenhuma palavra que retome um termo ou uma ideia anteriormente expressos, do que resulta a impressão de que esses parágrafos estão soltos, isto é, sem coesão. Procure perceber a relação entre esses dois parágrafos e responda:

a) Que ideia do 1º parágrafo o autor tenta desenvolver no 2º parágrafo?

b) Que outra redação poderia ser dada ao primeiro período do 2º parágrafo, de modo a explicitar a relação de continuidade existente entre os dois?

c) Que outras ideias secundárias poderiam dar progressão ao texto, desenvolvendo a ideia-núcleo lançada nesse parágrafo?

3. No 3º parágrafo, as ideias são pouco desenvolvidas.

a) Está claro, no texto, a quem se refere o pronome *outros* da expressão "Para outros"? Caso não, que redação você daria a esse trecho, de modo a garantir a relação de continuidade desse parágrafo com o anterior?

b) Que outras ideias poderiam ser desenvolvidas nesse parágrafo?

4. No 4º parágrafo, o autor emprega uma marca de continuidade, constituída pela expressão "Dentro dessas desigualdades". Na sua opinião, essa expressão está bem-empregada no contexto? Justifique.

5. O último parágrafo é iniciado com a conjunção adversativa *entretanto*, cujo papel é estabelecer oposição entre as ideias. Considerando-se a relação que normalmente há entre a conclusão e as partes anteriores de um texto, a palavra *entretanto* estabelece a conexão adequada à finalização do texto? Se sim, justifique. Se não, aponte a conjunção que substituiria satisfatoriamente a palavra *entretanto*.

6. O texto não fugiu ao tema proposto. Apesar disso, não pode ser considerado um bom texto, em virtude de alguns problemas relacionados à textualidade. Identifique esses problemas.

a) Ausência de sinalizadores claros de continuidade, que garantem a retomada de palavras e ideias.

b) Ausência de ideias secundárias, que fundamentam a ideia-núcleo dos parágrafos, de modo a garantir a progressão textual e o grau adequado de informatividade ao texto.

c) Ausência de introdução, na qual é lançada uma tese ou ideia principal; de desenvolvimento, em que são lançados os argumentos; de conclusão.

d) Emprego inadequado de termos, o que compromete a coerência e a coesão das ideias.

Thinkstock/Getty Images

CAPÍTULO 36

As cartas argumentativas de reclamação e de solicitação

TRABALHANDO O GÊNERO

A CARTA DE RECLAMAÇÃO

O texto a seguir é uma carta de reclamação, publicada na Internet. Leia-a.

Senhores,

Comprei um apartamento, no condomínio C. I., em Salvador, BA, da construtora [...]. O imóvel foi adquirido na planta e o pagamento foi sendo feito de acordo com o avanço da construção. Quando o empreendimento ficou pronto, com um atraso de 12 meses, restou um saldo devedor que deve ser quitado em prazo determinado pela construtora. Ciente deste prazo, procurei a construtora [...], proprietária e vendedora do imóvel, em 06/09 e 09/09/11, e apresentei uma proposta de pagamento deste saldo devedor. A proposta inclui a utilização de uma carta de crédito de consórcio imobiliário, complementando o pagamento através de recursos próprios. Quando uma carta de crédito é usada na compra de um imóvel, a administradora do consórcio exige que este fique alienado em garantia. Em vista disso, o vendedor do imóvel é solicitado a fornecer uma relação de documentos, que devem ser apresentados para análise da administradora do consórcio. O vendedor do imóvel também é informado que o valor da carta de crédito só será creditado em sua conta, em até 45 dias, se a documentação solicitada for entregue e estiver rigorosamente em ordem.

Para minha surpresa, a construtora [...] não atendeu a solicitação da administradora do consórcio em relação ao fornecimento da documentação necessária para que eu pudesse usar a carta de crédito quitando o saldo devedor do meu imóvel, tampouco emitiu qualquer comunicado informando os motivos dessa recusa ou a impossibilidade de atendimento. No entanto, manteve o cronograma relativo ao prazo para pagamento do saldo devedor, instalação do condomínio e condiciona a entrega das chaves do imóvel à quitação do saldo devedor. Dessa forma, como a construtora [...] não forneceu a documentação, necessária para viabilizar a utilização da carta de crédito, fico impossibilitado de efetuar a quitação do saldo devedor e receber as chaves do meu imóvel. Além disso, com a instalação do condomínio (1ª assembleia), iniciou-se a obrigação de pagar a taxa condominial, devida por todos os proprietários, estejam ou não com o saldo devedor quitado. E mais uma vez me considero prejudicado, pois irei pagar a taxa condominial sem estar morando no local. Considero a atitude da construtora [...] uma aberração, uma falta de respeito e uma prepotência sem limites, na medida em que seus prepostos parecem agir sem qualquer respeito à ética e à dignidade humana.

Meu objetivo com essa reclamação, especialmente nesse site, é alertar as pessoas que pretendem comprar imóveis na planta para que fiquem atentas às mirabolantes promessas de corretores e construtoras e que mais tarde se mostram falsas. Na ânsia de efetuar a venda, as construtoras e os corretores "paparicam" o comprador atendendo-o nos mínimos detalhes. Quando chega o momento de entregarem o prometido, aí tudo fica complicado, difícil e os personagens, sempre presentes e solícitos durante a venda, desaparecem, inclusive levando o tapete vermelho!

Obrigado,

E. S.

(Disponível em: www.reclamao.com/reclamacao/30600/construtora-oas-nao-entrega-documentacao-necessaria-para-utilizacao-de-carta-de-credito-e-impede-que-o-comprador-quite-o-do-saldo-devedor-do-imovel/. Acesso em: 6/7/2012.)

1. A carta argumentativa de reclamação apresenta, como o nome sugere, uma reclamação a respeito de algum problema enfrentado pelo remetente. Essas cartas são normalmente endereçadas a órgãos públicos, como ministérios, secretarias, Procon, ou *sites* especializados em divulgar reclamações. Considerando que a carta lida foi publicada em um desses *sites*, responda:

a) Qual é a função social de veículos como esse, que permitem aos cidadãos reclamar de um problema que estejam enfrentando?

b) Você já utilizou ou conhece alguém que tenha utilizado algum desses meios para fazer uma reclamação? Houve alguma resposta?

Jill Ferry/Getty Images

2. Quanto à carta de reclamação lida:

a) Quem faz a reclamação?

b) Do que ele reclama?

c) Segundo o remetente, por que ele se serviu de um espaço aberto – o *site* – para fazer sua reclamação?

3. Uma reclamação pode ser feita diretamente a um órgão público (como o Procon ou secretarias do município ou do Estado) ou à empresa que é alvo da reclamação. Entretanto, muitas pessoas preferem reclamar em espaços abertos, como *sites*. Levante hipóteses: Qual é a intenção do produtor desse tipo de carta ao se servir desses meios para publicar sua reclamação?

4. As cartas em geral costumam ser datadas. Levante hipóteses: Por que não há data na carta lida?

5. Observe a linguagem utilizada pelo autor da carta. Que tipo de variedade linguística foi empregada?

6. Leia a seguinte observação feita pelo *site* de onde a carta em estudo foi extraída.

(Disponível em: http://www.reclamao.com/reclamao_consciente.asp. Acesso em: 6/7/2012.)

a) Segundo o texto, o que caracteriza um bom "reclamão"?

b) Levante hipóteses: Por que uma pessoa que não age da maneira descrita no texto não seria um bom "reclamão"?

A CARTA DE SOLICITAÇÃO

Leia esta carta de solicitação:

Belém, 12 de janeiro de 2013.
Ao
BANCO DA AMAZÔNIA S.A.
Gerência de Imagem e Comunicação
Coordenação de Patrocínio

Ref.: Evento/projeto 1º Passeio Ciclístico Ecológico da Ilha do Mosquiteiro

Vimos pela presente carta solicitar a Vossa Senhoria patrocínio para o projeto do 1º Passeio Ciclístico Ecológico da Ilha do Mosquiteiro, a ser realizado no dia 5 de junho próximo (Dia do Meio Ambiente), no distrito de Mosquiteiro, Belém, PA.

O evento/projeto vai incentivar a prática da atividade física através do uso da bicicleta, proporcionando momento de descontração e lazer junto aos familiares e amigos e divulgar a conscientização por um planeta mais saudável, enfatizando a preservação do meio ambiente, tendo como público-alvo mais de 300 participantes inscritos, entre ciclistas profissionais e amadores, adultos, jovens e crianças, contando com ampla estratégia de mídia em contrapartida ao apoio de participação dos parceiros na realização do evento.

Anexas a esta carta, seguem três vias do projeto, conforme determina o edital do banco a respeito de patrocínios. Estamos certos de que poderemos contar com sua importante parceria e nos colocamos à disposição para esclarecimentos ou para discutir eventual alteração no projeto.

Atenciosamente,

J. C. da S.

(Disponível em: http://passeiociclisticoecologicodemosqueiro.blogspot.com.br/2010/11/carta-de-solicitacao-de-apoio-e.html. Acesso em: 3/7/2012.)

1. A carta argumentativa de solicitação, como o nome sugere, faz um pedido a alguém ou a uma instituição. Esse pedido pode estar relacionado à resolução de um problema enfrentado pelo remetente ou pode ter o objetivo de conseguir algum benefício para o próprio remetente ou para o grupo que ele representa. Essas cartas são normalmente endereçadas a entidades que teriam poder para atender à solicitação. Considerando a carta lida, responda: Qual é o objetivo do remetente?

Caio Guatelli/Folhapress

2. Levante hipóteses:

a) Por que, diferentemente das cartas de reclamação, as cartas de solicitação não costumam ser publicadas em espaços públicos?

b) Quais são os veículos mais eficientes para o envio de cartas de solicitação?

3. Para ter sua solicitação atendida, o remetente necessita apresentar argumentos convincentes. Na carta lida:

a) Quem é o destinatário?

b) De que argumentos o remetente se serve para convencer seu interlocutor?

c) É possível considerar que esses argumentos levam em consideração os interesses do destinatário? Justifique sua resposta.

4. Como na carta de reclamação, é importante que o remetente da carta de solicitação, para ter seu pedido atendido, não fale apenas de seus interesses pessoais e procure fundamentar sua argumentação.

a) Releia as orientações para ser um bom "reclamão" apresentadas na questão 6 do estudo sobre a carta de reclamação. Depois adapte-a para a situação da carta de solicitação, ou seja, descreva o que seria um bom "solicitante".

b) Há algum requisito importante para ser um bom "solicitante" que não tenha sido incluído na resposta do item anterior?

5. As cartas de reclamação e de solicitação podem ter estrutura semelhante à de uma carta pessoal, como se verifica nas cartas lidas. Como podemos descrever a estrutura desses tipos de carta, em termos gerais?

6. Observe a linguagem empregada nos textos.

a) Que variedade linguística predomina?

b) Em ambas as cartas, o remetente se apresenta na 1ª pessoa, mas há uma variação nesse uso. Em que consiste essa variação?

c) Levante hipóteses: Por que ocorre essa variação nas duas cartas?

7. Reúna-se em grupo com seus colegas e, juntos, concluam: Quais são as principais características das cartas argumentativas de reclamação e de solicitação? Respondam, levando em conta os critérios a seguir: finalidade do gênero, perfil dos interlocutores, suporte/veículo, tema, estrutura, linguagem.

PRODUZINDO AS CARTAS ARGUMENTATIVAS DE RECLAMAÇÃO E DE SOLICITAÇÃO

1. A carta a seguir apresenta simultaneamente uma reclamação e uma solicitação. Leia-a.

Prezados senhores,

Comprei um tênis em uma das lojas da famosa rede BomTênis e, depois de cinco vezes que o usei, ele rasgou. Como já tinha mais de três meses da compra, fui informado na birosca onde fiz a compra de que deveria entrar em contato com a central. Quase que diariamente eu ligo para esses canalhas para pedir a resolução do meu problema e sempre os atendentes respondem de forma "robótica", dizendo: Senhor, não temos previsão de receber novamente esse modelo de tênis; Senhor, não podemos fazer a troca por outro modelo.

Thinkstock/Getty Images

Quer dizer, estou há semanas sem um tênis para praticar minhas atividades físicas e eles não podem fazer nada? Paguei um preço monstruoso no tênis e agora eles não querem arcar com a garantia?

Hoje, para minha surpresa, recebi uma ligação de mais um robô, funcionária da BomTênis, que me informou que o modelo do meu tênis saiu de linha e que não adianta, que eles não podem fazer nada. Só depois de eu quitar todas as 12 parcelas eles poderão pensar sobre o meu caso. Quer dizer então que a BomTênis está preocupada apenas com o dinheiro????? E a satisfação dos clientes?? E o bem-estar das pessoas???

Gostaria de receber uma resposta concreta, com data para ir até a loja e fazer a troca desse produto horrível que eles vendem nessa espelunca.

Gostaria de saber também se os atendentes dessa rede conseguem dormir normalmente, pois, sinceramente, se eu tivesse que trabalhar em um pardieiro que vive de embromações como esse lugar, não conseguiria dormir em paz.

Com certeza, a partir de hoje, farei o possível e o impossível para mostrar ao mercado como essa "grande rede" de uma figa trata seus clientes.

Furiosamente,

Claudionor Hermógenes Pinto

A carta lida não está adequada aos padrões das cartas de reclamação e solicitação. Identifique, com a ajuda dos colegas e do professor, as inadequações que ela apresenta. Depois, em grupo, proponham uma nova versão dela, mais adequada, considerando os interlocutores envolvidos, o problema, a solicitação feita e possibilidades de argumentação mais consistente.

2. Você já passou por um problema que poderia ter sido amenizado com uma carta de reclamação? Discuta com os colegas e o professor sobre problemas que atualmente estejam afligindo diretamente a comunidade escolar ou o bairro, e que deveriam receber maior atenção dos responsáveis. Vocês podem pensar, por exemplo, em problemas relacionados a:

- Falta de parques e de áreas de lazer no município
- Falta de bibliotecas públicas no bairro
- Falta de manutenção das praças públicas
- Falta de segurança nas imediações da escola ou no bairro
- Má qualidade do transporte coletivo
- Falta de *wi-fi* gratuito na escola ou em lugares públicos do bairro ou da cidade
- Falta de cursos oferecidos gratuitamente pela prefeitura à comunidade para promover a inclusão digital de jovens e idosos
- Ausência de equipamento de informática na escola ou dificuldade de acesso a ele

Escolham um dos temas e, em pequenos grupos, produzam uma carta argumentativa de reclamação ou de solicitação. Depois enviem-na à direção da escola ou ao órgão público competente ou divulguem-na pela Internet.

3. Leia este anúncio:

Propeg

Doação de órgãos

Para obter informações sobre doação de órgãos, sugerimos consultar os *sites*:

- http://fantastico.globo.com/platb/transplante/tag/drauzio-varella/
- www.adote.org.br
- www.abto.org.br
- http://portal.saude.gov.br/portal/saude/visualizar_texto.cfm?idtxt=23628&janela=1

Como você pode observar, o anúncio tem a intenção de persuadir o interlocutor a doar órgãos e, assim, salvar vidas. Em pequenos grupos, organizem-se para pesquisar esse assunto em livros, revistas especializadas ou na Internet. Depois, pensem em meios de alertar as pessoas sobre a importância de doar órgãos e que possam resultar em uma campanha dirigida a alunos da escola ou à comunidade. Feito isso, escrevam e enviem uma carta à direção da escola ou à Secretaria da Saúde da cidade, solicitando a realização de uma campanha de conscientização sobre a necessidade de doar órgãos.

Planejamento do texto

- Procurem ter clareza quanto a qual será o problema focalizado na reclamação e/ou o pedido feito na solicitação.
- Considerando o problema ou pedido que será tema da carta, decidam quanto ao gênero mais adequado: uma carta argumentativa de reclamação, uma carta argumentativa de solicitação, ou uma carta argumentativa de reclamação e solicitação.
- Procurem ter clareza quanto ao objetivo que a carta terá em vista. No caso de reclamação, o objetivo é a solução de um problema ou a sua divulgação? No caso de solicitação, esta será relativa a um interesse pessoal, particular, ou a um interesse coletivo?
- Considerem também os interesses do interlocutor e de outras pessoas.
- Desenvolvam argumentos e, para enriquecê-los, escolham exemplos que os fundamentem.
- Ao redigir, empreguem a estrutura própria do gênero, as formas de tratamento adequadas e apresentem com clareza o problema e/ou pedido.
- Tenham em mente o leitor da carta. Ela poderá ser lida pela pessoa responsável por resolver o problema ou atender à solicitação e, se publicada em um *site*, pelo público internauta.

Revisão e reescrita

Antes de finalizar a carta argumentativa e passá-la para o suporte final, releiam-na, observando:

- se ela apresenta local e data, vocativo, corpo do texto, despedida e assinatura;
- se a maneira como ela foi redigida e estruturada está de acordo com a situação de comunicação;
- se a linguagem empregada está adequada ao(s) leitor(es);
- se ela faz uma reclamação e/ou solicitação;
- se há argumentos que explicam ou fundamentam os motivos de ela ter sido escrita;
- se ela considera também interesses do interlocutor.

Façam as alterações necessárias, passem a carta a limpo e discutam com o professor e os colegas a melhor forma de encaminhá-la ao interlocutor.

PROJETO

FEIRA DE CIDADANIA

Alamy/Glow Images

Há, a seguir, um conjunto de atividades para a montagem de uma **Feira de cidadania**, conforme as orientações do professor. A feira deve ser organizada em duas partes.

A primeira, "Jovens solidários, jovens voluntários", divulga o trabalho de entidades filantrópicas e estimula os visitantes a se engajarem em algum tipo de trabalho voluntário.

A segunda, "Jovens em ação", reúne e difunde a produção desta unidade, além de conscientizar os visitantes quanto aos direitos do cidadão.

Jovens solidários, jovens voluntários

Leia os textos a seguir.

Política não. Eles querem ajudar

O desejo é mudar o mundo. Só que essa revolução é feita com trabalho voluntário

Os jovens do século XXI continuam tão idealistas e dispostos a mudar o mundo quanto os dos anos 60. A diferença é que descobriram um caminho que não passa pela militância política: o do trabalho voluntário. O enfoque diferente entre essa geração e a anterior tem algumas explicações: o Brasil é uma democracia estável praticamente desde que eles nasceram. A visão ideológica bipolar desabou junto com o Muro de Berlim quando eram crianças. O que viram nos últimos anos só aumentou a desilusão com os partidos políticos. Por outro lado, a opção pelo trabalho voluntário faz notável diferença num país com tantos contrastes sociais como o Brasil. Nos últimos cinco anos, a participação dos jovens em filantropia pulou de 7% para 34% em 400 entidades brasileiras. Mais de 8 milhões com idade entre 15 e 24 anos realizam alguma atividade voluntária. Estima-se que outros 14 milhões estejam interessados em fazer esse tipo de trabalho, mas não sabem como começar.

Os jovens voluntários são movidos por três estímulos básicos. O primeiro é a vontade de ajudar a resolver os problemas e as desigualdades sociais do Brasil. O segundo é o de se sentir útil e valorizado. Por fim, o desejo de fazer algo diferente no dia a dia. Quando decidem ajudar, eles procuram principalmente os projetos que envolvem crianças carentes (os preferidos de um em cada três voluntários), os educacionais, como dar aulas de reforço, e os de meio ambiente. O caminho mais fácil para quem quer começar a fazer algum trabalho voluntário está muitas vezes na própria escola. Dezenas de colégios desenvolvem trabalhos sociais como rotina e incluem projetos de voluntariado como disciplina optativa no currículo escolar. Outras escolas, principalmente as religiosas, mantêm projetos vinculados a igrejas e a paróquias de comunidades carentes. É possível também se inscrever em ONGs especializadas em encaminhar voluntários para entidades. Elas funcionam como uma agência de empregos, em que o candidato indica as habilidades, o trabalho que gostaria de fazer e o tipo de instituição em que quer atuar. Ele então recebe uma lista de entidades compatíveis com seu perfil tirada dos bancos de dados dessas ONGs. Simples, não?

Rana Faure/Corbis/Latinstock

(*Veja*, edição especial, nº 1 732.)

10 dicas sobre voluntariado

TPG Images/Keystone Brasil

1. Todos podem ser voluntários

Não é só quem é especialista em alguma coisa que pode ser voluntário. Todas as pessoas têm capacidades, habilidades e dons. O que cada um faz bem pode fazer bem a alguém.

2. Voluntariado é uma relação humana, rica e solidária

Não é uma atividade fria, racional e impessoal. É relação de pessoa a pessoa, oportunidade de fazer amigos, viver novas experiências, conhecer outras realidades.

3. Trabalho voluntário é uma via de mão dupla

O voluntário doa sua energia e criatividade, mas ganha em troca contato humano, convivência com pessoas diferentes, oportunidade de aprender coisas novas, satisfação de se sentir útil.

4. Voluntariado é ação

Não é preciso pedir licença a ninguém antes de começar a agir. Quem quer, vai e faz.

5. Voluntariado é escolha

Não há hierarquia de prioridades. As formas de ação são tão variadas quanto as necessidades da comunidade e a criatividade do voluntário.

6. Cada um é voluntário a seu modo

Não há fórmulas nem modelos a serem seguidos. Alguns voluntários são capazes, por si mesmos, de olhar em volta, arregaçar as mangas e agir. Outros preferem atuar em grupo, juntando os vizinhos, amigos ou colegas de trabalho. Por vezes é uma instituição inteira que se mobiliza, seja ela um clube de serviços, uma igreja, uma entidade beneficente ou uma empresa.

7. Voluntariado é compromisso

Cada um contribui na medida de suas possibilidades, mas cada compromisso assumido é para ser cumprido. Uns têm mais tempo livre, outros só dispõem de algumas poucas horas por semana. Alguns sabem exatamente onde ou com quem querem trabalhar. Outros estão prontos a ajudar no que for preciso, onde a necessidade é mais urgente.

8. Voluntariado é uma ação duradoura e com qualidade

Sua função não é de tapar buracos e compensar carências. A ação voluntária contribui para ajudar pessoas em dificuldade, resolver problemas, melhorar a qualidade de vida da comunidade.

9. Voluntariado é uma ferramenta de inclusão social

Todos têm o direito de ser voluntários. As energias, recursos e competências de crianças, jovens, pessoas portadoras de deficiência, idosos e aposentados podem e devem ser mobilizadas.

10. Voluntariado é um hábito do coração e uma virtude cívica

É algo que vem de dentro da gente e faz bem aos outros. No voluntariado todos ganham: o voluntário, aquele com quem o voluntário trabalha, a comunidade.

Fonte: http://arquivo.portaldovoluntario.org.br/site/pagina.php?idconteudo=419.

1. Conhecendo redes de solidariedade

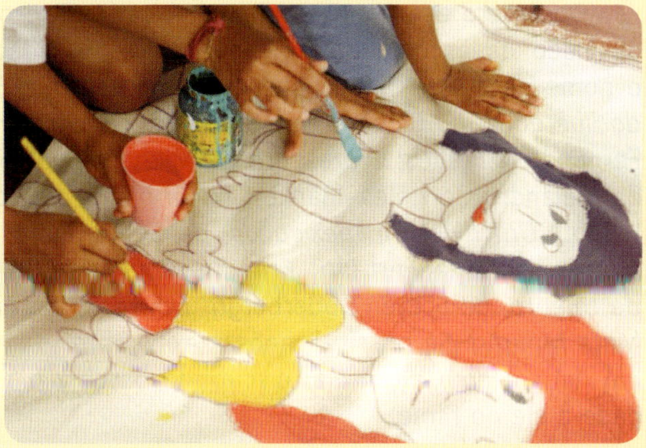

Flávio Florido/Folhapress

Procurem saber se em seu bairro ou em sua cidade existem entidades confiáveis de assistência a deficientes, idosos, crianças carentes, meninos de rua, viciados em álcool ou outras drogas. Visitem algumas dessas entidades e recolham folhetos de divulgação e, se possível, convidem um representante dessas entidades para participar da feira com um estande de divulgação.

Pesquisem na Internet para conhecer o trabalho de outras entidades filantrópicas. Eis o *site* de algumas das mais atuantes no país:

- Aldeias Infantis SOS Brasil – www.aldeiasinfantis.org.br
- Ação da Cidadania – www.acaodacidadania.com.br
- Associação de Amigos do Autista – www.ama.org.br
- Alcoólicos Anônimos – www.alcoolicosanonimos.org.br
- Centro de Valorização da Vida – www.cvv.com.br
- Doutores da Alegria – www.doutoresdaalegria.org.br
- Fundação Gol de Letra – www.goldeletra.org.br
- Pastoral da Criança – www.pastoraldacrianca.org.br
- www.asasdesocorro.org.br
- www.apaebrasil.org.br
- www.escoteiros.org.br
- www.aacd.org.br

2. Difundindo o trabalho voluntário

Durante a feira, distribuam folhetos e divulguem as informações que coletaram a respeito de entidades filantrópicas. Conversem com os alunos da escola e com os visitantes a fim de sensibilizá-los e levá-los a contribuir com essas causas sociais, seja com doações em dinheiro ou alimentos, seja com trabalho voluntário.

Se representantes das entidades aceitaram o convite para participar da feira, vejam a possibilidade de promover uma palestra ou um debate sobre o trabalho voluntário.

3. Cinema cidadão

Durante o evento, apresentem no anfiteatro ou na sala de vídeo da escola um filme que trate de cidadania. Eis o nome de alguns filmes que exploram o tema: *Escritores da liberdade*, de Richard La Gravanese; *O jardineiro fiel*, de Fernando Meirelles; *O presente*, de Michael O. Sajbel; *Babel*, de Alejandro Gonzáles-Iñárritu; *Herói por acaso*, de Gérard Jugnot; *Um dia sem mexicanos*, de Sergio Arau; *Ilha das Flores*, de Jorge Furtado; *Erin Brockovich - Uma mulher de talento*, de Steven Soderbergh; *Doutores da Alegria*, de Mara Mourão. Se possível, após a exibição do filme, façam um debate com a plateia, discutindo o tema e o enfoque dado a ele no filme.

Focus Features / courtesy Everett

Cena do filme *O jardineiro fiel*.

4. *Click* solidário

Você sabia que é possível fazer doações pela Internet sem pôr a mão no bolso? Existem vários *sites* nos quais, com um simples *click* no *mouse*, a pessoa doa alguns centavos a uma instituição filantrópica. Durante a feira, instalem um computador conectado à Internet e incentivem os visitantes a fazer doações. Eis alguns dos *sites* que promovem esse tipo de doação:

- www.filantropia.org.br
- www.hungersite.com
- www.redcross.org
- www.clickarvore.com.br

Jovens em ação

1. Painel: Transformando com palavras e argumentos

Denunciar, criticar, reivindicar, cobrar, propor, colaborar, conscientizar são algumas formas de participar dos problemas sociais. E, consequentemente, são também meios de transformar positivamente o mundo em que vivemos.

Reúnam o material produzido nesta unidade e preparem uma exposição em painéis (ou murais) forrados com papel kraft. Deem um título à exposição, que pode ser **Jovens em ação** ou outro que a classe escolher.

Nesses painéis devem ser expostas as **cartas abertas** e as **cartas de reclamação** e **de solicitação**. Se elas já foram enviadas, informem a quem e quando elas foram encaminhadas. Se já receberam respostas, afixem também no painel as cartas-resposta.

2. Manifestações-relâmpago

Durante a feira, quando houver um bom número de pessoas aglomeradas, façam pequenas manifestações-relâmpago, lendo os **manifestos** e/ou as **cartas abertas** que foram produzidas nesta unidade.

Alamy/Glow Images

3. Eu também sou cidadão

Façam circular entre os visitantes da feira os abaixo-assinados produzidos nesta unidade. Aproveitem para, além de colher novas assinaturas, informar as pessoas, conscientizá-las dos problemas e conseguir a adesão delas para a causa defendida.

PREPARANDO A FEIRA

Discutam com o professor o modo de organizar a feira: o papel de cada grupo, a montagem de painéis, a apresentação das pesquisas, a exibição de filmes, a realização de palestras ou debates, etc. Posteriormente preparem os convites, a ser dirigidos a amigos e familiares, anunciando o evento. Se quiserem, façam convites específicos para a apresentação do resultado da pesquisa sobre os pioneiros do trabalho voluntário feita por seu grupo. Não deixem de indicar horário e local do evento.

Na véspera ou no dia da feira, preparem previamente o ambiente (pátio, sala de aula ou sala de exposição, auditório, sala de vídeo ou anfiteatro), organizando-o de forma a despertar o interesse dos convidados e visitantes. Decorem-no com cartazes que anunciem os temas pesquisados, com imagens e ilustrações convidativas, com perguntas sugestivas, etc.

Durante o evento, revezem-se nas explicações e na apresentação dos cartazes. Falem de forma clara, tentando conquistar o interlocutor para as causas relacionadas à cidadania. Se houver palestra ou debate, participem ativamente. Se possível, filmem todo o evento, pois, com certeza, essa será uma experiência marcante.

Ueslei Marcelino/Reuters/Latinstock

UNIDADE 13 DISSERTANDO E ARGUMENTANDO

Cidade prevista

Irmãos, cantai esse mundo
que não verei, mas virá
um dia, dentro de mil anos,
talvez mais... não tenho pressa.
Um mundo enfim ordenado,
uma pátria sem fronteiras,
sem leis e regulamentos,
uma terra sem bandeiras,
sem igrejas nem quartéis,
sem dor, sem febre, sem ouro,
um jeito só de viver,
mas nesse jeito a variedade,
a multiplicidade toda
que há dentro de cada um.

Uma cidade sem portas,
de casas sem armadilha,
um país de riso e glória
como nunca houve nenhum.
Este país não é meu
nem vosso ainda, poetas.
Mas ele será um dia
o país de todo o homem

(Carlos Drummond de Andrade.
In: *A rosa do povo*. Rio de Janeiro:
Record. © Graña Drummond.
www.carlosdrummond.com.br)

Fique ligado! Pesquise!

Assista

- ***Tropa de elite***, de José Padilha; ***Meu nome não é Johnny***, de Mauro Lima; ***Linha de passe***, de Walter Salles e Daniela Thomas; ***Juízo***, de Maria Augusta Ramos; ***Era uma vez***, de Bruno Silveira; ***O Quinze***, de Jurandir Oliveira; ***Quase dois irmãos***, de Lúcia Murat; ***Última parada 174***, de Bruno Barreto; ***Cidade de Deus***, de Fernando Meirelles; ***Carandiru*** e ***Pixote***, de Hector Babenco; ***Domésticas – O filme***, de Nando Olival e Fernando Meirelles; ***Ó paí, ó***, de Monique Gardenberg; ***Central do Brasil*** e ***Abril despedaçado***, de Walter Salles; ***Eu, tu, eles***, de Andrucha Waddington; ***Bicho de sete cabeças***, de Laís Bodanzky; ***Kenoma***, de Eliane Caffé.

©Angeli, Folha de S. Paulo

Leia

- ***O Brasil desde 1980***, de Hebert S. Klein e Daniela Thomas (Girafa); ***O que é Brasil***, de Roberto DaMatta (Rocco); ***O cidadão de papel*** e ***Aprendiz do futuro***, de Gilberto Dimenstein (Ática); ***O povo brasileiro***, de Darcy Ribeiro (Companhia das Letras); ***Cidade de Deus***, de Paulo Lins (Companhia das Letras).

Ouça

- Ouça as canções "Brasil", de Cazuza; "Faroeste cabloco", do grupo Legião Urbana; "Moro no Brasil", do grupo Farofa Carioca; "Três irmãos", de Zeca Baleiro e Fagner; "Brasileirinho", de Waldir Azevedo; "Aquarela do Brasil", de Ari Barroso.

PROJETO

Brasil em debate

Realização de uma mostra sobre o país, constituída de exposição de textos e de uma mesa-redonda para discussão de temas da atualidade.

Navegue

- www.crmms.cfm.org.br
- www.bioetica.ufrgs.br/Cep.htm
- www.fzb.rs.gov.br/extincao.htm
- www.fundabrinq.org.br

© Matthias Tunner/Corbis/Latinstock

CAPÍTULO 37

O texto dissertativo-argumentativo

TRABALHANDO O GÊNERO

Durante décadas, as aulas de produção de texto nas escolas brasileiras limitaram-se ao trabalho com três tipos de texto: a narração, a descrição e a dissertação. Com a introdução do estudo dos gêneros do discurso, entretanto, as aulas começaram a se aproximar mais das práticas textuais desenvolvidas na sociedade e passaram a ter o objetivo de instrumentalizar os alunos para atuar socialmente, seja escrevendo uma carta ou um artigo de opinião, seja fazendo uma crônica ou falando em público.

Apesar disso, a *dissertação* ainda vem sendo exigida em alguns vestibulares do país e nas provas do Enem como meio de avaliação da competência linguístico-discursiva do estudante. Por essa razão, propomos o trabalho com a dissertação, a fim de ajudar você a se preparar para os exames que deverá enfrentar no final do ensino médio.

Dissertar é o mesmo que explanar sobre um tema, desenvolvê-lo. Em princípio, o texto dissertativo não tem como finalidade a persuasão, e sim a transmissão de conhecimentos. Apesar disso, os temas propostos para o texto dissertativo na esfera escolar são quase sempre polêmicos – desarmamento, violência urbana, meio ambiente, ética, vantagens e desvantagens da comunicação digital, etc. – e exigem um posicionamento argumentativo do autor. Por essa razão, o que se espera do estudante é que analise e discuta o tema apresentado, defenda seu ponto de vista e, às vezes, proponha soluções.

A dissertação escolar tem uma estrutura formada por três partes convencionais – a tese (ou ideia principal), o desenvolvimento e a conclusão –, que coincidem com a estrutura da maior parte dos gêneros argumentativos, como o debate regrado e o artigo de opinião. Por isso, se você se saiu bem na produção do artigo de opinião, provavelmente não terá dificuldades para desenvolver dissertações.

A seguir você vai conhecer o tema de redação proposto no vestibular da Fuvest, em 2010, e a dissertação do estudante que obteve a nota máxima no exame. O texto do estudante está reproduzido conforme sua redação original.

Um mundo por imagens

Amana Images Inc./Alamy/Other Images

A imaginação simbólica é sempre um fator de equilíbrio. O símbolo é concebido como uma síntese equilibradora, por meio da qual a alma dos indivíduos oferece soluções apaziguadoras aos problemas.

Gilbert Durand.

Ao invés de nos relacionarmos diretamente com a realidade, dependemos cada vez mais de uma vasta gama de informações, que nos alcançam com mais poder, facilidade e rapidez. É como se ficássemos suspensos entre a realidade da vida diária e sua representação.

Tânia Pellegrini. Adaptado.

Na civilização em que se vive hoje, constroem-se imagens, as mais diversas, sobre os mais variados aspectos; constroem-se imagens, por exemplo, sobre **pessoas, fatos, livros, instituições** e **situações**.

No cotidiano, é comum substituir-se o real imediato por essas imagens.

Dentre as possibilidades de construção de imagens enumeradas acima, em negrito, escolha *apenas uma*, como tema de seu texto e redija uma dissertação em prosa, lançando mão de argumentos e informações que deem consistência a seu ponto de vista.

Instruções:

- Lembre-se de que a situação de produção de seu texto requer o uso da modalidade escrita culta da língua portuguesa.
- Dê um título para sua redação, a qual deverá ter entre 20 e 30 linhas.
- **Não** será aceita redação em forma de verso.

Narcisos do século XXI

O aumento da importância da imagem na vida humana tem acarretado a sobreposição do mundo imaginário ao mundo real. Gradativamente, o homem tem optado por priorizar o exterior ao interior. Isso é consequência de uma sociedade que exige a propagação e dinamização de padrões estéticos e sociais, que levarão o homem à descaracterização massificada.

A preocupação do homem quanto à sua figura existe há séculos. O mito de Narciso, que se apaixonou por seu reflexo na água e na busca por ele, morreu afogado, é um exemplo. Platão também discutia isso. Para ele, o amor imaginário, impossível de se realizar, é melhor, pois pode ser perfeito, ao passo que na realidade, nunca é. Mais tarde, com os poetas, a imagem novamente ganhou importância, dessa vez, com a idealização feminina. Fosse com Marília de Dirceu, fosse com Iracema, de José de Alencar, ambos autores tinham em mente a figura de uma mulher, por eles tão necessária.

No entanto, o aumento da importância da imagem na vida humana ocorreu principalmente a partir do século XX. A preocupação com modelos externos se deu segundo um padrão surgido nos Estados Unidos pós-1ª Guerra Mundial, em que o "American Way of Life" de se ter casa própria, carros e filhos, passou a ser a imagem da felicidade.

Hoje essa preocupação pode ser vista nos jovens, figurativizada na busca pela beleza. Podemos acompanhá-la nas milhares de fotos do Orkut que tem Photoshop para tornar a pessoa perfeita, ou no aumento da procura por clínicas de estética e academias, além da grande demanda por produtos de beleza. Essa geração L'Oreal, fruto de uma sociedade capitalista que incentiva o consumo em larga escala, vai perdendo sua personalidade e individualidade na busca por ser uma Angelina Jolie ou um Brad Pitt, priorizando sempre a beleza externa em detrimento da interna.

Assim, podemos perceber que é da natureza do homem preocupar-se com sua imagem. No entanto, a preocupação doentia iniciada no século XX não pode se tornar obsessiva a ponto de dominar a juventude e espalhar-se por toda a raça humana, que um dia pode vir a ser um grande Narciso e matar-se em busca de sua imagem perfeita.

(Disponível em: http://vestibular.uol.com.br/ultnot/2010/05/11/ult7336u55.jhtm. Acesso em: 12/4/2012.)

Galleria Nazionale d'Arte Antica

Narciso (1594-6), de Caravaggio.

1. Há, no texto dissertativo, três partes essenciais: uma *introdução*, na qual é exposta a tese ou a ideia principal que resume o ponto de vista do autor acerca do tema; o *desenvolvimento*, constituído pelos parágrafos que explicam e fundamentam a tese; e a *conclusão*. Numere os parágrafos do texto em estudo e identifique:
   a) o parágrafo em que é feita a introdução do texto;
   b) os parágrafos que constituem o desenvolvimento do texto;
   c) o(s) parágrafo(s) de conclusão.

2. Releia o parágrafo em que é feita a introdução do texto. Qual é a tese defendida pelo autor?

3. O desenvolvimento é formado pelos parágrafos que fundamentam a tese. Normalmente, em cada parágrafo é apresentado e desenvolvido um argumento. Cada argumento pode ser desenvolvido por meio de procedimentos como:

• comparação	• oposição ou contraste
• alusão histórica	• definição
• citação	• apresentação de dados estatísticos
• exemplificação	• relação de causa e efeito

   Reconheça no desenvolvimento do texto o(s) parágrafo(s) em que é feito o uso de:
   a) alusão histórica;
   b) citação;
   c) exemplificação;
   d) relação de causa e efeito.

4. O texto dissertativo-argumentativo faz uso de dois tipos básicos de conclusão: a conclusão-resumo, que retoma as ideias do texto, e a conclusão-sugestão, em que são feitas propostas para a solução de problemas. Que tipo de conclusão o texto em estudo apresenta?

5. Observe a linguagem do texto.
   a) Que tempo e modos verbais são predominantes?
   b) Qual é a variedade linguística empregada?
   c) A linguagem é predominantemente pessoal ou impessoal? Justifique sua resposta com base na pessoa do discurso, nas formas verbais e nos pronomes empregados.
   d) O texto revela maior preocupação com a expressividade, com a emotividade ou com a precisão das informações?

6. Reúna-se com seus colegas de grupo e, juntos, concluam: Quais são as principais características de um texto dissertativo-argumentativo? Respondam levando em conta os seguintes critérios: finalidade do texto, perfil dos interlocutores, suporte/veículo, tema, estrutura e linguagem.

PRODUZINDO O TEXTO DISSERTATIVO ARGUMENTATIVO

(ENEM)

Pode parecer que os isótopos de oxigênio e a luta dos seringueiros no Acre tenham pouco em comum. No entanto, ambos estão relacionados ao futuro da Amazônia e a parte significativa da agroindústria e da geração de energia elétrica no Brasil.

À época em que Chico Mendes lutava para assegurar o futuro dos seringueiros e da floresta, um dos mais respeitados cientistas brasileiros, Eneas Salati, analisava proporções de isótopos de oxigênio na precipitação pluviométrica amazônica do Atlântico ao Peru. Sua conclusão foi irrefutável: a Amazônia produz a parte maior de sua própria chuva; implicação óbvia desse fenômeno: o excesso de desmatamento pode degradar o ciclo hidrológico.

Hoje, imagens obtidas por sensoriamento remoto mostram que o ciclo hidrológico não apenas é essencial para a manutenção da grande floresta, mas também garante parcela significativa da chuva que cai ao sul da Amazônia, em Mato Grosso, São Paulo e até mesmo ao norte da Argentina. Quando a umidade do ciclo, que se desloca em direção ocidental, atinge o paredão dos Andes, parte dela é desviada para o sul. Boa parte da cana-de-açúcar, da soja, de outras safras agroindustriais dessas regiões e parte significativa da geração de energia hidrelétrica dependem da máquina de chuva da Amazônia.

T. Lovejoy e G. Rodrigues. A máquina de chuva da Amazônia. *Folha de S. Paulo*, 25/7/2007 (com adaptações).

O texto acima, que focaliza a relevância da região amazônica para o meio ambiente e para a economia brasileira, menciona a "máquina de chuva da Amazônia". Suponha que, para manter essa "máquina de chuva" funcionando, tenham sido sugeridas as ações a seguir:

1 suspender completa e imediatamente o desmatamento na Amazônia, que permaneceria proibido até que fossem identificadas áreas onde se poderia explorar, de maneira sustentável, madeira de florestas nativas;

2 efetuar pagamentos a proprietários de terras para que deixem de desmatar a floresta, utilizando-se recursos financeiros internacionais,

3 aumentar a fiscalização e aplicar pesadas multas àqueles que promoverem desmatamentos não autorizados.

Escolha *uma* dessas ações e, a seguir, redija um texto dissertativo, *ressaltando as possibilidades e as limitações da ação escolhida*.

Ao desenvolver seu texto, procure utilizar os conhecimentos adquiridos e as reflexões feitas ao longo de sua formação. Selecione, organize e relacione argumentos, fatos e opiniões para defender seu ponto de vista, sem ferir os direitos humanos.

Observações:

- Seu texto deve ser escrito na modalidade padrão da língua portuguesa.
- O texto *não* deve ser escrito em forma de poema (versos) ou narração.
- O texto com até 7 (sete) linhas escritas será considerado texto em branco.

Planejamento do texto

- Decida, com a classe e o professor, uma possível situação de circulação para a dissertação. Uma possibilidade é sua publicação no *blog* ou no mural da classe, mas pensem em outras opções.
- Decidido o suporte, pense no perfil dos leitores, que provavelmente serão, na maioria, jovens como você. A linguagem deve estar de acordo com a norma-padrão e adequada ao gênero e ao perfil do público leitor.
- Anote as ideias e os argumentos que considerar mais interessantes para desenvolver o tema.
- Pense em um enunciado (formado por uma ou mais frases) capaz de introduzir o texto e expressar a ideia principal (a tese) que pretende defender e anote-o.
- Entre os argumentos que anotou, escolha aqueles que podem fundamentar a ideia principal de modo mais consistente. Em vez de quantidade, dê preferência à qualidade e à profundidade dos argumentos.
- Pense na melhor forma de concluir seu texto: ou retomando o que foi exposto e confirmando a ideia principal, ou fazendo uma citação de algum escritor ou alguém importante na área relativa ao tema debatido, ou fazendo uma proposta.
- Se quiser, desenvolva previamente um esquema para visualizar a estrutura e o conjunto de ideias. Se a dissertação apresentasse, por exemplo, três argumentos no desenvolvimento, ela poderia ter este esquema:

> Tese:
> Desenvolvimento:
> 1º argumento:
> 2º argumento:
> 3º argumento:
> Conclusão:

- Dê ao texto um título que desperte o interesse do leitor.

Revisão e reescrita

Antes de fazer a versão final de sua dissertação, releia-a, observando:

- se você tratou, de fato, do tema proposto e adotou um ponto de vista claro sobre ele;
- se o texto apresenta uma tese que resume o ponto de vista que você adotou;
- se a tese é fundamentada com argumentos claros e consistentes;
- se os argumentos são bem desenvolvidos;
- se a conclusão retoma o ponto de vista defendido, confirmando-o, ou apresenta uma proposta;
- se o título dado ao texto é, além de atraente, coerente com as ideias desenvolvidas;
- se o texto como um todo é persuasivo;
- se a linguagem está de acordo com a norma-padrão e com o grau de formalidade adequado ao público-alvo.

Faça as alterações necessárias e passe o texto a limpo.

TEXTUALIDADE E ESTILO

A INFORMATIVIDADE E O SENSO COMUM

A informatividade

Observe estas pinturas:

Tsing-Fang Chen/Super Stock/Keystone

Jogadores de carta no café At Night (1989), de Tsing-Fang Chen.

Hans R. Hahnloser Collection, Burn, Switzerland

Café noturno (1888), de Van Gogh

Musée d'Orsay, Paris, France

Os jogadores de cartas (1890-1892), de Paul Cézanne

1. Com base nos elementos do quadro de Tsing-Fang Chen, responda:

a) O que as personagens estão fazendo?

b) Em que lugar elas estão?

c) O que a expressão das personagens conota?

2. Observe os quadros de Cézanne e de Van Gogh. Repare no nome de cada quadro e na data de sua criação. Que semelhanças o quadro de Tsing-Fang Chen tem:

a) com o quadro de Cézanne?

b) com o quadro de Van Gogh?

3. O quadro de Tsing-Fang Chen foi criado um século depois dos outros dois quadros e mantém com eles uma relação de intertextualidade, pois *cita* as outras duas obras. Levante hipóteses:

a) Para um observador que não conheça as obras de Cézanne e de Van Gogh, o quadro de Tsing-Fang apresenta coerência e unidade de sentido?

b) Se o observador conhecer as outras obras, essas informações alteram o sentido do quadro?

4. Agora leia estes versos de Adélia Prado:

Agora, ó José

É teu destino, ó José
a esta hora da tarde,
se encostar na parede,
as mãos para trás.
Teu paletó abotoado
de outro frio te guarda,
enfeita com três botões
tua paciência dura.
[...]

(*Poesia reunida*. São Paulo: Siciliano, 1991. p. 34.)

Os jogadores de cartas (1991), do pintor colombiano Botero.

a) Esses versos citam um conhecido poema. Qual é o poema? Quem é seu autor?

b) Sem conhecer o poema citado por Adélia Prado, o leitor tem condições de alcançar o sentido global do texto?

Todo texto, verbal ou não verbal, é dotado de informatividade, isto é, tem a propriedade de mobilizar um conjunto de informações. O quadro de Tsing-Fang Chen tem um grau de informatividade alto, pois é restrito o número de pessoas que conhecem os quadros dos outros dois pintores citados por ele. O mesmo se dá com o poema de Adélia Prado: embora o poema "José", de Carlos Drummond de Andrade, seja um dos mais conhecidos da nossa literatura, nem todas as pessoas reconhecem o diálogo entre os dois textos e os sentidos criados a partir dele.

Se um grau de informatividade alto pode prejudicar a comunicação, uma vez que o interlocutor não percebe ou não identifica determinadas camadas de sentido do texto, um grau de informatividade baixo também pode ser prejudicial à comunicação, uma vez que, se o texto não apresenta informações novas, o leitor pode se desinteressar da leitura.

Compare os dois textos seguintes.

A bolsa de Nova York termina o semestre com alta de 5,42% no índice Dow Jones. A Nasdaq, em que são negociados papéis de tecnologia, subiu 12,66%.

As perdas da Bolsa poderiam ter sido maiores se não fosse, ontem, uma recuperação generalizada dos mercados com um acordo europeu para recapitalizar os bancos espanhóis e italianos.

(*Folha de S. Paulo*, 30/6/2012.)

Há rivalidades até entre famílias, filhos matando pais para tomar o que lhes pertence, irmãos brigando entre si.

Brigas por posses de terras, causando guerras entre países como ocorreu há pouco tempo e continua acontecendo.

Por qualquer motivo se pratica a violência, uma simples discussão, ciúmes, um lugar em fila de ônibus, etc. [...]

(Redação de aluno. Apud Maria da Graça Costa Val. *Redação e textualidade*. São Paulo: Martins Fontes, 1994. p. 84.)

O primeiro texto foi publicado no caderno de economia de um grande jornal. Tem um grau de informatividade alto, pois se destina a leitores que atuam na área de negócios que envolvem ações na Bolsa de Valores.

O segundo texto foi produzido por um candidato no exame vestibular de uma universidade mineira, numa prova de redação cujo tema era violência. O texto tem um grau de informatividade muito baixo para a situação de exame. O primeiro parágrafo, por exemplo, é superficial e generalizante: que tipo de família é essa em que filhos matam pais para roubá-los? Que motivos os levam a proceder assim? No segundo parágrafo, a que guerras e países se refere o texto? Será que a violência popular realmente nasce "por qualquer motivo", como se afirma no terceiro parágrafo?

A baixa informatividade do texto, ao mesmo tempo que provoca o desinteresse do leitor, que tende a abandonar a leitura pelo fato de não encontrar nada de novo nela, também põe em dúvida o conhecimento do autor a respeito do assunto e a própria pertinência do texto.

A maior parte dos textos publicados em jornais e revistas apresenta um grau de informatividade médio, que é capaz de mobilizar o repertório cultural do leitor e, ao mesmo tempo, oferecer-lhe novas informações.

Nos exames e concursos em que se solicita a produção de um texto escrito, como o exame vestibular, também convém trabalhar com um grau de informatividade médio.

O senso comum

Além da baixa informatividade, também o emprego de argumentos baseados no senso comum pode comprometer a qualidade de um texto dissertativo-argumentativo. Esse tipo de argumento consiste em julgamentos que, embora não apresentem base científica, acabam sendo tomados como "verdades" sociais.

Leia o seguinte parágrafo de um texto dissertativo-argumentativo (transcrito tal qual foi produzido e, por isso, com diversos problemas gramaticais), escrito a propósito do tema *violência*:

Muitas pessoas pobres ficam muitas vezes indignadas ao ver uma outra pessoa como ela, só que não passa fome como ela, ou seja, é rica e na maioria, ladrão, que rouba do povo e isso faz com que a população fique revoltada, e se manifestará em conflitos entre camadas sociais no qual um favelado odeie outro de uma classe superior, e tendo oportunidade para acabar com o outro não vai perder a chance.

Ilustrações: Rogério [illegible]

(Redação de aluno, 3º ano do ensino médio.)

O autor constrói seus argumentos a partir de ideias preconceituosas, segundo as quais o rico geralmente é ladrão e o pobre ou o favelado é violento.

Ideias como essas e outras também baseadas no senso comum, como "todos os políticos são corruptos", "o jovem é sempre rebelde por natureza", "o brasileiro é oportunista", "homem que é homem não chora", "as mulheres dirigem pior do que os homens", "futebol não é assunto para mulheres", "todo oriental é honesto e trabalhador", etc. devem ser evitadas, pois, além de não terem nenhum fundamento, tornam o texto fraco do ponto de vista argumentativo.

EXERCÍCIOS

Leia o texto seguinte (transcrito tal qual foi produzido), observando o grau de informatividade que apresenta.

Violência social

Thinkstock

Atualmente, um dos grandes problemas que afetam a vida de uma sociedade, é a violência nela incerida. Violência essa que devido a vários fatores, segundo sociólogos, psicólogos e outros estudantes das ciências humanas, será praticamente impossível de ser eliminada.

A dificuldade na solução deste problema está na complexidade do mesmo. Várias são as suas causas e para cada uma se faz necessária uma medida especial, medidas essas que muitas vezes são impossíveis de serem colocadas em prática.

A violência pode ser gerada pela própria sociedade, por crises econômicas, por um problema mental do indivíduo, pelo grande número de adeptos ao uso de drogas, e por uma enorme série de outros fatores.

Devido as perspectivas quase que inexistentes em uma solução a curto ou médio prazo para a questão da violência, o melhor a fazer, é se precaver para não se tornar mais uma vítima de um dos problemas mais sérios da nossa sociedade.

(Redação de aluno. Apud Maria da Graça Costa Val, op. cit., p. 86.)

1. Com expressões como "um dos grandes problemas", "complexidade" e "problemas mais sérios", o autor parece dar grande importância ao problema da violência social. Deparar com elas em um texto cria a expectativa de que, no mínimo, serão apontadas as causas e as consequências do tal problema.
Observe os três primeiros parágrafos do texto. Em todos eles, o autor parece querer indicar as causas da violência, mas acaba por fazê-lo apenas num único parágrafo.

a) Em qual parágrafo as causas são efetivamente apontadas? Quais são essas causas?

b) Depois de apontadas, essas causas são explicadas, desenvolvidas?

c) No 1º parágrafo, o autor se refere às causas da violência por meio da expressão "vários fatores"; no 2º parágrafo, pela expressão "várias são as suas causas". As soluções são sugeridas pela expressão "medidas". O que essas expressões revelam quanto ao domínio que o autor tem do assunto?

2. Além das causas e consequências da violência, o leitor tem a expectativa de conhecer também eventuais propostas de solução para o problema.

a) O texto aponta saídas sociais para o problema da violência?

b) Que sugestão é feita no plano individual?

c) Na sua opinião, essa sugestão é satisfatória?

3. Para desenvolver o tema, o texto busca seguir o procedimento constituído por análise de causas e consequências e apresentação de propostas para a solução do problema enfocado.

a) Na sua opinião, depois de ler o texto o leitor se sente satisfeito? Por quê?

b) Que relação esse resultado tem com a informatividade do texto?

4. Observe a estrutura argumentativa do texto: a tese ou ideia principal, os argumentos e a conclusão.

a) O texto apresenta falhas quanto à estrutura?

b) A estrutura é suficiente para garantir a qualidade de um texto dissertativo-argumentativo? Justifique sua resposta.

Fredrik Skold/Photographer's Choice/Getty Images

CAPÍTULO 38

O texto dissertativo-argumentativo e suas três partes

TRABALHANDO O GÊNERO

No capítulo anterior, você estudou o texto dissertativo-argumentativo, frequentemente exigido nas provas de redação do Enem e de alguns vestibulares.

A fim de ampliar seus recursos de expressão nessa modalidade de texto, você vai retomar e aprofundar esse trabalho, examinando em detalhes como se desenvolve cada uma das partes de uma dissertação.

Não há uma regra ou um modelo único para a construção de um texto dissertativo-argumentativo. As possibilidades para iniciar, desenvolver ou concluir um texto desse tipo são muitas e dependem do tema, do conhecimento que se tem a respeito dele, do conjunto de ideias que se pretende desenvolver, do enfoque que se deseja dar a elas e da criatividade de quem escreve.

O texto a seguir está entre as melhores redações do vestibular da Fuvest de 2011. Com base nas ideias e sugestões presentes em uma imagem e numa coletânea de textos, os candidatos deveriam redigir uma dissertação argumentativa em prosa sobre o tema: *O altruísmo e o pensamento a longo prazo ainda têm lugar no mundo contemporâneo?*.

Leia o texto, reproduzido tal qual está no original:

A contemporaneidade do "Panis et circenses"

No período denominado "século de ouro", na Roma Antiga, instituiu-se o chamado "Panis et circenses". A população recebia o alimento, a diversão, e tudo estava resolvido. Posteriormente, com a Revolução Industrial, deu-se a ideia do imediatismo, da rapidez nas linhas de produção. A história expõe que as ações e os pensamentos a longo prazo são cada vez menos priorizados pelo ser humano, em decorrência de uma construção ideológica que preza pela síntese, pelo veloz. Mas por quais razões isso ocorre?

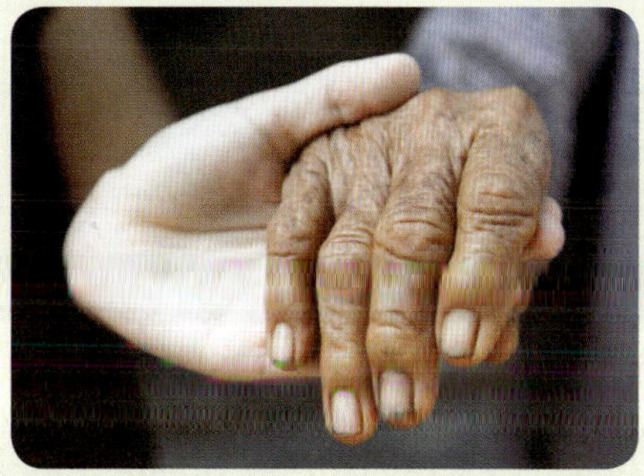

Derek E. Rothchild/Photodisc/Getty Images

O tempo é tido — ou dado — como o agente condicionante da vida contemporânea. Ou melhor, a falta dele. Tornamo-nos escravos dos ponteiros, tornamo-nos vítimas de medidas que nós mesmos criamos. Esperar tornou-se uma tortura: deve-se viver — ou simplesmente "existir" — de acordo com o modelo *just-in-time*. Quando G. Lipovetsky afirma que a cultura do sacrifício está morta, é possível aplicar tal ideia ao fato de que a cultura do agora destruiu paulatinamente o poder do ser humano sobre o tempo, fazendo-o temer o passar dos dias, dos meses, do ano. Teme-se o envelhecimento, teme-se a morte.

Mas o que verdadeiramente morre, se morrer o homem? O legado humano reduz-se porque não há tempo para deixar registros. Deve-se ler o jornal, pegar o metrô, trabalhar. Práticas como a leitura vêm sendo abandonadas pelas novas gerações que nasceram com um cronômetro instalado em suas mentes. O altruísmo e o amor natural e desinteressado já não existem, pois vive-se em prol do individual, do singular, não havendo, portanto, o estabelecimento de um "todo" harmonioso e relativamente equilibrado que leva o nome de "coletivo". Levaria.

Sucumbir ao paradoxo dos instantes, em prol da ascensão dos valores pregados por aqueles que defendem o estilo de vida que somos condicionados a levar, é anular a essência do ser humano como item imprescindível para o estabelecimento e disseminação da condição animal a que pertencemos. Exigir o veloz, o imediato e o sintético, sem ter a consciência de que estes valores são injetados em nossas mentes, é ter a confirmação de que o "Panis et circenses" da Roma Antiga é tão contemporâneo quanto o advento da globalização.

(Candidato da Fuvest. Disponível em: http://www.fuvest.br/vest2011/bestred/118731.jpg. Acesso em: 23/7/2012.)

altruísmo: interesse pelo bem-estar do próximo.
panem et circenses: expressão latina que significa "pão e espetáculos circenses".

1. A tese ou ideia principal desenvolvida no texto encontra-se no 1º parágrafo. Qual é ela?

2. Considere as seguintes formas de desenvolvimento do texto dissertativo-argumentativo: alusão histórica, provas concretas, argumentos de autoridade, enumeração, definição, citação ou testemunho, exemplificação, comparação e contraste, causa e consequência. Indique qual desses procedimentos foi utilizado nos seguintes trechos do texto:

a) "O tempo é tido – ou dado – como o agente condicionante da vida contemporânea."

b) "Tornamo-nos escravos dos ponteiros, tornamo-nos vítimas de medidas que nós mesmos criamos."

c) "Quando G. Lipovetsky afirma que a cultura do sacrifício está morta"

d) "O legado humano reduz-se porque não há tempo para deixar registros."

e) "O altruísmo e o amor natural já não existem, pois vive-se em prol do individual"

f) "vive-se em prol do individual, do singular, não havendo, portanto, o estabelecimento de um todo harmonioso e relativamente equilibrado que leva o nome de coletivo"

3. A conclusão do texto em estudo é feita no último parágrafo. Compare esse parágrafo com o 1º, o da introdução.
   a) A ideia presente na conclusão coincide com as ideias expressas no parágrafo de introdução? Justifique sua resposta.
   b) Os procedimentos mais utilizados para concluir um texto são de três tipos: *síntese*, *proposta* e *surpresa*. Com que tipo de conclusão o autor encerra o texto?

TIPOS DE INTRODUÇÃO DO TEXTO DISSERTATIVO-ARGUMENTATIVO

A introdução pode ser construída por um ou mais parágrafos. Quando o texto é construído pelo método dedutivo (do geral para o particular), é nela que se lança a *tese* ou *ideia principal* a ser desenvolvida no texto.

Os principais tipos de introdução são os relacionados a seguir.

Formulação de uma tese a partir de uma declaração inicial

No dia 13 de maio, comemoramos 124 anos da Lei Áurea, que abolia a escravidão no Brasil. Mas ainda temos trabalho escravo e seguimos acorrentados numa visão de mundo que não saiu do século 19. Há até iniciativas políticas para retroceder em direitos conquistados pelos negros, descendentes dos escravos e herdeiros de uma dívida histórica da nação.

(Marina Silva. *Folha de S. Paulo*, 18/5/2012.)

Luiz Tito/Ag. A Tarde/Folhapress

Nesse parágrafo, a autora primeiramente apresenta a idade da lei que aboliu a escravidão no Brasil para, a partir desse dado, formular a tese em torno da qual o texto será desenvolvido nos parágrafos seguintes: apesar da lei, persiste no país uma mentalidade atrasada e há ações com vistas a retirar direitos de afro-brasileiros.

Às vezes, a tese apresenta uma subdivisão. Veja um exemplo:

O lamentado resultado da Rio+20 pelo ativismo ambientalista tem merecido nos dias que seguiram o encerramento do fórum diversas abordagens críticas que vão da falta de vontade política dos países desenvolvidos de avançar em ações efetivas pelo desenvolvimento sustentável até à desidratação da chamada economia verde.

(João Bosco Rabello. *O Estado de S. Paulo*, 24/6/2012.)

Nesse caso, é comum o autor desenvolver a tese em um número de parágrafos equivalente ao da subdivisão. No texto de que faz parte a introdução acima, por exemplo, o autor criou dois parágrafos no desenvolvimento: um para analisar o argumento da "falta de vontade política dos países desenvolvidos" e outro para desenvolver o argumento do insucesso de movimentos ambientalistas, a "desidratação da chamada economia verde".

Interrogação

Faz sentido comparar os crimes perpetrados por um regime sanguinário com aqueles cometidos pelas forças que resistiam a ele? Vale a pena reabrir feridas, falar de tortura, desaparecimentos e execuções sumárias, 40 anos depois? Que destino merecem traidores e delatores que, coagidos, se aliaram aos próprios carrascos?

(Álvaro Pereira Jr. *Folha de S. Paulo*, 23/6/2012.)

Nesse tipo de introdução, o autor formula uma ou mais perguntas sobre o tema e ele próprio deve dar respostas a elas ao longo do texto. Nenhuma pergunta deve ficar sem resposta.

Exemplo

> Olho para o meu gato e medito. Medito teologias. Diziam os teólogos de séculos atrás que a harmonia da natureza deve ser o espelho em que os seres humanos devem buscar suas perfeições. O gato é um ser da natureza. Olho para o gato como um espelho. Não percebo nele nenhuma desarmonia. Sinto que devo imitá-lo.
>
> (Rubem Alves. *Pimentas.* São Paulo: Planeta, 2012. p. 14.)

Album/akg-images/Latinstock

Para introduzir e situar a tese do texto – a harmonia da natureza deve ser o referencial para a busca humana da perfeição – o autor fala de seu gato e toma-o como modelo da sua busca.

Essa introdução é ilustrativa e simbólica e pode ser retomada diversas vezes. Nas redações para o vestibular, entretanto, é preciso tomar cuidado para que a narrativa do exemplo não seja longa demais e prejudique o desenvolvimento da argumentação.

Citação

> O filósofo John Rawls propõe um experimento mental para definir o que é justo. Você e seus concidadãos irão estabelecer as regras sob as quais seu país vai funcionar. Virarão normas os princípios com os quais a maioria concordar.
>
> (Hélio Schwartsman. *Folha de S. Paulo*, 27/4/2012.)

Nessa introdução, o autor constrói sua tese a partir de uma citação, o que confere maior credibilidade ao seu ponto de vista, pois ele se apoia na palavra de outrem, que pode ser uma autoridade no assunto, como no texto apresentado, ou em documentos e órgãos de imprensa dignos de crédito, como neste outro texto do mesmo autor:

> A revista britânica "The Economist" da semana passada trouxe interessante reportagem sobre o futuro da medicina. De acordo com o periódico, com o envelhecimento da população e o aumento da prevalência das doenças crônicas, vai ser impossível formar tantos médicos quantos seriam necessários pelos padrões do século XX.
>
> (*Folha de S. Paulo*, 10/6/2012.)

Roteiro

> Recentemente, envolvi-me num debate com o físico Lawrence Krauss, que publicou um livro no qual afirma que a física hoje explica como o Universo surgiu do nada. Ou seja, a velha questão da Criação sob roupagem científica, e mais um exemplo de arrogância intelectual. É bom começar com Aristóteles, que decidiu que a "natureza detesta o vácuo", declarando que o "nada" não existe, ao menos como vazio absoluto. [...]
>
> (Marcelo Gleiser. *Folha de S. Paulo*, 10/6/2012.)

Nesse tipo de introdução, o autor anuncia o que pretende desenvolver e a forma como vai fazê-lo. Na introdução acima, o roteiro fornecido pelo autor consiste na questão do surgimento do Universo a partir do nada (o que ele pretende desenvolver) e na análise histórica desse conceito (a forma como pretende desenvolver a questão).

TIPOS DE ARGUMENTO DO TEXTO DISSERTATIVO-ARGUMENTATIVO

Comparação

Estabelece o confronto entre duas realidades diferentes, seja no tempo, seja no espaço, seja quanto a características físicas, etc. Veja o exemplo:

> [...] Nos EUA, o porcentual de pessoas que têm curso superior (cerca de 40%) é o mesmo tanto para quem tem idade entre 25 e 34 anos como para os que têm de 55 a 64 anos. O dado é um indicativo de que a população jovem no país não se escolarizou mais do que a geração anterior. [...] Mas, no Canadá, por exemplo, a população entre 55 e 64 anos tem exatamente a mesma escolaridade que nos EUA (40% têm superior completo), porém os jovens já estão à frente dos seus pais (e dos jovens americanos) em educação formal: quase 60% completaram o curso universitário [...].
>
> (*Leituras da História*, maio 2012, p. 15.)

Nesse caso, compara-se o porcentual de pessoas com curso superior nos Estados Unidos e no Canadá.

Alusão histórica

O autor retoma acontecimentos do passado para explicar fatos do presente. Veja o exemplo:

> Seres humanos são capazes de colaborar uns com os outros numa escala desconhecida no reino animal, porque viver em grupo foi essencial à adaptação de nossa espécie. Agrupar-se foi a necessidade mais premente para escapar de predadores, obter alimentos e construir abrigos seguros para criar os filhos.
>
> (Drauzio Varella. "As raízes do racismo". *Folha de S. Paulo*, 30/6/2012.)

Argumentos com provas concretas

Consistem na apresentação de números, dados estatísticos, resultados de enquetes, cifras relativas a investimentos, despesas e lucros, renda *per capita*, valores de dívida externa, índices de mortalidade infantil, aumento ou diminuição dos casos de Aids, etc. Veja um exemplo em que se usam resultados de pesquisa:

> O número de cidades brasileiras com coleta seletiva de lixo mais que dobrou de 2000 a 2008, mas ainda assim apenas 1.087 municípios, ou 19,5% do total, têm alguma forma de separação para reciclagem. Segundo a pesquisa Índices de Desenvolvimento Sustentável (IDS 2012), divulgada nesta segunda-feira pelo Instituto Brasileiro de Geografia e Estatística (IBGE), em 2000, apenas 8,2% das cidades tinham coleta seletiva.
>
> (Disponível em: http://veja.abril.com.br/noticia/brasil/ibge-revela-carencia-de-coleta-seletiva-de-lixo. Acesso em: 27/6/2012.)

Paulo Fridman/Pulsar Imagens

Argumentos consensuais

São aqueles em que certas "verdades" aceitas por todos são utilizadas. Consistem em afirmações que geralmente não dependem de comprovação, como, por exemplo, "Todo ser humano precisa de uma boa alimentação e lazer", "A poluição diminui a qualidade de vida nas grandes cidades", etc.

Argumentos de autoridade ou de exemplo

Apresentam o ponto de vista ou sugerem a imitação das ações de uma autoridade ou uma pessoa conhecida na área do assunto em discussão. Consistem em frases célebres ou em trechos de escritos de cientistas, técnicos, artistas, filósofos, políticos, etc., citados em discurso direto, discurso indireto ou discurso segundo. No caso de citação em discurso indireto, menciona-se o nome da pessoa e faz-se um resumo de suas ideias. Quando transcrita em discurso direto, a citação deve vir entre aspas, com a indicação do autor. Em discurso segundo, usam-se expressões como *segundo fulano, de acordo com fulano*... e faz-se um resumo de suas ideias. Veja um exemplo:

> Michel de Montaigne (1533-1592) era um admirador de Sócrates, e não apenas por motivos intelectuais. "Não há nada mais notável em Sócrates do que ele ter encontrado tempo para aprender a dançar", dizia. O filósofo francês não admitiria o ritmo de vida de um profissional do século 21, multitarefa e sem tempo para nada. "Quando eu danço, eu danço; quando eu durmo, eu durmo", escreveu. "Numa época em que os pensadores valorizavam os escritos longos e difíceis, Montaigne passou a fazer textos curtos. Ele queria resgatar a ideia da filosofia da Antiguidade de guia para a vida das pessoas comuns", afirma o historiador de filosofia Thomas Dixon, professor da Universidade de Londres [...].
>
> (Tiago Cordeiro e André Bergamin. *Galileu*, abril 2012, p. 41.)

Argumentos de presença

Consistem em ilustrar com histórias, lendas ou parábolas a tese que se quer defender. No texto a seguir, sobre a gravidez na adolescência, o autor ilustrou sua tese com a história de nossas avós:

> Nossas avós casavam-se aos 15 ou 16 anos e começavam a procriar, nunca ocorrendo a ninguém daquela época que isso pudesse ser um problema, pois essas gestações eram desejadas. [...]
>
> (Nelson Vitiello. *Pais & Teens*, ano 2, nº 3.)

Argumentos de retorção

O autor utiliza os próprios argumentos do interlocutor para destruí-los. Drauzio Varella, para combater o argumento de algumas pessoas segundo as quais haveria maior segurança na sociedade "se nossa polícia fosse bem paga, treinada e aparelhada de modo a mandar para atrás das grades todos os bandidos", usa argumento de retorção:

> Não sejamos ridículos [...] Os recursos para mantê-los viriam do aumento dos impostos? Dos cortes nos orçamentos da educação e da saúde?
>
> (*Folha de S. Paulo*, 25/2/2012.)

Ao estruturar um texto dissertativo-argumentativo, convém diversificar os tipos de argumento. Porém, mais importante do que a diversidade e a quantidade dos argumentos, é a utilização de argumentos fortes e bem-fundamentados, que possam, de fato, persuadir o leitor.

TIPOS DE CONCLUSÃO DO TEXTO DISSERTATIVO-ARGUMENTATIVO

A conclusão de um texto dissertativo-argumentativo geralmente ocupa o último ou os dois últimos parágrafos do texto. Ela pode ser construída a partir de pelo menos cinco procedimentos básicos, relacionados a seguir.

Síntese

> Os frutos do programa são inegáveis hoje. A experiência já serviu de modelo para outras partes do mundo. As críticas de que não vingaria dado o seu cunho demagógico caíram por terra após um trabalho sistemático de combate aos desvios e irregularidades. E, em grande medida, por conta da iniciativa, o País viveu uma alavancagem econômica com a chegada ao mercado de milhões de novos compradores.
>
> ("Os emergentes do Bolsa Família". *IstoÉ*, 26/10/2011.)

Nesse parágrafo, o autor faz uma síntese dos aspectos que abordou no desenvolvimento do texto, salientando os resultados positivos do programa Bolsa Família. Observe que os argumentos não são retomados por inteiro, pois isso tornaria o texto repetitivo. A retomada, nesse caso, deve ser feita de forma sintética, evitando-se a mera repetição de palavras e frases.

Embora não seja obrigatório, é comum haver um elemento de coesão entre as demais partes do texto e a conclusão. Às vezes, esse elemento fica subentendido, como ocorreu no parágrafo acima, que poderia ter sido introduzido por um elemento coesivo, como *assim, portanto, desse modo, diante disso, nesse sentido,* entre outros.

Agregação

> Talvez o século XX tenha sido o que mais evidenciou o poder da imagem. Os meios de comunicação de massa serviram a interesses de governos autoritários. O nazismo lançou mão de todo um aparato de propaganda para insuflar a população e difundir suas crenças e ideias. Assim o fizeram tantos outros, como os EUA por meio de Disney, de Hollywood e do "american way of life". Assim o fazem as grandes corporações contemporâneas, elegendo e difundindo ícones e símbolos para gravar suas marcas em nossas cabeças. E assim, de imagem a imagem, caminha a humanidade.
>
> (Candidato da Fuvest. Disponível em: http://www.fuvest.br/vest2010/bestred/106820.jpg. Acesso em: 23/7/2012.)

Bloomberg/Getty Images

Nesse tipo de conclusão, finaliza-se com uma palavra ou frase que tenha um valor mais abrangente, isto é, apresenta-se uma ideia capaz de reunir todos os aspectos abordados anteriormente.

Na conclusão acima, o autor amplia sua análise sobre o poder da imagem no século XX, desmembrando sua ação em três frentes: a política, a ideológica e a do consumo.

Proposta

Privatizar a escola brasileira não resolve. O que precisamos fazer é torná-la efetivamente pública, de modo que ela passe a atender às necessidades do país e dos alunos que a frequentam. Precisamos parar de pensar nossa educação em termos ideológicos ou mágicos, acreditando em balas de prata, planos nacionais, cláusulas de financiamento ou outras soluções mirabolantes. Não há decreto que resolva. A máquina é complexa e cheia de enguiços. Ou arregaçamos as mangas e mexemos nas engrenagens defeituosas, ou continuaremos nos lamentando.

(Gustavo Ioschpe. "As escolas não são públicas". E privatizar não resolve. *Veja*, 27/6/2012.)

Nesse tipo de conclusão, o autor faz propostas ou sugestões para que o problema em análise seja resolvido. Quanto mais concretas forem as propostas, evitando-se sugestões vagas, como "É preciso que todos tomem consciência", ou "Somente quando cada um de nós fizer sua parte", mais persuasivo será o texto como um todo.

No texto acima, em que se discute a privatização das escolas públicas, o autor posiciona-se contra a adoção da medida e sugere que a escola pública deve, antes, tornar-se pública, ou seja, atender, de fato, às necessidades de pais e alunos, e complementa afirmando, de forma metafórica, que é necessário trabalhar com a realidade concreta da educação, sem planos fora da realidade.

Pergunta

Mas, se o futuro é a orientação ideal, não deve ser a única. É preciso valorizar as tradições, que nos fizeram quem somos. Também cabe um hedonismo: ao lado do acelerador está o freio, para que o dia tenha duas dúzias de horas e o ano não passe em branco. Falar nisso, o Natal já tá aí — como vai ser o seu?

(Emiliano Urbim. "Mercado do tempo". *Superinteressante*, nº 285.)

Nesse tipo de conclusão, a pergunta é puramente retórica, pois sua resposta, direta ou indiretamente, já foi apresentada. No texto de que faz parte a conclusão acima, por exemplo, o leitor é orientado a viver com rapidez, estudando, poupando e planejando seu futuro. A conclusão, porém, faz uma ressalva, incentivando-o a ter, também, momentos de lazer, e, na pergunta, apresenta uma síntese dessa ideia.

Surpresa

Ou, numa mistura maligna de arrogância e ignorância — talvez simplesmente porque não temos nada melhor a fazer —, vamos deletar as palavras que nos incomodam, os costumes que nos irritam, as pessoas que nos atrapalham e, quem sabe, iniciar uma campanha de queima de livros. De autores, seria um segundo passo. E assim caminhará para trás, velozmente, o que temos de humanidade.

(Lya Luft. "Vamos queimar os dicionários." *Veja*, 14/3/2012.)

Laerte Silvino

Nesse texto, no qual é discutida a censura a um dicionário por trazer o sentido pejorativo da palavra *cigano*, a autora, de forma irônica, enumera uma série de ações para abolir tudo o que nos incomoda.

Na conclusão-surpresa, além da ironia e do humor, pode haver a citação de escritores, filósofos, estadistas, compositores e outros, de forma literal ou em forma de paródia. Pode haver também uma pequena história, uma piada, um pensamento que ilustre tudo o que se desenvolveu ou atribua novos sentidos ao texto.

PRODUZINDO O TEXTO DISSERTATIVO-ARGUMENTATIVO

Thinkstock

As ferramentas digitais estão presentes, atualmente, em todas as áreas das atividades humanas. Assim, será que um jovem pode, hoje, viver bem sem ter acesso a essas ferramentas? Ele poderá competir em igualdade de condições no mundo da escola e do trabalho? Qual é o papel do Estado em relação aos milhares de jovens que ainda estão excluídos da "era da informática"?

A fim de colher informações para realizar um debate e produzir um texto dissertativo-argumentativo sobre a inclusão digital dos jovens, leia trechos de uma entrevista dada pela professora da Universidade Federal do Rio Grande do Sul, Léa da Cruz Fagundes, pioneira no uso da informática educacional no Brasil.

[...]

A senhora coordena programas ligados à inclusão digital em escolas públicas. Que lições tirou dessa experiência?

Na década de 1980, descobri que o computador é um recurso "para pensar com", e que os alunos aprendem mais quando ensinam à máquina. Em escolas municipais de Novo Hamburgo, crianças programaram processadores de texto quando ainda não existiam os aplicativos do Windows, produziram textos de diferentes tipos, criaram protótipos em robótica e desenvolveram projetos gráficos. Hoje, encontro esses meninos em cursos de ciência da computação, mecatrônica, engenharia e outras áreas. Na Escola Parque, que atendia meninos de rua em Brasília, a informática refletiu na formação da garotada, melhorando sua autoestima e evidenciando o desempenho de pessoas socialmente integradas. Alguns desses garotos foram contratados como professores e outros como técnicos.

Os alunos da rede pública têm o mesmo desempenho no uso da informática que os de escolas particulares e bem equipadas?

Sim. A tese de doutorado que defendi em 1986 me permitiu comprovar o funcionamento dos mecanismos cognitivos durante a construção de conhecimentos. Nos anos 1990 iniciei as experiências de conexão e confirmei uma das minhas hipóteses: as crianças pobres consideradas de pouca inteligência pelas escolas, quando se conectam e se comunicam no ciberespaço, apresentam as mesmas possibilidades de desenvolvimento que os alunos bem-atendidos e saudáveis.

A educação brasileira pode vencer a exclusão digital?

Há excelentes condições para que isso aconteça. No Brasil já temos mais de 20 anos de estudos e experiências sobre a introdução de novas tecnologias digitais na escola pública. Esses dados estão disponíveis. O Ministério da Educação vem criando projetos nacionais com apoio da maioria dos estados, como o Programa Nacional de Informática Educativa (Proninfe) e o Programa Nacional de Informática na Educação (Proinfo). Muitas organizações sociais e comunitárias também colaboram nesse processo.

Thinkstock/Getty Images

O que mais emperra o uso sistemático da informática nas escolas públicas?

A falta de continuidade dos programas existentes nas sucessivas administrações. Não se pode esperar que educadores e gestores tomem a iniciativa se o estado e a administração da educação não garantem a infraestrutura nem sustentam técnica, financeira e politicamente o processo de inovação tecnológica.

Como o computador pode contribuir para a melhoria da educação?
Inclusão digital não é só o amplo acesso à tecnologia, mas a apropriação dela na resolução de problemas. Veja a questão dos baixos índices de alfabetização e de letramento, por exemplo. Uma solução para melhorá-los seria levar os alunos a sentir o poder de se comunicar rapidamente em grandes distâncias, ter ideias, expressá-las como autores e publicar seus escritos no mundo virtual.

[...]

(Disponível em: http://revistaescola.abril.com.br/politicas-publicas/planejamento-e-financiamento/podemos-vencer-exclusao-digital-425469.shtml. Acesso em: 18/7/2012.)

Opinando e debatendo

Com base na entrevista lida e em outros textos, participe com a classe de um debate sobre o tema *A inclusão digital*, discutindo, entre outras, estas questões:

Liz Gregg/Photodisc/Getty Images

- O futuro dos excluídos da "era digital"
- Inclusão digital e sucesso nos estudos
- Inclusão digital e sucesso profissional
- A inclusão digital e o desenvolvimento do país
- O papel do Estado na inclusão digital
- Inclusão digital e inclusão social

Para a realização do debate, reveja as orientações dadas na página 136.

Anote as ideias mais importantes apresentadas no debate, pois elas lhe serão úteis para a produção do texto escrito.

Produzindo o texto

Após o debate, planeje os procedimentos para a produção de um texto dissertativo-argumentativo sobre o tema: *Inclusão digital: para quê?*.

Ao redigir, escolha um dos tipos de introdução estudados, levando em conta o que você considerar mais conveniente para organizar seu texto.

Planejamento do texto dissertativo-argumentativo

- Decida, com a classe e o professor, uma possível situação de circulação para a dissertação. Uma possibilidade é sua publicação no *blog* ou no mural da classe, mas pensem em outras opções.
- Decidido o suporte, pense no perfil dos leitores, que provavelmente serão, na maioria, jovens como você. A linguagem deve estar de acordo com a norma-padrão e adequada ao gênero e ao perfil público do leitor.
- Tome uma posição sobre o tema e deixe claro o seu ponto de vista já nos primeiros parágrafos.

- Inicie o texto a partir de um dos tipos de introdução estudados: formulação de uma tese a partir de uma declaração inicial, interrogação, exemplo, citação e roteiro. Deixe claro na introdução a tese que pretende desenvolver.
- Ao redigir, organize o texto em parágrafos. A introdução pode corresponder a um parágrafo ou, no máximo, dois. Cada um dos argumentos pode corresponder a um parágrafo. Se um argumento for amplo e envolver mais de um aspecto, é possível desenvolvê-lo em dois parágrafos. Para a conclusão, geralmente se destina o último parágrafo.
- Procure desenvolver argumentos baseados em ideias consistentes e claras.
- Utilize o tipo de conclusão mais adequado para seu texto: do tipo síntese, que retoma as ideias do texto, ou do tipo proposta, ou do tipo que faz uma citação, ou outro que imaginar.
- Empregue uma linguagem de acordo com a norma-padrão, mas leve em conta sua adequação ao perfil do público.
- Dê um título sugestivo ao texto.

Revisão e reescrita

Antes de fazer a versão final de seu texto dissertativo-argumentativo, releia-o, observando:

- se você se ateve ao tema proposto e posicionou-se claramente sobre ele;
- se o texto apresenta uma tese, se ela resume seu ponto de vista e é fundamentada em argumentos claros, consistentes e bem-desenvolvidos;
- se a conclusão retoma e confirma o ponto de vista defendido, apresenta uma proposta, faz uma citação ou é de outro tipo;
- se o título dado ao texto é, além de sugestivo, coerente com as ideias desenvolvidas;
- se o texto como um todo é persuasivo;
- se a linguagem está de acordo com a norma-padrão da língua e com grau de formalidade adequado ao perfil do público.

Faça as alterações necessárias e passe o texto a limpo.

Tetra images/Getty Images

CAPÍTULO 39

A redação no Enem e nos vestibulares

TRABALHANDO O GÊNERO

Hoje, nas provas de redação do Enem e dos principais vestibulares do país, existem duas tendências quanto ao que solicitar aos alunos. Há os exames que pedem exclusivamente uma dissertação, ou um texto dissertativo-argumentativo, e há os que solicitam a produção de determinados gêneros do discurso, que podem variar de um ano para outro.

A exigência da dissertação é a mais tradicional. A prova de redação do Enem, por exemplo, invariavelmente tem solicitado a produção de um texto dissertativo desde que o exame foi criado, em 1988. Alguns vestibulares oferecem mais de uma opção; por exemplo, a produção de uma dissertação, de uma carta e de uma narrativa. E há outros exames, alinhados com as mais recentes teorias do ensino de produção textual, que solicitam a produção de gêneros do discurso, geralmente os argumentativos, como a carta de reclamação, a carta de solicitação, a carta aberta, o editorial, o artigo de opinião. Mas também tem havido a solicitação de resumo, de relato pessoal, de reportagem, entre outros gêneros.

A DISSERTAÇÃO E AS CINCO COMPETÊNCIAS AVALIADAS PELO ENEM NA PRODUÇÃO DE TEXTO

Veja, no quadro comparativo abaixo, a correspondência entre as competências gerais avaliadas pelo Enem e as avaliadas especificamente na produção de texto.

PARTE OBJETIVA	REDAÇÃO
I. Dominar a norma culta da Língua Portuguesa e fazer uso das linguagens matemática, artística e científica.	I. Demonstrar domínio da norma culta da língua escrita.
II. Construir e aplicar conceitos das várias áreas do conhecimento para a compreensão de fenômenos naturais, de processos histórico-geográficos, da produção tecnológica e das manifestações artísticas.	II. Compreender a proposta de redação e aplicar conceitos das várias áreas de conhecimento para desenvolver o tema, dentro dos limites estruturais do texto dissertativo-argumentativo.
III. Selecionar, organizar, relacionar, interpretar dados e informações representados de diferentes formas, para tomar decisões e enfrentar situações-problema.	III. Selecionar, relacionar, organizar e interpretar informações, fatos, opiniões e argumentos em defesa de um ponto de vista.
IV. Relacionar informações, representadas em diferentes formas, e conhecimentos disponíveis em situações concretas, para construir argumentação consistente.	IV. Demonstrar conhecimento dos mecanismos linguísticos necessários para a construção da argumentação.
V. Recorrer aos conhecimentos desenvolvidos na escola para elaboração de propostas de intervenção solidária na realidade, respeitando os valores humanos e considerando a diversidade sociocultural.	V. Elaborar proposta de solução para o problema abordado, mostrando respeito aos valores humanos e considerando a diversidade sociocultural.

(Disponível em: www.enem.inep.gov.br/index.php?option=com_content&task=view&id=18&Itemid=28.)

Você vai ler a seguir uma redação de aluno que obteve nota 10 no exame do Enem. Antes, porém, leia a proposta oferecida aos alunos.

Proposta de redação

Uma vez que nos tornamos leitores da palavra, invariavelmente estaremos lendo o mundo sob a influência dela, tenhamos consciência disso ou não. A partir de então, mundo e palavra permearão constantemente nossa leitura e inevitáveis serão as correlações, de modo intertextual, simbiótico, entre realidade e ficção.

Lemos porque a necessidade de desvendar caracteres, letreiros, números faz com que passemos a olhar, a questionar, a buscar decifrar o desconhecido. Antes mesmo de ler a palavra, já lemos o universo que nos permeia: um cartaz, uma imagem, um som, um olhar, um gesto. São muitas as razões para a leitura. Cada leitor tem a sua maneira de perceber e de atribuir significado ao que lê.

Inajá Martins de Almeida. "O ato de ler". Internet: <www.amigosdolivro.com.br> (com adaptações).

Jupiter Unlimited/Other Images

Minha mãe muito cedo me introduziu aos livros. Embora nos faltassem móveis e roupas, livros não poderiam faltar. E estava absolutamente certa.

Entrei na universidade e tornei-me escritor. Posso garantir: todo escritor é, antes de tudo, um leitor.

Moacyr Scliar. "O poder das letras". In: *TAM Magazine*, jul./2006, p. 70 (com adaptações).

Existem inúmeros universos coexistindo com o nosso, neste exato instante, e todos bem perto de nós. Eles são bidimensionais e, em geral, neles imperam o branco e o negro.

Estes universos bidimensionais que nos rodeiam guardam surpresas incríveis e inimagináveis! Viajamos instantaneamente aos mais remotos pontos da Terra ou do Universo; ficamos sabendo os segredos mais ocultos de vidas humanas e da natureza; atravessamos eras num piscar de olhos; conhecemos civilizações desaparecidas e outras que nunca foram vistas por olhos humanos.

Estou falando dos universos a que chamamos de livros. Por uns poucos reais podemos nos transportar a esses universos e sair deles muito mais ricos do que quando entramos.

<www.amigosdolivro.com.br> (com adaptações).

Considerando que os textos apresentados têm caráter apenas motivador, redija um texto dissertativo a respeito do seguinte tema:

O poder de transformação da leitura.

Ao desenvolver o tema proposto, procure utilizar os conhecimentos adquiridos e as reflexões feitas ao longo de sua formação. Selecione, organize e relacione argumentos, fatos e opiniões para defender seu ponto de vista e suas propostas, sem ferir os direitos humanos.

Observações:

- Seu texto deve ser escrito na modalidade padrão da língua portuguesa.
- O texto não deve ser escrito em forma de poema (versos) ou narração.
- O texto deve ter, no mínimo, 15 (quinze) linhas escritas.

[...]

Quadro negro

Se para Monteiro Lobato um país se faz de homens e livros, para os governantes diferente não poderia ser. O papel da leitura na formação de um indivíduo é de notória importância. Basta-nos observar a relevância da escrita até mesmo na marcação histórica do homem, que destaca, por tal motivo, a pré-história.

Em uma esfera mais prática, pode-se perceber que nenhum grande pensador fez-se uma exceção e não deixou seu legado através da escrita, dos seus livros, das anotações. Exemplos não são escassos: de Aristóteles a Nietzsche, de Newton a Ohm, sejam pergaminhos fossilizados ou produções da imprensa de Gutenberg, muito devemos a esses escritos. Desta forma, iniciarmos o nosso processo de transforma-

Competência I – O texto apresenta um registro adequado a uma situação formal de produção de texto escrito. Apesar de alguns poucos deslizes quanto ao domínio da norma-padrão – por exemplo, a falta de paralelismo em "sejam pergaminhos fossilizados ou (sejam) produções..."; a seleção vocabular inadequada em "grande efeito colateral" (em vez de "uma importante consequência", por exemplo) e falta de revisão no uso da palavra *iniciarmos* em vez de *iniciamos* –, no geral o texto apresenta domínio da língua escrita quanto à sintaxe de concordância, regência e colocação, pontuação, flexão e ortografia.

Competência II – O texto aborda adequadamente o tema proposto, procurando mostrar o relevante papel da leitura na formação do indivíduo. Para isso utiliza informações de diferentes áreas do conhecimento, citando, por exemplo, um escritor (Monteiro Lobato), dois filósofos (Nietzsche e Descartes) e dois cientistas (Newton e Ohm). O texto foi produzido em prosa, do tipo dissertativo-argumentativo, conforme solicitado.

ção adquirindo tamanha produção intelectual que nos é disponibilizada.

A aquisição de ideias pelo ser humano apresenta um grande efeito colateral: a reflexão. A leitura é capaz de nos oferecer o poder de questionar, sendo a mesma frequente em nossas vidas. Outrossim, é impossível que a nossa visão do mundo ao redor não se modifique com essa capacidade adquirida.

Embora a questão e a dúvida sejam de extrema importância a um ser pensante, precisam ter um curto prazo de validade. A necessidade de resposta nos é intrínseca e gera novas ideias, fechando, assim, um círculo vicioso, o qual nos integra e nunca terminamos de transformar e sermos transformados.

A leitura é a base para o desenvolvimento e a integração na sociedade e na vida, porquanto viver não é apenas respirar. Se Descartes estiver certo, é preciso pensar. Pensando, poderemos mudar o quadro negro do país e construir o Brasil de Monteiro Lobato: quadro-negro apenas na sala de aula, repleto de ideias, pensamentos, autores, repleto de transformação e de vida.

http://www.enem.inep.gov.br/index.php?option=com_content&task=view&id=64&Itemid=99.

Competência III – O texto apresenta boa seleção de argumentos e organiza-os e relaciona-os adequadamente para defender o ponto de vista do autor. No 2º parágrafo, usa como argumento o legado cultural transmitido pela escrita; no 3º parágrafo, o argumento é a capacidade de reflexão, propiciada pela leitura; e, no 4º parágrafo, o argumento é o papel transformador da leitura. Esses argumentos estão de acordo com a tese proposta no 1º parágrafo e fundamentam-na adequadamente.

Competência IV – Utiliza recursos coesivos da modalidade escrita, com vistas à adequada articulação dos argumentos, fatos e opiniões. Utiliza mecanismos linguísticos responsáveis pela construção da argumentação: coesão, coerência, tempos verbais, etc. É o papel de palavras como *outrossim*, *embora*, *assim* e do emprego de conjunção condicional para abrir e para fechar o texto.

Competência V – Na conclusão do texto, a própria leitura afigura-se como um verdadeiro instrumento de intervenção e transformação social.

EXERCÍCIOS

Leia outra redação do Enem, que também recebeu nota 10, e reúna-se em grupo para responder às questões propostas.

Quando o sol da cultura está baixo, até os mais ínfimos seres emitem luz

Marcel Proust, grande escritor e exemplo máximo de uma vida dedicada unicamente à leitura e à literatura, disse em seus escritos "cada leitor, quando lê, é um leitor de si mesmo". O que Proust evidencia nessa frase deixa em aberto uma série de interpretações que podem ser realizadas a partir do hábito entusiástico e não visto como uma obrigação, pela leitura.

Estar em contato com o universo das palavras e nele encontrar uma atividade prazerosa, ao mesmo tempo que nos leva a absorver todo o conhecimento exterior, também nos conduz a uma busca de tudo que representa algo de nós mesmos nesse conhecimento que chega até nós. Em cada nova leitura, ocorre algo semelhante a uma lapidação de nossos desejos e predileções.

Os livros constituem um tipo de transporte de conhecimento diferente da televisão por exemplo, onde as informações são transmitidas a todo o momento, e para tal, só precisa de nossa permissão para a passagem de suas imagens através de nosso córtex. O nível de saber que podemos extrair de um livro possui o mesmo limite de nossa vontade de fazê-lo. E, ao contrário das informações "prontas" da televisão, temos a total liberdade de interpretação, o que confere o aperfeiçoamento do nosso senso crítico e o melhoramento de como nos posicionamos diante do mundo.

O hábito da leitura não possui caráter elitista e nem está associado ao poder aquisitivo. Em qualquer cidade, por menor que seja, há uma biblioteca, basta que tenhamos interesse em desvendar todo o mistério contido nela. Ao ler, nos tornamos mais cultos, mais seguros de nossas convicções, nos expressamos e escrevemos melhor. Medidas públicas devem ser realizadas para garantir essa acessibilidade e assim, seus respectivos países possam brilhar, iluminados pelo sol da cultura.

(Disponível em: www.webvestibular.com.br/redacao/modelo_de_redacao_06.htm. Acesso em: 25/7/2012.)

1. O texto apresenta domínio da norma culta e está de acordo com o registro formal da língua escrita? Justifique a resposta com exemplos.

2. O tema foi compreendido e abordado adequadamente? Os dados foram analisados e inter-relacionados?

3. Qual é o ponto de vista defendido pelo autor? Os argumentos o fundamentam adequadamente?

4. O texto apresenta bons recursos coesivos próprios da modalidade escrita? Dê exemplos.

5. A conclusão apresenta proposta de caráter social?

6. A redação apresenta as cinco capacidades específicas avaliadas pelo Enem? Há alguma observação a fazer?

PAINEL DE TEXTOS COMO TEMA DE REDAÇÃO

No exame do Enem e nos vestibulares atuais, a proposta de produção de texto raramente é feita a partir de uma palavra ou de uma única frase, como ocorria nos exames vestibulares do passado.

Atualmente, o mais comum é ser oferecido ao estudante um painel de textos com diferentes pontos de vista sobre certo assunto e pedido a ele que escreva um texto com base nas ideias apresentadas no painel e em suas próprias ideias.

Nessas situações, é necessário que o estudante leia atentamente os textos, perceba qual o posicionamento de cada um dos autores a respeito do tema e reconheça os argumentos que sustentam o ponto de vista apresentado. Depois, ele próprio deverá se posicionar em relação ao tema, definindo o ponto de vista que vai defender, e reunir argumentos para sustentá-lo.

Veja, como exemplo, este tema de redação do Enem:

Leia com atenção os seguintes textos:

Caco Galhardo, 2001.

Os programas sensacionalistas do rádio e os programas policiais de final da tarde em televisão saciam curiosidades perversas e até mórbidas tirando sua matéria-prima do drama de cidadãos humildes que aparecem nas delegacias como suspeitos de pequenos crimes. Ali, são entrevistados por intimidação. As câmeras invadem barracos e cortiços, e gravam sem pedir licença a estupefação de famílias de baixíssima renda que não sabem direito o que se passa: um parente é suspeito de estupro, ou o vizinho acaba de ser preso por tráfico, ou o primo morreu no massacre de fim de semana no bar da esquina. A polícia chega atirando; a mídia chega filmando.

Eugênio Bucci. *Sobre ética e imprensa*. São Paulo: Companhia das Letras, 2000.

Quem fiscaliza [a imprensa]? Trata-se de tema complexo porque remete para a questão da responsabilidade não só das empresas de comunicação como também dos jornalistas. Alguns países, como a Suécia e a Grã-Bretanha, vêm há anos tentando resolver o problema da responsabilidade do jornalismo por meio de mecanismos que incentivam a autorregulação da mídia.

http://www.eticanatv.org.br. Acesso em 30/5/2004.

No Brasil, entre outras organizações, existe o *Observatório da Imprensa* – entidade civil, não governamental e não partidária –, que pretende acompanhar o desempenho da mídia brasileira. Em sua página eletrônica, lê-se:

> Os meios de comunicação de massa são majoritariamente produzidos por empresas privadas cujas decisões atendem legitimamente aos desígnios de seus acionistas ou representantes. Mas o produto jornalístico é, inquestionavelmente, um serviço público, com garantias e privilégios específicos previstos na Constituição Federal, o que pressupõe contrapartidas em deveres e responsabilidades sociais.

http://www.observatorio.ultimosegundo.ig.com.br (adaptado). Acesso em 30/5/2004.

Incisos do Artigo 5º da Constituição Federal de 1988:

IX – é livre a expressão da atividade intelectual, artística, científica e de comunicação, independentemente de censura ou licença;

X – são invioláveis a intimidade, a vida privada, a honra e a imagem das pessoas, assegurado o direito a indenização pelo dano material ou moral decorrente de sua violação.

Com base nas ideias presentes nos textos acima, redija uma dissertação em prosa sobre o seguinte tema:

Como garantir a liberdade de informação e evitar abusos nos meios de comunicação?

Ao desenvolver o tema proposto, procure utilizar os conhecimentos adquiridos e as reflexões feitas ao longo de sua formação. Selecione, organize e relacione argumentos, fatos e opiniões para defender seu ponto de vista e suas propostas.

Observações:

- Seu texto deve ser escrito na modalidade culta da língua portuguesa.
- O texto não deve ser escrito em forma de poema (versos) ou narração.
- O texto deverá ter no mínimo 15 (quinze) linhas escritas.

[...]

O tema da redação é explicitado pela pergunta em negrito: "Como garantir a liberdade de informação e evitar abusos nos meios de comunicação?".

Os cinco textos apresentados no painel abordam o tema sob quatro aspectos:

- a baixa qualidade da tevê (cartum);
- a invasão da privacidade e a violação dos direitos do cidadão (texto 2);
- a necessidade de fiscalizar a atuação dos órgãos de comunicação, que, por um lado, prestam um serviço público, mas, por outro, como empresas privadas, atendem aos interesses de seus respectivos donos (textos 3 e 4);
- o que prescrevem as leis quanto à liberdade de imprensa e quanto aos direitos do cidadão em relação à sua privacidade, sua imagem pública, etc. (texto 5).

Para tomar uma posição própria sobre o tema, o aluno deve, nesse caso, levar em conta a competência de número 5 proposta pelo Enem:

> Elaborar proposta de solução para o problema abordado, mostrando respeito aos valores humanos e considerando a diversidade sociocultural.

Fabio R. Martins/Albany

Uma posição que respeite os direitos humanos não pode ser, evidentemente, contrária à liberdade de expressão. Logo, para ser coerente com uma posição cidadã e democrática e não ferir o que prescreve a própria Constituição, o estudante não poderia apresentar, por exemplo, uma proposta de censura prévia a todos os meios de comunicação. O posicionamento esperado, nesse caso, é aquele que aponta saídas ou soluções que garantam tanto a liberdade de imprensa quanto os direitos do cidadão.

No tema do Enem examinado, os textos apresentam ideias coincidentes. Mas nem sempre isso ocorre. Às vezes, o painel reúne textos com ideias opostas. Nesse caso, o estudante deve se posicionar diante do tema e, se for o caso, combater, com argumentos próprios, o ponto de vista defendido no texto de cujas ideias discorda.

OS GÊNEROS DO DISCURSO NA REDAÇÃO DO VESTIBULAR

A proposta de produção de determinado gênero do discurso nas provas de redação dos exames vestibulares está naturalmente vinculada a uma situação artificial própria de exames – isto é, o leitor do texto não será o destinatário real daquele tipo de gênero, mas um ou dois examinadores contratados para avaliar o texto. Mesmo assim, convém que o aluno leve em conta os aspectos verbais e extraverbais que caracterizam a *situação de produção* própria do gênero solicitado. Quer dizer, a linguagem deve estar de acordo com aquela que é utilizada nesse gênero (por exemplo, com menor ou maior grau de formalidade), com o perfil do leitor a que o texto se destina (por exemplo, uma autoridade, um membro da família, um amigo, etc.) e com o suporte em que ele vai ser veiculado (por exemplo, se vai ser lido na televisão ou publicado em um jornal jovem, etc.).

Veja, como exemplo, a seguinte proposta de produção de texto apresentada em exame da UFG-GO.

Instruções

A prova de redação apresenta três propostas de construção textual. Para produzir o seu texto, você deve escolher um dos gêneros indicados abaixo:

A – Discurso de formatura

B – Biografia

C – Carta de solicitação

O tema é único para os três gêneros e deve ser desenvolvido segundo a proposta escolhida. A fuga do tema anula a redação. A leitura da coletânea é obrigatória. Ao utilizá-la, você não deve copiar trechos ou frases sem que essa transcrição esteja a serviço do seu texto. Independentemente do gênero escolhido, o seu texto **não** deve ser assinado.

Tema

O papel da arte na vida cotidiana: utilitário e/ou estético?

Coletânea

1. Estética. S. f. 1. Estudo das condições e dos efeitos da criação artística. 2. Tradicionalmente, estudo racional do belo, quer quanto à possibilidade da sua conceituação, quer quanto à diversidade de emoções e sentimentos que ele suscita no homem. 3. Caráter estético; beleza.

Utilitário. Adj. 1. Relativo à utilidade. 2. Que tenha utilidade ou interesse, particular ou geral, como fim principal de seus atos.

FERREIRA, A. B. H. *Novo Aurélio Século XXI*: o dicionário da língua portuguesa. 3. ed. Rio de Janeiro: Nova Fronteira, 1999. p. 834 e 2030.

2. O universo da arte caracteriza um tipo particular de conhecimento que o ser humano produz a partir de perguntas fundamentais que desde sempre se fez com relação ao seu lugar no mundo. [...] Ciência e arte são, assim, produtos que expressam as representações imaginárias das distintas culturas, que se renovam através dos tempos, construindo o percurso da história humana. [...] Apenas o ensino criador, que favoreça a integração entre a aprendizagem racional e estética dos alunos, poderá contribuir para o exercício conjunto complementar da razão e do sonho, no qual conhecer é também maravilhar-se, divertir-se, brincar com o desconhecido, arriscar hipóteses ousadas, trabalhar duro, esforçar-se e alegrar-se com descobertas. [...] A obra de arte situa-se no ponto de encontro entre o particular e o universal da experiência humana.

"Até mesmo asa branca / Bateu asas do sertão / Então eu disse adeus Rosinha / Guarda contigo meu coração" (Luís Gonzaga e Humberto Teixeira).

No exemplo da canção "Asa Branca", o voo do pássaro (experiência humana universal) retrata a figura do retirante (experiência particular de algumas regiões). Cada obra de arte é, ao mesmo tempo, um produto cultural de uma determinada época e uma criação singular da imaginação humana cujo valor é universal. [...] Quando Guimarães Rosa escreveu: "Nuvens, fiapos de sorvete de coco", criou uma forma artística na qual a metáfora, uma maneira especial de utilização da linguagem, reuniu elementos que, na realidade, estavam separados, mas se juntaram numa frase poética pela ação criadora do artista. Nessa apreciação estética importa não apenas o exercício da habilidade intelectiva mas, principalmente, que o leitor seja capaz de se deixar tocar sensivelmente para poder perceber, por exemplo, as qualidades de peso, luz, textura, densidade e cor contidas nas imagens de nuvens e fiapos de sorvete de coco [...]. A significação não está, portanto, na obra, mas na interação complexa de natureza primordialmente imaginativa entre a obra e o espectador.

PARÂMETROS Curriculares Nacionais: arte. Secretaria de Educação Fundamental. Brasília: MEC-SEF, 1997. p. 32-40.

3. [...] a instalação de um objeto em museus transforma-o em arte. A colher de pau de minha avó, o porta-garrafas, a roda de bicicleta, o mictório de Duchamps, colocados em pedestal ou vitrina, permitem a eclosão de sentimentos de intuições evocadoras [...] note-se que esses objetos perderam sua função utilitária: "artística", a colher de pau deixou de fazer sabão. Sua transformação em arte acarretou o gratuito: ela não faz mais parte de um sistema racional de utilidade. E, livre, o supérfluo emerge como essencial.

Mas, fruto de gesto gratuito, a arte possui uma existência frágil, pois não é necessária. Podemos constatar em nossa cultura dois registros diferentes que a alimentam. Num deles, o objeto artístico encontra-se instalado no interior de funções econômicas ou sociais: embora enquanto arte o objeto continue sendo não utilitário, enquanto elemento de um vasto mecanismo é empregado para outros fins. Esse emprego garante-lhe a sobrevivência. No outro registro, o objeto artístico reduz-se à gratuidade; esvaziado de toda função, ele depende de uma assistência ao mesmo tempo intencional e artificial, provocada unicamente pelo seu prestígio de ser arte.

COLI, J. *O que é arte*. São Paulo: Brasiliense, 1997. p. 88-90. (Coleção Primeiros Passos, n. 46).

4. Confesso que, espontaneamente, nunca me coloquei esta questão: para que serve a arte? Desde menino, quando vi as primeiras estampas coloridas no colégio (que estavam muito longe de serem obras de arte) deixei-me encantar por elas a ponto de querer copiá-las ou fazer alguma coisa parecida.

Não foi diferente minha reação quando li o primeiro conto, o primeiro poema e vi a primeira peça teatral. Não se tratava de nenhum Shakespeare, de nenhum Sófocles, mas fiquei encantado com aquilo. Posso deduzir daí que a arte me pareceu tacitamente necessária. Por que iria eu indagar para que serviria ela, se desde o primeiro momento me tocou, me deu prazer? [...] Na verdade, a arte – em si – não serve para nada. Claro, a arte dos vitrais servia para acentuar a atmosfera mística das igrejas e os afrescos as decoravam como também aos palácios. Mas não residia nesta função a razão fundamental dessas obras e, sim, na sua capacidade de deslumbrar e comover as pessoas. Portanto, se me perguntam para que serve a arte, respondo: para tornar o mundo mais belo, mais comovente e mais humano.

GULLAR, F. A beleza do humano, nada mais. Disponível em: <http://ondajovem.terra.com.br/arquivodownload/%7B42535240-caba>, p. 28. Acesso em: 7 maio 2009.

5. Bem, e qual é o significado da arte? Para começar, podemos dizer que ela provoca, instiga, estimula nossos sentidos, de forma a descondicioná-los, isto é, a retirá-los de uma ordem preestabelecida, sugerindo ampliadas possibilidades de viver e de se organizar no mundo. Como escreve o poeta Manoel de Barros: "Para apalpar as intimidades do mundo é preciso saber: / a) que o esplendor da manhã não se abre com faca / b) o modo como as violetas preparam o dia para morrer / c) por que é que as borboletas de tarjas vermelhas têm devoção por túmulos / d) se o homem que toca de tarde sua existência num fagote tem salvação (...) Desaprender oito horas por dia ensina os princípios. [...] A arte ensina justamente a desaprender os princípios do óbvio que é atribuído aos objetos, às coisas. Ela parece esmiuçar o funcionamento das coisas da vida, desafiando-as, criando para elas novas possibilidades". [...]

A cena contemporânea

Com o passar do tempo, no entanto, a arte moderna sofreu um desgaste. Por um lado, ela tornou-se tão experimental que acabou por afastar-se do público, que passou a achar suas manifestações cada vez mais estranhas e de difícil compreensão. [...] Com a mudança global que se delineia a partir dos anos 80, torna-se mais gritante ainda a necessidade de uma modificação no conceito de arte. Mais do que isso: torna-se necessário que a arte se modifique para sobreviver. E é aí que sai de cena a arte moderna e sobe ao palco a contemporânea. [...] A importância dada à moda, às aparências e à "atitude", aliada a uma tecnologia sofisticada de cirurgias, implantes, aparelhos de ginástica e substâncias químicas, além das possibilidades genéticas que se abrem com os sequenciamentos cromossômicos, fazem do corpo um campo de experimentações futurísticas. A busca pela originalidade, que caracterizava a vanguarda modernista do século 20, é substituída pela atitude de busca de reconhecimento, de celebridade. Transfere-se o alvo das preocupações da produção para o produtor, da obra para o autor. [...] Se fosse convidada a reformular o ensino da arte no momento contemporâneo, eu substituiria o estudo dos movimentos que caracterizam a era moderna por esses grandes temas que acompanham a produção e o pensamento dos artistas contemporâneos, permitindo que a arte continue a fazer sentido e a ecoar nossa essência. [...] Em meio a múltiplas possibilidades de uso de materiais, espaços e tempos, a arte contemporânea não separa a rua e o museu. [...] Felizmente, a arte contemporânea tem a liberdade de apontar suas heranças e sua história sem precisar ir ao grau zero da originalidade e está cada vez mais infiltrada nas peles da vida. Assim ela permanece pulsando.

CANTON, K. *A pulsação do nosso tempo*. Disponível em: <http://ondajovem.terra.com.br/arquivodownload/%7B42535240-caba>. Acesso em: 7 maio 2009.

6. Alunos-luz

Estudar sempre foi para V. D. (Drago) uma fonte interminável de aborrecimentos e humilhações. Expulso na 5ª série, sofreu um baque em sua autoestima e, desde então, ganhou o rótulo de "aluno-problema". Chegaram a aconselhar sua mãe a matriculá-lo em colégios que recebessem portadores de deficiência mental, entre outros problemas – ele sofreria de falta de orientação espacial. "Sabia que alguns professores diziam que eu era retardado". Por isso, hoje é um dos melhores dias na vida de Drago. Nesta quarta-feira, Drago, 17 anos, vai inaugurar sua primeira exposição fotográfica.

Por várias semanas, ele fotografou diariamente estudantes de uma escola pública e fugiu do óbvio em seu enquadramento. Procurou cenas em que os alunos mostrassem os olhos brilhando – e não as previsíveis imagens sombrias da educação pública.

Sua proposta era garimpar cenas do prazer em aprender. [...] A evidente habilidade com a fotografia não era suficiente para que ele superasse a baixa autoestima desenvolvida em seu histórico escolar.

Mas a descoberta ajudou-o a construir um projeto: entrar numa faculdade para estudar fotografia. [...] À medida que as fotos eram reveladas e aparecia o brilho nos olhos dos alunos, decidiu-se que todo aquele material deveria virar uma exposição que transformasse as paredes do Colégio Max numa galeria.

Drago tirou o nome para sua exposição da raiz latina da palavra "aluno" que significa "sem luz". "Foram os dias de mais luz da minha vida".

DIMENSTEIN, G. Alunos-luz. *Folha de S. Paulo*, São Paulo, 24 set. 2008, Cotidiano, p. C2.

7. Shakespeare notava que, se acabarmos com os objetos de luxo, não teremos nada além de animalidade. O que o luxo diz é que o homem não se contenta apenas com a satisfação de suas necessidades naturais. Há, acima de tudo, uma busca de excesso, de ultrapassamento da simples naturalidade. Além disso, o luxo não é simplesmente uma demonstração de riqueza. Pode o ser, mas esse não parece o seu sentido. Há uma busca de beleza no luxo; uma busca de sensualidade. Há um gosto por tudo que é refinado. [...] Haveria, ainda, uma questão muito delicada: a arte faz parte do luxo ou não? Penso que sim. Costumamos deixar isso de lado, porque a arte tem uma dimensão espiritual, com referências ao sagrado, à Beleza, mas se consideramos o preço de uma obra de arte, vemos que estamos muito próximos de um objeto de luxo. Essa é a razão pela qual as pessoas mais ricas, hoje, estão se tornando colecionadoras de arte contemporânea. [...] para dar uma palavrinha sobre a Beleza, eu diria que, atualmente, ela se "democratizou": a maior parte das pessoas vê mais coisas belas hoje em dia (na televisão, nas revistas, na publicidade etc.); nós consumimos beleza *non stop*.

LIPOVETSKY, G. *Cult*, São Paulo, n. 120, ano 10, p. 11 e 17, dez. 2007.

8. A utilização do produto culto visa a um consumo que nada tem a ver com a presunção de uma experiência estética; quando muito, o consumidor do produto, ao consumi-lo, entra em contato com modos estilísticos que conservaram algo da nobreza original, e cuja origem ele ignora. [...] Temos aqui produtos de massa que tendem para a provocação de efeitos, mas que não se apresentam como substitutos da arte.

ECO, U. *Apocalípticos e integrados*. São Paulo: Perspectiva, 2004. p. 81.

Propostas de redação

A – DISCURSO DE FORMATURA

O *discurso de formatura* é um gênero discursivo produzido para ser proferido oralmente a um auditório em um evento solene. Expressa formalmente a maneira de pensar e de agir do(s) locutor(es) e sua visão acerca dos interlocutores presentes na solenidade. Por se tratar de um texto construído com o objetivo de defender um ponto de vista sobre determinado assunto, buscando o convencimento do auditório e, logo, sua adesão às ideias defendidas, é um gênero com características predominantemente expositivo-argumentativas. Devido a essa forma de interação, o ponto de vista defendido deve ser fundamentado com explicações, razões, ilustrações, citações, etc.

Imagine que você esteja concluindo um curso da área de Artes e tenha sido eleito para ser o orador da turma na solenidade de formatura. Por isso, você deverá escrever o discurso em nome da turma e, considerando os interlocutores presentes, deverá dirigir-se a um auditório composto por autoridades, professores, familiares e amigos. Sua argumentação deve contemplar uma reflexão acerca do papel da arte na vida cotidiana. Defenda o ponto de vista da turma em relação a esse tema e explicite o posicionamento assumido diante das funções estética e utilitarista da arte.

B – BIOGRAFIA

O gênero discursivo *biografia* é composto por uma narração que busca reconstituir os fatos mais relevantes da vida de uma pessoa ou personagem, que, geralmente, alcançou a celebridade por meio de suas ações. A biografia tem como público, na maioria das vezes, pessoas curiosas que se interessam pelo lado mais humano da história e que, por meio da leitura, podem sentir-se mais próximas das personagens que admiram. Por se tratar de um texto de natureza narrativa, seu autor possui uma certa liberdade para se expressar, visto que as cenas criadas por ele são recriações de uma dada realidade, o que admite um componente ficcional, permitindo a exploração de recursos de linguagem para valorizar o texto. O texto biográfico objetiva proporcionar ao leitor a reconstituição, o mais real possível, de uma imagem da personalidade cuja vida está sendo contada. Por isso, as citações funcionam como um interessante recurso, porque permitem incorporar ao texto a "voz" daquela pessoa, associando-a a momentos importantes da sua vida.

Considerando as explicações acima, escreva a biografia de um artista (fictício ou real), cujas ações relativas ao reconhecimento e à difusão da arte no Brasil o tenham colocado no lugar de celebridade. Para justificar o registro da história do biografado, produza o texto destacando os principais acontecimentos e realizações do artista em uma área das artes. Conte a história da celebridade escolhida, demonstrando como sua obra propõe e reforça as funções estética e/ou utilitária da arte no cotidiano. Por meio de fatos ocorridos, de falas da personagem e de sua interação com outras personagens, explicite o ponto de vista do artista sobre o papel da arte na vida das pessoas.

C – CARTA DE SOLICITAÇÃO

O gênero *carta de solicitação* possui caráter predominantemente argumentativo persuasivo. Tem por função apresentar a um interlocutor competente a solicitação de alguma medida que possa solucionar o problema apresentado pelo locutor. Após a apresentação do problema, os argumentos que fundamentam a solicitação devem ser selecionados e organizados de forma a comprovar as razões do remetente. A estratégia argumentativo-persuasiva busca convencer o destinatário por meio de explicações, relações de causa e efeito, comparações, exemplos, etc.

Suponha que você seja um artista e resolva concorrer a uma bolsa de estudos oferecida pelo Ministério da Cultura a artistas que ainda não tenham cursado o ensino superior. O edital de divulgação da bolsa prevê recursos financeiros, passagens e moradia em países da Europa aos selecionados no concurso. Para atender a uma das etapas da seleção, você deve escrever uma carta solicitando a bolsa de estudos na sua área de atuação artística, justificando os motivos pelos quais você merece ser selecionado. Os argumentos para comprovar suas razões e persuadir a comissão julgadora a atender seu pedido devem demonstrar e sustentar o seu ponto de vista quanto ao papel da arte no cotidiano e suas funções estética e/ou utilitária.

Para escrever sua carta, considere as características interlocutivas próprias desse gênero. O título, por exemplo, não é necessário.

PRODUZINDO REDAÇÃO A PARTIR DE TEMA DO ENEM OU DE VESTIBULARES

Neste capítulo, você tomou contato com duas propostas de produção de textos dissertativos do Enem – uma sobre leitura e outra sobre a liberdade de informação nos meios de comunicação – e outra de produção de gêneros do discurso – discurso de formatura, biografia e carta de solicitação – de um exame de vestibular (UFG-GO).

Agora, como meio de se preparar para o Enem e o vestibular, desenvolva uma ou duas dessas propostas.

PLANEJAMENTO DO TEXTO

Masterfile/Other Images

- Lembre-se de que seu interlocutor será um avaliador da prova de Redação do Enem ou de um vestibular. Logo, seu texto deve atender às normas estabelecidas pelo exame. Geralmente é solicitado que o texto seja escrito a tinta, tenha de 20 a 30 linhas e não apresente, sob hipótese alguma, a identificação do candidato.
- Planeje seu texto, qualquer que seja a proposta escolhida. Anote as ideias que pretende desenvolver. Depois procure organizar essas anotações em parágrafos, tentando dar forma e estrutura ao texto.
- Identifique claramente o tema da redação.
- Se tiver optado pela dissertação, siga as orientações apresentadas nas páginas 385 e 399.
- Se tiver optado pela carta de solicitação, siga as orientações apresentadas na página 371.
- Se tiver optado pelo discurso de formatura ou pela biografia, esteja atento às orientações dadas na própria prova.

REVISÃO E REESCRITA

Antes de chegar à versão final do seu texto, releia-o, observando:

- se ele está de acordo com a proposta e a modalidade de redação escolhida, isto é, dissertação (propostas do Enem) ou discurso de formatura, biografia, ou carta de solicitação (proposta da UFG-GO);
- se ele está redigido e estruturado de acordo com a situação de comunicação. Lembre-se de que você está escrevendo para ser avaliado; logo, deve demonstrar domínio da língua escrita, do tipo de texto ou gênero do discurso escolhido e clareza quanto à situação interlocutiva;
- se ele revela domínio do tema, apresenta bom desenvolvimento de ideias e, no caso de dissertação e carta de solicitação, utiliza argumentos consistentes e persuasivos;
- se a linguagem está de acordo com a situação e com o gênero escolhido, ou seja, se ela corresponde à norma culta, que é a variedade linguística esperada.

Faça as alterações necessárias e passe seu texto a limpo.

PROJETO

BRASIL EM DEBATE

©Angeli. Folha de S. Paulo

Com os colegas da classe, participe da montagem de uma *mostra* sobre o Brasil.

Essa mostra, intitulada **Brasil em debate**, consistirá na exposição de textos produzidos nesta unidade e na produção de uma mesa-redonda.

1. Expondo os textos

Primeiramente, em grupo, separem por temas os textos dissertativo-argumentativos que desenvolveram nesta unidade. Depois, decidam se os textos serão apresentados escritos à mão ou digitados. Em seguida, usando papel Kraft como fundo, preparem painéis e deem um título a cada um deles, de acordo com os temas explorados – meio ambiente, desigualdade social, inclusão digital, redes sociais, redução da maioridade penal, ética, narcisismo, etc. Exponham os textos de uma forma descontraída e convidativa e, se possível, junto com imagens relacionadas aos temas.

A exposição deverá durar uma semana. Convidem professores, funcionários, familiares e amigos para visitá-la.

2. Produzindo a mesa-redonda

Sob a orientação do professor, escolham um dos temas a seguir para a realização de uma mesa-redonda, que deverá ocorrer em um dos dias da semana da exposição de textos e envolver toda a classe.

- Trabalho e mortalidade infantil em nosso país
- Gravidez na adolescência
- Pichação e direitos do cidadão
- Violência contra a mulher, no Brasil e no mundo
- A violência contra a criança e o adolescente
- Os males do fumo e do álcool
- As drogas e os adolescentes
- Pirataria na Internet
- A ética na pesquisa genética
- Animais em extinção
- Armamento nuclear no Brasil?

Getty Images

O que é uma mesa-redonda?

Mesa-redonda é um evento do qual pessoas convidadas se pronunciam a respeito de um assunto preestabelecido. Cada convidado lê ou apresenta oralmente, em um tempo estipulado pelo coordenador ou presidente da mesa, um texto previamente preparado.

O papel do presidente da mesa

Na mesa-redonda, o presidente é aquele que inicia e encerra os trabalhos, agradece a presença do público, situa a finalidade do encontro, apresenta as pessoas convidadas, estipula o tempo de cada participante e o tempo máximo da realização do evento, esclarece o modo como vão ser conduzidos os trabalhos, etc. É ele também quem convida o primeiro participante a falar e, após a fala de cada um, passa a palavra a outro participante.

A organização

Geralmente há uma "rodada" de participações, na qual cada um dos convidados apresenta seu texto no tempo estipulado (caso o convidado ultrapasse o tempo, o moderador deve adverti-lo). Na segunda etapa, o presidente dá o direito de palavra ao público. Por escrito ou oralmente, pessoas da plateia fazem perguntas a um ou mais participantes, que têm assegurado determinado tempo para responder a cada questão.

Às vezes, dependendo das regras estabelecidas pelo presidente, é possível que haja uma etapa intermediária, na qual, antes de receberem as perguntas da plateia, os convidados debatem entre si as opiniões divergentes.

Como organizar a mesa-redonda?

A classe deve ser organizada em cinco grupos, de modo que cada um seja responsável pela produção de um texto para ser apresentado na mesa-redonda. A produção dos textos deve ser antecedida por uma pesquisa sobre o tema escolhido. Consultem jornais, revistas, livros, enciclopédias e *sites* da Internet e tomem nota dos dados mais importantes que encontrarem.

Produzindo textos para a mesa-redonda

ES Imagery/Alamy/Glow Images

Redijam, em grupo, um *texto dissertativo-argumentativo* de 30 a 50 linhas, de acordo com as seguintes orientações:

a) O texto deve apresentar linguagem e estrutura próprias do texto dissertativo-argumentativo. Portanto, formulem uma ideia principal, ou tese, criem os parágrafos de desenvolvimento e uma conclusão, empregando os conhecimentos que adquiriram nesta unidade.

b) Ao redigir o texto, observem a coesão entre as partes. Para isso, empreguem palavras e expressões que garantam a conexão do texto, como *apesar disso...*, *por outro lado...*, *contudo...*, *Outro aspecto a destacar...*, *Cabe ressaltar ainda...*, etc.

c) Busquem uma linguagem sóbria, objetiva, tendendo à impessoalidade, com vocabulário rico e preciso, e de acordo com a variedade padrão.

d) Levem em conta o perfil do interlocutor. O texto será lido para os colegas da classe e, posteriormente, exposto junto com os demais textos produzidos nesta unidade. Portanto, os leitores serão principalmente jovens como vocês.

e) Pronto o texto, todos devem discuti-lo e fazer sugestões para melhorá-lo. Passem-no a limpo e, em seguida, elejam um componente do grupo para participar da mesa-redonda e apresentar o texto em nome do grupo.

Escolhendo o presidente e preparando a sala

Os alunos que quiserem devem se candidatar ao papel de presidente da mesa-redonda. Feita a escolha do presidente pela classe, preparem a sala onde irá acontecer o evento. À frente da plateia, deve haver uma mesa com um número de assentos equivalente ao das pessoas que terão a palavra. Se possível, decorem a sala com cartazes informativos e com perguntas dirigidas ao público, de modo a criar expectativa e uma atmosfera de debate e polêmica.

Realizando a mesa-redonda

Convidem pessoas para participar do evento: diretores, coordenadores, outros professores e, se possível, pessoas de fora da escola.

Sob a coordenação do presidente, os trabalhos devem ser iniciados de acordo com os procedimentos próprios desse tipo de evento (regras, tempo, etc.). Cada participante da mesa lê o texto produzido por seu grupo ou fala de improviso sobre o tema pesquisado. A plateia deve ouvir silenciosa e atentamente, aguardando sua vez de participar.

Expondo resultados da mesa-redonda

Durante o evento, fotografem os convidados, o moderador e a plateia. Depois, reúnam os textos preparados pelos grupos e fotos interessantes do evento e utilizem esse material em uma reportagem sobre a mesa-redonda. Na reportagem, procurem dar um panorama do evento, comentando seus momentos mais significativos. Criem um título atraente para ela e exponham-na em um mural, em um local em que circulam outros alunos da escola (corredores, pátio, saguão, sala de audiovisual, etc.).